V. A. Malte-Brun.

ÉTUDES ARCHÉOLOGIQUES

sur

LES ANCIENS PLANS DE PARIS.

Tiré à deux cents exemplaires.

Imprimerie de HENNUYER et Cⁱᵉ, rue Lemercier, 24. Batignolles.

ÉTUDES ARCHÉOLOGIQUES

SUR LES

ANCIENS PLANS DE PARIS

DES XVIᵉ, XVIIᵉ ET XVIIIᵉ SIÈCLES.

PAR A. BONNARDOT, PARISIEN.

PARIS
A LA LIBRAIRIE ANCIENNE DE DEFLORENNE,
QUAI DE L'ÉCOLE, 16.

1851

V.A. Malte-Brun 1876 — 20^s
Reliure — 5
25^s

AVANT-PROPOS.

Il n'existe pas, à ma connaissance, de traité approfondi et bien détaillé, concernant les vieux plans de Paris. Le sujet m'a donc paru neuf et susceptible de jeter une vive lumière sur l'histoire de la capitale; aussi m'en suis-je emparé, avec cette sorte de passion que m'inspire tout ce qui a rapport aux antiquités de ma ville natale.

Sauval, qui écrivait entre 1650 et 1670, paraît être le premier historiographe parisien qui ait senti tout l'intérêt que peut offrir l'examen de ces anciens plans; mais il ne fit qu'indiquer en passant, au lieu de l'exploiter, cette mine féconde de renseignements.

De la Marre, dans son *Traité de la Police*, semble également pénétré de l'utilité de cette sorte d'études; mais, par malheur, il connaissait à peine les plans qui avaient précédé d'un demi-siècle son ouvrage imprimé en 1705. Il se lança, au sujet du territoire parisien, dans des hypothèses fort éloignées du positif, et produisit, dans le but de jeter du jour sur l'ancienne topographie de notre ville, une suite de plans fictifs d'une monstrueuse inexactitude. Le septième de ces plans, représentant Paris sous Louis XIII, est lui-même fort mauvais, si on le compare à de nombreux plans contemporains dont cet auteur paraît avoir ignoré l'existence, soit qu'ils fussent déjà rares comme aujourd'hui, soit qu'il les eût méprisés, au lieu de se donner la peine de les approfondir.

Le premier tome de la *Bibliothèque historique* du père Lelong (éditée en cinq volumes in-folio, 1768) offre, du n° 1759 à 1793, une liste de quelques anciens plans de Paris; mais ils sont, en général, inexactement désignés, selon l'habitude de ce bibliographe, et surtout de ses éditeurs et continuateurs, qui ont mis sur son compte d'énormes bévues [1]. M. Girault de Saint-Fargeau, dans sa *Bibliographie de Paris*, a reproduit souvent les erreurs de Lelong.

[1] Cette remarque s'applique également aux éditeurs du manuscrit de Sauval. Il faut plaindre en lui le savant qui n'a pas assez vécu pour mettre en ordre, corriger et faire imprimer lui-même ses œuvres.

AVANT-PROPOS.

Félibien cite, mais rarement, dans son *Histoire de Paris*, les anciens plans; l'abbé Lebœuf a plus fréquemment recours à leur autorité, ainsi que l'historiographe Bonamy, en ses dissertations insérées dans les *Mémoires de l'Académie des Inscriptions*; ce dernier a même présidé à la reproduction d'un plan gravé, conservé, de son temps, à la Bibliothèque de Saint-Victor, et aujourd'hui, à celle de l'Arsenal, plan qui sera, pour nous, l'objet d'un long examen.

Le judicieux auteur-géographe Jaillot, auteur des *Recherches sur Paris*, me semble avoir, le premier, étudié avec zèle et persévérance les vieux portraits de la capitale. Il publia lui-même en 1772, et sur une vaste échelle, un plan fort intéressant, que celui de Verniquet, si exact en ses proportions, eut seul, vingt ans plus tard, le pouvoir de faire oublier. Jaillot, surtout dans ses dissertations sur les rues de Paris, s'appuie souvent sur le témoignage des anciens plans, qu'il regarde, tout aussi bien que les chartes, comme des *monuments*. Il avait parfaitement discerné les meilleurs, mais il semble ne les avoir pas tous connus.

Les plans, au reste, n'ont pu lui fournir des documents positifs, qu'à partir de la fin du seizième siècle. Néanmoins, comme Paris a été peu modifié, dans son ensemble, de Charles VI à Louis XIII, on peut, à la rigueur, extraire de ces plans des renseignements utiles, pour l'histoire de Paris au quinzième siècle.

Jean de la Tynna, dans son *Dictionnaire des Rues de Paris* (1816), et Henri Mauperché[1], dans son *Paris ancien, Paris moderne* (1816-19), ont publié des listes de vieux plans de Paris, mais si courtes, si peu approfondies, que leur travail est complétement à refaire.

Il existe à la Bibliothèque nationale un catalogue des plans de Paris, conservés au cabinet des cartes géographiques et à celui des estampes. Il fait honneur au zèle de M. Jomard, mais ne peut être utile que relativement au service de l'administration.

Je résolus donc, vers 1840, de faire des recherches sérieuses et suivies sur cette

---

[1] H. Mauperché, auteur plus bilieux qu'érudit (quoiqu'il ne manque pas de mérite sur certains points), semble n'avoir entrepris une Histoire de Paris que pour déprécier quelques écrivains célèbres qui l'ont précédé dans la carrière. Il les poursuit, dans un style dur et incorrect, des invectives les plus hargneuses. Il ébaucha, au sujet des vieux plans de Paris, une dissertation bavarde et superficielle, livra à l'impression quelques chapitres décousus et accompagnés de discussions oisives, puis s'arrêta, après avoir publié deux livraisons in-4°, formant 176 pages. Il n'avait pas la trempe *bénédictine*.

matière, à la Bibliothèque nationale, aux bureaux des plans de l'Hôtel-de-Ville, au Dépôt de la Guerre, aux Archives, enfin chez divers particuliers qui recueillaient d'anciennes estampes. Il est probable que des documents d'une haute importance m'auront échappé, documents que des investigateurs plus heureux rencontreront après moi. Quoi qu'il en soit, je pense être muni d'un assez bon nombre de renseignements, pour en tirer un livre utile. Si jamais je publiais une seconde édition, ce serait pour consigner de nouvelles découvertes, aidé cette fois, je l'espère, des communications d'archéologues à qui mon livre m'aurait fait connaître. Mais comme on a rarement la vie assez longue pour publier des secondes éditions consciencieuses, je me bornerai peut-être à déposer un jour à la Bibliothèque nationale et à celle de la Ville, deux exemplaires chargés des notes manuscrites que des recherches ou des trouvailles ultérieures m'auraient procurées.

Les plans du seizième siècle, et la plupart même de ceux du suivant, ont pour limite, au nord ainsi qu'au midi, à peu près la ceinture de nos boulevards *intérieurs* d'aujourd'hui. Tout l'espace qui remplit, au delà de ce cadre, les limites de l'enceinte actuelle, renfermait, avant 1700, si peu de points remarquables, aux yeux du moins des géographes de ce temps, qu'ils se bornaient à indiquer, pour remplir les vides, quelques localités telles que : la Grange-Batelier, le château des Porcherons, l'hôpital Saint-Louis, l'abbaye de Montmartre[1], le Mont-Parnasse, etc. Toutes ces localités, alors très-éloignées, mais aujourd'hui assez rapprochées du centre, étaient considérées comme des sortes de hors-d'œuvre, qui figuraient sur les cartes, uniquement quand il y avait de l'espace. C'est ainsi que nos plans modernes offrent quelques portions de la banlieue dans le cas où l'étendue de la carte ne s'y oppose pas.

Nos études d'après les plans, de l'ancien état de la surface actuelle de Paris, seront donc incomplètes ; ainsi nous aurions de la peine à savoir, au juste, quelles localités remplissaient vers 1600 l'espace où, de nos jours, s'étalent les rues du quartier Saint-Georges, de la Chaussée-d'Antin, du faubourg Saint-Honoré et des Invalides. Les hameaux, fermes, cultures, maisons de campagne ou *folies*, que de

---

[1] Les anciens topographes de Paris semblent avoir eu à cœur de figurer sur leurs plans la pittoresque montagne de ce nom, qui, bien que placée, en tout temps, en dehors des murs de Paris, fait, pour ainsi dire, partie de la capitale qu'elle domine. En sa faveur, ils reculaient du côté du nord les limites de leurs cartes, ou plutôt ils sacrifiaient les proportions réelles de l'espace, afin de l'insérer dans leur cadre trop étroit.

somptueux hôtels ont remplacés, ne sont guère indiqués sur les plans avant l'année 1650. Les dessiner eût été pour les géographes, antérieurement à cette époque, dépasser leur but. Nos remarques topographiques seront donc limitées, presque toujours, par cette ceinture d'arbres qui, dans son parcours, sur les deux rives de la Seine, renferme à peine, aujourd'hui, la moitié en surface de la grande cité.

Les anciens plans des environs de Paris, m'objectera-t-on, auraient pu compléter ces recherches. Qu'on se détrompe. Il n'en existe aucun, à ma connaissance, qui soit un peu détaillé, avant celui en neuf feuilles, que l'Académie des sciences fit graver par La Pointe, vers 1676; encore ce plan est-il, malgré ses proportions, d'une nudité, d'une inexactitude désespérantes. Celui en neuf grandes feuilles, publié par La Grive, est bien supérieur et abonde en détails, mais malheureusement il ne parut qu'en 1754, époque où partout, autour de Paris, les anciennes localités avaient perdu leur physionomie primitive.

Ainsi donc, le champ de nos investigations a pour bornes le mur d'octroi actuel; mais le plus souvent, les renseignements que nous fourniront les vieux plans n'atteindront pas cette limite.

Maintenant, à quelle sorte d'utilité pourra aboutir ce travail? Loin de moi la prétention de produire une nouvelle *histoire* de la capitale! Toutes mes études tendent, au contraire, à prouver que cette histoire, reflétant presque la moitié des événements qui concernent toute la France (comme l'histoire du cœur humain est celle presque tout entière de l'homme), ne peut être dignement rédigée, s'il ne se constitue une société spéciale d'archéologues qui, après un plan d'ensemble bien arrêté, se partageraient, ainsi qu'il arriva pour *l'Encyclopédie*, les diverses parties de cette colossale entreprise. La chronique seule des anciens hôtels célèbres de Paris absorberait toute la vie d'un antiquaire.

Mon livre ne doit donc être considéré que comme une des pierres fondamentales de l'immense monument nommé HISTOIRE COMPLÈTE DE PARIS. Le but spécial de mes recherches est de saisir, s'il est possible, la vraie physionomie de cette ville à différents âges, et d'en tracer une esquisse destinée à produire, entre des mains habiles, un tableau plein de coloris et de réalité.

Je n'entreprends pas ici le catalogue de *tous* les plans de Paris publiés jusqu'à nos jours. Une telle liste serait fastidieuse à lire, et n'offrirait rien de neuf, car elle est, pour ainsi dire, déjà toute faite. On n'a, pour se la procurer, qu'à copier les catalogues des plans conservés à la Bibliothèque nationale et aux autres dépôts ci-dessus nommés. Mais, choisir parmi tous ces plans, et désigner ceux qui sont exécutés en conscience, détaillés, fondés sur des recherches originales; étudier ces plans, en rechercher l'origine, la date et les auteurs, les comparer entre eux pour en faire ressortir le mérite, les défauts, les indications inédites; les corriger les uns par les autres, les distinguer de leurs copies, en signaler les diverses éditions; voilà le travail intéressant, amusant même (d'autres diraient peut-être pénible), que j'ai entrepris et dont j'offre le résultat aux amateurs. On doit donc envisager l'avantage qui résultera de ces études, sous le point de vue, non pas du nombre, mais de la qualité des pièces signalées et décrites.

On m'a objecté que les nombreux plans intermédiaires, édités entre les diverses époques qui virent paraître les plans principaux, peuvent fournir, malgré leur médiocrité, plus d'un renseignement qu'on ne trouverait pas ailleurs. Mais n'est-il point probable que ces renseignements auraient peu d'importance relativement à l'histoire générale de Paris, et ne concerneraient guère que quelques propriétés particulières? La liste des principaux plans, bien qu'il y ait souvent, entre les dates de leurs publications successives, plusieurs années d'intervalle, sera, je pense, assez fournie, pour ne laisser échapper aucune modification essentielle. Si, par exemple, je ne cite aucun plan entre 1575 et 1600, il est probable qu'un édifice quelconque, élevé et démoli pendant un laps de temps si court, ne serait pas de nature à offrir un grand intérêt. Si pourtant une construction éphémère était devenue assez notable dans notre histoire, pour qu'il fût indispensable de signaler son emplacement, je tirerais de l'obscurité le plan, quel que fût sa médiocrité, qui, à ma connaissance, en aurait gardé le souvenir.

La Bibliothèque nationale doit offrir, à peu près au complet, les plans des dix-huitième et dix-neuvième siècles. On peut avoir, au besoin, recours à cet arsenal de renseignements, toujours ouvert au public. Quant aux plans des deux siècles précédents, je mentionnerai tous ceux que j'aurai pu découvrir, tout en observant de m'étendre seulement sur les principaux.

J'avais d'abord l'intention de faire imprimer le catalogue général de tous les plans de Paris, conservés à la Bibliothèque nationale. Je l'eusse complété avec les listes du Dépôt de la Guerre et d'autres bibliothèques; mais ayant considéré que tous les plans enregistrés sur ces catalogues sont désignés sans aucuns détails,

AVANT-PROPOS.

et le plus souvent avec inexactitude, quant aux dates et aux noms d'auteurs ou d'éditeurs [1], j'ai renoncé à un projet qui m'eût entraîné à une perte de temps immense. Il eût fallu, en effet, me livrer à de longs examens pour deviner la date précise d'une myriade d'estampes, contrefaçons plus ou moins grossières des plans importants et originaux que je décris en détail. Je doute que cette longue liste eût offert un grand intérêt aux archéologues; ils peuvent tirer parti de plans originaux dressés sur une vaste échelle, mais non des médiocres copies qu'ils ont fait naître. Un devoir, ou, si l'on préfère, une corvée inévitable pour qui veut étudier une branche quelconque de littérature, c'est de discerner des œuvres de mérite les produits du plagiat. La publication d'un bon ouvrage en tout genre excite le zèle, la sotte manie ou la cupidité d'une foule de parasites, qui s'emparent de cette œuvre comme d'une proie, l'abrégent, la dépècent, la transforment, la dénaturent, chacun à sa manière, en y ajoutant un peu du sien, pour déguiser le vol. Il en résulte une masse de livres ou de plans bâtards, pleins d'erreurs, d'anachronismes et de contradictions, qui préparent une tâche bien pénible aux bibliographes à venir. Mes études sur les vieux plans de Paris m'y condamnent, mais je ne l'accepte que relativement aux plans les plus importants pour l'archéologie, ceux des seizième et dix-septième siècles. C'est la partie la plus difficile à débrouiller. Passé 1700, les plans de Paris n'offrent plus autant d'attraits, puisque la métamorphose du vieux Paris s'est accomplie dans sa forme générale; et, d'ailleurs, ces plans, tirés à grand nombre, se rencontrent dans le commerce ou dans les bibliothèques publiques, et sont généralement connus.

Je me suis toujours complu à regarder ma ville natale, comme une sorte d'aïeule dont la mémoire m'est chère; j'ai recueilli avec religion les portraits épargnés par le temps, qui constatent sa physionomie à diverses époques de son existence; et si j'ai consenti à nommer *vieillesse* le temps où, en réalité, elle était jeune relativement à notre âge, c'est pour me conformer au langage adopté.

Quoiqu'il s'agisse, en ce livre, d'images toutes matérielles de Paris, c'est moins

---

[1] Tel plan, dans ces catalogues, est nommé plusieurs fois, bien qu'il soit le même, sauf un changement de nom d'éditeur, où une date refaite; à tel autre, on attribue une date fictive, bien éloignée quelquefois de la vérité. Les noms des auteurs, dessinateurs et éditeurs, y sont souvent confondus. Il eût fallu, en effet, un temps considérable pour classer exactement une quantité de mauvaises copies mal recorrigées à diverses époques, et pleines d'*anachronismes*.

cette existence physique qui offre de l'intérêt, que le souvenir des mœurs anciennes qui s'y rattachent. Une étude de pure maçonnerie serait bien sèche et bien inutile; mais la vie morale du Parisien n'est-elle pas empreinte dans la physionomie de ses rues et de ses monuments? Le gibet de Montfaucon, par exemple, n'a rien de curieux comme groupe de quelques piliers de pierre, mais bien comme signe matériel de la puissance morale d'un autre temps. C'est ainsi que, dans le portrait d'un homme célèbre, on recherche moins la forme précise de ses traits, qu'un reflet du caractère que l'histoire lui attribue.

Mes efforts pour interpréter et faire apprécier les vieux portraits de la capitale, tracés à différentes époques, aideront, je l'espère, l'historien consciencieux à rendre plus claire, plus précise, la description des localités où il place les scènes de grands événements passés à Paris. Je lui fournirai, en quelque sorte, une décoration exacte et en harmonie avec les souvenirs historiques, auxquels la couleur locale ajoute tant d'éclat. C'est sous ce dernier point de vue surtout que je tiendrais à voir mon livre apprécié, et réputé utile. Mais, si l'on espérait y trouver des documents matériels assez positifs pour fournir, je suppose, des preuves irréfutables, à propos de contestations entre propriétaires du sol parisien, on serait presque toujours trompé dans son attente. Les anciennes levées de plans, celles même exécutées au dix-septième siècle par des toiseurs-géomètres assermentés, sont loin, je crois, de pouvoir servir à un pareil usage. Mes études pourront intéresser l'historien et l'archéologue, le peintre en histoire, ou le romancier, mais rarement satisfaire MM. les employés du cadastre.

ÉTUDES ARCHÉOLOGIQUES
SUR
LES ANCIENS PLANS DE PARIS.

I. — Des Plans fictifs de Paris.

Les plans de ville assez rapprochés des premiers siècles de l'ère chrétienne pour mériter l'épithète d'antiques doivent être fort rares, et l'on n'en a jamais, jusqu'ici, découvert aucun qui concernât la ville de Paris. Quelle fête ce serait pour un archéologue parisien [1] s'il rencontrait, tracé sur n'importe quelle matière, un plan de Lutèce aussi ancien que ces fragments isolés d'un plan de Rome (gravé en creux sur pierre), incrustés dans les murs du grand escalier du Vatican! Le hasard nous procurera-t-il jamais une semblable découverte? Il y a, je crois, peu de probabilité. Le plan de Rome fut tracé dans un siècle civilisé et artistique; mais quand on considère le peu de ressources que nos ancêtres tiraient de la géométrie, et leur indifférence pour toute étude, pour celle surtout de la topographie, avant le seizième siècle, on doit prendre le parti de renoncer à un semblable espoir. Il faudra donc nous résigner, et nous contenter des plans hypothétiques que des érudits, plus ou moins bien renseignés, voudront se donner la peine de construire pour notre usage.

Les plans fictifs qui représentent Paris antérieurement au seizième siècle sont les produits d'une imagination secondée dans ses efforts par des documents écrits, les seuls qui nous soient parvenus des temps éloignés. On admet généralement que les premiers essais en ce genre sont dus au commissaire De la Marre, auteur du *Traité de la Police*, publié en 1705. S'il est, en effet, le premier qui ait conçu l'heureuse idée de lever des plans fictifs de la capitale, on peut affirmer

---

[1] J'entends par ce mot : *Parisien*, qui s'occupe de Paris. C'est ainsi que je dis souvent : *historiographe parisien*, ce qui ne veut pas dire : né à Paris.

qu'il l'a fort mal réalisée. Ses cinq premiers sont dressés uniquement d'après de vieilles chroniques et quelques découvertes d'antiquités. Accordons à De la Marre l'honneur d'avoir offert les premiers échantillons en ce genre. Mais quelle ignorance! quelle inexactitude! quelles invraisemblances! Au reste, ces plans ont été si vivement critiqués par les historiens les plus judicieux, tels que Bonamy (*Mém. de l'Académie des Inscriptions*, XXIII, p. 262), Jaillot, etc., que c'est un lieu commun que cette critique. Les sixième et septième plans sont eux-mêmes fort inexacts. De la Marre, pourtant, n'avait, pour atteindre son but, qu'à reproduire des estampes contemporaines de Charles IX, et de Louis XIII, insérées dans des volumes peu rares. Il paraît qu'il ne les connaissait pas, ou les méprisait à tort. Il adopta, pour tracer les diverses enceintes, celle même de Philippe Auguste, un signe conventionnel fort bizarre, une ligne interrompue par des tours alternativement rondes et carrées; singulier système, pour sortir d'incertitude! Quant à la clôture de Philippe Auguste, il pouvait, en cherchant un peu, rencontrer plusieurs plans où elle était figurée; bien mieux, il pouvait, de son temps, la retrouver presque tout entière en nature, sur les deux rives de la Seine.

Un autre défaut des plans de De la Marre, c'est qu'ils comprennent en un seul tableau l'intervalle de plusieurs époques successives; forme vague et indécise, qui donne lieu à une multitude d'anachronismes de lieux. *Paris, depuis François Ier jusqu'à Charles IX*; ce titre seul révèle le vice de pareils plans. Il fallait, avant tout, comme le fait observer, je crois, Toussaints Duplessis dans *Nouvelles Annales de Paris*, assigner à chaque plan une époque bien déterminée.

Je n'ai parlé que des enceintes tracées sur ces plans fictifs : il faudrait un volume pour relever les bévues de De la Marre, relatives à la disposition générale, à la direction des rues, à la forme des monuments. Ils ont été, malheureusement, depuis 1705, copiés et reproduits à toutes sortes d'échelles, publiés par Danet, Gibolle, etc. M. de Saint-Victor eut, en 1808, le mauvais goût de les regraver encore dans son *Tableau de Paris*. C'était aider à la propagation de mille erreurs. Dulaure, historien plus judicieux et plus instruit, a senti qu'il fallait recommencer ces plans; il en fit graver plusieurs avec une date déterminée, et, tout imparfaits qu'ils sont, ils surpassent de beaucoup ceux du *Traité de la Police*. De nos jours l'architecte érudit, M. Albert Lenoir, en a composé deux (Voyez sa *Statistique monumentale de Paris*, et la *Taille de Paris* sous Philippe le Bel, par Géraud, 1837), qui, tout supérieurs qu'ils sont aux précédents, sont encore incapables de satisfaire pleinement les connaisseurs.

L'exécution des plans fictifs de Paris n'offre de graves difficultés que jusqu'au quinzième siècle. Pour les dresser à partir de cette époque, on a de nombreux renseignements topographiques. D'ailleurs, les plans originaux, tracés au siècle suivant, peuvent fournir des lumières sur celui-ci, puisque les rues, les monuments et les portes avaient, pour la plupart, conservé, sous François I*er*, leurs anciennes places, sinon leurs noms primitifs. L'enceinte septentrionale de Philippe Auguste s'y dessine assez exactement au milieu des groupes de maisons qui (selon l'expression de Victor Hugo) l'avaient enjambée, pour qu'on puisse se figurer à peu près l'image de la capitale entre saint Louis et Charles V. On n'a, pour cela, qu'à dégarnir avec discernement, c'est-à-dire en s'aidant de documents contemporains, quelques endroits couverts aujourd'hui d'habitations, qu'à supprimer des faubourgs, quelques couvents de date postérieure, et un petit nombre de rues percées à une époque bien constatée.

Mais le point le plus difficile pour fabriquer ces sortes de plans, surtout si on adopte une vaste échelle, c'est d'y faire figurer dans leurs limites précises, et surtout avec leurs formes vraies et détaillées, les principaux édifices signalés dans l'histoire. C'est chose presque impossible. On connaît à peu près la situation et les limites des anciens hôtels; mais sur quels documents, en l'absence de dessins contemporains, oser tracer le plan géométral des cours, jardins et corps de logis? Avant le seizième siècle, on ne levait guère de plans géométraux; les architectes, je le présume, détruisaient les dessins de leurs constructions, ces constructions une fois achevées. Des livres décrivent, mais ne dessinent pas les édifices; ils parlent à l'imagination, non aux yeux. Il faut donc, pour échapper au reproche d'inexactitude, se borner à indiquer des masses. Il en résulte un plan froid, sans *parfum archéologique*. Les rues seules offrent un ensemble assez pittoresque, mais le plaisir de la curiosité s'arrête au delà de la voie publique. Voilà l'obstacle, voilà pourquoi j'ai toujours différé mon projet de publier une nouvelle série de plans fictifs de Paris; car la meilleure critique, c'est de refaire ce qu'on trouve mauvais. La nécessité où je serais d'imaginer, souvent, au lieu de dessiner d'après le réel, déprécierait ces plans aux yeux des connaisseurs. L'imagination du vulgaire, je le sais, aime mieux être ainsi agréablement trompée qu'arrêtée court au milieu de ses jouissances, et l'ennemi du mensonge a peu de partisans. Mais on ne donne pas le change à des collègues en archéologie. Aussi, ne voulant jamais attacher mon nom à une collection dans le genre des lithographies de M. Pernot, je m'abstiens. N'osant donc écrire pour les yeux, je me bornerai à hasarder sur les anciennes physionomies de Paris quelques observations, laissant à chacun de mes lecteurs la liberté de se tracer en idée les plans qui lui paraîtront les plus conformes à la raison. J'ai lu une myriade de dissertations sur Paris; je vais donc, au lieu de répéter tout ce qui a été dit sur son origine, essayer d'établir quelques principes, qui aident le lecteur à se créer une image de la capitale aux époques les plus reculées.

Et d'abord, quelle pouvait être la forme des maisons particulières de Lutèce, avant la conquête romaine ?

On conçoit la difficulté de résoudre une question si brusquement posée. L'imagination doit se contenter de deux ou trois phrases fort vagues, jetées au milieu du texte de quelques anciens auteurs qui ont daigné parler de la Gaule. C'est d'après ces renseignements peu précis qu'il a fallu, jusqu'ici, nous figurer l'aspect du sol de la cité comme parsemé de quelques maisonnettes de terre ou de bois, coiffées d'un toit arrondi, sortes de ruches, de huttes de Hottentot ou de Namaquois, comme les décrit, vers 1780, le célèbre voyageur Levaillant. C'est ainsi qu'on voit figurer sur le premier plan de De la Marre, et sur ses nombreuses copies, les logis de nos ancêtres.

J'ai l'espoir qu'un jour un savant heureux exhumera quelque part un vieil historien inédit, et trouvera dans son texte des détails plus précis sur certaines villes celtiques, détails qui pourront, par analogie, s'appliquer à Paris. Il faut, je le répète, en attendant mieux, que l'imagination des Parisiens se contente de ces espèces de nids d'abeilles. Notre bourgade était, il n'y a aucun doute à cet égard, située sur le sol actuel de la cité, mais n'était probablement défendue par aucune espèce de rempart ou de palissades; la Seine devait être une défense bien suffisante. Je douterais même qu'il y eût alors d'autre communication avec les rives du continent que des bateaux, si on ne lisait qu'à l'approche de Labienus, les Parisiens rompirent les ponts (La Marre, I, p. 71). Mais quand le peuple conquérant, civilisé et civilisateur, nous eut subjugués, le bourg de Lutèce eut certainement deux ponts de pierre ou de bois, fortifiés, comme les ponts antiques de l'Italie, à chaque tête ou au milieu, et on éleva peut-être un mur de pierre ou de brique, sinon tout autour de la cité, au moins aux abords intérieurs de ces ponts. On bâtit en même temps dans l'île, si ce n'est avant tout, une citadelle vers l'extrémité occidentale. Ces hypothèses sont probables, parce que les conquérants qui conservent leurs conquêtes agissent tous à peu près de la même manière. Mais l'imagination ne peut aller au delà, en fait de détails, sans tomber dans l'idéal, et c'est ce qui arrive, quand on veut donner à ces idées la forme d'un dessin.

Plus tard, à une certaine époque, un siècle après, si l'on veut, les Romains, qui favorisaient l'agrandissement de leur ville conquise, durent la voir s'étendre spécialement sur une des deux rives; or, cet autre bourg formant un appendice à la cité centrale dut être, à mon avis, établi sur la rive droite, par cela seul que cette portion de Paris a toujours été, depuis, la plus populeuse, comme il arrive à la plupart des villes situées au bord d'un fleuve, dans une position analogue.

Quand, en 1829, on démolit l'église Saint-Landry, on crut découvrir sur ce point des murailles de construction romaine, qu'on a regardées comme un mur d'enceinte [1]. On conviendra qu'il eût été bien éloigné du rivage actuel. Il est vrai que la Seine, alors non rétrécie par l'exhaussement des quais, a pu s'étendre jusque-là. Mais si, tout autour de la cité, le fleuve empiétait ainsi sur sa surface, Lutèce, bornée à un si chétif espace, ne pouvait mériter ni le nom de ville, ni de puissantes murailles.

D'autre part, il ne faut pas perdre de vue que l'île de la Cité était alors bornée par l'emplacement de la rue du Harlay, et que le *terrein* (espace représenté par l'ancien jardin de l'Archevêché, planté sous Louis XIV à la pointe sud-est) n'existait pas du temps des Romains, puisqu'il fut formé vers le douzième siècle par les décombres de l'ancienne cathédrale, et incorporé à la cité vers 1660. Si l'on place, sur le sol de la cité, une citadelle occupant tout l'emplacement du Palais et de la Préfecture, un temple et d'autres édifices importants vers l'endroit où s'élève Notre-Dame ; si l'on ajoute, avec Dulaure, une place du Commerce à la descente du Petit-Pont, une prison à l'endroit où était Saint-Denis-de-la-Charte (*carcer Glaucini*) ; si enfin l'on admet, ce qui est probable, que les maisons construites sur le reste du terrain n'avaient qu'un seul étage, selon la mode romaine, on conviendra que la véritable ville devait s'étendre au delà de l'île qui fut son berceau. Cette ville, il faudra donc la chercher sur une des deux rives de la Seine, ou plutôt sur toutes les deux à la fois.

Quand l'imagination se reporte vers une époque plus avancée de la domination romaine, par exemple au quatrième siècle, elle trouve plus d'aliments. Il lui est permis, grâce au Palais des Thermes et aux découvertes successives d'anciennes tombes, de diverses constructions, de statues, d'autels, de bas-reliefs et d'inscriptions, exhumés en différentes localités, de supposer les deux rives de la Seine couvertes d'habitations, sur une surface plus ou moins étendue au delà de ces rives, et réunies à la cité centrale par deux ponts, le Grand-Pont (aujourd'hui Pont-au-Change) et le Petit-Pont, tous deux ainsi nommés parce qu'ils traversaient, l'un le grand bras, et l'autre le petit bras de la Seine. Du Breul tient à ce qu'ils aient été dans le même axe, et admet que jadis le Petit-Pont était à la place de celui dit Saint-Michel. Mais la position de la rue Saint-Jacques qui, de tout

---

[1] On a publié dans les *Mémoires* de la Société des antiquaires de France, tome IX, une suite d'estampes qui donnent le plan de ces découvertes.

temps, a été la grande voie de la rive gauche, contredit cette hypothèse. Les écrits contemporains qui pourraient nous éclairer efficacement sur l'état de Paris au quatrième siècle sont à la vérité rares et encore bien vagues; mais on parviendrait, je le répète, en étudiant l'histoire moins obscure d'autres villes gallo-romaines, à en tirer, par analogie, des conclusions, pour celle qui nous occupe. Ne doit-on pas supposer que les Romains procédaient, dans tous les pays conquis, à la construction des villes coloniales d'une manière à peu près uniforme?

La citadelle romaine était bâtie à l'extrémité occidentale de la cité, selon tous les historiens; pour se faire une idée juste de sa forme et de ses détails, il faudrait chercher en Europe une ville, bâtie dans un site analogue à celui de Paris, laquelle posséderait des traces d'une fortification désignée par le même nom latin que celle de Lutèce [1]. C'est certainement par ce système analogique qu'on pourrait résoudre la question du genre de constructions que les Romains établirent à Paris en fait d'enceintes, de citadelle, de temples, de ponts, etc. Mais quant à l'emplacement précis qu'occupaient les divers corps de ces constructions, je crois qu'il sera toujours bien difficile de le déterminer.

Ensuite, il faut avoir égard à une autre considération. Les Romains ont pu modifier chez nous leur système ordinaire d'architecture militaire, en raison du sol et du climat, et y mêler du goût celtique. Aujourd'hui même, dans notre colonie d'Alger, nos ingénieurs ne composent-ils pas leurs travaux stratégiques, dans un système français mélangé d'idées africaines?

Mais s'il existe quelques chances de pouvoir se former, un jour, une idée approximative des premiers édifices publics de Lutèce, il n'en est pas de même par rapport aux maisons particulières qui formaient les réseaux des rues, au quatrième siècle. Où en chercherons-nous le modèle? à Rome même, il ne reste, en fait d'échantillons de maisons privées, que des bâtiments assez remarquables pour retenir beaucoup de ressemblance avec les édifices publics. Il se conserve longtemps, dans les villes ruinées, des types de grandes habitations; mais les plus humbles et les plus nombreuses, celles du pauvre et du petit bourgeois, remplacées sans cesse à toutes sortes d'époques ou totalement anéanties par la guerre, vu leur fragile construction, ne laissent d'ordinaire aucune trace sur le sol. Pompeïa offre, il est vrai, des types d'habitations antiques; mais qui oserait les admettre comme modèles de celles de Lutèce? Il devait nécessairement y avoir entre elles de grandes dissemblances basées sur la nature du climat. Il serait bien difficile de

---

[1] Je me suis souvent demandé si la véritable citadelle de Paris n'était pas plutôt assise, selon l'usage, sur une colline qui dominait la Seine, comme était situé le palais des Thermes, et si ce palais lui-même n'était pas cette citadelle, *arx excelsa*, dit un ancien auteur.

décider si nos maisons au quatrième siècle avaient telle ou telle forme, si elles étaient terminées par un toit aigu ou par une terrasse ; si chacune avait son portique, son *impluvium* et sa citerne au milieu ; si elles étaient, en général, de pierres, de briques, de plâtre ou de bois. Je pencherais certainement pour cette dernière supposition, vu les nombreux incendies que signale notre histoire, et parce qu'il y avait autrefois des portions de forêts dans le voisinage de la ville.

Ces questions, non résolues jusqu'ici, forment une lacune dans la science archéologique. On a du reste fait, à ce sujet, quelques tentatives consignées, je crois, dans les *Annales de Didron*. Pour moi, je me déclare tout à fait incapable de résoudre de tels problèmes.

Quant au nombre et à la forme des rues sous la période romaine, tant en la Cité qu'au dehors, comment entreprendre d'en donner une idée juste en l'absence de documents, de détails contemporains? Admettre que celles de nos jours, qui avoisinent la Cité et la Seine, ont toujours été maintenues sur un emplacement primitif, est une hypothèse inadmissible. Certainement les premières rues de Lutèce ont dû se conformer aux ondulations de sentiers plus ou moins tortueux ; mais, par la suite, des raisons d'utilité publique ou particulière, l'action des incendies, durent influer sur leur forme originelle. On peut conjecturer que les premières établies le furent de l'est à l'ouest, c'est-à-dire parallèlement à la Seine. Puis plus tard on ouvrit d'autres rues qui, croisant les premières, descendaient vers la rive.

Telle est, je crois, en tous pays, la marche ordinaire de l'accroissement des villes assises au bord d'un fleuve. Tous les peuples, en général, qui s'établissent sur un lac ou sur une rivière, regardent comme la position la plus avantageuse, celle où la façade des maisons riveraines a tout à la fois la vue du midi et celle du cours de l'eau. Un instinct naturel aux hommes comme aux oiseaux et aux castors les porte à procéder à leurs constructions selon une certaine routine modifiée par les conditions du sol et du climat. Aussi la plupart des villes dont l'assiette est analogue à celle de Paris, telles que Orléans, Rouen, Caudebec, Nantes, Londres, etc., ont-elles leur partie la plus compacte établie sur la rive qui regarde le midi, par rapport au cours du fleuve.

Ainsi donc, avec le temps, les rues de Paris ont subi tant de modifications successives, que le réseau actuel de celles de la Cité n'offre probablement que de bien légères traces du plan de Lutèce.

Il est, à mon avis, impossible que deux siècles après la conquête de Jules César, cette ville ne s'étendît pas hors de cette limite. J'admets donc qu'à cette époque, les deux rives faisant face à celles de la Cité étaient déjà garnies de maisons, surtout le long de la rive droite et à la descente des ponts, et que ces maisons aboutissaient par derrière à une autre rue parallèle au rivage.

Il est à présumer, quoi qu'en pensent des savants trop préoccupés du palais des Thermes[1], que la rive droite (au delà de la Cité), malgré son terrain marécageux, fut bordée la première de maisons assises sur la berge, c'est-à-dire sur le terrain primitif (beaucoup moins élevé alors), où sont les quais actuels Pelletier et de la Mégisserie[2].

S'il reste aujourd'hui plus de traces d'antiquités sur la rive gauche de Paris que sur la droite, c'est, à mon avis, parce que les habitants plus nombreux et plus actifs de cette dernière rive, livrés au commerce, portés sans cesse à renouveler, à étendre leurs propriétés, auront, depuis un temps immémorial, pour gagner de l'espace, abattu les constructions romaines. Par la même raison, le mur méridional de Ph. Auguste a survécu plus d'un siècle à celui construit vers le même temps sur la rive opposée.

Du reste, on a exhumé, au nord de Paris, plus d'un souvenir de l'époque romaine; on a suivi les traces d'un aqueduc qui, de Chaillot, venait aboutir au Palais-National. Dans le jardin de ce palais et dans le voisinage, on a découvert des bassins, des tombes, un buste de Cybèle, etc. On a aussi rencontré d'anciennes sépultures aux environs de Saint-Gervais.

Remarquons d'abord que les antiquités découvertes au sud de Paris sont, pour la plupart, sur la hauteur et rarement à proximité de la Seine. Le palais des Thermes fut bâti dans un site pittoresque, à mi-côte du mont Locutitius (aujourd'hui Sainte-Geneviève), au milieu des bois et des vignes, et ses bassins furent alimentés par les eaux de Rungis. Si Montmartre eût été plus rapproché de la Seine, on eût vraisemblablement choisi de préférence cette position méridionale pour l'établissement des Thermes, et l'on y eût construit, pour le service du palais, un aqueduc qui aurait amené les eaux de Ménilmontant.

On place derrière Saint-Etienne-du-Mont, au sommet de la rue des Fossés-Saint-Victor, un amphithéâtre, parce qu'il y avait là autrefois un *clos*, dit *des Arènes* ; un camp romain sur l'emplacement du Luxembourg; une fabrique de poteries au faubourg Saint-Marceau; enfin une voie des tombeaux vers la rue de Lourcine, dont l'étymologie serait : *Locus cinerum*.

---

[1] Mauperché, p. 86, admet, d'après un titre du Trésor des Chartes, que ce palais fut bâti entre 1138 et 1218, sur un terrain nommé les *Thermes*, par Simon de Poissy. Mais la nature de sa construction répugne à cette opinion.

[2] Mauperché, p. 77, pour contredire cette hypothèse, cite un passage de Raoul de Presles; mais si cet écrivain du quatorzième siècle avance que la rive gauche fut la première habitée, son assertion est, comme la mienne, une hypothèse qui ne s'appuie sur aucun document contemporain.

Admettons comme authentique l'existence de tous ces monuments : elle ne prouvera pas que la rive gauche fût la plus peuplée. Les amphithéâtres n'étaient point toujours au centre des villes, mais quelquefois hors des portes, ou même au loin sur une colline. Celui-ci avait pu être élevé spécialement pour le plaisir des riches colons fixés dans le voisinage du palais. Le camp s'explique par la proximité d'une résidence impériale. Les fabriques de poteries s'établissent souvent loin des villes, là où le terrain est le plus favorable. Quant aux tombeaux, on en a trouvé également au nord, au bord des grandes voies.

La rive gauche a donc été, si l'on veut, la première couverte de *villas*, de vastes jardins, de lieux de plaisir, mais non d'îlots de maisons. Disposée pour recevoir des propriétés d'agrément, elle dut naturellement devenir *ville* plus tard que l'autre rive qui, bien que coupée de plaines marécageuses, était, sous tous les rapports, plus propice à des établissements de commerce.

La seule voie importante de la rive gauche, commençant au petit pont, et nommée plus tard rue Saint-Jacques, devait être garnie, vers la descente du pont, de quelques maisons, plus clair-semées à mi-côte. Cette rue, qui devenait bientôt un chemin à travers les vignes et qui, vers le sommet de la hauteur, était bordée de tombes, était la véritable route de Rome. L'autre voie, qui lui était presque parallèle (aujourd'hui rue de la Harpe), semble avoir été établie spécialement pour le service du palais des Thermes.

En résumé, si l'on découvrait jamais un plan de Lutèce tracé sur pierre vers le IVe siècle, on y distinguerait à peu près les détails suivants : à la pointe occidentale de l'île, une citadelle et dépendances; une prison vers le terrain qu'occupait Saint-Denis de la Chartre; un temple sur l'emplacement de Notre-Dame; des constructions importantes vers Saint-Landry et sur la place du Parvis; un pont jeté sur chaque bras de la Seine; à l'intérieur de l'île, et près de chacun des ponts, un port pour le commerce; enfin, *peut-être*, un gros mur d'enceinte tout autour de la cité.

Sur la rive droite, deux ou trois rues s'étendraient parallèlement à la Seine, rues au moins aussi longues, sinon plus, que le rivage opposé de la cité; quelques autres rues, les croisant, aboutiraient à la rivière. Peut-être même verrait-on déjà un port sur la place de Grève. Une de ces rues parallèles à la Seine représenterait à peu près la ligne de la rue Saint-Honoré et de celle Saint-Antoine. Cette longue voie mettrait la ville en communication, à l'ouest, avec la grande route de la Normandie; à l'est, avec le grand chemin de l'Allemagne, chemin défendu, vers l'endroit où fut bâti Saint-Maur, par la citadelle nommée *castellum Alaudarum*. Sur la même rive, au nord et au delà de la ville, on trouverait au milieu de bois entrecoupés de marais qui s'étendent jusqu'à la Seine, près du ruisseau découlant de Ménilmontant (plus tard le grand égout), des fermes, et des maisons de campagne; des réservoirs alimentés par l'aqueduc de Passy, et situés sur l'emplacement du Palais-Royal; peut-être un temple de Cybèle aux environs de Saint-Eustache. La grande route d'Allemagne, vers Saint-Gervais, serait bordée de tombes. A la descente du grand pont (pont aux Changes) partirait une grande chaussée (la rue Saint-Denis), la voie des pays du nord; à la hauteur de Saint-Eustache, elle rencontrerait un embranchement (la rue Montmartre) qui s'arrêterait au pied du mont de *Mars* ou de *Mercure*, mont couronné d'un temple et peut-être aussi d'une citadelle; tout cela entrecoupé de parties de bois détachés de la forêt de Vincennes qui, probablement, se réunissait autrefois au bois de Boulogne. En un mot, cette partie de la ville serait, comme de nos jours, la plus peuplée, la plus commerçante et la plus active, surtout dans le voisinage de la rivière.

Sur la rive gauche, autre physionomie : quelques maisons de pêcheurs établies au bord du fleuve, et plus serrées aux abords du petit pont. Au loin, à l'occident, dans la plaine, peut-être un temple d'Isis sur le terrain de l'abbaye Saint-Germain-des-Prez. A mi-côte de la colline dite *mons Locutitius*, le palais des Thermes avec ses nombreuses dépendances, son parc, ses jardins, et ses piscines alimentées par l'aqueduc de Rungis; dans le voisinage, plusieurs maisons de plaisance; un temple consacré à Bacchus sur l'emplacement de Saint-Benoît; au sud-ouest des Thermes et plus haut, un camp pour protéger ce quartier spécial des Romains; au sommet de la même colline, vers la rue Neuve-Saint-Etienne, un amphithéâtre; plus loin, aux environs de la route de Rome, à l'endroit où s'éleva plus tard le bourg de Saint-Marcel, une fabrique de poteries, des carrières de pierres; peut-être un temple de Mercure où fut bâtie depuis l'église Notre-Dame-des-Champs; enfin des tombes romaines plus spécialement accumulées de ce côté, parce que c'était le chemin de la mère-patrie.

Tels sont, dans ma pensée, d'après le signalement des découvertes faites sur les deux rives de la Seine et dans la Cité, les détails dont se composerait probablement un plan de Lutèce tracé vers la fin du IVe siècle. Mais qui oserait entreprendre d'assigner à chacun de ces détails une place fixe et des contours bien déterminés? Le palais des Thermes et son aqueduc peuvent figurer avec précision sur un plan fictif; mais comment élever, avec certitude, un temple à Jupiter, à Bacchus, à Cybèle, à Isis, sur tel ou tel point, parce qu'on aurait trouvé là un autel, une inscription, un buste relatif à ces divinités? Que de monuments, même très-lourds, ont été déplacés! Si dans trois mille ans un antiquaire venait à exhumer, près de l'emplacement de Saint-Germain-l'Auxerrois, la statue de Sainte-Geneviève qui orne le portail, ou, sur la place de la Concorde, des fragments de notre obélisque, aurait-il le droit de conclure qu'il existait autrefois un temple dédié à sainte Geneviève en face du Louvre, ou un monument de style égyptien à l'extrémité du jardin des Tuileries ?

Tracé ainsi d'idée, ou si l'on veut *raconté*, mon plan ne répugne pas à la raison ; mais essayez de le fixer sur le papier, vous hésiterez à chaque trait du crayon. C'est comme un songe bizarre qu'on voudrait froidement décrire; le raisonnement en détruit toute la forme. Il est permis à l'imagination d'être vague, mais non pas au crayon. Toussaints du Plessis, dans ses *Nouvelles Annales*, fournit des recettes assez ingénieuses pour fabriquer des plans du vieux Paris, mais il eût renoncé à en faire le dessin réel.

Le plan de Paris sous la domination romaine, que M. Albert Lenoir a tracé dans sa *Statistique monumentale*, est plus complet que celui de Dulaure; mais il offre toujours le même vague; on ne voit pas où est la ville. On n'y trouve ni un réseau de rues, ni un édifice avec des limites bien arrêtées. La surface de la cité n'est pas assez rétrécie, et on y a incorporé à tort le monticule isolé nommé autrefois le *Terrein*; plusieurs buttes de formation ultérieure y figurent, etc. Quelque soin, au reste, qu'on apporte à de tels travaux, y consacrât-on sa vie entière, ils seront toujours, en grande partie, problématiques. On peut, par suite de nouvelles découvertes, les rendre moins imparfaits, voilà tout.

Les obstacles signalés ci-dessus se représentent, quand on veut tracer un plan fictif de Paris sous Charles le Chauve. On a souvent commenté le poëme en latin barbare écrit par le moine Abbon, contemporain de ce roi; on en a fait jaillir des renseignements qui peuvent plaire un instant à l'imagination, mais jamais satisfaire l'ami du positif. Pour qui tient le crayon, c'est toujours le même vague; peut-être même y a-t-il encore plus d'obscurité sur cette époque que sur celle de la domination romaine, car on n'en connaît pas, que je sache, le moindre vestige matériel. Les Romains bâtissaient pour les âges à venir, mais le IXe siècle avait perdu les souvenirs de l'art et de la civilisation importés par ses anciens dominateurs.

Qu'on ne se figure pas qu'il suffirait, pour fabriquer un plan de Paris sous Charles le Chauve, d'ajouter à un plan authentique de Lutèce (supposé qu'on en eût trouvé un), quelques nouvelles rues percées au hasard sur des terrains en culture, comme eût procédé feu M. De la Marre; il est constant que le sol parisien, en ces temps de barbarie, a été souvent remanié, transformé par les inondations, les incendies et le pillage, trois fléaux dont on ignorait l'art de se garantir, sans parler du caractère des capricieux habitants de Paris, qui dès lors, sans doute, les portait à des changements sans fin. Les édifices religieux ou civils un peu importants élevés vers cette époque (si toutefois on ne se bornait pas à utiliser les vieilles bâtisses des Romains), durent être, je le suppose, d'après des échantillons ailleurs subsistants, des copies fort abâtardies de l'architecture gallo-romaine. On s'en ferait donc une idée en étudiant les débris contemporains qu'en auraient conservés plusieurs vieilles cités de la Gaule.

Quant à la forme des maisons particulières, je ne sais encore où l'on en trouverait des types. Cette forme avait dû être fort modifiée depuis Jules-César, surtout depuis le grand incendie signalé vers l'an 552, incendie qui fait conjecturer que la plupart des maisons étaient de bois ; d'autant plus que les ponts, les forteresses même, comme on le voit dans le poëme d'Abbon, étaient encore, au IX° siècle, construits de cette matière. Peut-être même est-ce ce système de bâtisse qui a éclairci la partie du bois intermédiaire qu'on suppose avoir réuni la forêt de Vincennes à celle de Boulogne.

Qui pourrait donc, à moins d'un secours imprévu, se flatter de tracer un plan satisfaisant des édifices et des rues de Paris au IX° siècle ? Il est probable qu'il serait encore plus inexact qu'un plan sous la période romaine, puisqu'il ne s'appuierait sur aucune découverte matérielle.

Passé le XI° siècle, bien que les plans en nature manquent toujours, les chroniques plus véridiques, plus claires, plus détaillées, viennent nous seconder avec plus d'efficacité. A l'aide de quelques passages bien interprétés, on pourrait établir, je crois, sur une carte, un certain nombre de points fixes ; des découvertes ultérieures contribueraient, peu à peu, à perfectionner ce travail, et l'on finirait par obtenir un portrait de notre ville, qui ne s'éloignerait pas d'une manière trop choquante de la réalité.

Si j'entreprenais jamais une image fictive de Paris au XII° siècle, mon premier travail aurait pour but des recherches sur l'état primitif du sol parisien. Je m'appliquerais à bien distinguer les mouvements de terrain naturels des exhaussements factices, tels que les quais, le monceau Saint-Gervais, les buttes Coypeau, Saint-Roch, des Saints-Pères et autres, qui, élevées, en général, dans le voisinage des fossés creusés sous Charles V, provenaient peut-être d'une partie des déblais de ces fossés. Cette étude du sol, sous le rapport archéologique, est encore à faire. Je citerai comme premier essai sur cette matière, un petit plan inséré dans les *Recherches sur les eaux de Paris*, par P. S. Girard, in-4°, 1812. Il serait encore important d'étudier quelles parties du sol primitif furent abaissées à diverses époques ; quelle direction précise suivait le ruisseau dit de Ménilmontant, devenu le grand égout, mais après tant de changements dans son cours originel, que les traces de son canal supérieur sont aujourd'hui perdues. Toutes ces études préliminaires me semblent indispensables pour qui veut composer des plans anciens de la capitale.

On peut donc, à la rigueur, tracer un plan fictif de Paris, assez satisfaisant, à partir de l'époque de Philippe Auguste, à l'aide de chroniques contemporaines, et de quelques manuscrits postérieurs d'un siècle. Quant à l'enceinte élevée sous ce règne, il est aisé d'en donner un tracé exact, en consultant plusieurs plans manuscrits ou gravés, levés du XVI° au XVIII° siècle, plans que je ferai connaître dans mes études sur cette enceinte. Il y a mieux : une partie de cette clôture existe, aujourd'hui même encore, en réalité, sur beaucoup de points de la capitale, au nord comme au midi.

L'époque de Philippe le Bel est fertile en documents, assez précis sur les limites et les noms des rues de Paris, sinon sur leur forme. Ce sont des livres de tailles, ou anciens registres d'impôts ; on trouve, en outre, la liste rimée des rues de Paris, composée par Guillot, vers l'an 1300. Il s'agit de bien approfondir tous ces matériaux, pour les accorder entre eux (ce qui n'est pas toujours aisé), et pour en tirer parti. On commencera par se procurer le calque d'un plan de Paris actuel, pris sur un modèle exact et assez détaillé ; puis, aidé des écrits contemporains, on retranchera beaucoup de rues ; on en ajoutera quelques-unes remplacées aujourd'hui par des places ou des jardins, et l'on parviendra, si l'on persévère avec sagacité, à obtenir un résultat satisfaisant ; mais ce travail exige bien du temps pour être exécuté sur une échelle un peu large, et, quoi qu'on fasse, il y aura toujours des lacunes et des points fort imparfaits. On pourra parvenir à tracer assez bien les limites des couvents, dont l'état primitif, rarement modifié, est représenté sur les meilleurs plans du XVIII° siècle ; mais il n'en sera pas de même des palais et hôtels remarquables, dont les formes ont subi tant de métamorphoses. Les uns ont été effacés du sol, il y a longtemps, et des autres, il ne reste plus que des vestiges, ou des images peu fidèles.

M. Albert Lenoir a dressé un plan de Paris sous Philippe le Bel, qui a pour base un livre des *Tailles* de cette époque, publié par M. Geraud (in-4°, 1837). Ce plan est, sans contredit, plus intéressant et moins idéal que tous ceux du même genre ; mais il est permis d'affirmer qu'aux yeux de l'archéologue, il laisse encore beaucoup à désirer, relativement à l'ensemble et aux détails. Plus d'un ancien nom, donné à telle ou telle rue, pourrait être contesté, car les écrits contemporains sont loin d'être toujours d'accord sur la désignation des rues et sur l'orthographe de leurs noms. Je doute que les anciens hôtels, figurés sur ce plan, aient une position et des limites exactes. Les noms de : *tours du Bois* et *de Billy*, donnés à deux tournelles de l'enceinte septentrionale, sont probablement des erreurs. Quant aux tours qui flanquent le gros mur de Philippe Auguste, elles pourraient être plus exactement tracées sous le rapport du nombre, de la position et de la forme, comme je le prouverai dans mon traité sur les enceintes, ouvrage faisant suite à celui-ci.

Bien des siècles se sont écoulés, avant que quelqu'un songeât à dresser, sur nature, un plan de la capitale. Les anciens architectes paraissent avoir attaché peu de prix au plan des édifices, même les plus remarquables, qu'ils faisaient construire, et, à quelques exceptions près [1], ils détruisaient ces plans, dès que l'édifice était achevé. Il est même douteux qu'ils fissent toujours des tracés de plans, quand il s'agissait de simples maisons de particuliers; il est à croire qu'ils projetaient, de tête, leurs constructions, au fur et à mesure qu'elles avançaient, les modifiant selon le caprice du propriétaire. Ce dernier avait à cœur d'imiter un voisin, et de copier, à peu de chose près, l'habitation contiguë à la sienne; on trouvait ce système plus commode que l'innovation; c'était le règne de la routine. La tradition orale présidait, je le suppose, à la bâtisse des maisons, comme au récit des historiens. Trouvait-on une rue tortueuse? on faisait onduler, selon cette forme, la ligne des pignons. Il fallait qu'un grand désastre survînt, ou qu'une nécessité bien urgente se fît sentir, pour qu'on songeât à changer la direction d'une rue, ou à en percer une nouvelle.

Mais vers les dernières années du XV° siècle, on commença à bâtir avec plus de discernement, comme aussi à comprendre l'avantage de posséder des plans approximatifs des édifices et des villes. La renaissance des arts entraîna la nécessité de la topographie, et alors, sans aucun doute, parurent les premiers essais en ce genre, essais plus ou moins assujettis aux règles géométriques. Je dis *en ce genre*, car les cartes géographiques représentant la position respective des villes, montagnes, îles, rivières, etc., étaient déjà connues depuis longtemps. Ces cartes générales, destinées à guider les voyageurs à travers de grands espaces, étaient en effet d'une utilité bien plus urgente que les plans détaillés de villes; aussi furent-elles connues avant ces derniers.

II. — Images de Paris antérieures à 1530.

En quel pays, en quelle année, au juste, a-t-on tenté de retracer le premier *pourtraict au vif* d'une grande ville, je l'ignore, mais je ne crois pas qu'il s'en rencontre d'antérieur au XV° siècle. Vers le milieu du XVI°, les plans de villes commencent à devenir plus communs. Ils sont, presque toujours, dessinés *à vol d'oiseau*, c'est-à-dire qu'ils représentent à la fois le plan géométral et l'élévation en perspective des édifices. C'est un genre qui s'est maintenu jusque vers le milieu du XVIII° siècle et qui redevient à la mode depuis 1840. On suppose, dans ce système, que le spectateur plane successivement, comme ferait un oiseau, sur

---

[1] J'ai lu, dans les *Annales* de Didron, je crois, la description de plans récemment retrouvés, qui avaient servi à la construction d'une cathédrale.

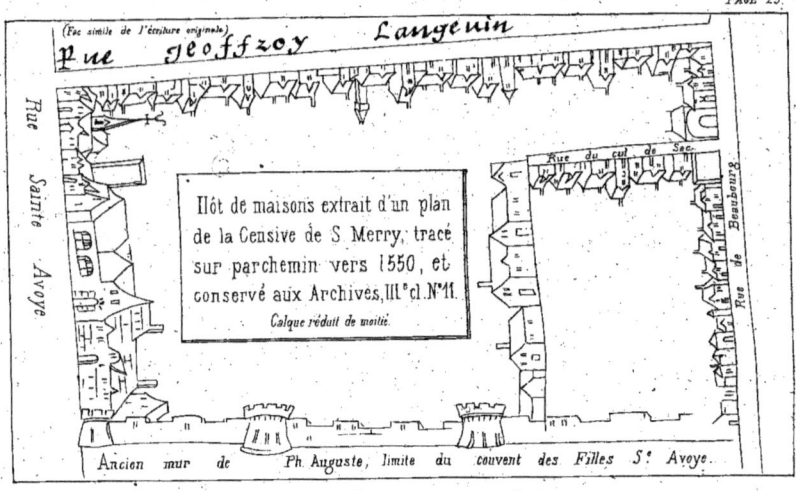

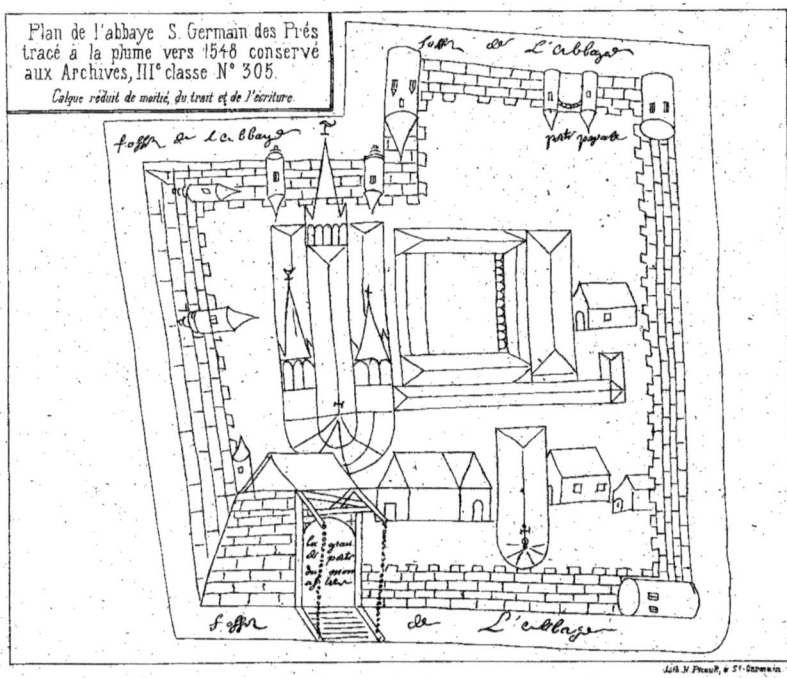

chaque point de la ville, et qu'il en aperçoit tous les édifices sous deux aspects, dont l'un se présente de face, l'autre de profil. On conçoit que ce genre de dessin-relief ne peut avoir pour base qu'une perspective factice, qui s'éloigne souvent de la nature. Ainsi les rues, celles surtout qui ont une direction horizontale à l'œil, y sont démesurément élargies, sinon elles seraient cachées derrière un des rangs de maisons qui la bordent. On peut dire, néanmoins, qu'un plan bien entendu, en ce genre, paraît naturel dans ses proportions, quand on ne considère que l'ensemble. L'expression moderne de *vue en ballon* exprime la même idée. J'emploierai de préférence, dans le cours de mes explications, celle de plan *à vol d'oiseau* ou *en élévation*, mais ce dernier terme n'est pas précisément synonyme de l'autre, et ne rend pas l'idée d'une manière aussi complète.

On voit aux Archives (Dépôt des cartes), des échantillons assez bizarres de plans anciens, qu'on doit nommer aussi : *à vol d'oiseau*. L'un d'eux représente les limites de la censive de Saint-Merry; un autre, l'ensemble de l'enclos et des bâtiments de l'abbaye Saint-Germain-des-Prez. Tous deux peuvent être attribués à l'époque de François Ier ou de Henri II. Je donne (planche 1re) une reproduction partielle et réduite de ces deux plans. On en trouvera un autre exemple à propos de la Porte-Montmartre sous Charles V, dans mon Traité sur les anciennes portes de Paris. Ces planches me dispenseront d'une plus longue explication. L'inconvénient de ce système de projection, c'est qu'à chaque encoignure, l'extrémité de l'une des lignes de maisons est cachée, absorbée par celle qui empiète. Je ne sais si ce genre de plans à vol d'oiseau est le premier mis en usage : le plus ancien plan que j'aie vu aux Archives (concernant Paris) est plat ou géométral, et porte la date de 1503. (Voy. la liste des plans partiels de Paris, à la suite de ces *Etudes*.)

Je dois, avant d'entrer en matière, adopter un système invariable de classification. Voici celui auquel j'ai donné la préférence : parmi les plans de Paris que je signalerai, il en est de manuscrits et de gravés; j'en cite même deux exécutés, par exception, l'un, en marqueterie, sur un instrument de musique, l'autre, en tapisserie. Je ne ferai aucune distinction entre tous ces plans, quant au genre de leur exécution matérielle, mais j'aurai uniquement égard à l'âge du portrait de Paris que le dessinateur a voulu retracer. Ainsi je décrirai, à l'an 1530, un plan gravé vers 1570, puisqu'il représente évidemment l'état de la capitale à une époque antérieure de quarante ans à celle de son exécution[1]. Mais je m'abstiendrai

---

[1] Il est si évident qu'on doit classer ainsi les plans, que nul auteur ou collecteur ne s'est avisé de placer à l'année 1756 le plan de Paris gravé par Dheulland, à cette époque, d'après un modèle gravé lui-même vers 1560.

d'intercaler dans ma liste par ordre chronologique ces plans fictifs dont j'ai parlé aux chapitres précédents. Il serait à désirer que tous les plans fussent contemporains de l'époque où ils représentent la capitale. Mais il en est beaucoup qui offrent une image de Paris antérieure à la date réelle de leur exécution, parce qu'ils ont eu pour modèle un vieux dessin. Les géographes-éditeurs, surtout ceux des pays étrangers, agissaient souvent ainsi, soit par ignorance, soit par impuissance de se procurer un dessin moderne, soit enfin, par pure indifférence. Il s'agissait pour eux d'illustrer un livre ; ils copiaient donc le premier modèle que leur apportait le hasard, sans songer, le plus souvent, à le rajeunir. C'est ce qui arrive encore de nos jours ; un compilateur veut publier, je suppose, à Londres ou à Madrid, un Guide de l'étranger à Paris pour l'an de grâce 1850. Il se contentera de l'*orner* de la copie d'un plan édité sous Charles X, s'il ne lui en tombe pas d'autres sous la main, et il se souciera fort peu de le mettre au courant des innombrables changements survenus depuis cette époque ; ainsi sont, en général, fabriqués, *bâclés*, si l'on préfère, la plupart des *Guides à l'Etranger*.

On croit généralement que le plus ancien portrait de Paris est une tapisserie exécutée sous François Ier et encore subsistante sous Louis XVI ; c'est, je crois, une erreur. Avant que François Ier eût ordonné la levée d'un plan général de Paris, il existait probablement déjà, quelque part, une ou plusieurs images de cette ville, images plus ou moins fidèles, que des cosmographes allemands ou hollandais firent copier et graver, afin de donner plus d'intérêt à leurs ouvrages. J'entrerai bientôt dans des dissertations sur ces anciennes estampes, dont le modèle original est inconnu.

A en croire l'abbé de Marolles, iconographe inexact, comme on l'était de son temps, quand il s'agissait d'archéologie nationale, il existerait « *un plan de Paris en bois dès le temps de Louis XII* » (*Catal.* de 1666, p. 132). Cette citation, que n'accompagne aucun détail, me paraît fondée sur quelque méprise. De Marolles aura, de son chef, attribué cette époque à l'un des petits plans sans date, que je mentionne ci-après (Voy. *plan de Munster*). S'il eût cité une date apposée au bas de l'estampe, on pourrait accorder à son assertion quelque confiance. Peut-être aussi a-t-il nommé *plan* une grossière image offrant une prétendue vue de Paris, comme on en voit une dans la *Chronique de Nuremberg* ; en ce cas, on pourrait en signaler de plus anciennes.

M. Girault de Saint-Fargeau cite, dans sa *Bibliographie de Paris*, 1847, p. 45, le plan qui suit : « *Le Vrai portrait de la ville, cité et université de Paris*, en 1515, « in-folio. » Je n'ai jamais rencontré, à mon grand regret, de plan de cette date. Ce millésime aurait-il été, au hasard, attribué à quelque plan sans date ? L'auteur a peut-être voulu dire : 1615, ou toute autre année. Je l'engage, s'il a *vu* un plan de

Paris daté 1515, à en publier une description détaillée et raisonnée. Je puis lui garantir que sa brochure aurait du succès auprès des archéologues parisiens, qui n'en connaissent aucun d'une époque aussi reculée.

PLAN EN MARQUETERIE, VERS 1520. — Le *Dictionnaire des Musiciens*, par Al. Choron et F. Fayolle, in-8°, 1810, cite, tome I, p. 194, l'article suivant que j'abrége :
« Gaspard Duiffoprugcar, célèbre luthier tyrolien. François Ier l'ayant vu à Bolo-
« gne, en 1515, l'amena à Paris... M. Roquefort, homme de lettres, possède
« (1810) trois basses de cet artiste... La seconde est à sept cordes. La table de
« dessous représente un plan de Paris au XVIe siècle, exécuté en bois de rapport
« et de diverses couleurs. Au-dessus est un S. Luc, d'après Raphaël... Sur la troi-
« sième basse on lit : Gaspard Duiffoprugcar, à Lyon... »

Le feuilleton des *Débats* du 19 mars 1850, signé : *Fs. Barrière*, parle de cet artiste qui serait mort en 1522, et de cette curieuse basse. Après bien des démarches, je l'ai retrouvée chez un luthier en renom, M. Vuillaume, qui la tient de feu M. Raoul, avocat au Conseil du roi et auteur d'une notice sur l'*Eptacorde*. Cet instrument a la taille et la forme des basses de nos jours. Le manche, qui se termine en tête de cheval, est orné de figures artistement sculptées, dont celle du dieu Pan. Le dos est couvert d'ornements en marqueterie ombrée, offrant des fleurs, des enroulements, des anges sonnant de la trompette, l'évangéliste saint Luc; enfin, au bas, le plan de Paris, qui ne mérite pas un long examen.

Ce plan est, en effet, fort insignifiant, en raison de sa petite dimension, et surtout du genre de son exécution. Il ressemble, en plus petit, au plan gravé de Munster dont je parlerai ci-après, et ne porte d'autre inscription que le nom de PARIS. La Seine, la Bièvre, les fossés et les égouts sont en bois noir, la campagne a une teinte verdâtre, les maisons sont jaunes et les toits rouges. Aucun édifice n'est reconnaissable. La clôture de Ph. Auguste, au nord, paraît isolée entre deux chemins de ronde; ses portes ressemblent à des échoppes. La porte Baudet (près du collége actuel Charlemagne) n'existe plus; celle de Nesle est précédée d'un pont qui fut détruit vers 1525. Du reste, on n'y trouve ni nom, ni date; pas une fleur de lys, pas une salamandre qui atteste l'époque de François Ier.

Un plan en tapisserie passe, je le répète, pour le plus ancien de tous; mais d'après la méthode que j'ai adoptée, j'en ai plusieurs à enregistrer avant celui-ci, non que la date de leur publication soit antérieure, mais parce qu'on y voit figurer encore les portes de Ph. Auguste, qui sont détruites sur la tapisserie. Or, le tracé de ces portes n'est pas, à mes yeux, une pure fantaisie des dessinateurs; je suis persuadé, au contraire, qu'ils les ont représentées d'après un modèle inconnu, exécuté avant leur disparition, c'est-à-dire vers 1530 ou 35.

III. — Plan de Sébastien Munster

(Représentant Paris vers 1530).

Vers le commencement du XVIe siècle, ère de progrès en tout genre, quelques dessinateurs obscurs créèrent la topographie, c'est-à-dire appliquèrent l'art du dessin à la *pourtraicture* des villes et des monuments, à une époque où les artistes mettaient leur honneur exclusivement à reproduire des tableaux religieux et mythologiques, des blasons et des portraits de hauts personnages, ces sortes de travaux leur rapportant des *écus au soleil*, plus sûrement que n'eût fait une représentation *ad vivum* d'un édifice public ou d'une ville. C'est donc pour les antiquaires du XIXe siècle une bonne fortune que l'idée survenue à quelques éditeurs géographes de nous léguer des portraits de nos cités. L'entreprise était neuve, et le grand nombre d'éditions des ouvrages où ces plans apparurent sont une preuve de leur succès.

Le plus ancien plan gravé de Paris que je connaisse représente cette ville vers 1530, quoique le texte annonce l'année 1548. C'est une horrible estampe sur bois, qui n'offre d'autre intérêt que sa date. Elle se trouve insérée dans plusieurs éditions de la *Cosmographie* de Sébastien Munster, cordelier allemand. La première édition de cette géographie est, selon Brunet, de 1541. On voit à la Bibl. nat. (G. 43) celle de 1544. Toutes deux sont en allemand, éditées à Bâle, et ne contiennent aucun plan de Paris. Mais dans l'édition latine de 1550 se trouve le plan en question. Il existe peut-être une édition de 1548, qui déjà le renferme, puisqu'au revers de la planche on lit (en diverses langues), que ce plan représente : Le portrait de la ville de Paris en 1548.

C'est donc dans la *Cosmographie* de Séb. Munster, édit. de 1550 et suivantes, que se trouve inséré le premier plan gravé de Paris (du moins à ma connaissance), plan dont les détails annoncent la date que je lui attribue. Il existe même des éditions publiées à Bâle ou ailleurs au commencement du XVIIe siècle, avec tirages ou copies de la même planche. Celles de 1550 et 54 sont des traductions latines dues, selon Brunet, à Séb. Munster lui-même; celle de 1552 et 56 sont des traductions françaises. Au reste, peu nous importe que le texte de cet ouvrage, qui est presque partout un tissu d'absurdités, soit en telle ou telle langue; le point essentiel pour nous, c'est de constater la date de la première apparition du plan de Paris. Quant aux quelques lignes de texte qui concernent cette ville, elles n'ont pour nous aucune valeur.

Je décrirai ce plan à vol d'oiseau, d'après l'édition française de 1552, publiée à Bâle par Henry Pierre (*Bibl. de l'Arsenal*, 205 ter, H.). En haut du titre on lit :

La Cosmographie universelle; ces trois mots forment quatre lignes en majuscules. A la page 89 se trouve le plan, dont la ligne d'encadrement a 36 centimètres sur 25 1/2. Au haut et au delà de cette ligne est écrit en caractères ronds : *La ville de Paris par tout tant renommée et Principalle ville du Royaulme de France.* En haut, à droite, sont les trois fleurs de lys sur une bannière; à gauche, une tablette carrée contient des noms d'édifices correspondant à sept lettres de renvoi. Les armes de Paris n'y figurent pas. Derrière le plan, au recto du feuillet 89, on lit cette inscription : *Le Portrait de la ville de Paris, selon la situation et la forme qu'elle auoit l'an* 1548, *dedans hors et les murs. Il n'a pas été possible de desployer en si peu de papier tous les édifices qui sont dedans ceste ville, ne toutes les rues qui sont en icelle. Ce sera assez de voir comment elle est diuisée en trois partz par la riuière de Seine et conjointe par les pontz qui y sont.*

Cette planche m'a paru être identiquement la même, dans toutes les éditions de Munster; cependant on remarque quelques dissemblances. Ainsi, sur le plan de l'édit. latine de 1554, on lit dans une banderole flottante, tracée au haut et à l'intérieur du plan, l'inscription en majuscules : *Lvtecia Parisiorvm, toto orbe celeberrima, capvt Regni Franciæ.* Cette banderole n'existe pas ici. Si, dans les diverses éditions que j'ai vues, sans pouvoir les comparer, l'estampe n'est pas tirée de la même planche, c'en est du moins un calque fidèle, puisque la dimension est identique.

Il eût été difficile de tracer une image plus grossière de notre capitale. Il n'y a aucune exactitude dans les proportions ou la direction des rues, ni dans la distance respective ou la représentation des édifices. Il me suffira de dire que l'abbaye Saint-Germain consiste en une tour ronde au milieu d'un clos, et Notre-Dame en deux sortes de colombiers côte à côte. La désignation des rues et édifices est tantôt en latin, tantôt en français; la rue Saint-Antoine se nomme *S. Thome*; la rue Saint-Jacques, *Suburbium S. Jacobi*, etc. Sur la rive droite de la Seine sont figurées deux enceintes. La plus étendue des deux est le rempart de Charles V qui, jusqu'à l'an 1635, forma la limite de Paris sur la rive droite. On y remarque encore la tour de Billy, détruite en 1538. L'autre enceinte, plus étroite, non attenante aux maisons, et consistant en un gros mur élevé en 1190, est encore entière, et se relie aux anciennes portes de Ph. Auguste, démolies entre 1529 et 1535. Le millésime 1548, inscrit derrière le plan, ne peut donc s'appliquer qu'à l'époque où la gravure aura été exécutée d'après un dessin antérieur. Admettrons-nous que les portes de Ph. Auguste, etc., ont été à dessein retracées ici comme encore subsistantes, quoiqu'elles n'existassent plus en 1548? Cette supposition est peu vraisemblable; on eût plutôt rajeuni que vieilli un plan destiné à faire connaître l'image de Paris *moderne*.

Il m'a été impossible de remonter à l'origine du modèle qui a servi au graveur allemand. Il n'a pu prendre pour base de son travail un plan exécuté en tapisserie dont je parlerai bientôt, tapisserie qui probablement n'était pas encore terminée en 1548, et, d'ailleurs, n'offrait plus, au nord, une seule des portes de l'enceinte de Ph. Auguste. Peut-être le dessin de cette planche aura-t-il été tracé de souvenir, ou d'après quelques descriptions orales. Du reste, le cordelier Séb. Munster n'a point, au sujet de l'estampe insérée dans son livre, une haute prétention, puisqu'il annonce avoir eu seulement l'intention de faire voir comment notre capitale se divisait en trois parties.

Il faut avoir de l'indulgence, et même de la reconnaissance pour le premier géographe qui ait tenté de publier des plans de ville, à une époque où il fallait, pour les dresser, s'aider de ses propres efforts. La géométrie, en effet, ne pouvait être alors d'un grand secours au milieu de ce dédale de rues étroites, tortueuses et toujours encombrées, qui constituaient alors la plupart des villes d'Europe. Ce n'était donc guère que de mémoire, et après un examen fort incomplet, qu'on pouvait crayonner tant bien que mal la forme de leurs rues et de leurs principaux édifices.

Le nom du graveur de ce plan informe nous est inconnu. C'est au reste un renseignement assez inutile. Au bas des épreuves primitives, on remarque, à droite, près du gibet de l'abbaye Saint-Germain, les initiales accolées HR. MD., suivies d'un poignard placé horizontalement, dont la pointe regarde le D.

Il existe, outre les nombreuses éditions en plusieurs langues de la *Cosmographie* de Munster, des ouvrages de divers titres, où figurent en plus petit des images de Paris, copiées sur celle-ci, ou du moins tracées d'après le même modèle. Ces reproductions m'ont paru offrir si peu d'intérêt, que j'ai dédaigné de rechercher les ouvrages qui les renferment. Je me bornerai à citer l'in-folio, intitulé : *Plantz, Pourtraitz et descriptions de plusieurs villes d'Europe*, par Antoine Du Pinet, Lyon, 1564, où l'on voit un plan de Paris gravé sur bois, ou du moins dessiné par Jean d'Ogerolles. Il est encadré de riches enroulements, de mascarons, cariatides, et animaux fantastiques. Cette petite estampe a beaucoup de ressemblance avec celle de Munster, et dérive assurément de la même source. Les tailles en sont plus délicates, mais le dessin en est aussi grossier, aussi défectueux. On y remarque les armes de France et de Paris, et, au bas, sept renvois.

Je signalerai aussi un petit plan italien qui a, je crois, la même origine (25 cent. sur 19). Il est gravé sur cuivre (vers 1560), et signé *Apresso Ferrado Bartelli*; au bas, quarante-trois renvois en langue italienne. Il est encore plus hideux, s'il est possible, que le plan de Munster. J'ai vu une épreuve de la même planche (Hôtel-de-Ville, dépôt des plans) qui paraît plus ancienne; on y lit au bas : ***D. B.***, *à Venise*. Un autre plan, très-petit, gravé vers 1572 par Martin Rota, est peut-être encore une réduction de celui de Munster.

Du Breul, dans son *Théâtre des antiquitez* (édit. 1612, p. 1060), cite le plan de Munster, 1548. La *Bibl. Historique* de Lelong (édit. en 5 vol.) signale, sous le n° 1766, et sans autres détails, « un plan de Paris sous Henri II ». Je pense que c'est la même planche qu'il veut désigner.

IV. — Plan représentant Paris vers 1530

(Edité à Cologne par GEORGES BRAUN, 1572).

La *Cosmographie* de Séb. Munster, en dépit, et peut-être à cause de ses récits mensongers, jouit longtemps d'une si grande vogue, que ce cordelier peut passer pour le Malte-Brun du XVI° siècle. Tous les géographes qui vinrent après lui se crurent obligés de lui emprunter ses étranges impostures. La *Cosmographie* d'André Thevet, 1572, en contient une partie, et quand Fr. de Belleforest publia la sienne, trois ans plus tard, il eut soin de rappeler, sur son titre, qu'elle avait pour base celle du géographe allemand.

Les Parisiens durent donc, ainsi que les autres peuples de l'Europe, se contenter, pendant longtemps, en fait de plan de Paris gravé, de la monstrueuse estampe de S. Munster et de ses copies. Enfin, parut un in-folio avec planches, contenant une description latine des plus célèbres villes de l'univers. Je ne saurais citer au juste la date ni le titre précis de la première édition du livre qui va nous occuper. Une partie des anciennes planches de Munster s'y retrouve, mais les plans d'un grand nombre de villes, notamment ceux qui concernent la France, furent regravés tout exprès sur cuivre, et cette fois d'après de meilleurs dessins. Le plan de Paris est l'un des plus remarquables du recueil, et forme un contraste frappant avec la grossière image de Munster. Outre qu'il est assez habilement gravé à l'eau-forte, il offre, malgré son petit cadre, une exactitude surprenante pour l'époque, et je ne crois pas exagérer, en affirmant que les grands plans gravés sous Louis XIV le surpassent seuls sous ce rapport.

De tous les plans de la capitale, c'est celui qui m'a coûté le plus de recherches, et, pourtant, malgré tous mes efforts, je ne pourrai éclaircir qu'approximativement son histoire. Comme il ne porte ni signature ni monogramme, il m'a été très-difficile de le désigner. Il faut pourtant le distinguer par un nom quelconque, puisque je le citerai fort souvent dans la seconde partie de cet ouvrage, où je traite des enceintes et des portes de Paris. J'étais tenté de le nommer : *Plan aux trois personnages*, à cause de trois figures qui sont gravées au bas; mais, comme elles sont effacées sur les dernières épreuves, je me suis décidé à le désigner sous le nom de : *Plan de Braun*, auteur du texte primitif. Ce qu'il y a de certain, c'est que la gravure en fut exécutée vers 1570, d'après un modèle tracé vers 1530, et que la planche, ayant appartenu successivement à divers éditeurs, servit à illustrer plusieurs ouvrages dont les textes, en différentes langues, ont été souvent remaniés et précédés de nouveaux titres ; ruses d'éditeurs, qui préparaient de l'embarras aux bibliographes à venir.

Je laisserai d'abord la parole à H. Mauperché, le premier qui, je crois, ait su apprécier le mérite de ce plan, et en a même fait regraver une partie dans son *Paris ancien*. Voici ce qu'il en dit, page 101 :

« Sans se pourvoir de priviléges, et sans annoncer l'époque de son travail, « Jean SANSSON, imprimeur à Amsterdam, a donné, *en latin*, un gros volume in- « folio dans lequel, aux *Tableaux des villes les plus illustres de la partie septen- « trionale de l'Europe*, il a joint un plan de Paris, plan *d'abord* sans date, ajoute « en note Mauperché.

« Cette même image a depuis reparu dans le premier des trois volumes, aussi « in-fol., dus à *Brouin* et *Hogemberg*, portant le titre : *Des Cités de l'Univers*, « imprimés à *Amsterdam*, avec privilége de l'empereur du 28 août 1572, et du « roi catholique, du 22 novembre 1574.

« Un fait infiniment remarquable, est que, pour donner un air de nou- « veauté à cette deuxième Carte, on a imaginé d'y *ajouter*, dans sa partie basse, « du côté gauche, trois petits personnages, costumés comme on l'était sous « Charles IX : *supercherie* mise assez souvent en usage par quelques-uns des « anciens graveurs que je pourrois citer. »

Le nom de l'éditeur Jean *Sansson* est une méprise. Mauperché traduit sans doute ici le nom latin : *Joannes Janssonius* qu'il a mal lu, de sorte qu'on pourrait le confondre avec celui des *Sanson*, célèbres géographes sous Louis XIII et XIV. Il a ensuite le tort de désigner en français le titre d'un livre qu'il annonce lui-même être en latin. (Je le citerai plus loin.) Noter que le plan fut *d'abord* sans date, c'était avancer que plus tard il en porta une, ce qui est inexact.

L'ouvrage en trois vol. que Mauperché intitule : *Des Cités de l'Univers*, avait aussi un titre *latin*, mais il existe peut-être, à mon insu, une traduction française. Le nom de *Brouin* est une erreur : c'est *Bruin* (nom qui, selon Brunet, est le même que celui de *Braun*). J'ai vu, au cabinet des Est. (Topog. V. a. 74), une épreuve isolée du plan en question, au bas duquel était inscrit à la plume : *Bruin*. Sans doute on aura cru, et c'est à tort, que Bruin était le graveur. Il était l'auteur du texte, comme on le verra ci-après. J'ai fait entendre, par erreur, dans mon *Histoire de la Gravure en France*, p. 20, que ce nom de *Bruin* était *gravé* au bas du plan.

L'assertion de Mauperché (troisième alinéa) est fondée sur une méprise, qui a pour cause son inexpérience à juger de la gravure ; je prouverai, plus loin, que les trois figures, gravées sur la planche primitive, ont été, au contraire, *effacées* sur les derniers tirages.

Je ne saurais citer au juste, je le répète, le titre du premier livre où ce plan se trouve inséré ; mais je puis certifier qu'il existe de ce livre un grand nombre de réimpressions avec texte remanié et titres renouvelés. Chaque épreuve de ce plan (plié en deux et collé sur onglet), porte au verso, à gauche, une page de texte en latin ou en autre langue. Je possède une épreuve où cette page, texte latin, se compose, non compris le titre du chapitre, de cinquante lignes ; les derniers mots sont ceux-ci : *Oratione præstiterūt* ; l'épreuve très-nette et très-brillante doit être du premier tirage. J'en possède une autre où le texte latin du verso se compose de 52 lignes et offre des différences dans la composition et l'orthographe ; le tirage de l'estampe est moins beau. Enfin une 3ᵉ épreuve porte au verso un texte latin de *deux* pages, dont chacune comporte plus de 80 lignes en caractères fins ; l'état de l'épreuve atteste que la planche commence à s'user. Derrière les épreuves les plus modernes, celles où manquent les trois figures, le texte est également en latin, mais imprimé sur deux colonnes. Ces simples remarques prouvent qu'il existe au moins quatre éditions latines bien distinctes.

Le *Manuel* de Brunet, au mot : *Bruin*, cite les titres d'ouvrages suivants :

« *Georgius* BRUIN *seu* BRAUN. — *Civitates orbis Terrarvm, in œs incisœ et
« excusœ, et descriptione topographicâ, morali et politicâ illustratœ*, Coloniæ 1572-
« 1618, 6 tomes en 3 vol. gr. in-fol. » Cet ouvrage est recherché, à cause des
« gravures, qui sont *de Fr. Hogenberg* et de *Simon Van den Noevel* (Novellanus).
« G. *Hoefnagel* a communiqué à l'auteur *plusieurs plans* des villes d'Europe, et
« *Corn. Chaymon*, ceux de villes d'Allemagne. Sur les plans de chaque ville se
« trouvent représentés les costumes du temps. Les premiers volumes ont été
« réimprimés en 1612. »

Brunet ajoute qu'il y a plusieurs autres éditions, avec le titre ci-dessus, dont le texte est latin, allemand ou français. J'ai vu, au Cab. des Est., dans la *Collection-Uxelles*, tome XV, une épreuve coloriée du plan, avec les trois figures, lequel porte au verso *deux* pages de texte français ; elle provient sans doute de l'édition dont Brunet signale ainsi le titre : *Le grand Théâtre des différentes villes du Monde*, Bruxelles, 1572, 6 t. en 3 vol., gr. in-fol. Il existe au moins deux éditions françaises ; car derrière l'épreuve dont je parle plus haut, sur laquelle on a écrit le nom de *Bruin*, il n'y a qu'*une seule* page en français, page de 48 lignes, dont les six dernières sont disposées en retraite.

Je signalerai, à mon tour, les titres précis de deux ouvrages où se trouve le plan en question, avec et sans les trois personnages. Le premier se voit au Cabinet des Estampes (N° 3521).

CIVITATES ORBIS TERRARVM. Le titre, ainsi disposé en majuscules à double trait, est inscrit sur un petit socle carré, qui supporte la statue assise de la *Géographie*. A gauche de cette statue est Minerve, ainsi dénommée : *Arcium inventrix* ; à droite, *Sanson* ; au-dessous on lit : *Opidor (oppidorum?) auctor*.

Sur ce frontispice, gravé vers 1600, n'apparaît ni date, ni nom d'artiste ou d'éditeur ; mais au verso est une préface en latin, qui commence ainsi : GEORGIVS BRAVN AGRIPPINENSIS (de Cologne), BENEVOLIS LECTORIBUS S. D (Salutem Dat). G. Braun est l'auteur du texte, et c'est sous ce nom que j'ai désigné le plan en question, n'ayant pu deviner avec certitude le nom du dessinateur. A la fin de la préface, dont je reparlerai plus tard, est la date : M. D. LXXII. Mais cette date n'est assurément pas celle de l'édition, car l'épreuve du plan de Paris est déjà fort usée. Le texte du verso est très-fin et plus détaillé que celui d'autres éditions. On y cite la description de Paris que donna Fr. de Belleforest en 1575. « *Porrò ne quid curiosus desideret lector, alteram descriptionem iconi urbis suffixam addere visum est.*

L'autre ouvrage, aussi sans date (Bibl. Nat. Imprimés, G. 226), a pour titre : *Theatrum Præcipuarum urbium positarum ad Septentrionalem Europæ plagam*. Ce titre, disposé de manière à former 8 lignes, est précédé d'un feuillet supplémentaire où se voit un frontispice gravé sous Louis XIV. On y lit dans un cartouche carré, orné d'enroulements, cet avant-titre : *Illustriorum principumque urbium Septentrionalis Europæ Tabulæ*. Ce cartouche est entouré de figures allégoriques et des divers costumes européens. On lit au bas du titre : *Amstelodami ex officinâ Joannis Janssonii*.

La date est assez facile à établir, car le plan de Paris, qu'on trouve au cahier D, est suivi d'un autre que je décrirai à l'an 1654, date approximative de cette édition. Le texte est imprimé sur deux colonnes. Ce recueil factice, illustré d'estampes tirées de planches de toutes sortes d'époques, est positivement le livre que cite Mauperché, sauf qu'il traduit le titre, ainsi que le nom de l'éditeur, qu'il défigure. L'épreuve du plan de Braun, insérée dans cette édition, n'offre plus les trois personnages. On les a effacés sur le cuivre, sans en laisser la moindre trace, et l'on a rempli l'espace au moyen de quelques tailles figurant un sol accidenté. C'est évidemment l'ancienne planche de l'édition de 1572. On remarquera de plus que dans le cartouche du haut, qui contient le titre du plan (*Lutecia vulgari nomine Paris, etc.*), les tailles des enroulements ont été ravivées et doublées ou croisées par d'autres tailles ; du reste, l'estampe ne porte ailleurs aucune trace de retouches ou de changements.

L'état d'usure de la planche et les surcharges signalées prouvent évidemment, contre Mauperché, que les épreuves aux trois figures sont primitives, et que ces figures ont été, vers 1654, *retranchées* et non *ajoutées*, pour dissimuler la vétusté du plan. Les épreuves sans les trois figures ne se trouvent annexées, à ma connaissance, qu'à ce seul ouvrage; mais on voit (Bibl. du Louvre, E. 148) un exemplaire divisé en quatre tomes, dont celui qui contient, au cahier D, les deux plans de Paris, a ce nouveau titre : *Illustriorum regni Galliæ civitatum tabulæ et Helvetiæ.* — *Ex officinâ Joannis Janssonii.* Le tome est sans date, mais ceux qui lui font suite portent celle-ci : cIɔ Iɔ cLvII (1657).

Après tout, la question de savoir au juste la date et le titre des livres qui renferment cette curieuse planche, n'offre qu'un intérêt secondaire. L'essentiel est d'étudier l'époque précise de l'état de Paris qu'elle représente. Je vais maintenant entrer dans quelques détails importants pour l'archéologie.

Le plan de Braun, dressé à vol d'oiseau, est gravé à l'eau-forte, avec une hardiesse assez artistique. Il porte, entre ses quatre lignes d'encadrement [1], environ 48 1/2 centim. sur 34. Il est orienté comme le sont à peu près tous les anciens plans de Paris; l'ouest est au bas de la carte, système qui offre de face les portails de la plupart des églises. Son champ a pour limites, au nord, le gibet de Montfaucon, Saint-Lazare, et le bas de Montmartre; au sud, les Cordelières et la rue Notre-Dame-des-Champs; à l'est, le commencement du faubourg Saint-Antoine (l'abbaye de ce nom qui y figure est infiniment trop rapprochée de la Bastille; c'est une licence que prenaient les anciens géographes, à l'égard d'édifices importants); enfin à l'ouest, l'emplacement à peu près où nous voyons les bâtiments des Tuileries.

Dans le coin supérieur, à gauche, un cartouche carré, encadré de guirlandes et d'enroulements dans le style de l'époque de Henri II, contient une inscription de huit lignes, laquelle sert de titre; elle commence ainsi : LVTETIA *vulgari nomine Paris, urbs Galliæ maxima,* etc. Le cartouche est surmonté des armes de Paris. Dans le coin inférieur, à gauche, sont les trois personnages signalés, un gentilhomme saluant deux dames. Les costumes sont contemporains de Charles IX. Au bas, à droite, sont gravés (en trois colonnes) quatorze vers français médiocres, mais assez correctement orthographiés. Voici le premier : PARIS *pour vray est la maisō royalle*, et le dernier : *Fertile en bled et en maintz d'aultres biens.* Les trémas sur les *y* in-

---

[1] Il y a souvent, autour d'une estampe, plusieurs lignes d'encadrement. Les mesures indiquées sont toujours prises entre les lignes les plus voisines du *témoin* ou trace que laissent les bords des planches en cuivre. Comme ces limites sur les anciennes estampes sont le plus souvent tracées fort peu carrément, je ne puis indiquer qu'une mesure approximative. Quant aux plans où ces lignes d'encadrement sont remplacées par des guirlandes, leur mesure offrira encore moins de chances de précision.

diquent une origine hollandaise. Très-peu de rues ou d'édifices ont été dénommés, sans doute pour conserver plus de netteté aux traits de l'estampe.

Ce plan représente évidemment dans son ensemble, qui est homogène et sans anachronisme de lieux[1], la ville de Paris vers 1530. Voici les points sur lesquels on peut établir sa date : on y voit la tour de Billy, détruite en 1538, l'hostel de la Royne, reste de l'hôtel Saint-Pol (les rues des Lions et de la Cerisaie ne sont pas encore tracées), l'hostel des Tournelles, le vieux donjon du Louvre ; les portes de Nesle et de Buci sont fermées (elles restèrent en cet état de 1525 à 1550) ; le rempart entre la Bastille et la Seine n'est pas encore bastionné ; *l'ostel de la ville* est toujours l'ancien hôtel du Dauphin, avec ses trois pignons et ses piliers ; l'enceinte septentrionale de Philippe Auguste existe tout entière, avec toutes ses portes moins deux (celles Saint-Antoine et Saint-Paul) ; la rue Françoise n'est pas encore percée, etc. En un mot, tout l'ensemble du plan paraît se rapporter à la date approximative de 1530, car il n'est point probable qu'on l'ait vieilli à dessein : on s'expliquerait plutôt le contraire. Il fournit à l'archéologue de plus sûrs renseignements que le plan dit *de Tapisserie*, dont je parlerai au chapitre suivant. Certes, si ce petit plan, sans offrir plus de détails, avait la dimension de cette tapisserie, il paraîtrait bien nu, mais il serait, je crois, moins imparfait dans son tracé général. On y remarque plusieurs localités qui, malgré leur petitesse, y sont mieux figurées que sur des plans beaucoup plus vastes. Le rempart de Charles V avec ses portes, ses *bastides* et son double fossé, y paraît aussi bien dessiné que sur les plans plus détaillés du siècle suivant ; la ligne du gros mur de Philippe Auguste est bien indiquée à sa place, et les tours qui le flanquent sont en nombre satisfaisant. Notons que c'est le seul plan de Paris qui ait représenté le haut donjon de l'hôtel de Bourgogne, donjon encore debout, rue Pavée-Saint-Sauveur, n° 3. En un mot, ce petit plan, supérieur à tous ceux du même siècle, est peut-être le seul auquel on puisse accorder quelque confiance, non qu'il soit un chef-d'œuvre, mais parce qu'il est de tous le moins imparfait, le plus capable de donner une idée claire de l'état de Paris sous François Ier. Je suis sûr d'avance que tous les archéologues qui l'auront étudié seront de mon avis, et admettront qu'il a dû être dressé sur un modèle tracé réellement d'après des recherches sur lieux. Si je ne le décris pas plus au long, c'est que j'aurai cent occasions d'en signaler les particularités dans le cours de mon Traité sur les enceintes.

Il m'a été impossible de découvrir où était l'original (tracé sans doute par un géomètre, sur une plus vaste échelle) qui a dû servir de base au dessin reproduit par le graveur. Ce dessin paraît, sur quelques points, avoir assez d'analogie avec

---

[1] Un seul point me semble postérieur à la date 1530, c'est cet ensemble de maisons qui relie le bourg Saint-Marcel à Paris, maisons bâties pour la plupart sous Henri II.

le plan dit *de Tapisserie*, qui représente Paris vers 1540, mais sur beaucoup d'autres il en diffère, et, dans ce cas, c'est toujours en mieux. S'il en est la copie, cette copie aurait été habilement corrigée et, ce qui paraît peu vraisemblable, vieillie d'au moins dix années, comme le témoigne la présence des portes de Philippe Auguste, absentes sur la tapisserie.

Il serait difficile de désigner au juste le nom du dessinateur ou du graveur de ce plan, aucune épreuve ne portant ni signature, ni monogramme. On n'est éclairé qu'à demi, par certains passages de la préface de G. Braun, auteur du texte. Les pages 3 et 4 de cette préface offrent les phrases suivantes :

« ... Artificiosæ *Simonis Nouellani* et *Francisci Hogenbergij* manus, mirificâ
« quâdam industriâ, tàm accuratè et *ad viuum* partium singularum proportione...
« expresserunt (civitatum tabulas), vt non icones et typi vrbium, sed vrbes ipsæ,
« admirabili cælaturæ artificio, spectantium oculis subjectæ appareant. Quas par-
« tim ipsi depinxerunt, partim ab iis, sagaci diligentiâ conquisitas atque depictas
« acceperunt, qui singulas quasque vrbes perlustrarunt....

« Ità *opus hoc nostrum*... multarum vrbium genuinâ descriptione ornavit ac
« auxit præstantissimus doctissimusque vir Abrahamus Orttelius Antuerpianus,
« hoc nostro tempore insignis cosmographus... Nec minores gratiarum actiones
« merentur summi illi præstantissimarum artium admiratores, Georgius Hoff-
« nagel Antuerpianus Mercator, et Cornelius *Chaymox*, quorum ille vivos et ac-
« curatos Hispanicarum, hic verò aliquot Germanicarum vrbiũ typos perhumaniter
« nobis cõmunicauit, etc... Coloniæ Agrippinæ, M. D. LXXII. »

Il est impossible de décider, d'après ces vagues renseignements, quels sont les artistes qui ont dessiné et gravé le plan de Paris qui nous occupe. On peut choisir entre cinq noms : *Simon van der Noevel* (c'est ainsi que Brunet a traduit : *Novellanus*), *Fr. Hogenberg*, *Abr. Orttelius*, graveurs; *Georges Hoefnagle*, et *Corneille Chaymox* (Brunet écrit : *Chaymon*). Peut-être faut-il ajouter le nom de *Mercator*, car le mot commençant par une majuscule, ne peut, à moins d'une erreur typographique, signifier *marchand*, qualité applicable au nom de *Hoefnagel*. Auquel donc de ces cinq ou six noms attribuer le dessin du plan de Paris ? Je serais tenté de choisir ceux de *Noevel* et d'*Hogenberg*, si habiles, selon Braun, à tracer *ad vivum* des plans de ville en perspective. G. Hoefnagle ou Hoefnagle a signé quelques planches du recueil, mais il a inscrit son nom sur des *vues* et non sur des *plans*. Au bas des vues d'Orléans, Rouen et Bourges, on lit : *depingebat Georgius Hoefnagle*. Celle de Tours porte de plus une date : *G. Houfnaglius* (sic), *anno dñi* 1561. Ce dessinateur, assez célèbre de son temps (né en 1545 et mort en 1600, selon Zani), aurait-il aussi *peint* ou dessiné des plans de ville, notamment celui qui nous occupe ? C'est ce que je ne saurais dire.

PLAN DE PARIS DE G. BRAUN, 1530?

Sans m'inquiéter davantage de rechercher le nom d'artiste qui se rattache à cette estampe, voici des hypothèses que j'admets comme vraisemblables : vers 1570 ou un peu avant, quelqu'un aura dessiné, pour orner la description de villes entreprise, par Braun, ou par tout autre cosmographe (par Ortelius peut-être), un plan de Paris à vol d'oiseau, tracé et réduit d'après un modèle plus grand, à nous inconnu, mais levé à Paris même vers l'an 1530. Il n'est pas à supposer, je le répète, que cette copie ait été vieillie à dessein. On aura fait ce que font encore, de nos jours, les éditeurs de *Guides* en pays étrangers. On aura copié un plan de Paris anciennement fait, sans trop regarder à la date. Le dessin communiqué à Braun ayant donc été levé d'après un modèle déjà vieux, l'éditeur, pour le mettre en harmonie avec la date de son ouvrage (1572), aura fait ajouter, sur la planche, des figures dont le costume donnât au plan un air plus moderne, figures non tracées sur le modèle primitif [1]. Beaucoup plus tard, un autre éditeur, pour le même motif, aura, au contraire, fait disparaître ces costumes.

Le plan de Braun, malgré sa date ancienne et sa supériorité, eu égard à son temps, est un des moins rares, parce que les épreuves tirées à très-grand nombre se trouvent dans plusieurs éditions d'ouvrages divers, dont les exemplaires sont répandus dans les bibliothèques publiques de l'Europe, et surtout, parce qu'elles ont été conservées dans des in-folios d'une reliure solide.

De 1838 à 1840, je puis l'affirmer, ce plan était très-commun à Paris, chez les marchands de vieilles estampes. J'aurais pu, dans cet intervalle de deux ans, m'en procurer au moins quinze épreuves à un fr. l'une portant l'autre. Devenu presque rare aujourd'hui, il atteindrait, en vente publique, un prix bien plus élevé.

Les épreuves fort usées, sans les trois figures, sont les plus rares. Je n'en ai même rencontré aucune dans le commerce. Il n'y a peut-être qu'un seul ouvrage qui les contienne, celui que j'ai cité page 32. Néanmoins, j'accorde naturellement plus d'estime aux épreuves avec les figures, puisqu'elles sont primitives, et beaucoup plus belles, et offrent identiquement le même état de Paris, le fond du plan n'ayant jamais été ni retouché ni corrigé.

C'est, je suppose, le plan de Braun que signale ainsi Lelong avec son vague ordinaire : « Plan de Paris sous Henri II, in-folio. On y voit le palais des Tour-« nelles qui fut détruit peu après sa mort. »

Il existe de très-petits plans qui sont peut-être des réductions de celui de Braun. Du reste, peu nous importe des estampes que leurs dimensions micro-

---

[1] Peut-être, vers le même temps, l'éditeur fit-il ajouter, sur le dessin à graver, cette suite de maisons bâties sous Henri II, entre la muraille de Paris et le bourg Saint-Marcel, seule partie du plan qui répugne à la date de 1530.

scopiques rendent tout à fait inutiles. Il nous suffira de décrire et d'analyser celles qui peuvent réellement servir à perfectionner l'histoire de la capitale.

V. — Plan dit : de Tapisserie
(Représentant l'état de Paris vers 1540).

On a regardé jusqu'ici comme le plus ancien portrait de Paris, une tapisserie exécutée vers 1540 ou 50, et qu'on croit généralement perdue, mais sans preuves authentiques. La plupart des archéologues parisiens ont souvent recours au témoignage de ce plan, devenu d'autant plus célèbre que sa disparition est une sorte de mystère, mais il en est peu qui paraissent l'avoir vu en nature, et surtout approfondi. Sauval le cite plusieurs fois comme une pièce très-connue de son temps. Félibien (tôm. I, p. 252) dit, en parlant de Sauval (de qui un éditeur ignorant publiait, en 1725, le manuscrit posthume) : « Un auteur qui donnoit ses soins, dans
« le siècle passé, à des recherches curieuses... a consulté les anciens plans im-
« primez, et une *vieille tapisserie* qui estoit encore de son tems à l'hostel de
« Guise, qui a esté venduë depuis, et qui n'est plus à Paris. » Félibien ne nomme pas Sauval, sans doute par esprit de rivalité, car on imprimait son *Histoire de Paris*, à la même époque. Mauperché, qui ne devine pas ce silence, s'en indigne, et s'écrie, page 92 : « Peut-on ajouter la moindre confiance au dire d'un homme
« dont on n'a pas même cité le nom ? »

Germain Brice, dans sa *Description de Paris*, édition de 1706, s'exprime ainsi : « On voit encore le dessein de ces ouvrages (la clôture de Philippe Au-
« guste) dans de vieilles peintures et dans quelques anciennes *tapisseries*, où l'on
« a représenté la ville de Paris, comme elle étoit dans les siècles passez. »

Bonamy, savant assez consciencieux, honoré, vers le milieu du dernier siècle, du titre d'*Historiographe de Paris*, est peut-être le premier qui parle avec détails de la tapisserie. Il nous apprend (*Mémoires de l'Académie des Inscriptions*, tom. XV) que Turgot, prévôt de Paris, fit l'acquisition de la tapisserie, pour la ville, et que ce plan fut exposé dans une des salles de l'Académie des Inscriptions, dont lui Bonamy était membre. Il est à regretter qu'il ne l'ait pas décrite avec soin, ou fait dessiner sur une assez grand échelle. Cette tapisserie, sortie d'une de nos fabriques pour orner un domaine royal, avait passé, on ignore au juste comment, entre bien des mains, avant d'être acquise par l'Hôtel-de-Ville qui l'a perdue.

Je lis dans le *Mémoire sur la Topographie de Paris* de Bouquet, in-4º, 1771, à la page xxxii : « Le plus ancien plan de Paris, et le plus conforme aux titres, est
« celui des *Tapisseries* de la ville ; il a déjà servi plusieurs fois de règle, dans les
« contestations portées au Parlement, pour juger de l'ancien état où étoient les

« lieux, avant le règne de Charles IX. » On verra ci-après, par les détails que je donnerai sur les deux dessins qui nous en restent, que la tapisserie n'a jamais pu servir sérieusement à cet usage [1].

Nous trouvons encore, au sujet de la tapisserie, une lettre anonyme adressée au rédacteur du *Journal de Paris* (28 mai 1788). J'en donnerai l'extrait suivant :

« Sous la prévôté de M. Turgot, les officiers municipaux de la ville de Paris ont
« fait l'acquisition de cinq morceaux de tapisserie qui ont appartenu à la maison
« de Guise, sur lesquels sont figurés la carte d'Italie[2], les plans de Rome, Venise,
« Jérusalem et Paris. Ces tapisseries ont été exposées jusqu'à présent (1788) le
« long de la façade de l'Hôtel-de-Ville, le jour de la Fête-Dieu, toute la journée
« et le jour de l'Octave jusqu'à midi; mais faute d'y avoir fait de temps en temps
« quelques réparations, elles étoient, l'année dernière, dans le plus grand déla-
« brement. Hier, on n'a exposé que le morceau le *moins endommagé* qui offre
« Paris tel qu'il étoit, il y a environ 250 ans, c'est-à-dire sous François Ier. »

« Ce plan en tapisserie et celui de *Saint-Victor* (voir ci-après *Plan de Du Cerceau*)
« ont été faits d'après un plan plus ancien; mais ce qui rend précieux ce plan,
« c'est qu'il est antérieur de près de 30 ans à celui qui est à l'abbaye Saint-Vic-
« tor. Il est aisé de s'en convaincre par différents édifices qui sont sur la tapis-
« serie et qui étoient détruits lorsque le dessin a été fait. Tels sont : les hôtels
« de Flandres et de Bourgogne, dont la démolition a été ordonnée en 1543, les
« hôtels de la Royne et de Beautreillis qui faisoient partie de l'hôtel Saint-Paul,
« l'hôtel Barbette, etc. Les vestiges de l'enceinte de Philippe Auguste nous y
« présentent trois tours de plus, entre la rue Saint-Denis et Coquillière. La der-
« nière de ces tours est située où est à présent l'escalier du premier hôtel à
« droite, rue Coquillière, entrant du côté de Saint-Eustache. C'est sous les dé-
« combres de cette ancienne tour qu'on a trouvé, dans le siècle dernier, une tête
« de femme de bronze antique, plus grosse que le naturel, et dont les yeux qui
« étoient peut-être de marbre ont été arrachés. L'Hôtel-de-Ville, sur cette tapis-
« serie, se termine à la rue du Martroy et y est figuré avec des piliers semblables à
« ceux de l'hôpital du Saint-Esprit et de la maison au delà de l'arcade Saint-Jean.
« Il n'en est pas de même du *dessin*[3] de Saint-Victor, parce qu'il est de beau-
« coup postérieur à l'an 1533 où l'on posa la première pierre de l'Hôtel-de-Ville. »

Enfin un auteur plus moderne, H. Mauperché, nous a laissé, sur *la Tapisserie*,

---

[1] Le même Bouquet, page 84, dit : « Nous donnerons, à la fin de ce Mémoire, une notice de *tous* les anciens plans de Paris ». Il n'a pas tenu sa promesse, et il eût été, je crois, fort embarrassé de la tenir.

[2] Selon Mauperché, c'était le plan de Constantinople.

[3] Ce mot *dessin* est une erreur, le plan de Paris de la Bibliothèque de Saint-Victor était gravé.

PLAN DE TAPISSERIE, 1540? 39

une dissertation longue sinon concluante, à propos d'un dessin du Cabinet des Estampes, qui passe pour en être la copie, et qu'il fit graver en 1816. Voici ce qu'on lit, à propos de ce plan, dans son *Paris ancien*, page 90 :

« Ce n'a été qu'en 1540 qu'il fut commencé; j'ai en main un certificat signé :
« *Pavillet* (archiviste de la ville avant 1792), attestant avoir lu sur la Tapisserie,
« la date de 1540. » Malgré cette attestation, l'auteur pense que ce plan fut dressé d'après un dessin antérieur à cette date, parce qu'on y voit encore la tour de Billy, détruite en 1538.

Un peu plus loin, Mauperché, influencé sans doute par un édit royal que je vais citer, s'exprime ainsi : « Je crois trouver la certitude que ce plan n'avoit pas
« encore paru en 1550... ce ne put être que postérieurement au 9 sept. 1551,
« ou 24 juillet 1557 que la Tapisserie fut finie, parce qu'on y voit deux fois re-
« présentées les armes du Cardinal Charles de Bourbon, aux deux différentes
« époques que je cite. »

G. Corrozet, auteur contemporain, dans ses *Antiquités* (1561, p. 176, et 1586, p. 172), rapporte l'édit suivant : « En cette année mil cinq cens cinquante, le Roy
« enuoya lettres en France, en forme d'Edict, au Preuost de Paris, et ses Lieute-
« nans, Preuost des Marchans et Escheuins, par lesquelles il leur mandoit faire
« faire le *portrait et dessein* de la closture et fortifications de tout Paris, compris
« les fauxbourgs, tant de l'vniuersité que de la ville, auec permission de bastir et
« edifier maisons dedans ceste closture : donné à Sainct-Germain-en-Laye,
« le huictiesme iour de Septembre. »

Il semblerait résulter de cet édit que Henri II aurait fait dresser un plan de Paris qu'on pourrait regarder comme le plan de Tapisserie ; mais en relisant avec attention les termes de l'ordonnance, on comprendra qu'il s'agit non d'un plan général de la ville, mais du tracé d'une nouvelle clôture projetée. Notons que le mot *dessein* signifie ici projet, et non pas image d'une chose existante. Il avait été arrêté qu'on enfermerait dans Paris les faubourgs nommés alors Saint-Honoré, Saint-Jacques, Saint-Germain, etc., au moyen d'un nouveau rempart flanqué de bastions angulaires, et reculé au delà des fossés de Charles V. En 1553, seulement, on commença ces travaux, du côté de la Bastille, probablement d'après le *dessein* ci-dessus ordonné. Sous Charles IX on bâtit un bastion à l'extrémité du jardin neuf des Tuileries, puis on abandonna cette reprise du projet de 1550. En 1633, on continua l'enceinte, depuis les Tuileries jusqu'à la rue Poissonnière ; puis Louis XIV vint tout détruire et substituer une promenade au rempart bastionné. Quant à l'enceinte des faubourgs de la rive gauche, elle ne fut jamais commencée.

C'est évidemment du tracé de cette enceinte bastionnée qu'il est question dans l'édit de 1550, et non de la levée d'un plan de la ville, car à l'époque où parut cet édit, il est probable que la Tapisserie, où ne figure aucun bastion, était terminée.

Mauperché me paraît donc avoir, par suite d'une fausse interprétation de cette ordonnance, avancé que le plan de Tapisserie ne put être commencé qu'en 1551. Quant aux armes du cardinal de Bourbon, qui ornaient ce plan, notons qu'il n'en parle que d'après un petit dessin exécuté vers 1700; les armes qu'offrait l'original étaient plutôt celles d'Étienne de Montmirail, comme je le prouverai bientôt d'après une immense gouache que je décrirai, et ces armes peuvent coïncider avec la date de 1540.

Je reprends la suite du récit de Mauperché. « Il faut le publier, s'écrie-t-il « avec emphase : *Dieu daigna inspirer* les Prévôt des Marchands et Echevins « de Paris, lorsqu'ils ordonnèrent que le plan de leur ville seroit exécuté en tapis- « serie. S'ils eussent employé la gravure, ils n'auroient obtenu qu'une *croûte*... »

Cette observation me paraît assez mal fondée. Pourquoi un plan gravé eût-il été une *croûte* ou, pour parler avec justesse, une détestable image, si la gravure en eût été confiée à quelque habile artiste de l'époque? un plan de ville exécuté en tissu de laine a, ce me semble, plus de chance d'être mal rendu, car un tel dessin comporte peu de netteté et de finesse dans le trait.

Mauperché s'extasie ensuite sur les petits rouleaux qui, sur le plan de tapisserie, renfermaient les noms de rues, et fait grand cas d'une échelle de mesure qui s'y trouvait tracée. Il raisonne toujours d'après le petit dessin qu'il avait fait graver et qu'il tenait à voir se débiter. Enfin, il ajoute naïvement : « Ils (le Prévôt et « les échevins) se sont procuré un *chef-d'œuvre* dont l'authenticité et la *parfaite* « ressemblance avec Paris ne furent jamais attaquées. »

Il suffit de jeter un regard sur le dessin en question pour se convaincre que l'auteur-éditeur abuse de l'hyperbole; l'image de Paris qu'il a reproduite est très-inexacte, et l'*échelle* n'est qu'un accessoire futile.

Après l'éloge de la Tapisserie, vient son histoire rédigée en style un peu sauvage: « On a la certitude que cette *antique* image fut longtemps à l'hôtel de Guise, « mais on ignore complètement les motifs qui furent cause qu'elle y fut transpor- « tée, et on ne sait pas davantage l'époque où ce déplacement eut lieu. » Il suppose ensuite que les Guises, ayant jugé *indispensable* d'avoir un plan de la capitale, l'empruntèrent et le gardèrent; procédé un peu cavalier, mais les Guises en avaient bien d'autres, à l'égard de la couronne de France.

« Une circonstance sur laquelle *je défie* les plus habiles critiques de me *donner* « *un démenti*, c'est que la tapisserie qui étoit à Paris en 1737... avec quatre autres, « représentant Rome, Jérusalem, Venise et *Constantinople*, furent adjugées (*sic*) « pour 2360 livres, à la fille du doyen des Conseillers au Parlement (Morel), lors

« de la vente qui en 1737, après la mort de ce magistrat, eut lieu en cette ville.
« Cette héritière Morel, ayant proposé aux prévôt et échevins de leur faire le
« don de ces monuments historiques, ils arrêtèrent qu'on lui rendroit ses 2360 liv.
« (et qu'on répareroit les tapisseries)... Tous les ans, ils les faisoient tendre, le
« jour de la Fête-Dieu, sur la façade de leur hôtel. » (*Journ. de Paris*, 20 mai 1788).

Il raconte ensuite que, le 21 janvier 1782, le plan de Paris fut employé comme tapis de pied, pour un bal donné à l'Hôtel-de-Ville à l'occasion de la naissance du Dauphin ; il cite le même Pavillet comme garant de ce fait, et déplore l'état de dégradation où « les *sauts et bonds* de la noblesse et du *timide bourgeois* » durent réduire cette *relique*. Quelques lignes plus loin, il ajoute, d'après le *Journal de Paris* : « Le 21 mai 1788, le plan de tapisserie fut tendu pour la dernière fois à la porte de l'Hôtel-de-Ville..., puis il fut totalement oublié. »

Il nous annonce enfin, qu'en 1809, il se mit à la recherche du précieux tapis. Un ancien almanach lui indiqua comme tapissier de la Ville, avant la Révolution, un nommé Choiseau, rue Saint-Jacques, 30, hôtel de la Poste. Il y court, et après bien des démarches, apprend que le sieur Choiseau est mort, mais a laissé un fils fort jeune qui occupait son ancien appartement. Le jeune Choiseau lui fit confidence que : « vû l'état de *pourriture* de la Tapisserie, il l'avoit *jetée dans le ruisseau.* »

Cette fin ignoble d'un tapis royal paraît peu probable, et Mauperché lui-même semble incrédule, puisqu'il ajoute : « C'est donc ainsi qu'a fini (*peut-être*) cette « pièce précieuse. » Je déclare, pour mon compte, ajouter une foi légère à tout ce récit, d'autant plus que Mauperché avait intérêt à faire valoir un dessin de la Bibliothèque nationale qu'il affirme être parfaitement tracé, sans avoir vu le modèle. On doit lui savoir gré assurément de l'avoir multiplié par la gravure, mais il eût pu s'abstenir de dénigrer tant de gens, dans le seul but de relever le mérite de la copie qu'il mettait en vente. J'ai pris, au sujet de la Tapisserie, des informations, sans succès, aux *Gobelins* et au *Magasin du mobilier national*.

Je vais maintenant, sans disserter plus longtemps sur une tapisserie qui a certainement existé, mais que je n'ai pu retrouver en nature, émettre mon opinion sur les deux dessins qui nous en restent. L'un, une immense gouache en neuf morceaux, se trouve à l'Hôtel-de-Ville, au bureau des plans ; l'autre, fort petit, celui dont Mauperché a publié une copie, est toujours à la Bibliothèque nationale (*Topog. de Paris*, Recueil, tome Ier).

Il est à regretter que ces deux dessins ne soient pas contemporains de l'état de Paris qu'ils représentent. Il existe, aux Archives, quelques plans partiels levés sous François Ier ; mais on n'y trouve aucun plan manuscrit, offrant l'ensemble détaillé de la capitale vers cette époque.

Au reste, cette pénurie d'anciens plans originaux doit peu nous affliger; car ils seraient probablement, à en juger d'après quelques échantillons, si grossiers, si peu exacts, qu'ils ne serviraient peut-être qu'à fausser nos idées. Le plan en tapisserie lui-même, malgré l'étendue de son échelle, était si imparfait, qu'un plan fictif de cette date, exécuté de nos jours par un dessinateur judicieux qui aurait lu avec discernement les histoires de l'époque, et visité avec soin les restes du vieux Paris, offrirait plus de chances d'exactitude. Sous Charles IX, sous Louis XIII, et même sous Louis XIV, le Paris de François Ier existait encore en partie; la forme des rues, les îlots des maisons, les abords de la Seine avaient, malheureusement pour la salubrité de la ville, éprouvé peu de changements, et la plupart des vieux pignons, comme dit Victor Hugo, ne s'étaient pas encore retournés. En consultant donc tous les plans, depuis celui de Braun jusqu'à celui de Bullet, 1676, on parviendrait à se procurer un portrait de la capitale plus fidèle que celui tracé sur cette tapisserie, de laquelle je parle uniquement d'après des copies.

GRANDE GOUACHE DE L'HÔTEL-DE-VILLE. — L'original, le *dessin en laine*, si l'on préfère, se cache quelque part ou est détruit. Mais l'Hôtel-de-Ville en possède une copie coloriée, aussi grande vraisemblablement que la tapisserie elle-même, et paraissant avoir pour base un calque de l'original, avec corrections postérieures.

Ma première idée, à la vue de cette ancienne gouache, fut de la regarder comme le dessin même, ou *carton* qui avait servi à confectionner la tapisserie, parce que plusieurs endroits écroûtés laissaient entrevoir un tracé primitif fort nu, colorié légèrement comme un lavis, et chargé, par une main plus moderne, de couleurs plus vives et de divers détails. Mais après un examen fort attentif, aidé des observations de M. Deschamps, érudit conservateur des plans de l'Hôtel-de-Ville, j'ai acquis la conviction que le tracé primitif ne pouvait dater guère que du XVIIe siècle, avec retouches du temps de Louis XV, comme l'indiquent les costumes de petits personnages et les ornements. Ces retouches dénotent une main assez artistique, mais sont malheureusement fondées presque toujours sur le caprice de l'auteur. Quant à l'écriture du plan, exécutée partie à la plume, partie au moyen de lettres à jour, elle a été ajoutée, sur des blancs qu'avait laissés le premier dessinateur, par un copiste fort négligent; aussi la plupart des noms de rues sont-ils horriblement altérés, non, je pense, qu'ils fussent tels sur la tapisserie, mais parce qu'ils ont été mal lus ou transcrits étourdiment.

Cette immense gouache, dont Mauperché ignorait l'existence, est exécutée sur un papier, dont aucun filigrane n'a pu révéler l'époque. Elle se compose de neuf morceaux isolés, composés chacun de plusieurs feuilles réunies, collées sur toile, et déjà assez usées par le frottement. Leur dimension est inégale; les uns sont roulés en un sens, les autres en un autre. Ils sont, du reste, préparés pour être réunis. Assemblés, ils formeraient une surface carrée d'environ 514 centimètres sur 442, y compris l'étroite bordure qui encadre l'ensemble. Le fond ou dessin primitif, partout où on le découvre, offre peu de détails, et paraît tracé sans règles fixes de perspective. La première couche de couleur a été presque partout empâtée à plusieurs reprises d'une seconde surchargée de détails assez finis, qui, bien certainement, n'existaient pas sur la tapisserie. Ainsi, toutes les fenêtres des maisons ont leurs croisillons; le mur d'enceinte de Ph. Auguste, flanqué de tours rondes, a été recolorié avec des variétés de teinte qui n'ont jamais été dans la nature, puisqu'il offrait partout une surface grise uniforme; on s'est donné la peine d'indiquer les assises de pierre, de refaire les créneaux et les embrasures; on a surtout visé au *pittoresque* à l'égard des vieilles tournelles représentées au hasard, soit entières, soit à l'état de ruines verdoyantes de touffes de lierre; les unes portent une plate-forme crénelée, les autres un toit conique à dessins variés. Cette prétention à l'effet indique assez combien la copie s'est écartée de la nudité et de la naïveté du modèle. Plusieurs localités ont été laissées avec leur configuration grossière, parce qu'on n'a su d'après quoi en refaire les détails, tels sont les hôtels des Tournelles, de la Royne et beaucoup d'autres; un grand nombre d'églises ont été retouchées et finies d'après des vues gravées par Israël Silvestre, Jean Marot, etc.; mais ces parties du plan si minutieusement léchées sont loin d'offrir beaucoup d'exactitude.

Il ne faudrait pas se fier à un pareil dessin pour connaître le nombre, la forme, et la position précise des tournelles de l'enceinte de Philippe Auguste : elles sont presque toujours tracées et placées de fantaisie, à en juger par celles que j'ai vues sur pied, ou par des plans sérieux levés par des architectes à diverses époques. Si l'on prit le soin de figurer, sur la Tapisserie, ce chapelet de vieilles tours enclavées (du côté de la rive droite), au milieu des îlots de maisons, ce fut uniquement, je pense, pour faire ressortir la grandeur de la ville, au moyen de ces jalons qui indiquaient son ancienne étendue. Ces tours grisâtres étaient peu susceptibles d'inspirer par elles-mêmes de l'intérêt, à une époque où l'on méprisait déjà tout ce qui restait du moyen âge, pour s'extasier devant les produits d'une architecture, tant bien que mal, renouvelée des Grecs.

Cette grande et grossière image de Paris est orientée de manière à présenter de face les portails d'église. L'ouest est au bas du plan ; aujourd'hui, c'est toujours le sud. A chaque coin, figure, dans un nuage, un vent qui souffle, avec son nom latin inscrit sur un rouleau. Ce détail m'a paru avoir été ajouté, mais, sans doute, d'après l'original. Ces figures de vents indiquaient les quatre points cardinaux.

On les remplaça, plus tard, par une boussole ou une rose des vents, puis enfin la ligne méridienne de l'Observatoire fut le signe de l'orientation.

Le champ est à peu près celui du plan de Braun, décrit précédemment, et sa surface totale, signalée ci-dessus, semble bien indiquer la dimension ordinaire d'un tapis de tenture. Cette surface est immense, si l'on considère que Paris, vers 1540, n'occupait guère qu'un tiers de l'espace où il s'étend de nos jours. Je regarde donc cette gouache comme une copie de grandeur naturelle de la Tapisserie, exécutée d'après un calque levé d'une manière quelconque ; on avait eu l'intention d'en prendre un dessin très-exact, sinon, à l'exemple de Gagnières, on l'eût tracé sur une échelle assez réduite, pour dissimuler la nudité de l'ensemble et l'aridité des détails.

On peut raisonnablement admettre que cette gouache représente l'état de Paris vers 1540, puisque toutes les portes de l'enceinte de Philippe Auguste, démolies entre 1530 et 35, n'y figurent plus. Il est vrai qu'on y voit encore debout la grosse tour du Louvre, détruite en 1529, et celle de Billy, foudroyée en 1538, etc.; mais il faut absolument, pour assigner aux vieux plans de Paris une date approximative, s'habituer aux *anachronismes de lieux* qu'ils renferment ; on y voit toujours subsister quelques localités effacées du sol antérieurement à leur date d'exécution, et souvent quelques autres tracées par anticipation.

Les rues sont d'une forme et d'une largeur disproportionnées ; leurs noms sont inscrits sur des rouleaux ou banderoles, logés au milieu des pâtés de maisons. Ces rouleaux sont ici très-peu ondulés ; il est probable que sur la Tapisserie ils flottaient avec plus de souplesse. Les noms, formés de majuscules romaines, paraissent souvent fort altérés, et leur orthographe vicieuse porte évidemment, je le répète, un cachet moderne. Peut-être sur la Tapisserie ces noms étaient-ils en lettres gothiques avec signes abréviatifs, de sorte que le copiste dérouté aura, dans son ignorance, donné dans mille bévues.

La partie supérieure de ce plan porte quatre armoiries. Sur la gauche, on remarque l'écusson de France, surmonté d'une couronne *ouverte*. Il était probablement ainsi dessiné sur la Tapisserie, mais à coup sûr il n'était pas, comme ici, entouré d'un collier de l'ordre de Saint-Michel, et d'un fatras d'ornements. A droite est le blason de Paris ; mais la *nef d'argent*, sur fond de gueules, a été modernisée ou retouchée, et n'a plus son ancienne forme.

Au-dessous de ces armoiries se déroule une longue banderole flottante, sur laquelle on lit, en majuscules romaines : CITÉ, VILLE ET VNIVERSITÉ DE PARIS. Au-dessous des armes de France et de Paris sont deux autres écussons qui peuvent nous aider à reconnaître l'époque où la tapisserie fut commencée ou achevée, supposé qu'ils n'aient pas été changés sur la copie, ce que je n'oserais affirmer, car ils ne sont pas les mêmes sur le petit dessin conservé à la Bibl. nationale. L'écu de gauche est d'azur, à bande de gueules, dentelée, du côté seulement qui regarde le haut de l'écu ; les huit interstices de la dentelure sont remplis d'argent. On reconnaît à ce signalement les armes des *Montmirails;* ce sont probablement celles d'*Etienne*, qui fut élu prévôt des marchands en 1540.

Je ne sais à qui attribuer l'autre écu qu'on voit sur le troisième morceau. Il est parti, au premier, d'azur à bande d'*or*; au second, coupé d'azur aussi à bande d'*or*, et d'azur à trois roques d'échiquier d'argent. Je n'affirmerais pas que les bandes fussent d'or. Elles ont une teinte légèrement jaunâtre, jadis recouverte d'une couleur dont il ne reste plus le moindre vestige. Tout ce que je sais, c'est que les trois roques (sortes d'Y barrées) sur azur font partie des armes de la famille Roquelaure.

Les quatre armoiries ont été entourées d'épaisses guirlandes de fleurs et de fruits de style Louis XIV ou XV, ainsi que deux des trois inscriptions qu'on remarque au bas du plan.

J'ai rencontré, il y a quelques années, à la Bibl. de l'Arsenal (*manuscrits*), dans une liasse relative à la Bibl. Saint-Victor, une note rédigée vers 1795, et que je n'ai pu retrouver. J'en ai extrait le passage suivant : « Etat des plans de Paris et « environs de La Grive, et les planches gravées en cuivre qui existent aux *Archives* « *de la Commune*, scavoir : — Un ancien plan de Paris en 9 feuilles qui, sui- « vant les armes qui se trouvent en la première feuille, paroit avoir été fait en « 1497, sous la prévôté de Jean de Montmirail, avocat, ou, en 1540, sous celle « d'*Etienne de Montmirail*, conseiller au Parlement. »

Or, quel pouvait être ce plan en *neuf* feuilles, auquel on attribue la date de 1497 ou 1540, sans indiquer s'il était gravé ou manuscrit, et quelle était sa dimension ? Ne s'agirait-il pas de la grande gouache qui nous occupe ? N'aurait-elle pas été transférée de la Bibl. Saint-Victor, après la suppression de ce couvent, aux archives de la commune, c'est-à-dire aux bureaux de l'Hôtel-de-Ville ? La mention faite de ce plan sur une note qui concerne la Bibl. Saint-Victor semble annoncer qu'il y était autrefois conservé, et cette circonstance expliquerait pourquoi les historiographes parisiens, quand ils parlent d'un ancien plan de Paris qu'on voyait à Saint-Victor, disent, les uns, qu'il était *gravé*, les autres, *manuscrit*. Si, en réalité, cette bibliothèque en possédait deux, on se rendrait compte de cette contradiction apparente.

Je reviens à la gouache de l'Hôtel-de-Ville. Espérons qu'un jour les neuf pièces assemblées en une seule carte seront exposées, dans une des salles, à l'examen des amateurs. Est-il à souhaiter qu'on fasse graver ce plan sur une moyenne échelle ? Pour moi, je suis d'avis que cette copie servirait fort peu à l'archéologie.

Mais ce grand dessin, tel qu'il est, et malgré la difformité dont les retouches ont affligé sa forme primitive, doit être regardé comme un curieux monument, puisqu'il représente vraisemblablement, dans leurs dimensions naturelles, les neuf morceaux qui composaient la Tapisserie perdue.

Je passe à quelques remarques sur chaque portion de ce vaste dessin et j'en indique la mesure approximative.

Premier morceau (190 sur 156 cent.).—Il offre peu de particularités remarquables ; il porte l'écusson de France au coin supérieur, à droite, et, au-dessous vers la gauche, les armes de la famille Montmirail. Il est traversé par le cours du rempart de Charles V, qu'accompagne un fossé et un arrière-fossé. Sur le sommet du terrassement sont plusieurs gros bâtiments en forme de carrés longs, qui s'élèvent de distance en distance et son reliés par un mur. On les nommait *bastides*, et ils servaient à loger des soldats et de l'artillerie. Ils sont ici figurés à l'état de ruines *pittoresques*, enjolivement dû à celui qui a retouché le dessin primitif.

Second morceau (172 sur 156 cent.). — Il serait fort intéressant, si les édifices qu'on y voit retracés n'étaient évidemment dessinés et retouchés de fantaisie. L'abbaye Saint-Antoine avait une église remarquable par une tour et un clocher octogones, placés au centre de la croix ; elle est ici figurée par une grosse tour ronde entourée de quelques maisons. — La Bastille, assemblage de cinq grosses tours (au lieu de huit), est surmontée de quatre tourillons qui représentent, je suppose, les guérites de pierre ou *échauguettes* de la plate-forme. — Le palais des Tournelles (édifice dont je n'ai jamais rencontré d'image contemporaine, non plus que de l'hôtel Saint-Pol), consiste ici en plusieurs cours bordées de maisonnettes groupées et orientées au hasard, nues et sans aucun style [1]. Au milieu d'un grand clos paraît une muraille çà et là ruinée et flanquée de sept tours minces et crénelées ; le tout fort grossier et sans perspective. M. Pernot a cru devoir copier, *enjoliver* à sa manière, et faire lithographier cet ensemble insignifiant. — L'église Sainte-Catherine-du-Val-des-Ecoliers se fait remarquer par son ancien portail gothique très-détaillé, mais peut-être imaginaire ; dans le jardin du prieuré sont de vastes berceaux. Non loin, à l'est, passe le gros mur de Philippe Auguste, flanqué de trois tours coiffées de toits coniques. — L'église Saint-Paul, le petit Saint-Antoine, les Célestins, l'Ave-Maria, l'hôtel de Sens, etc., n'offrent ni exactitude, ni pittoresque. — Le logis de Barbeau, groupe de maisons sans architecture, près d'une tour ruinée, attachée aux débris du mur d'enceinte. M. Pernot a

---

[1] Il en est ainsi de tous les hôtels célèbres tracés sur ce plan, c'est toujours un groupe de quelques bâtiments placés pêle-mêle ; on dirait d'un petit hameau de cinq à six chaumières formé par un enfant, au moyen de ces maisonnettes de sapin qu'on fabrique en Allemagne.

copié et arrangé tout cela de son mieux.—Près de l'église Saint-Paul est le Logis de la Royne, démembrement de l'ancien palais de Charles VI. On y voit des cours, des berceaux, et des bâtiments sans caractère qui aboutissent, au sud, à une épaisse muraille parallèle au cours de l'eau, et dominée de distance en distance par onze tours carrées, hautes et crénelées, qui se relient à la tour de Billy. Les rues des Lions-Saint-Paul et de la Cerisaie ne sont pas encore percées. (Elles le furent vers 1550). — L'île aux Vaches ne contient qu'une seule maison. — L'île Louviers est entourée de palissades; vers le centre, une maison et quelques arbres; au nord, une porte surmontée d'un petit toit rustique, interrompt la palissade. — Porte de la Tournelle, bâtiment carré, flanqué aux angles, vers l'est, de deux tours rondes. Cette porte, suivie d'un pont de pierre de quatre arcades, jeté sur le fossé, avait, ainsi que le pont, été ajoutée au plan primitif, car elle n'existait pas sous François Ier. — Au sud de cette porte, part le gros mur de Philippe-Auguste, muni de quatre tours. — Les Bernardins sont mal figurés; l'église a une façade qui n'exista jamais.—Partie de l'enclos Saint-Victor; la Bièvre le traverse, puis, tournant vers le nord, se jette dans la Seine, non loin du fossé de la ville, après avoir passé sous un ponceau de bois qui fait suite au pont de la porte de la Tournelle.

Troisième morceau (156 sur 152 cent.). — L'abbaye, ou plutôt le prieuré de Saint-Victor, attire surtout l'attention par les détails très-finis, très-léchés qu'on a ajoutés au dessin primitif, sans parvenir à cacher l'imperfection de l'ensemble. La tour hexagone (dite d'Alexandre), au coin sud-est de l'enclos, est fort mal dessinée. Cette tour, située près l'endroit où se voit la fontaine Cuvier, fut abattue vers 1840. — Au-dessus de Saint-Victor, s'élève, à l'est, la butte aujourd'hui nommée le Labyrinthe; elle est surmontée du moulin de *Coupeaux*. — De la porte Saint-Victor (simple pavillon), à celle Bordelle, dont le dessin assez détaillé sent la retouche, le gros mur est sans créneaux et flanqué de cinq tours, dont deux à toit conique. Le mur paraît percé de larges embrasures et, à l'intérieur de la ville, garni, à la hauteur de ces ouvertures, d'une sorte de chemin de ronde, établi en encorbellement et soutenu par des consoles de pierre. — Derrière Saint-Marcel est la *porte de la Barre*, porte non fortifiée, qu'on appela plus tard *fausse porte Saint-Marcel*. Quant aux églises Saint-Marcel, Saint-Médard, Saint-Hippolyte, etc., ce sont des édifices insignifiants. Les Cordelières seules ont un aspect qui manque un peu moins de caractère.

Quatrième morceau, premier du second rang (190 sur 140 cent.). — A gauche, près la bordure, se dresse le gibet de Montfaucon, beaucoup trop rapproché du rempart. Il offre un soubassement carré qui supporte *douze* piliers soutenant deux rangs de poutres horizontales. On y voit figurer six pendus; le tout *remis à neuf.* — La porte du Temple, bâtie sur le rempart, est un pavillon fortifié d'une tour ronde, vers l'est, avec un pont d'une arche sur le fossé. — Le mur de clôture du Temple est muni d'une douzaine de tours ; le donjon, qui a été refait, paraît assez exact ; mais l'église et les bâtiments du cloître sont fort mal représentés, comparés aux vues que nous en ont laissées Israël Silvestre et Jean Marot. — Le logis de *Clicon* (hôtel de Clisson, depuis, de Guise, puis, de Soubise), est tout à fait méconnaissable. Au S.-O. est une maisonnette nommée : Logis de Laval. — Chapelle de Braque. — Derrière les Blancs-Manteaux, dont l'église (celle du XIIIe siècle) n'a aucun style, on remarque, au nord, le gros mur crénelé, flanqué d'une tour couverte d'un toit aigu. — Saint-Ladre (Lazare); ensemble et détails fort inexacts. — On a oublié Saint-Laurent. — Porte Saint-Martin, grand bâtiment carré ; une tour à chaque angle; pont à deux arches sur le fossé; sur chacune des piles est établie en ressaut une petite place carrée bordée d'un parapet [1]. — Porte Saint-Denis ; bâtiment carré en saillie sur le fossé ; à chaque angle du côté de la campagne, sont attachées des tourelles en encorbellement ; devant la porte est un pont à trois arches; plus loin, vers le nord, est un arrière-fossé que traverse un second pont d'une arche. Cet arrière-fossé est plein d'eau courante, détail probablement imaginaire. — Rue Saint-Denis, on remarque le Ponceau, petit pont jeté sur un égout à ciel ouvert, et auprès, une fontaine à jet d'eau. — Le rempart (excepté entre les portes Saint-Denis et Saint-Martin) est garni de distance en distance de *bastides*, la plupart sans toitures ni créneaux. — Le logis de Bourgogne, rue Mauconseil, groupe de bâtiments qui n'offre aucun style, aucuns détails. On n'y voit pas même figurer le haut donjon si remarquable qui est encore debout. — Les Filles-Dieu, les Filles de Saint-Magloire et de Sainte-Avoye, Saint-Leu, Saint-Nicolas, Saint-Julien-des-Ménestriers, etc., toutes ces localités sont mal représentées. — L'enclos de l'abbaye Saint-Martin paraît avoir été minutieusement retouché; son église (qui subsiste encore, ainsi que le réfectoire), est méconnaissable ; le mur de clôture est muni de quinze tours ou tourelles, dont trois grosses dans les coins ; il reste encore celle où est adossée la fontaine du Verthois et celle de l'angle sud-est, qui sert d'escalier à une maison de la rue Aumaire. — Saint-Eustache, détails postérieurs au dessin. — Pilori des Halles, mal rendu ; il n'a pas sa forme octogone. Au milieu des îlots de maisons, ressortent de nombreuses tours de la clôture de Philippe Auguste, adhérentes à des portions du gros mur crénelé.

[1] Ces places, ménagées sur les saillies des piles, étaient destinées à servir d'abri aux piétons lors du passage des voitures. Elles avaient, le plus souvent, la forme d'un hémicycle, comme il en existe encore au Pont-Neuf. On verra plus tard que cette porte est ici mal représentée, ainsi que presque toutes les autres.

Cinquième morceau, celui du centre (172 sur 140 cent.). — Le *Four* l'Evesque, prison avec fenêtres grillées, fortifiée de deux tours rondes d'un diamètre inégal. — Saint-Gervais ; sa façade (refaite en 1622) consiste en un vaste pignon, entre deux tourelles en encorbellement ; le pignon est percé d'un vaste portail ogival très-orné ; sous l'ogive est dressée une statue, celle, je suppose, de saint Gervais ; au-dessus du portail, rosace à quatre lobes ; au flanc septentrional de l'église est adossée une tour carrée qui existe encore, mais placée au sud, selon la coutume la plus générale. — L'hostel du Dauphin (Hôtel-de-Ville primitif) offre un rang de trois pignons, enjolivés d'ornements qui sont probablement de fantaisie. — La façade de Notre-Dame est très-détaillée. Du sol à la balustrade des tours, j'ai mesuré 21 cent. On ne saurait déduire de cette mesure partielle les proportions générales du plan, puisqu'il n'est pas dressé sur une échelle uniforme. — L'ensemble du Palais est assez intéressant ; on y voit, vers la pointe occidentale de la Cité, un jardin orné de berceaux. — Grand Châtelet, détails très-finis, probablement d'après un dessin du dix-huitième siècle. — Les détails du portail de Saint-Jacques-la-Boucherie sont assez remarquables ; mais la tour est, par erreur encore, placée au nord de l'église au lieu de l'être au sud. — Sur l'emplacement actuel de la Halle aux Draps, jeu de Paume. — Les ponts jetés sur la Seine portent des maisons dont les pignons sont tous semblables. — Pont aux *Musniers* : chacune des arches a son moulin, hors la dernière, voisine du quai de l'Horloge, réservée au passage des bateaux. — Saint-Séverin est tout à fait mal figuré [1]. Saint-Yves, pignon couvert d'ornements gothiques ; à chaque angle une tour étroite. — Le logis de Lorraine, rue des Bernardins, groupe de bâtiments sans architecture. — Les autres édifices marqués sur cette feuille sont tout à fait dénués d'intérêt.

Sixième morceau (152 sur 140 centim.). — Jacobins, mal figurés ; le gros mur d'enceinte limite leur couvent. Près d'une tournelle murale, le bâtiment prolongé de leur réfectoire avance en saillie sur le fossé. On a pris, à tort je crois, cette partie saillante pour l'ancien *Parlouër-aux-Bourgeois*. — Couvent des Cordeliers, en partie refait ; l'église et le cloître offrent un ensemble plus pittoresque que fidèle. M. Pernot l'a dessiné et arrangé à sa façon. — La porte dite *Papale* est flanquée de deux grosses tours. Cette porte, toujours murée, et non suivie d'un pont sur le fossé, fait partie de l'abbaye Sainte-Geneviève, que borne au sud le gros mur de clôture. L'église et le cloître de cette abbaye ont été retouchés. Le cloître des Chartreux est tout à fait méconnaissable ; l'église paraît avoir été

---

[1] L'infidélité avec laquelle on a représenté presque tous les édifices encore existants, dans leurs détails comme dans leur ensemble, justifie notre méfiance à l'égard de ceux qui ont disparu.

détaillée d'après les estampes de Jean Marot. — Notre-Dame-des-Champs n'a aucune ressemblance avec la réalité. — La portion du mur d'enceinte qui traverse cette partie du plan est flanquée de dix-neuf tours, en partie couvertes de toits coniques. Le mur est, en quelques endroits, crénelé ; le tout a été refait, et non d'après nature. — La façade de l'église de la Sorbonne (reconstruite vers 1622) est un grand pignon entre deux pavillons en saillie couverts de toits aigus ; derrière l'église s'élève un clocher carré. M. Pernot a donné une vue arrangée de cet édifice. — Collége de Navarre ; la chapelle seule est reconnaissable ; on ne voit pas ces quatre pignons tout brodés de détails gothiques, qui formaient l'entrée sur la rue actuelle Descartes, bâtiments dont une petite vue du graveur A. D. Martinet nous a conservé le souvenir. — L'ancienne façade de Saint-Etienne-du-Mont (reconstruite sous Henri IV) offre ici un pignon très-orné, entre deux tourelles. — Partie de Saint-Sulpice ; la façade est très-détaillée, sans doute d'après l'estampe de J. Marot.

Septième morceau (190 sur 146 cent.). — C'est le premier du troisième rang. Au bas, figure un clos où sont bâties trois maisonnettes et un colombier, près de l'entrée qui regarde le nord ; c'est la Grange-Batelière. — Au pied de Montmartre est la chapelle des Martyrs, couronnée d'un campanile avec deux cloches. — L'abbaye de Montmartre (rebâtie en partie au dix-septième siècle) est assez pittoresque, mais probablement peu exacte. — Une portion du rempart de Charles V, surmonté de quatre bastides, traverse la partie inférieure de la carte. Au bas est une tablette contenant une inscription de vingt lignes en prose française, sur l'origine de Paris ; elle commence ainsi : PARIS LA TRÈS-FAMEVSE VILLE, etc.

Huitième morceau (172 sur 146 cent.). — Le dessin du chasteau du Louvre ne mérite aucune confiance ; sa perspective n'est pas précisément prise à vol d'oiseau. On a ajouté, de fantaisie, peut-être, de minutieux détails. Au centre s'élève encore le gros donjon (détruit pourtant en 1529), entouré de dix autres tours de moindre diamètre ; sur le fossé est jeté, au sud, un pont de pierre de trois arches avec pont-levis. Le dessin primitif était sans doute bien moins détaillé. Entre la tour qui fait face à celle de Nesle, et la tour du Bois située plus à l'est, court un gros mur crénelé, fortifié de sept tours rondes. Le plan de Braun, décrit ci-avant, offre la même disposition, qui est différente sur d'autres plans. — L'ensemble du logis d'Alençon paraît de style ogival, mais sans détail. — On n'a pas indiqué le palais du Petit-Bourbon, situé à l'est du Louvre. Cette omission fut peut-être faite à dessein, car, sous François Iᵉʳ, cet édifice était *barbouillé de jaune*, en souvenir de la trahison du connétable, qui nous valut la défaite de Pavie. — L'église Saint-Honoré est décorée d'un portail gothique, refait depuis. — A l'extrémité de la rue actuelle du Coq, est une portion du gros mur, crénelée et flanquée de deux tours. — Les *Filles Randues* (Repenties), rue de *Guernelle*; groupe de maisons que traverse le mur crénelé de Philippe Auguste. — Au Marché aux Pourceaux (au bas de la butte des Moulins, dont on voit une partie), sont dressées deux potences, et tout auprès est un massif carré en briques; on y plaçait une chaudière où l'on bouillait vifs les faux-monnoyeurs et autres criminels. — Porte Saint-Honoré, bâtie sous Charles V; haut bâtiment flanqué de deux tourelles et percé d'une porte ogivale avec croisée au-dessus; toit aigu avec haute lucarne. Les détails très-finis de cette porte paraissent ajoutés d'après un ancien dessin. — La butte des Deux-Moulins est, en partie, cachée par un cartouche carré encadré d'ornements de style Louis XV, et contenant une inscription de vingt-neuf vers, en majuscules, disposée sur deux colonnes. La première commence par ce vers : *Ville d'hōneur ov tovs biēs sōt coprins*, et la seconde, par cet autre : *Ne cherchez plvs d'Athènes la cité*. — Sur la rive gauche de la Seine, vers l'emplacement actuel du quai d'Orsay, on remarque *la place ou lon deuoit construire L. Dieu neuue* (le nouvel Hôtel-Dieu). — La tour et la porte de Nesle ont été finis d'après diverses estampes de Callot et de Silvestre. La porte est ici représentée ouverte, bien qu'elle fût demeurée fermée de 1525 à 50. Peut-être était-elle fermée, en effet, sur la tapisserie, telle qu'elle figure sur le plan de Braun, et fut-elle refaite ainsi par l'artiste qui retoucha le dessin. Elle est précédée d'un pont de cinq arches de pierre, qui aura aussi été ajouté; car sur le plan de Braun on ne voit que les ruines de l'ancien pont. A côté et au sud de la porte, sont adossées au gros mur quatre arcades en ruines, dépendant de l'ancien hôtel de Nesles. Ces arcades, qui auront peut-être été dessinées d'après une eau-forte de Silvestre, étaient, en réalité, au nombre de six. Au milieu de la cour de l'hôtel, est un grand bassin avec jet d'eau, détail tracé peut-être de fantaisie. — Cette huitième portion du plan est celle qui a subi le plus de retouches, de sorte que le dessin primitif a presque entièrement disparu.

Neuvième et dernier morceau (152 sur 146 cent.). — Suite de l'église Saint-Sulpice. — Foire Saint-Germain; deux immenses bâtiments avec toits parsemés de lucarnes. — L'enclos de l'abbaye Saint-Germain offre un ensemble assez intéressant, mais probablement peu fidèle; à l'est, est la porte principale avec herse et pont-levis; le mur de clôture est flanqué de neuf tours ou tourelles en encorbellement; près de l'angle sud-est, on voit un pilori de forme hexagonale. — Le bas de cette feuille est en partie couvert par un grand cartouche en forme de carré long et à bordure unie; il renferme une longue inscription plus intéressante que les autres, en ce qu'elle explique le plan. Elle se compose de majuscules romaines formant vingt-une lignes. Cette inscription, rapportée plus tard sur un espace en blanc laissé sur le dessin, est formée au moyen de lettres à jour. Les lettres sont alignées avec peu de soin; plusieurs ont été oubliées; et certains mots sont très-déformés; çà et là, les phrases sont entrecoupées de petites croix grecques qui remplacent la conjonction *et*. Cette même inscription ayant été copiée par l'auteur du dessin ci-après décrit, je la citerai plus loin d'après cette dernière source, à mes yeux la plus authentique, malgré l'omission d'une ligne entière.

COPIE DE LA TAPISSERIE, DONNÉE PAR GAGNIÈRES. — Le chevalier Roger de Gagnières (ou Gaignières), écuyer d'une princesse de la maison de Guise, selon Mauperché, fut, sous Louis XIV, un célèbre amateur de nos antiquités nationales. On lui doit de nombreux dessins de costumes, portraits, etc., exécutés d'après des monuments en nature, tels que, anciennes tombes, miniatures gothiques et vitraux. Ces recueils sont bien connus des archéologues. Gagnières dessinait sans doute lui-même, mais la plupart des dessins dont se forment les collections qui portent son nom sont dus à un ou à plusieurs artistes assez médiocres, travaillant sous ses ordres, sans trop comprendre souvent le style et le mérite des originaux qu'ils se chargeaient de reproduire. La mémoire de Gagnières doit être honorée de tous ceux qui se vouent au culte du passé. Par malheur pour nous, tous ses dessins ne sont pas conservés à la Bibliothèque nationale, puisque la Bibliothèque Bodléienne, à Oxford, possède quinze in-folios contenant une grande quantité de ces mêmes dessins, si curieux pour l'histoire de France. J'ajouterai qu'à la vente Jérôme Bignon (déc. 1848) on adjugea, pour 1,000 francs, une suite de deux cent cinquante-huit dessins de tombes françaises, qui paraissaient avoir de l'analogie avec les dessins coloriés des recueils de Gagnières. M. Albert Lenoir, qui les possède, les fera sans doute un jour graver.

Il était digne d'un amateur judicieux, comme l'était Gagnières, de songer à nous léguer la copie d'un monument aussi périssable qu'une tapisserie. Il a donc, vers 1690, fait lever un dessin de l'original, alors conservé à l'hôtel de Guise. Il est à regretter que ce dessin n'ait pas été exécuté sur une plus grande échelle. Gagnières jugea sans doute que, réduite à de très-petites proportions, la nudité de l'original, serait moins désagréable à l'œil. Ce dessin, tracé à la plume et colorié comme tous ceux des mêmes recueils, est encore aujourd'hui, depuis 1711, à la Bibliothèque nationale. Il n'a d'autre mérite, à mes yeux, que de donner une idée de l'ensemble de la célèbre tapisserie, car il est, en lui-même, d'une bien minime utilité, vu le manque de détails sur les points les plus essentiels. Mauperché qui, sans avoir vu l'original, soutient, p. 94, que ce dessin est *infiniment exact*, en a vanté outre mesure l'importance, au détriment de la copie d'un autre plan attribué à l'architecte du Cerceau, plan plus exact que celui-ci, bien qu'il le soit encore fort peu.

PLAN DE TAPISSERIE, 1540?

Le dessin de Gagnières (59 centim. sur 46 1/2) représente évidemment le même plan que la grande gouache de l'Hôtel-de-Ville, à plusieurs différences près, tenant à ce que cette gouache a été retouchée. Il offre moins de détails, parce qu'il est infiniment plus petit que le modèle, et aussi parce qu'étant la copie naturelle de la tapisserie elle-même, il en reproduit sans doute la nudité et la grossièreté naïve, sans addition d'ornements de fantaisie. Les noms de rues sont de même inscrits sur des banderoles flottantes; on n'y voit pas (est-ce à tort ou à raison) les quatre figures de vents placées dans les encoignures. On y remarque l'hôtel des Tournelles et celui de la Royne (derrière l'église Saint-Paul); mais à la place de jardins, on y distingue les nouvelles rues Beautreillis, des Lions, et de la Cerisaie, rues percées vers 1550, et qui ne sont pas indiquées sur la grande gouache. On y remarque, outre les armes de France et celles de Paris, deux blasons pareils et autres que ceux figurés sur cette gouache, puisqu'ils offrent les armes du cardinal Charles de Bourbon, c'est-à-dire l'écu de France au bâton de gueules, surmonté d'une croix.

Au bas du dessin de Gagnières sont figurés, en petit, les trois cartouches qui renferment des inscriptions françaises, en petites majuscules; mais elles ont été représentées à part et plus en grand, afin que chaque ligne pût avoir la disposition que présentait l'original. Je les ai comparées avec celles de la gouache; elles sont les mêmes, à quelques différences près. Je me contenterai de citer ici en son entier l'inscription principale, qui se trouve au bas du plan à droite (sur le neuvième morceau du grand dessin). C'est la seule qui mérite d'être mentionnée. Je reproduirai les petits signes jetés entre les mots, en forme de croix grecques sur la grande gouache, et de Z allongés et barrés sur le dessin de Gagnières. Je respecterai scrupuleusement l'orthographe, mais je remplacerai par des lettres tous les signes abréviatifs que l'imprimerie moderne ne possède plus. Les crochets jetés çà et là indiquent la fin de chaque ligne de l'inscription; elle se compose de 20 lignes, selon la grande gouache, et de 21, selon la copie de Gagnières, qui pourtant en a oublié une, ainsi que plusieurs mots qui seront restitués en note.

POVR MIEVLX +·PLVS FACILEMENT CONGNOISTRE + DONNER A ENTENDRE A TOVS CEVLX QVI ONT VEV + NE IAMAIS VEIRENT[1] LA VILLE DE PARIS], ET LA MAGNIFICENSE DICELLE + COMME AINSY FVT[2] PAR LE PRIVILEGE + CONGÉ[3] DV ROY A NOVS DONNÉ[4] EN DESIR + AFFECTION DE METTRE EN] POVRTRAICTVRE + EN PLATE FORME LAD^y VILLE PAR ART DE GEOMETRIE + VRAYE MESVRE SANS VSER DE PERSPECTIVE QVE BIEN PEV A CAVSE] QVE LE TOVT NE SE FVT VEV NE MONSTRÉ COMME IL FAICT, SY AVONS COMPASSÉ + MESVRÉ DE CERTAIN LIEV, EN CERTAIN LIEV, + BIEN NOTÉ AFFIN DE DONNER] CLEREMENT A ENTENDRE LES LONGVEVRS

---

[1] On lit sur la gouache : + *qui iamais ne veirent*. — [2] On lit : *soit*. — [3] La gouache n'indique ni accents ni virgules. — [4] On a omis ici le mot *avons*.

PLAN DE TAPISSERIE, 1540?

LARGEVRS + CLOSTVRE DICELLE, DONQ POVR CE FAIRE FAVLT NOTER CESTE PRESENTE FIGVRE CY FIGVRÉE] QVI EST REDVICTE DE MAIEVR A MINEVR LAQVELLE A TROIS POVLCES DE LONGT ⊢—⊢—⊣ ET VAVLT OV CONTIENT XXVII TOISES DONT CHACVNE) TOISE A VI PIEDS DE LONG + CHACVN PIED A XII POVLCES, LE TOVT A LA MESVRE DE PARIS, NOTEZ QVE LA PLVS GRANDE PARTIE DVDICT]¹ + TOVR DEPVIS LA TOVR DE BILLY IVSQVE A LA TOVR DV BOIS IIII^{xx} XV FOIS LA SVSD^{T} MESVRE, ET LAVTRE PARTIE LVNIVERSITÉ ² QVI] EST AVSSY DE LA VILLE A DE TOVR DEPVIS LA TOURNEL IVSQVEZ A LA GROSSE TOVR PRES LHOSTEL DE NESLE LVII FOIS LA SVSD^{T} MESVRE] ET LA RIVIERE DE SEINE A DE LARGEVR PAR HAVLT VIII FOIS LA SVSD^{T} MESVRE ET PAR ICELLE MESME MESVRE V^{F} SVR LE BAS QVI EST POVR] LA MESVRE TOTALLE TANT DE LA VILLE CITÉ VNIVERSITÉ ET RIVIERE C. L. XV FOIS ET PAR ICELLE MESVRE POVEZ SCAVOIR LA LONGVEVR + LA] LARGEVR DE CE QVI SAPPELLE CITÉ OV ISLE, EN LAQVELLE ISLE, SONT MIS PLVS^{RS} SVMPTVEVX EDIFICES COMME LA GRANDE ESGLISE NOSTRE DAME, LE] PALAIS + S^{TE} CHAPPELLE, QVI EST TRES DIGNE CHOSE, LHOSTEL DIEV + PLVS^{RS} ESGLISES LAQVELLE ISLE OV CITÉ EST SITVÉE AV MILIEV DES] DEUX SVSD^{TE} PARTIE ENVIRONEE DE LAD^{TE} RIVIÈRE OV FLEVVE DE SEINE, ET Y SONT TOVTES LES RVES SANS FAILLIR ET TOVTES LES ES]GLISES BIEN NOMBRÉS + NOMMÉES, MAIS IL Y A PLVS DE MAISONS EN LAD^{TE} VILLE QVE CE POVRTRAICT, A CAVSE QVE LA MESVRE DESSVS] DICTE EST TROP PETITE, PARQVOI NAVONS PEV FAIRE LE TOVT DES MAISONS LESQVELLES EVSSENT ESTÉ TROP PETITES + QVASI] INCONGNVES, OR EST AINSY QVE DEDANS LADICTE VILLE CITÉ + VNIVERSITÉ Y A PLVS^{RS} ESGLISES COLLEGIALLES PAROISSES CHAPPE]LLES RELIGIONS + COVVENTS TANS DHOMMES QVE DE FEMMES + PO^{R} MIEVLX LE TOVT CONGNOISTRE AVONS FAICT MARQVE ³ A VNG] CHACVN ET PREMIER POVR LES ESGLISES PREBENDÉEZ + LES ESGLISES PAROCHIALLES + LES RELIGIONS DHOMMES, + RELIGIONS] DE FEMMES, + LES COLLEGES, + LES CHAPPELLES, + LES QVATTRES MENDIANS, LES HOSTELS DES PRINCES, PRELATZ, PONTZ], + ILES SONT NOMMÉES CHACVN EN SON LIEV, ET LE TOVT SANS AVOIR RIEN OBMIS.

A la suite du dessin de Gagnières, se trouve une note écrite au XVIIIe siècle; j'en citerai quelques passages, en conservant le style et l'orthographe :

« Ce plan est un des plus anciens portraits de Paris que l'on ait conservé.
« Plusieurs l'ont jugé fait du temps de Louis XII; on pourroit même le faire
« remonter 150 ans auparavant, c'est-à-dire dès Charles V, attendu que la ca-
« pitale ne s'étoit pas beaucoup accrûe sous les cinq règnes qu'il y a eu entre
« Charles V et Louis XII. Ce ne fut donc que sous François I que Paris com-
« mença à s'embellir; mais pour fixer ce dessein à une époque qui paroit *incon-*
« *testable,* c'est de s'en rapporter aux armoiries qui ornent la copie fidelle que
« M. de Gaignières en avoit fait tirer, avec les explications en langage de ce
« temps qui sont au bas de ce plan qui, à la vérité, ne donnent pas de datte :

---

¹ Ici Gagnières a omis cette ligne : *Paris est le coste qvon appelle la ville + favlt entendre qve il ya ville cite vniuersite leqvel coste qvon dit la ville a de clostvre.* — ² On lit sur la gouache : *partie qvon dit inniversite.* — ³ Ces mots *avons faict marque* s'expliquent sur la gouache; après les mots *prebendeez, parochialles,* etc., on a tracé, au lieu de simples croix, des signes conventionnels, consistant en croix ou étoiles de différentes formes qui, apposées, sans doute, sur la tapisserie, à côté des divers édifices, en signalaient la nature. Le signe pour les colléges est .c.

« ces armoiries sont au nombre de quatre ; d'abord celles de France avec le collier
« de l'ordre de S¹ Michel; celle de la ville de Paris, puis deux autres repettées par af-
« fectation de Charles, cardinal de Bourbon, archevêque de Rouen, qui étoit lieu-
« tenant général, puis Gouverneur de Paris sous Henri II, 1551, etc. »

Ce qui prouve que l'annotateur anonyme n'était pas fort connaisseur sur cette matière, c'est qu'il ajoute un peu plus loin : « La ville a depuis peu fait acquisi-
« tion de l'ancienne tapisserie, que l'on soupçonne avoir appartenüe à cette
« Eminence son Gouverneur; et le S. Dheulland, dessinateur et graveur du Roi
« pour la marine, en a perpétué l'image par une gravure fidèle qu'il a proposé
« (sic) à M. Bignon, prévôt des marchands, etc. »

Il regarde donc comme une copie du dessin de Gagnières l'estampe que Dheulland grava en 1756, d'après un plan dont je vais bientôt parler. L'erreur est évidente ; il suffit, pour la prouver, de comparer les deux pièces.

Mauperché fit calquer et graver, en 1818, le dessin de Gagnières, par M¹¹ᵉ Caroline Naudet. Il est fort séchement reproduit. Un texte de douze pages l'accompagne. Mauperché se félicite, p. 90, de n'avoir pas employé le burin d'un artiste *fameux*, par la raison que « ses mains n'auroient pu se prêter à représenter Paris
« avec la rudesse, je dirai même avec *la brutalité connue et prouvée* des ouvriers
« du XVIᵉ siècle. » Je suis d'avis, au contraire, qu'un graveur médiocre est moins capable qu'un habile de rendre avec fidélité le style d'un ancien original, même fort grossier. Plus tard, il fit ajouter au bas de la planche : *chez Mauperché, rue de Perpignan*, n° 9, 1818. Le millésime M. DXL, placé au haut de la carte, indique la date attribuée à la tapisserie.

La copie gravée reproduit tous les détails du dessin original, sauf, sur quelques points, de petites dissemblances ou omissions trop peu importantes pour être mentionnées. Je ne m'étendrai pas sur la description d'un dessin que tout le monde peut consulter, et qui ne nous apprendrait rien de nouveau, après les détails donnés sur la grande gouache de l'Hôtel-de-Ville.

La Tynna se trompe, ainsi que plusieurs autres auteurs, quand, parlant du dessin de Gagnières, il dit : « Ce plan manuscrit est *daté* de l'an 1540, et représente Paris
« *comme il était* vers l'an 1400. » Un plan de la capitale, dessiné positivement en 1400, offrirait avec celui-ci de grandes différences, par rapport aux édifices, à la forme des rues, et aux détails des enceintes de Ph. Auguste et de Charles V.

Entre les années 1540 et 60, il n'existe d'autre plan gravé de la capitale que celui de la *Cosmographie* de Séb. Munster. C'est toujours cette même image si grossière, ou ses copies, qu'on retrouve dans les ouvrages topographiques qui se succédèrent pendant cet espace de vingt ans, image si peu utile à l'archéologie, que c'est presque un enfantillage que de s'en occuper.

VI. — Plan attribuable à Jacques Androuet du Cerceau

(Gravé vers 1560, et copié en 1756 par Dheulland).

Le plan de Paris sur lequel je vais disserter a singulièrement exercé l'imagination des historiographes parisiens du dernier siècle, qui, pour la plupart, au lieu de se donner la peine de l'aller voir à la Bibliothèque Saint-Victor [1], se contentaient d'en parler d'après une copie de 1756. Les uns le disent gravé et *unique*; les autres, comme La Tynna, *manuscrit*, et représentant Paris vers 1400. Jaillot en parle ainsi : « C'est le plus ancien plan de Paris que je connoisse; il n'est
« guères différent de celui dont on voit un dessin à la Bibl. du Roi, et qui paroît
« avoir été fait sous Louis XII [2]. Ce plan, quoique peu correct, donne toujours
« une idée de ce qu'étoit la ville de Paris au milieu du XVIe siècle. »

Bonamy, historiographe de Paris, le connaissait fort bien, puisqu'il le fit graver par G. Dheulland; mais il n'a su ni fixer sa date, ni soupçonner le nom de son auteur. Mauperché lui a consacré plusieurs pages; mais pour le déprécier outre mesure, au profit de la gravure du dessin de Gagnières, qu'il éditait. Du reste, cet auteur est peut-être de bonne foi quand il croit son modèle bien supérieur en exactitude à ce plan de Saint-Victor, que les antiquaires s'obstinaient à citer comme le meilleur portrait du vieux Paris et la copie la plus authentique de la Tapisserie. Ces derniers se trompaient assurément; mais ce n'était pas une raison pour Mauperché de jeter feu et flammes contre l'*ignorance crasse* des chanoines de Saint-Victor, et d'accuser Bonamy d'être un homme *aux mains avides*, et d'avoir, avec intention, ajouté à la copie qu'il donna du plan original, un texte mensonger pour *en imposer* au public.

A l'époque de la suppression des couvents, la Bibliothèque du prieuré Saint-Victor fut en partie dilapidée, en partie disséminée dans les autres bibliothèques de Paris. Celle de l'Arsenal hérita pour une bonne part, et le plan de Paris en question lui arriva par cette voie. Du moins, il est fort probable que c'est le même qu'on voit encadré d'une ancienne bordure noire, et relégué dans une arrière-salle non ouverte aux lecteurs. Il y a dix ans, MM. les bibliothécaires n'en soupçonnaient ni le mérite ni la valeur, et ma sollicitude pour cette estampe toute rapiécée paraissait les étonner.

Ce qui semble attester que cette épreuve est bien celle réputée unique, que

---

[1] On donnait à ce plan la dénomination amphibologique de *Plan de Saint-Victor*, dans le sens de : plan de Paris conservé à la bibliothèque de Saint-Victor.

[2] Cette erreur, au sujet du dessin de Gagnières, n'est point pardonnable à un auteur d'ordinaire si judicieux.

PLAN ATTRIBUABLE A DU CERCEAU, 1560?

possédaient les chanoines de Saint-Victor, c'est : 1° un état d'encrassement, de délabrement, qui annonce un long séjour dans un atelier de graveur; 2° c'est l'addition, à la plume, de la tour de Billy, qui n'existait pas sur la gravure, tour reproduite par Dheulland, et qui a singulièrement agité la bile de M. Mauperché; 3° c'est enfin cette circonstance que, sur le carton, sont collées deux adresses imprimées de l'encadreur, *Gauchois Chevalier, maître vitrier, rue Saint-Victor*. A côté de l'une des adresses est le n° 11666, probablement celui que portait le plan sur le catalogue de la bibliothèque de Saint-Victor [1]. Sur celui de la bibliothèque de l'Arsenal il était, en 1840, signalé ainsi : *Hist. 870, plan de Paris de Dheulland*. On avait simplement confondu l'original si rare avec la copie, qui est si commune !

Ce plan est peut-être le premier qui ait été édité comme pièce isolée; du moins, je pense qu'il n'a jamais été destiné à orner aucun ouvrage. Il se compose de quatre feuilles. Les deux du haut ont environ 41 centim. sur 39; celles du bas, plus étroites, 41 sur 29. J'ignore si un texte y était annexé. Il est gravé à l'eau-forte avec une hardiesse et une touche particulière qui peuvent le faire attribuer, avec raison, au célèbre architecte Jacques Androuet Du Cerceau, ou du moins à celui qui gravait ses pièces d'architecture; car, à ma connaissance, il n'existe aucune preuve positive que Du Cerceau ait gravé lui-même. Je n'oserais affirmer, malgré la grande analogie de cette estampe avec les pièces de cet architecte, qu'elle fût positivement son œuvre, mais je le présume fortement. L'essentiel pour nous, c'est de rechercher l'époque précise de l'état de Paris qu'elle représente. Je vais la décrire dans son ensemble.

Ce plan est levé à vol d'oiseau, et orienté comme ceux décrits ci-dessus; à chaque coin est un vent qui souffle. Les noms des rues (noms qui ne sont pas toujours identiques à ceux inscrits sur la Tapisserie) sont tracés, au milieu de ces rues, en écriture fine ou en petites majuscules, selon leur largeur. Au sommet de la carte, est le titre inscrit sur un ruban qui flotte : LA VILLE CITÉ ET VNIVERSITE DE PARIS. A gauche, l'écusson de France, avec la couronne *ouverte*; à droite, le blason de la ville. Au bas, trois cartouches carrés, avec ornements sur les côtés, renferment plusieurs distiques latins en petites majuscules. Celui de gauche commence par ce vers : NON MODO FRANCIGENAE HAEC EST REGIA GENTIS... et celui de droite, par les mots suivants : EN BENE TVRBA PARENS... L'inscription du milieu est en prose, et s'étend sur les deux feuilles du bas : EN TIBI STVDIOSE GRA-

---

[1] On voit, à la Bibliothèque de l'Arsenal (manuscrit H., 872) le catalogue détaillé des cartes géographiques de la Bibliothèque de Saint-Victor. A mon grand étonnement, on n'indique, à l'article *Ile-de-France*, ni le plan de Paris qui nous occupe, ni aucun autre, mais seulement des cartes générales du territoire et du diocèse de Paris.

PHICA ET LINEARIS PICTVRA VRBIS CIVITATIS ET ACADEMIAE IN QUA OMNES VICI, ANGIPORTVS, TEMPLA... CONTINENTVR, etc.

Recherchons maintenant la date approximative du plan. Le lecteur, pour mieux suivre ces observations, pourra jeter les yeux sur une épreuve de la copie de Dheulland. Je citerai d'abord, en y joignant quelques notes, des extraits d'un article inséré dans le Journal de Verdun, mars 1757, article dû fort probablement à M. Bonamy, et imprimé presque en entier en marge de la copie. Tout ce que cet article dit de cette copie s'applique à l'original dont les religieux de Saint-Victor avaient permis la reproduction.

« Ce plan est le *même* que celui qui est représenté sur une *tapisserie* qui avoit « autrefois appartenu à la maison de Guise, et dont la ville a fait l'acquisition. » Assertion erronée; il diffère sur bien des points de la tapisserie, et est évidemment moins ancien, puisqu'il n'indique plus l'hôtel de la Royne, *la tour de Billy*, etc..., et offre des rues percées depuis Henri II.

« Ce qui rend ce plan curieux, c'est qu'il représente la ville de Paris telle « qu'elle étoit sous le règne de Charles V et VI, à l'exception de *quelques* chan-« gements faits dans l'intérieur de son enceinte sous les règnes suivants. » C'est cette phrase sans doute qui a fait dire à La Tynna et autres, qu'il représentait Paris vers 1400. Mais au lieu de *quelques* changements à l'intérieur, il s'en était opéré de *très-nombreux*, au dedans ainsi qu'au dehors de l'enceinte en question.

L'auteur s'engage ensuite dans une dissertation assez exacte sur les limites de la clôture de Charles V et de celle de Ph. Auguste, encore reconnaissable, au nord, à une suite de tours qui ressortent au milieu des maisons. Il semble qu'il n'ait pas connu les plans, assez communs pourtant, de Braun et de Belleforest, qui offrent la même curiosité. Ces tours auront été indiquées par Du Cerceau d'après la tapisserie, car il est peu probable qu'il ait été lui-même en relever le nombre et la position, d'après nature.

« Entre celles des choses principales qui se trouvent sur ce plan, et qui peu-« vent faire connoître *à peu près* l'époque où il a été gravé, il faut distinguer :
« 1° les deux isles qui sont à la tête de la Cité à l'occident, et qui ont été jointes « lorsqu'on a bâti le Pont-Neuf; 2° l'isle S. Louis partagée autrefois en deux. » Le Pont-Neuf, depuis longtemps projeté, ne fut effectivement commencé qu'en 1578, et l'île dite aujourd'hui *S. Louis* conserva son ancien état jusqu'en 1618 environ. On ne peut donc, de ces deux circonstances, conclure la date du plan. Bonamy parle ensuite du cours de la Bièvre à travers l'abbaye Saint-Victor; mais ce bras détourné existant encore en 1652, la remarque ne prouve rien, puisque dix autres plans plus modernes offrent la même particularité.

« ... 4° L'hôtel de Nesle où l'on voit de longues galeries qui subsistoient encore

PLAN ATTRIBUABLE A DU CERCEAU. 1560?

« sous Charles IX; 5° une place, sur le bord de la rivière, au delà du Pré-aux-
« Clercs où l'on vouloit bâtir un nouvel Hôtel-Dieu, sous Henri II...; 6° sur le
« bras droit de la rivière, on remarque le pont aux Meuniers qui fut renversé en
« 1596. On le rebâtit quelques années après, mais plus près du pont au Change,
« avec lequel il fut brûlé en 1621. » Il fallait ajouter, qu'en 1621, le pont rebâti
prit le nom de *Pont-Marchand*, de celui de son constructeur.

« ... 7° Au-dessus du pont Notre-Dame, il y a des moulins bâtis sur pilotis,
« auxquels on alloit par une galerie. Ces moulins sont appelés, dans les anciens
« titres : Les chambres de Maistre Hugues Restoré. » La configuration de ces
moulins ne peut nous être d'aucun secours pour trouver la date, puisqu'ils existaient encore vers 1654.

« ... 8° On remarque le vieux Louvre tel qu'il étoit, avant que François Ier en
« eût fait démolir une partie, et surtout cette fameuse tour qui étoit au milieu. »
Le Louvre, sur ce plan, est figuré comme un assemblage confus de tours, mais
on n'y remarque plus la grosse tour centrale abattue en 1529. Au temps où je
suppose que Du Cerceau fit ce plan (vers 1560), plusieurs des anciennes tours du
Louvre étaient enclavées dans les nouveaux bâtiments. Mais il est étonnant que
Du Cerceau (s'il est réellement l'auteur du plan) n'ait pas figuré ces bâtiments
neufs commencés vers 1550, d'autant plus que lui-même publia les détails du
nouvel édifice auquel même il travailla. Du reste, il avait peut-être tracé le dessin
de son plan avant la reconstruction du Louvre. Né à Orléans ou à Paris en 1510,
il a pu fort bien voir et dessiner le vieux Louvre primitif. Mais on se demande
pourquoi il n'a pas modifié son dessin pour le mettre en harmonie avec les autres
parties du plan qui se rapportent à la date approximative de 1560.

« ... 9° Il faut faire attention au monastère des Filles Repenties, bâti sous
« Louis XII, entre la rue de Grenelle et la rue d'Orléans... Ce terrain a été en-
« tièrement changé depuis que Catherine de Médicis eut fait transporter les Filles
« Repenties au couvent de S. Magloire, rue S. Denis... » Catherine acquit ce
terrain en 1572; la remarque prouve donc simplement, ce dont personne ne
doute, que le plan est antérieur à cette époque.

« ... L'Hôtel-de-Ville est séparé de S.-Jean-en-Grève par la rue des Vieilles-
« Garnisons qui aboutissoit alors à la rue du Martroy. » Cet hôtel (celui qui
existe aujourd'hui), n'était pas achevé en 1560.

Ce que Bonamy ajoute plus loin (je cite toujours la lettre du Journal de Verdun) laisse assez percer son incertitude. « Nous n'avons rien trouvé qui nous indi-
« quât la date de ce plan; mais nous croyons qu'il est du règne de Charles IX,
« avant la destruction du monastère des Filles Repenties. Nous y remarquons une
« communication du Marché-Neuf avec la rue N^e-N.-Dame; or, cette communi-

« cation ne fut ouverte que sous le règne de ce prince. » On croirait que l'auteur va conclure que le plan est *décidément* du temps de Charles IX ; mais il ajoute aussitôt : « L'ouverture de la rue de Bourgogne, aujourd'hui rue *Françoise*, du « nom de François I*ᵉʳ*, sous lequel elle fut percée... *ne nous permet pas de le croire* « *antérieur au règne de ce prince*[1]. » Selon cette dernière phrase, Bonamy semble admettre cette fois que le plan est du temps de François Iᵉʳ.

Au milieu de sa perplexité, il continue ainsi : « Cependant, il y a apparence « que la gravure du plan que nous donnons et la tapisserie de l'Hôtel-de-Ville ont « été faites sur un plan *plus ancien* où était la tour de Billy [2]... détruite jusqu'aux « fondements en 1538. De plus, on y voit un écu de France qui est surmonté « d'une couronne *non fermée*, avec le collier de l'ordre de S. Michel. Or, on sait « que ce n'est que depuis François Iᵉʳ que nos rois ont porté la couronne fermée. « Quoi qu'il en soit de la date précise de notre plan, les amateurs des antiquités « de Paris pourront se flatter d'avoir un plan ancien de cette ville, aussi exact « qu'on pouvoit l'avoir dans le temps où il a été fait. Au moins n'est-il point un « plan de pure imagination, tel que les six premiers du commissaire De La Marre, « auxquels on ne peut se fier, pour ce qui concerne le local. »

Il résulte de ce texte, annexé à la copie de Dheulland, que l'éditeur-directeur de cette copie était fort embarrassé de déterminer la date de son modèle, parce qu'il contient, en effet, plusieurs anachronismes de lieux inconciliables, comme il arrive à bien des plans, même encore de nos jours, quand on les tire de vieilles planches, rajeunies à la hâte.

On pourrait ajouter ici bien d'autres remarques du même genre ; mais, loin de nous aider à fixer une date, elles ne serviront peut-être qu'à redoubler notre incertitude. Ce plan est le seul où figure une tuilerie, sur l'emplacement du jardin de ce nom déjà établi en 1566. Est-ce une fantaisie de l'auteur, ou, cette tuilerie, établie vers le XIIIᵉ siècle, existait-elle encore en 1560 ? Lorsque Catherine acheta, vers 1564, l'immense terrain qu'occupe le jardin de ce nom, il s'y trouvait, ou une ancienne tuilerie, ou un logis dit : *les Tuileries*, et en outre, plusieurs hôtels considérables établis près des bords de la Seine, hôtels qui ne figurent pas ici, ni ailleurs ; on voit, par exemple, à la bibliothèque de Rouen, un acte original que signale M. Lebor dans son catalogue (tom. III, n° 5730). On y lit que : le 13 août 1564, Bataille, notaire de la reine, acheta, pour établir son jardin, le château dit *des Cloches*, à cause de la forme des toits de ses pavillons. Mauperché a fait grand bruit de cette innocente tuilerie qui, après tout, pouvait fort bien exister là avant

---

[1] On pourrait supposer que les rues signalées ont été tracées sur le plan par anticipation.
[2] J'explique ci-avant, page 58, la présence, sur la copie de Dheulland, de cette tour non marquée sur la gravure originale.

1564, ainsi que le château des Cloches établi peut-être sur un terrain que d'anciens titres nomment la Sablonnière.

Remarquons que la Seine est ici beaucoup trop large. Il est vrai qu'elle l'était un peu plus qu'aujourd'hui, puisqu'elle a été depuis rétrécie par de nouveaux quais; mais sa largeur n'en est pas moins très-exagérée (sur les plans du milieu du XVIIe siècle, ce défaut est moins sensible). Ensuite, le fleuve, à partir du point où se termine le jardin actuel des Tuileries, fait, vers le sud, un brusque retour d'équerre, au lieu d'un léger coude. Le couvent des Bons-Hommes et l'embouchure du grand Egout, qui figurent au bas du plan, sont infiniment trop rapprochés de l'emplacement actuel des Tuileries.

Mauperché a battu en brèche deux gros *bastillons* carrés voisins de la Bastille et un autre attenant à la porte du Temple, bastillons qu'on ne voit pas, dit-il, sur la tapisserie. Il y avait là certainement, sous François Ier et bien avant ce roi, des amas de décombres ou voiries, qu'on projeta, en 1553, de convertir en bastions de forme angulaire, ce qui fut exécuté en partie en 1559, c'est-à-dire vers l'époque où l'on gravait ce plan, d'après un dessin un peu antérieur. Le seul reproche qu'on puisse adresser à Du Cerceau, c'est d'avoir donné à ces bastions (qu'il indique peut-être par anticipation) une forme carrée, tandis que cette forme, selon le projet, devait être angulaire. Il en est de même de la butte voisine de la porte du Temple; elle ne fut jamais carrée ni revêtue de pierres, mais seulement façonnée en manière de bastion à deux faces. Elle portait encore des moulins en 1652; on voyait, près la porte Saint-Martin, une butte du même genre, dont la pente en dos d'âne de la rue Meslay est une trace.

Le logis du Prévôt de Paris, indiqué derrière le collége Charlemagne actuel, est encore une particularité de ce plan. J'ai dessiné, dans le passage du même nom, plusieurs bâtiments contemporains de Henri II, qui sont des restes de cet hôtel. Il est sans doute plusieurs autres localités remarquables dont cette estampe a seule conservé le souvenir: tel est le moulin à eau du prieuré Saint-Victor.

Au bas de Montmartre figure une chapelle, appelée: *Chapelle où sainct Denis fut décollé et ses conpaignons.* Mauperché, p. 97, relève avec fureur cette prétendue méprise. Qui lui assure pourtant que cette chapelle ne portait pas, à raison ou à tort, cette dénomination en 1560? Elle est indiquée, sinon désignée, sur tous les anciens plans, sur celui même de Gagnières. Sur la grande gouache de l'Hôtel-de-Ville elle est nommée: Chapelle des martirs.

Vers le haut du plan on aperçoit, à l'horizon, plusieurs villages lointains, séparés entre eux par des intervalles hors de proportion. Quelques-uns portent un nom (souvent déformé). On y distingue: Belleville, Bagnolet, Popincourt, la Croix Faubin, Reuilly, Vincennes, Bercy, Conflans, Charenton (avec un pont fortifié d'une haute tour carrée), Ivry, Vitry, Villejuive, le vieux château ruiné de Bicêtre et Gentilly ; outre plusieurs hameaux ou fermes isolées qui n'ont pas de désignations.

Je crois avoir assez parlé de ce plan pour arriver à une conclusion au sujet de sa date réelle. Prenant un moyen terme, je la fixerai à l'an 1560, tout en constatant qu'il contient plusieurs localités qui avaient été modifiées ou n'existaient plus qu'en partie à cette époque, tel est le vieux château du Louvre. Quant à la tour de Billy, elle n'est gravée, je le répète, que sur la copie, par suite d'une méprise. J'admets que le dessinateur n'a pas eu pour but de copier la Tapisserie, mais s'en est aidé lorsqu'il dressa ce plan, dont toutes les parties, à quelques exceptions près, se rapportent assez bien à la date de 1560. Sa ressemblance avec la Tapisserie s'explique par cette raison, que deux plans de Paris, édités à vingt ans de distance, devaient se ressembler sur bien des points ; Paris alors se transformait, mais avec bien plus de lenteur que de nos jours.

Mauperché, acharné à déprécier ce plan, dont il redoute la concurrence, va jusqu'à prétendre qu'il est la copie, vieillie à dessein, du plan sur bois publié en 1575 par Belleforest. Il y a, de sa part, ignorance ou mauvaise foi : il existe entre ces deux productions de nombreux points de similitude ; mais si l'un est la copie de l'autre, c'est assurément celui de Belleforest, le plus moderne. Si Mauperché eût fait une étude du caractère de la gravure à diverses époques, il eût reconnu dans le plan dit : de Saint-Victor, le style qui distingue les pièces d'architecture de Du Cerceau, gravées avant 1575. Aussi, faute de bonnes raisons, se rabat-il sur des minuties ; il voit dans les figures de vents tracés sur le plan de Saint-Victor, une preuve qu'il est la copie de Belleforest, comme si ces figures n'étaient pas un signe banal d'orientation tracé sur la plupart des cartes anciennes, et probablement sur la Tapisserie elle-même ; il disserte ensuite longuement sur la forme de la couronne de France qui figure sur les deux plans. Celui de Saint-Victor la représente ouverte (c'est la plus ancienne forme) ; celui gravé sur bois, fermée. Il conclut que l'auteur du premier de ces plans a voulu le vieillir, en dessinant la couronne ouverte selon l'ancien usage. Pour moi, je pense que cet auteur (très-probablement l'architecte Du Cerceau), fort peu préoccupé de cette question héraldique, aura tracé cette couronne telle qu'il l'avait vue cent fois peinte ou sculptée sur les murs de ces anciens châteaux dont il nous a laissé des vues géométrales.

Les portes de Bucy et de Nesles, remarque encore notre critique bilieux, étaient fermées sur la Tapisserie ; sur le plan de Saint-Victor, elles sont ouvertes ! Il avait accusé le graveur de *vieillir* son plan ; il l'accuse maintenant de le rajeunir. La raison de cette différence est bien simple ; ces deux portes furent fermées entre 1525 et 1550, donc un plan de Paris, de 1540, doit les figurer *fermées*, et un autre, de 1560, *ouvertes*. Plus on signalera de différences entre les deux plans, plus on prouvera qu'ils sont indépendants l'un de l'autre.

En résumé, le plan que j'attribue à Du Cerceau, à cause du style de sa gravure, est curieux et pittoresque, mais peu fidèle dans son ensemble comme dans ses détails; il suffit, pour s'en convaincre, d'examiner certains édifices encore subsistants. Je donnerai, plus tard, une preuve palpable de son inexactitude, à propos d'un plan de Paris de 1650 (voy. cette année), tiré des mêmes planches qu'on voulut moderniser pour cette époque. Ce travail a fait ressortir tous les vices de proportion du dessin primitif. Au reste, tous les plans du même siècle sont ainsi plus ou moins dépourvus de règles et de mesures géométriques. Ils étaient dressés, pour ainsi dire, de mémoire, et jamais d'après un toisé réel; c'est même être généreux envers Du Cerceau que d'admettre qu'une partie de son tracé avait pour base des mesures prises sur les lieux d'après l'échelle de ses pas et quelques dessins particuliers.

Loin de regarder ce plan comme une copie servile de la Tapisserie, j'admets qu'il offre assez de différence avec ce modèle, antérieur de vingt ans, pour qu'on doive affirmer le contraire. Il peut, malgré ses imperfections, présenter beaucoup d'intérêt aux archéologues; mais il ne sera jamais d'aucune utilité dans une discussion sérieuse à propos de l'ancien sol de Paris.

Il est enfin une qualité qu'on ne saurait lui refuser : c'est la rareté. Du temps de Bonamy, vers 1752, l'épreuve conservée à Saint-Victor était réputée *unique* (expression qui exaspérait Mauperché), ou du moins *fort rare*. On ne peut aujourd'hui lui accorder que la seconde de ces épithètes. J'ai cité l'épreuve encadrée de la Bibliothèque de l'Arsenal; M. Gilbert, membre de la Société des Antiq. de France, en possède une seconde en meilleur état de conservation. Mauperché parle d'une épreuve que possédait le marquis de Paulmy, bibliothécaire de l'Arsenal au XVIII° siècle, épreuve, dit-il, « qui appartient *dans le moment* (1818) à « MONSIEUR, frère du Roi (le comte d'Artois) qui, avant la Révolution, avait acquis « la superbe bibliothèque du marquis de Paulmy... Cette image est devenue d'un « prix inestimable, depuis que des *citoyens actifs* ont fait disparaître le plan de « la Bibliothèque de Saint-Victor. »

Je crois avoir prouvé suffisamment que l'épreuve conservée à Saint-Victor est celle même qu'on voit aujourd'hui à l'Arsenal. Quant à celle de M. De Paulmy, je ne sais où elle se trouve; probablement dans les collections d'un des membres de l'ex-famille royale, s'il est vrai que M. de Paulmy ait vendu au feu comte d'Artois, devenu Charles X, sa bibliothèque tout entière. On pourrait supposer encore que M. de Paulmy aurait légué son épreuve à la Bibliothèque de l'Arsenal dont il fut directeur; mais en ce cas il faudrait admettre, ce qui est peu probable, d'après les raisons que je donne page 57, qu'il l'avait acquise ou reçue en don des religieux de Saint-Victor, et qu'il ne l'aurait pas comprise dans la vente faite au comte d'Artois.

Quant à l'épreuve que possède aujourd'hui M. Gilbert, il l'acheta, vers 1820, à un prix très-modique, chez un marchand de cartes du quai Voltaire. Il n'est point probable que ce soit celle de M. de Paulmy qui aurait été vendue comme carte de rebut par la liste civile. On a, du reste, des exemples de pareilles bévues; des objets d'antiquité de haut mérite, confondus, par mégarde ou par ignorance, avec d'ignobles vieilleries, ont longtemps séjourné au fond d'un obscur magasin, pour en sortir enfin moyennant une rançon infiniment disproportionnée à leur valeur.

M. Vivenel, architecte, décrit, en son catalogue, les pièces de Du Cerceau qu'il possède; il signale, entre autres, un *plan de Paris*, sans autre détail. Est-ce encore une épreuve de l'estampe qui nous occupe? Je n'ai pu le savoir, car la réponse que j'attendais de l'auteur du catalogue est encore à venir.

En résumé, je ne connais positivement que deux épreuves originales de ce plan; j'en citerai une troisième que je possède. Elle est tirée précisément des mêmes cuivres, mais retouchée et modernisée pour l'an 1650 ou environ. Les deux tiers du tracé de Du Cerceau sont encore identiques aux épreuves originales; le reste a été renouvelé (j'en parlerai plus au long à l'an 1650). Je n'ai jamais rencontré nulle part d'épreuve avec ces corrections. Celle-ci doit donc passer, à mes yeux, pour *unique*, jusqu'au moment où il s'en présentera une ou deux, ou vingt autres, ce qui peut arriver un beau jour, lorsqu'on fouillera, pour en faire la vente, le fond de quelque ancien magasin d'images. L'estampe retouchée étant un peu moins vigoureuse de ton que les tirages de premier état, on peut supposer que les planches ont donné, dans l'origine, un assez grand nombre d'épreuves. Comment concevoir qu'un cuivre, dont la gravure a coûté tant de temps, et qui existait encore après un siècle, n'en ait fourni que trois ou quatre? On a donc chance d'en retrouver un jour au moins quelques-unes entre les mains de possesseurs obscurs qui n'en connaissent pas le prix. Quoi qu'il arrive, ce plan a aujourd'hui une réputation de rareté qui le ferait monter peut-être à trois ou quatre cents francs dans une vente publique bien ordonnée.

On voit, au bureau de l'Hôtel-de-Ville, un plan aussi rare que grossièrement tracé; il est en quatre feuilles, et il porte une double date, 1666 et 1668 (j'en reparlerai à cette dernière année). En l'examinant avec attention, j'ai reconnu, à sa dimension et à quelques détails, un nouveau tirage des anciens cuivres de Du Cerceau, mais, cette fois, si horriblement déformés sur tous les points, qu'il n'existe peut-être pas une image de Paris plus infidèle.

COPIE DU PLAN DE DU CERCEAU (par Dheulland). — L'histoire de cette copie étant souvent mêlée, dans la précédente dissertation, à celle de l'original, je n'ai plus que quelques lignes à lui consacrer. Cette estampe est fort commune, parce que la planche existe encore à la Calcographie, de sorte que tous les amateurs en ont ou peuvent en avoir une épreuve au prix de six francs.

Ce fut vers 1755 qu'elle fut commencée, sous la direction de M. Bonamy, qui, entre autres titres, avait celui de bibliothécaire de la ville. On chargea de l'exécution Guillaume Dheulland, graveur de dessins pour l'architecture et la marine, artiste déjà âgé, s'il est vrai qu'il soit né en 1690. Cette reproduction fut d'abord dédiée à Christophe de Beaumont, archevêque de Paris, dont les armes, sur les premières épreuves, sont en tête du texte gravé qui accompagne le plan, texte qu'on retrouve imprimé, un peu plus au long, dans le *Journal de Verdun*, de mars et août 1757.

M. de Bignon, prévôt des marchands, ayant acquis pour la ville de Paris la planche, en 1766, on effaça les armes de l'archevêque, et en même temps on ajouta au bas de l'estampe, au delà de la ligne d'encadrement, à gauche : *Dheulland delin. et sculp.* 1756 ; et, à droite : *Præfect. et Ædil. acquisiv.* 1766.

Mauperché, en rival peu généreux, déprécie de son mieux la copie de Dheulland, comme il avait fait à l'égard de l'original, et c'est par la flatterie qu'il en attaque le mérite : « On ne peut nier que Dheulland ne nous ait laissé une gra-
« vure moins mauvaise, je pourrois même dire beaucoup mieux exécutée que
« son modèle. Mais l'image nouvelle d'un plan ancien n'a de mérite qu'autant
« que, calquée avec le plus grand soin, elle rend parfaitement l'aspect de l'objet
« qu'on a le projet de retracer... Dheulland, en traçant un plan ancien de Paris,
« sur lequel tout annonce qu'il ne fut fait qu'en 1756, n'a donc nullement atteint
« le but qu'il avoit en vue. » Je reconnais la justesse de cette remarque; Dheulland a enjolivé à plaisir certains détails pour plaire au vulgaire; mais on peut aussi reprocher à la copie éditée par Mauperché d'avoir si mal rendu le style du dessin de Gagnières, qu'on y reconnaît de suite une image gravée en 1818. Du reste, elle a, comme copie, un avantage sur celle de Dheulland : elle n'a pas la prétention de corriger son modèle.

L'estampe de Dheulland, malgré ses défauts, n'en sera pas moins généralement préférée à la copie rivale, parce qu'elle est plus détaillée et offre une image de Paris moins difforme. Sa dimension est celle même du modèle, dont on a calqué le trait. Elle se compose d'une seule feuille, y compris le texte explicatif gravé sur une planche à part. Dheulland a supprimé, dans sa copie, les quatre vents et les trois inscriptions latines. On pourrait signaler un grand nombre de changements plus ou moins importants qu'il s'est permis. C'est toujours un tort que de vouloir corriger la grossièreté naïve d'une vieille estampe, puisque ce sont ses imperfections mêmes qui en révèlent la date. Le style de la gravure de Du Cerceau n'a pas été reproduit, puisqu'on a substitué le travail de la pointe à celui de l'eau-forte. On a modifié certains édifices dans leurs formes et dans leurs proportions; on a remplacé par des lignes légères ces tailles fortement ondulées qui, sur l'original, donnaient au cours de la Seine l'aspect d'un torrent. Au lieu d'arbres plantés en quinconces dans les jardins du Temple, de l'abbaye Saint-Martin, etc., Dheulland a semé quelques arbustes au hasard. Il a ajouté, entre les rues Montorgueil et Montmartre, une tour de l'enceinte de Ph. Auguste, qui existait en effet de son temps, mais que son modèle avait oubliée. Sur ce dernier, on voyait, au cimetière des Innocents, dépasser le toit de la chapelle dite d'Orgemont; Dheulland a négligé ce détail. La Bastille n'offre pas la même perspective. A La Chapelle, *où Sainct Denis fut décollé* (au bas de Montmartre), Dheulland a ajouté, au sud, un bâtiment. Saint-Yves est inexactement copié. Il n'a pas reproduit divers petits personnages qu'on voit près du moulin des Gobelins, dans le Pré aux Clercs, sur le quai du Louvre, et ailleurs; il a oublié une potence plantée au sud des Chartreux, deux poteaux dressés sur la place Maubert, l'estrapade élevée sur la place de ce nom, etc., etc. Les fautes d'orthographe de l'original ont été souvent rectifiées, quoique le texte du plan affirme le contraire. Au lieu de: les *Jacopins, S. Eustace*, on lit: *Jacobins, Eustache*, etc.

La plus grave erreur de la copie de Dheulland, c'est la présence de la tour de Billy qui avait, sur le modèle, été ajoutée à l'encre, par je ne sais quelle main ignorante ou de mauvaise foi.

Je ne donnerai pas d'autres détails sur un plan que tous ceux qu'intéressent les antiquités de Paris peuvent se procurer et consulter. Je crois en avoir dit assez pour prouver que Dheulland ne nous a pas laissé un *fac-simile* de son modèle, et qu'il est très-facile de distinguer, au premier coup d'œil, l'original de la copie. Si je me suis étendu sur des minuties, c'est pour empêcher des amateurs novices de les confondre, comme il est arrivé au rédacteur du catalogue de l'Arsenal, qui nomme le plan de Du Cerceau : plan de Dheulland.

Le plan de Dheulland, réduit au quart, et avec beaucoup de soin, par M. Osterberger, a été reproduit par Le Carpentier. Le champ de la carte a été un peu rétréci; et l'on a supprimé les deux armoiries. Le trait de la gravure est très-léger, afin que l'écriture ressorte plus vivement. Cette petite estampe se trouve insérée dans un *Guide des étrangers à Paris*, format in-24, pour l'an 1838. On en a vendu aussi un assez grand nombre d'épreuves isolées.

VII. — **Plans de Paris entre 1560 et 1575.**

Il n'a paru, à ma connaissance, pendant cet intervalle de quinze ans, aucun plan qu'on puisse appeler *nouveau*. On retrouve toujours les anciennes planches de Munster et de Braun (ou leurs copies) insérées, sans modifications, dans divers ouvrages cosmographiques. Le plan d'Ogerolles, de 1564, que je signale page 28, n'est, je le répète, qu'une copie sans corrections de celui de Munster. Il a lui-même donné lieu à une ou plusieurs copies que je passerai sous silence. Le très-petit plan, gravé par Martin Rota (cité page 29), peut aussi se rapporter à la date de 1570 ou 75. C'est également une reproduction du plan de 1548.

C'est en 1572 probablement qu'apparut, pour la première fois, le plan de Georges Braun, que j'ai placé, non pas à la date de son exécution, mais à l'année 1530, puisqu'il représente Paris vers cette époque. (Voy. p. 29 et suiv.)

Du Breul, dans son *Théâtre des antiquités de Paris*, p. 1060, mentionne, à propos de la clôture de Ph. Auguste, « le pourtraict en taille douce, fait à Venise en l'an 1568. » La Tynna, de son côté, cite, sans autres détails, un plan italien de 1566. Enfin, M. Guenebault signale, dans son *Dictionn. iconogr.*, article *Paris*, un plan de Nicolas Nelli, gravé sur bois en 1567, et publié dans l'ouvrage : *Dei disegni delle più illustri città e fortezze del mondo*, in-4, Venise, Guill. Balino, 1569, ouvrage que je n'ai pu voir. M. Guenebault a eu la complaisance de me donner, à ce sujet, un renseignement extrait des *Suppléments* de son *Dictionnaire*. Il n'a pu retrouver le plan de Nelli, vendu par un libraire qui possédait l'ouvrage; mais il me signale un autre in-4° italien portant à peu près le même titre, et daté : Venetiis M. D. LXVIII, où se trouve un plan exactement semblable et signé : *Ferrandi Bertelli fecit*. Ce serait alors l'estampe citée, page 28, comme copie du plan de Munster, estampe qui porte 25 centim. sur 19, avec 43 renvois, les armes de France à droite, le blason de Paris à gauche, et au bas la signature : *appresso Ferrado Bertelli*. Je ne puis donc affirmer, *de visu*, qu'il existe un plan gravé sur bois par Nelli, artiste de qui je ne connais que des portraits sur cuivre. Quant au plan italien que mentionnent La Tynna et Du Breul, c'est, ou celui de Bertelli, ou celui que je vais décrire.

PLAN DE PARIS ITALIEN, gravé vers 1565 ou 70. — On voit, dans le Recueil de la Bibl. Nat., un plan à vol d'oiseau, gravé sur cuivre en Italie (ou par un Italien), auquel on peut attribuer la date approximative de 1570. Il a 50 cent. sur 41, et est signé *Matteo Fior*. (Fiorentino?) *f*. En voici le titre : *La nobilissima et gran' città di Parigi*; à droite est l'écu de France; mais on n'y voit pas le blason de Paris. Au-dessous sont gravés 71 renvois en texte italien, correspondant aux chiffres du plan. Au bas, à gauche, petite carte de France.

J'ai rencontré une seule fois l'in-folio qui le contenait, mais le titre manquait à l'exemplaire, ainsi que le privilége. Au reste, ce titre ne nous eût rien appris de certain sur sa date, puisque le recueil se composait de cartes gravées à toutes sortes d'époques. L'ouvrage m'a paru imprimé vers 1600, mais l'état de Paris, que le plan représente, est antérieur à cette date. Il est plein d'anachronismes de lieux, et si grossièrement tracé, qu'il n'en existe pas de pire. Peut-être serait-il la copie d'une fresque grossière que je remarquai, en 1830, au Vatican, sur les murs d'une galerie dite *Salle des cartes géographiques*, fresque dont j'ai gardé, au reste, un bien léger souvenir, et qui m'a paru fort dégradée à cette époque.

Son orientation est assez singulière, car c'est le nord qui est au bas de la carte. Tous les édifices y sont étrangement déformés; les tours de Nesle, de Barbeau et autres (il y en a même d'imaginaires), composées d'étages superposés, ressemblent aux tours de Babylone ou à des pagodes chinoises. Il ne reste plus de tours de l'enceinte septentrionale de Ph. Auguste; on voit figurer une partie du Pont-Neuf commencé sous Henri III, du côté des Grands-Augustins, et en même temps subsistent le vieux château du Louvre, le palais des Tournelles, etc. On remarque des tentes dressées dans l'île Notre-Dame. Sur la Seine et tout auprès de la ville sont indiqués les ponts de S. Cloud, de Charenton, et celui même de Lagny. Il n'y a aucune trace du palais des Tuileries commencé en 1564.

Les trois arches du Pont-Neuf sont évidemment ajoutées sur la planche, et en y regardant de près, on voit que le dessinateur a pris, pour dresser ce portrait de Paris, un vieux modèle maladroitement rajeuni. Une pareille image ne peut nous être d'aucune utilité, et, malgré sa rareté, je ne l'estimerais pas 50 centimes.

PLAN ANONYME GRAVÉ SUR BOIS (vers 1570). — On voit, dans le même recueil, un plan en une feuille, gravé sur bois, barbouillé (ainsi que l'est une épreuve que je possède) de vermillon, de jaune, de vert et de violet. Il a 40 cent. sur 33 et demi. On lit au haut, en gros caractères ronds : *Le Vray Pourtraict de la Ville, Cité*, etc.; à chaque coin est une tête de vent. Son champ est peu étendu, car il ne dépasse guère, sur la rive gauche, l'enceinte de Ph. Auguste, et, sur la rive droite, le rempart de Charles V. Il est fort médiocre, mais un peu moins grossier que le précédent : il paraît être de la même époque et tracé d'après le même modèle. Son orientation est semblable : le nord est au bas de la carte. — On y voit aussi figurer le petit bras du Pont-Neuf, et ce détail paraît également avoir été ajouté sur la planche. Ainsi que l'autre, il n'offre plus de vestiges des anciennes tours de la clôture septentrionale de Ph. Auguste, sinon la tour Barbeau, et celle située vis-à-vis la tour de Nesle. — Le palais des Tuileries n'est pas encore indiqué. — L'enceinte de Charles V a la forme régulière d'un demi-cercle. — On remarque, dans le voisinage de la Bastille, plusieurs bastions à deux faces, construits sous Henri II, et revêtus de pierres. Un bastion du même genre avoisine la porte du Temple; mais c'est à tort qu'il paraît ici achevé, car il resta toujours à l'état de butte. — Le Petit Arsenal est nommé *Mvnitions*. — Les moulins des Barres, sur la Seine, vis-à-vis la rue de ce nom, y sont encore figurés. — Les façades *occidentales* de quelques églises et autres édifices, tels que la Bastille, le Louvre, ont été retournées vers le nord. Le dessinateur a voulu, tout en changeant le système ordinaire d'orientation, en conserver l'avantage; le procédé n'est pas heureux; on verra, à l'année 1656, un plan du même genre.

On compte, sur ce plan, 71 numéros de renvois, correspondant à des explications en français, qui sont imprimées sur le côté droit de la planche. L'épreuve de la Bibliothèque nationale porte en outre, au bas, une bande de texte ajoutée, lequel est divisé en deux colonnes de vingt-cinq lignes. A la suite de ce texte, fort insignifiant, on ne lit ni date ni nom de graveur ou d'éditeur.

Ce qui me porte à croire que cette planche a été gravée en Italie, ou du moins par un Italien, d'après le même modèle que le précédent, c'est d'abord : la forme contournée, à la mode italienne ou allemande, des deux écussons supérieurs, renfermant les armes de France et de Paris ; c'est ensuite l'orthographe déformée de certains noms. Ainsi on y lit : *Le porta fin* (port-au-foin), *Ostel de Vila*, *S. Vitor*, *Colegio*, *S. Germain de Locerras*. Les noms des portes et de quelques localités sont inscrits en grosses majuscules.

VIII. — Plan inséré dans la Cosmographie de Belleforest, 1575.

En 1575, parut une nouvelle édition, considérablement augmentée (de récits plus ou moins mensongers) de l'ancienne *Cosmographie universelle* de Munster. Cette énorme compilation, en trois volumes in-folio, est due à François de Belleforest. On y remarque encore un grand nombre des absurdes cartes de la cosmographie allemande; mais une partie des plans de ville qui accompagnent le texte ont été regravés et ne manquent pas d'un certain mérite; celui de Paris est du nombre. Il se trouve au tome Ier, p. 174. Il consiste en une seule feuille grand in-folio, repliée dans le volume, et tirée à part du texte. Sa ligne d'encadrement porte 55 centim. sur 41. Il est gravé sur bois avec assez de finesse. Au bas, à gauche, on lit sur une pierre le nom de : CRVCHE; c'est celui du graveur ou du dessinateur[1]. Au haut, à gauche, est l'écu de France, surmonté d'une couronne

---

[1]. J'ai fait une erreur en affirmant, dans mon *Histoire de la Gravure*, p. 24, que ce plan est la

fermée; à droite, le blason de Paris; entre les deux armoiries, une banderole flottante, où on lit, en petites majuscules : LA VILLE, CITÉ, VNIVERSITÉ DE PARIS. Si l'on excepte ce titre, le nom de *cruche* et ceux des quatre vents qui sont aux coins, il n'y a aucune autre inscription sur le plan. Les principales rues et les édifices importants portent des numéros ou des lettres de renvoi, correspondant à un texte explicatif imprimé et renfermé en quatre cadres, sans ornements et d'inégales dimensions, placés dans les endroits vagues du plan. On compte 84 numéros et deux alphabets de renvoi.

Ce plan, à vol d'oiseau, a dans son ensemble la plus frappante ressemblance, quoique plus petit du double, avec celui que j'attribue à Du Cerceau; il a les mêmes proportions et le même champ. La forme des rues, le dessin des portes et de la plupart des localités éloignées du centre, les défauts même de perspective, sont identiques sur les deux plans. Il n'est pas jusqu'à de petits personnages tracés çà et là sur l'estampe de Du Cerceau, qui ne soient ici reproduits en imitation. Près de la porte du Temple figure aussi une énorme masse carrée, nommée *le Bastillon*.

Cependant, un examen attentif révèle bientôt des différences notables, qui sont le résultat de rectifications importantes. Il est positivement la copie de Du Cerceau, mais la copie modifiée et modernisée pour l'année 1572 environ. Son mérite propre est donc d'offrir de nombreux changements appropriés à sa date ou à peu près, car on doit lui attribuer une époque antérieure au millésime de l'ouvrage. — Le fossé de la Bastille est ici fortifié de nouveaux bastions à deux faces, commencés sous Henri II, et au nord du même édifice on voit le grand boulevard de la porte Saint-Antoine, en place de ces deux gros bâtiments carrés figurés sur l'autre plan. — La maison *de la Royne* (palais des Tuileries) est commencée; le jardin, bien que déjà planté en 1569, n'est pas encore indiqué, non plus que le bastion qui le terminait à l'est; mais la *tuilerie* a disparu. Le Louvre a été aussi modifié, ainsi que l'enclos du palais des Tournelles, l'Hôtel-de-Ville, etc.

On voit toujours, sur la Seine, au sud de la pointe occidentale de la Cité, le *moulin de la Monoye dict de la Gourdayne*. Ce nom de *Gourdaine* était celui d'un îlot voisin, séparé d'un autre célèbre par le supplice de Jacques Molay. La place Dauphine occupe leur emplacement. *Notons* qu'aucun des anciens plans décrits ne désigne leurs noms, sur lesquels les historiens ne sont pas toujours d'accord.

Ce plan a donc un mérite bien réel; mais Mauperché, aussi exagéré dans ses éloges que dans ses critiques, lui fait trop d'honneur quand il le regarde comme le modèle original du plan, beaucoup plus grand, qu'il nomme *de S. Victor* (celui que j'attribue à Du Cerceau). En fait de copie, on réduit, en général, plutôt qu'on

réduction d'un autre en quatre feuilles, également sur bois et *signé du même nom*. Ce dernier plan, que je décrirai à l'année 1601, *n'est pas signé*, et est postérieur d'au moins vingt-cinq ans à celui-ci.

n'amplifie les proportions d'un modèle; on ne vieillit pas à dessein les plans; mais fort souvent, au contraire, on les rajeunit, afin d'en rendre la vente plus facile. Comment croire qu'une planche insérée dans un médiocre ouvrage ait enfanté une carte d'une surface double, plus détaillée, et assez habilement gravée pour qu'on puisse l'attribuer à un célèbre architecte-graveur?

Le plan de Belleforest est assez rare, ainsi que le livre qui le contient. Ce livre a pu être tiré à grand nombre, mais je n'en ai jamais vu de seconde édition. La planche n'a jamais été, à ma connaissance, ni corrigée ni incorporée à d'autres ouvrages. La *Cosmographie* de Belleforest monte aujourd'hui de 50 à 80 fr. dans les ventes, selon l'état de sa conservation. Le plan isolé de Paris peut être estimé de 12 à 15 fr.

J'ignore si ce plan a été copié et réduit comme le fut souvent celui de Munster. Je citerai une petite estampe sur cuivre, fort rare, offrant un petit plan de Paris qui m'a paru une réduction de Belleforest. On y voit Henri IV entrant avec quelques cavaliers par la porte Neuve, tandis que, d'autre part, ses troupes s'introduisent par la porte Saint-Denis. Les soldats sont aussi hauts que les maisons.

Les troubles politiques et religieux, qui agitèrent la France depuis Charles IX jusqu'à l'entrée d'Henri IV à Paris, influèrent sur tous les arts en général. Les travaux topographiques durent s'en ressentir. Qui songeait, en ces temps de misère publique, à publier ou à acheter le plan d'une ville en proie à tous les désordres de l'anarchie? Aussi est-il douteux qu'entre 1575 et 1600 il ait paru, à Paris du moins, le moindre plan nouveau concernant la capitale. Pour moi, je n'en ai pu découvrir aucun, et, s'il en existe, je doute qu'ils aient de l'importance, car ce serait plutôt en pays étranger que chez nous qu'on aurait pu en éditer, afin de faciliter, je suppose, l'intelligence des graves événements qui se passaient en France à cette époque. Je citerai, par exemple, une petite eau-forte gravée en Allemagne vers 1595? et faisant partie d'un recueil. Elle représente les opérations du siége de Paris, 1590. Le petit plan de cette ville est une copie libre du plan de Munster; il est orienté avec l'est au bas de la carte. C'est la seule particularité qui signale cette estampe, sans valeur à titre de plan de la capitale.

Dans le *Mémoire* de Bouquet, page xxxii, sont signalés « les plans de Paris des années 1572 et 1590, où les deux enceintes de Ph. Auguste et de Charles V sont désignées ». Le plan daté 1572 est probablement celui de Braun. Quant à celui de 1590, je n'en connais aucun qui porte ce millésime. Peut-être Bouquet, par erreur, veut-il désigner le plan de Belleforest; assurément, ce n'est pas celui de *S. Victor* (ou de Du Cerceau), puisqu'il en parle quelques lignes plus haut.

IX. — **Des plans de Paris au XVII**e **siècle. — Plan sur bois anonyme, édité vers 1601.**

Ce siècle va nous offrir des plans de Paris plus nombreux, plus détaillés et plus exacts, en général, que ceux du siècle précédent. J'en décrirai trois édités sous Henri IV, non plus annexés à des volumes, mais destinés à être fixés sur toile et suspendus au mur d'un cabinet. Malgré leurs beaux frontispices et leurs grandes dimensions, ils ne sembleront guère meilleurs que les précédents, dont la difformité était un peu dissimulée par leur petitesse. On y verra figurer le titre fastueux d'*ingénieur*, des échelles de mesure, des boussoles et des compas; mais tout cet attirail ne saurait donner le change sur l'inexactitude réelle de leurs proportions et de leurs détails.

Outre les trois plans signalés entre 1600 et 1610, il parut encore des copies ou des imitations des petits plans décrits au siècle précédent. Il est fort possible aussi que des plans vastes et importants, publiés pendant ce court intervalle de temps, aient échappé à mes recherches; mais je n'ai pu donner plus que je n'ai reçu du hasard.

Je me suis bien gardé de classer comme plan une petite vue pittoresque à laquelle sa perspective à vol d'oiseau a donné une apparence de plan, je veux parler d'une estampe au burin signée 1607. *L. Gaultier sculp.* Elle reproduisait l'enseigne d'un libraire, et les épreuves du premier tirage se trouvent sur le titre de l'in-folio : *Joannis Passerati.. Commentarii in Catvllvm, Tibvllvm et Propertivm*, 1608. Cette petite vue a été plusieurs fois copiée de son temps, comme aussi de nos jours, par Mauperché et autres.

Sous Louis XIII, nous analyserons plusieurs plans curieux, pittoresques, utiles à consulter, mais peu susceptibles encore de satisfaire l'ami du positif. Enfin, sous Louis XIV, époque de perfectionnement presque en tout genre, les études géométriques avaient déjà fait assez de progrès pour enfanter quelques plans remarquables; mais à côté de ces cartes dressées par de vrais *ingénieurs*, apparaissent encore, comme pour faire contraste, une multitude d'images de Paris d'une grossièreté révoltante; c'est ainsi qu'en tout les extrêmes sont sans cesse en présence; les produits de l'aveugle routine à côté de ceux du progrès.

Si les lettres et les arts ont acquis, sous Louis XIV, tous leurs développements, il n'en fut pas ainsi des sciences. Elles ne commencèrent à suivre l'impulsion donnée au progrès que vers la fin de ce long règne, pour briller, sous le suivant, d'un éclat qui ne s'est jamais affaibli depuis cette époque. Aussi n'est-ce véritablement qu'au XVIIIe siècle que nous trouverons des plans de Paris sérieusement *géométriques* et dignes des savants. Mais, malheureusement pour les archéologues, le vieux Paris avait alors presque entièrement disparu dans son ensemble comme dans ses détails.

PLAN ANONYME gravé sur bois, vers 1601. — On voit, au *Dépôt de la Guerre* (6 — D., n° 41), un plan de Paris à vol d'oiseau, composé de huit feuilles, ayant chacune environ 48 centim. sur 34; l'ensemble forme un carré de 134 cent. sur 96. Il est gravé sur bois et grossièrement enluminé. Il a le même champ que celui de Du Cerceau, dont il est la copie modernisée, et, comme son modèle, ne porte ni date ni nom de graveur. C'est par étourderie que j'ai annoncé, dans mon *Hist. de la gravure*, qu'on lisait au bas le nom de : *Cruche*. Le fait est que la disposition de ce plan, et le style de sa gravure, rappellent beaucoup celui de Belleforest, qui est signé de ce nom ; mais il en diffère par plusieurs détails. Je vais en parler brièvement, en le considérant dans son ensemble.

Au haut, à gauche, sont les armes de France et de Navarre, et tout auprès trois croissants entrelacés, dont deux, formant X, sont croisés au milieu par un troisième qui a les cornes tournées vers le haut. Au-dessous de l'écu de France est l'initiale H. Le blason de Paris fait pendant. Au bas du plan, à gauche, un cartouche renferme quatorze vers français imprimés et commençant ainsi : —*Espris ardants de vœir du monde l'excellence,* — *Le sainct seiour d'Astrée et haut siège des Roys,* etc. Au milieu des rues, qui sont généralement très-larges, sont inscrits les noms en majuscules. A chaque coin est une tête de vent qui souffle. La Seine, figurée par des lignes ondulées, ressemble à un torrent, et fait brusquement le coude vers le sud, à partir de l'extrémité du jardin des Tuileries.

Il est assez difficile de préciser la date de ce plan, car il contient plus d'une contradiction ; je me bornerai à signaler quelques particularités, qui nous aideront à lui en assigner une approximative.

Le Pont-Neuf est achevé ainsi que la Samaritaine, mais le terre-plein du pont a l'air d'un monticule à croupe arrondie. On y indique encore le pont aux *Meusniers* et le moulin des Barres, détruits pourtant au XVI° siècle. La place Royale et celle Dauphine n'y sont pas encore marquées, mais on y voit *les Recoles*, à la place où fut fondé, par la reine Marguerite, le couvent des Petits-Augustins. — Le Louvre est un assemblage confus de vieilles tours; la grande galerie est achevée. — *Maison du Roy*, dite *les Tuileries*; ce palais, non terminé, est grossièrement figuré comme sur le plan de Belleforest. Il est suivi du jardin représenté en raccourci et borné à l'ouest par un bastion, près duquel est une porte qui a l'air d'une forteresse; elle est ici tracée de fantaisie, car elle ne fut bâtie que plus tard, en 1633, sous le nom de Porte *de la Conférence*. A la place où fut élevée, cette même année, la porte Saint-Honoré, on voit une sorte de barrière avec bascule. — On y remarque encore le pont *Arcans*, jeté sur le grand égout, ainsi qu'il se voit sur le plan de Du Cerceau. Ce grand égout, qui par le fait débouchait comme aujourd'hui dans la Seine à l'endroit où nous voyons la *Manutention des vivres*, vient ici se perdre dans le fossé du bastion des Tuileries. — Je signalerai encore : la chapelle des *Martis*, la Ville-l'Evesque, *Montmarte* et *Clinniencourt*, la *Grànche* Batelière, le château des Porcherons, entouré de fossés pleins d'eau, la butte de Villeneuve surmontée d'énormes moulins, etc.

Au pré aux Clercs, est une *fabrique de tuiles*, qui ne figure sur aucun autre plan. — L'hôtel du Luxembourg n'est pas indiqué ; près des *Chartereus* s'élève, comme sur le plan de Du Cerceau, le moulin des Gobelins d'une grosseur démesurée. — Les portes de la clôture méridionale de Ph. Auguste sont très-grossièrement tracées. — Dans le fossé, entre les portes Bordelle et Saint-Jacques, deux archers tirent de l'arc. — Projet de la ferme de *Guernelle*, à l'ouest du Champ-de-Mars actuel. — On ne voit pas encore les Jardins de la Reine Marguerite.

Le fossé de la Bastille est garni de bastions ; on a représenté à tort comme revêtu, le bastion contigu à la porte du Temple. — Sur le rempart de Charles V existent toujours les bastides carrées, reliées entre elles par un mur percé de meurtrières. — L'emplacement du palais des Tournelles est occupé par un groupe de maisons, du milieu desquelles s'élève une église ; au-dessous, on lit : *Bâtiment neuf*. — A côté, vers le sud, sont deux corps de logis parallèles et très-longs, dans le sens de l'est à l'ouest ; ils sont nommés : *Bâtiments pour les Soyes*. Aucun autre plan ne désigne ces édifices, qui ne furent peut-être que projetés. La rue Saint-Louis n'est pas encore bâtie ; un égout en occupe l'emplacement. — La rue du Petit-Musc est nommée : *rue des Cellestins*. — Au sud du cimetière Saint-Paul est indiqué encore l'*hostel de la Reine*, hôtel détruit entièrement sous Charles IX. — Il existe déjà une chapelle, où est l'église actuelle des Jésuites, rue Saint-Antoine. — Tout auprès, à l'endroit où nous voyons le passage Charlemagne, figure, toujours comme sur le plan de Du Cerceau, l'hostel du Prévost de Paris, dont la porte d'entrée paraît formée de deux tours. — On remarque une *rue des Inocens* (rue inconnue), qui conduit de la rue de Thorigny à celle *des Poulies* (des Francs-Bourgeois). — La rue *des Juifs* est nommée : *rue des Païens*. (Aurait-on confondu avec la rue *Payenne*?) — L'Hôtel-de-Ville n'est pas encore achevé. — Derrière le *Pal Mal*, promenade qui est devenue, plus tard, le quai de l'Arsenal, apparaissent encore quelques grosses tours carrées, restes des onze qui reliaient la tour de Billy à celle de Barbeau encore représentée. — La porte Montmartre (celle bâtie sous Charles V) est remarquable par une statue qui est dressée au-dessus de la baie de cette porte, du côté de la campagne. — Le gibet de Montfaucon se compose de *six* piliers, pointus au sommet, et appuyés sur un soubassement de forme *circulaire*. Cinq corbeaux planent au-dessus des piliers. Cette représentation ne s'accorde guère avec une estampe de J. Poinssart, où se voit le même gibet tracé d'après un dessin d'environ 1612.

L'orthographe des inscriptions est, en général, peu correcte. Les mots *Feilliens*, *Capychins*, au lieu de *Feuillans*, *Capucins*, dénotent une origine étrangère. Au reste, nos graveurs eux-mêmes étaient sur ce point fort ignorants.

Les détails que je viens de donner suffiront pour signaler et faire apprécier ce plan anonyme et fort peu connu. Quant à sa date, comment la préciser? Quelques détails peuvent lui faire attribuer la date de 1570, et d'autres celle de 1600 ou 1604. A s'en rapporter aux armoiries, à la lettre H et au style des vers de l'inscription, il appartient bien certainement au règne de Henri IV. L'absence de la place Royale indique une époque antérieure à 1604. Du reste, aucune trace de retouche ne se révèle sur cette grande estampe, qui peut être regardée comme la copie rajeunie et amplifiée de l'ancien plan de Du Cerceau.

A mes yeux ce plan, exécuté peut-être en pays étranger, n'a qu'une médiocre valeur comme source de renseignements; mais il a la qualité d'être rarissime, car on ne le mentionne nulle part, et je ne l'ai jamais vu qu'au Dépôt de la Guerre. Je l'estimerais volontiers de 150 fr. à 200 fr.

X. — Plan de François Quesnel, 1609.

François Quesnel, peintre du Roy (Henri IV), était natif d'Edimbourg, comme l'atteste son portrait, gravé par Michel Lasne. Un vaste plan de Paris, entrepris par un peintre du roi, pouvait être tracé avec verve, mais avait chance, entre les mains d'un artiste ennemi du compas et nullement habitué aux opérations sur le terrain, d'être peu exact; c'est ce qui arriva.

Félibien, dans son *Histoire de Paris* (tome V, p. 46, *a*), cite les lettres patentes du 4 janvier 1608, qui permettent « à François Quesnel, maistre pein- « tre, à Paris..., de pouvoir librement tailler ou faire tailler, soit en bois ou en « cuivre, estamper en papier ou en quelque sorte que bon luy semblera, la ville « de Paris, selon qu'il *l'a déia faicte*, et la vendre et débiter... durant l'espace de « dix ans continuels, à compter du jour de la première impression. » Ces mots *déia faicte* sembleraient indiquer une date antérieure à 1608.

Ce plan, tracé à vol d'oiseau, se compose de douze feuilles, ayant chacune à peu près [1] 49 cent. sur 37 d'encadrement. Son orientation est toujours celle du

---

[1] Je dis à *peu près*, car les plans gravés au XVIIe siècle, comme ceux du XVIe, sont loin, en gé-

plan de tapisserie ; à chaque coin est représenté un vent qui souffle, quoiqu'il y ait, en outre, une boussole dessinée au bas de la seconde feuille.

J'ignore s'il exista jamais un texte annexé au plan de Quesnel.

Cette image de Paris, bien que dressée sur une échelle beaucoup plus vaste que tous les plans gravés au XVI° siècle, n'en est pas pour cela plus fertile en détails curieux. Si elle renfermait tous ceux que comporte sa dimension, certes, nul *pourtraict* du vieux Paris ne pourrait l'égaler aux yeux de l'antiquaire; mais il n'en est pas ainsi. Ces longues lignes, tracées à l'eau-forte, présentent des localités nues, mal garnies de bâtiments dessinés au hasard, et de jardins sans formes. Les édifices publics y sont sans style comme sans proportions. Les rues, trop larges, n'ont pas toujours leur direction et leurs distances respectives.

Tous ces défauts n'ont pas empêché le *peintre du Roy* de poser bravement, au bas de son plan, *l'échelle... des pas de l'autheur*. Un grand nombre de rues figurent sans être désignées; d'autres portent, au milieu, une inscription dont l'orthographe est très-négligée, et remarquable par la manie du graveur qui traça l'écriture, d'élider les voyelles des particules *le* et *de*, comme font les villageois dans la prononciation. Ainsi on lira : *L'Temple*, la porte *d'Nesle*, etc.

La gravure du plan est attribuée par M. Robert Dumesnil, à Pierre Vallet, graveur estimé de son temps. Elle est exécutée à l'eau-forte, et tracée avec hardiesse sans le secours de l'équerre ni du compas. Le frontispice est dessiné avec verve au trait, et rehaussé seulement de quelques tailles.

Quesnel, l'auteur du modèle (*inventor*), s'est aidé, selon l'usage, des plans antérieurs, et plusieurs détails témoignent qu'il a mis à contribution le plan de Du Cerceau. Mais son système de mesure, d'après l'échelle *de ses pas*, ne pouvait guère perfectionner l'œuvre de son devancier, et si l'on voulait essayer de faire tenir dans ses massifs les plans de toutes les maisons d'aujourd'hui, on serait fort embarrassé de s'y retrouver. Les édifices publics, à peu près sans ressemblance avec la réalité, ressortent à peine au milieu de quelques pignons groupés au hasard, et formant un ensemble maigre, incomplet, qui répugne à qui connaît tant soit peu la capitale.

Le champ de ce plan est assez vaste. Il s'étend, vers l'est, au delà de l'abbaye Saint-Antoine; vers l'ouest, jusqu'aux Bons-Hommes. Au sud, il renferme les faubourgs Saint-Marceau et Saint-Jacques, etc.; mais du côté du nord il est plus resserré, et si l'on y a fait entrer l'hôpital Saint-Louis et une partie de Montmartre, c'est en trichant sur l'espace réel, comme ont fait les auteurs des plans précédents.

néral, d'avoir une ligne d'encadrement tracée à l'équerre. Il y a quelquefois une différence de 1 centimètre entre les deux lignes parallèles qui déterminent la hauteur ou la largeur.

Une manie de Quesnel, c'était d'élever, presque à chaque carrefour, une échelle patibulaire, où une potence garnie d'un pendu. C'est peut-être de sa part un signe de convention pour indiquer les lieux de justice, car il n'est pas probable qu'en 1609 toutes les places fussent embarrassées d'instruments de supplice. Cet appareil formidable a pu encombrer la voie publique sous la Ligue, mais non en temps de paix, sous un roi puissant et modéré.

Une des parties les plus intéressantes pour nous que pouvait offrir un plan de cette dimension et de cette époque, c'eût été un tracé exact et détaillé du rempart de Charles V, encore subsistant sur presque toute la ligne. Malheureusement, le plan de Quesnel ne nous apprend rien de plus, sous ce rapport, que celui quinze fois plus petit que publia G. Braun en 1572.

Nous retrouvons ici un défaut très-commun à tous les géographes, y compris ceux de nos jours. On voit indiqués comme faits accomplis de simples projets. Ainsi, la rue des Rosiers aboutit à la rue Pavée-Saint-Antoine. Cette prolongation n'était qu'un projet qui, aujourd'hui seulement (juin 1850), vient d'être réalisé. Quesnel donne la figure de la nouvelle enceinte bastionnée, depuis la porte Saint-Denis jusqu'aux Tuileries. Ces bastions angulaires, projetés dès 1550, ne furent exécutés que vers 1633, et avec de nombreuses modifications par rapport au plan primitif. La clôture bastionnée s'étend même de la porte Saint-Denis à la rue du Pont-aux-Choux; or, cette partie ne fut jamais achevée.

Cette manie d'anticiper sur l'avenir prépare bien des soucis aux archéologues; elle les force à compulser une quantité de livres, pour démêler la vérité au milieu de tous ces tracés imaginaires. Un bon plan doit avoir une époque bien fixe, n'être arriéré sur aucun point; mais aussi n'empiéter jamais sur l'avenir. Mauperché, page 102, parlant du plan de *Quénel* (comme il écrit), blâme avec raison ces bastions idéals; mais il est, par extraordinaire, trop indulgent quand il dit qu'il « représente les Edifices de Paris avec autant de *précision* et d'*exactitude* « que le permettoit son *antique* date. »

Ce plan offre d'autant plus de prise à la critique, que la surface en est grande. Réduit au quart, il eût produit à l'œil un meilleur effet, et ses défauts eussent été moins sensibles. Cependant, on ne peut refuser à l'auteur le mérite d'avoir, sur quelques points au moins, appliqué à son travail, sinon les règles d'arpentage, au moins quelques principes de géométrie et de perspective. Peut-être le tracé des rues, comparé avec celui des plans antérieurs, offre-t-il plus de précision. Quelques bâtiments, quelques localités paraissent dessinées avec un soin plus particulier. Ainsi le Louvre, édifice en partie ancien, en partie moderne, offre un groupe assez pittoresque, avec ses vieilles tours incrustées dans un palais neuf, mais inachevé. M. de Clarac a jugé à propos de reproduire ce point dans son travail sur le Louvre. On reconnaît assez bien aussi l'entrée de l'hôtel de Guise, où est aujourd'hui le Dépôt de nos Archives, etc.

Les anciens historiographes parisiens invoquent rarement, comme autorité, le plan de F. Quesnel. Jaillot est peut-être celui qui le cite le plus souvent, mais avec réserve, car il devait, mieux que tout autre, en comprendre la médiocrité sous le rapport géométrique.

Ce plan est aujourd'hui d'une rareté extrême; je n'en ai jamais vu qu'une épreuve, celle de la Bibl. Nationale. Il est probable que sa dimension aura été pour lui une cause de ruine. Comme il ne fut jamais destiné à orner un volume, mais disposé pour former une seule pièce, dès qu'on le jugea trop vieux pour être utile on l'employa comme enveloppe, ou on le relégua en un coin obscur, où il trouva une fin quelconque. Ajoutons que vers la fin du XVIIIe siècle, supposé qu'il en restât quelques épreuves, les fleurs de lis qui le décorent ont pu accélérer l'heure de sa destruction. C'est un emblème qui a été funeste à tant d'objets d'art!

Ce plan complet, et en état satisfaisant de conservation, pourrait bien monter à cinq ou six cents francs dans une vente.

Je passe à quelques remarques particulières sur chacune des douze feuilles.

FEUILLE I. — L'attention est d'abord attirée par les armes de France et de Navarre et par le frontispice. Le plan est dédié à Henri IV; on y a représenté ce roi à cheval, la tête surmontée d'une couronne fermée. Il est placé au centre d'un portique semi-circulaire. Au-dessus du portique on voit le Père Éternel tenant d'une main le Monde, et de l'autre donnant sa bénédiction. Au pied de l'image du roi sont étalés des trophées. Plus bas, un cartouche contient huit mauvais vers français qui expliquent l'allégorie. Ils sont précédés de ce titre : *Sur la Deuise de Paris*, — *un Dieu*, — *un Roy*; suivent les vers qui commencent ainsi : *Paris pour sa deuise a un Dieu et un Roy. — Ayant l'appui des Deux, son règne est de durée*, etc. Plus bas, à gauche, dans un cartouche carré, est le texte de la dédicace en neuf lignes, avec la date du 2 mai 1609 et la signature de Fr. Quesnel.

Le seul édifice important qu'on remarque sur cette feuille, c'est l'abbaye *S. Anthoine d'Chapns*, avec son église en croix latine; au sud est le cloître, accompagné de vastes jardins. — Reuilly, ancien manoir des rois de la première race, pouvait conserver encore, en 1609, quelques débris de sa physionomie primitive; mais par malheur, son emplacement, ici, n'est pas même indiqué.

FEUILLE II. — Un riche cartouche, soutenu par deux génies, contient ce titre : CARTE OV DESCRIPTION NOVVELLE DE LA VILLE, CITÉ, VNIVERSITÉ ET FAVXBOURG DE PARIS, 1609. Plus bas est une boussole, et non loin figure, sans être nommée, la butte Copeau ou Coypeau, aujourd'hui Labyrinthe du Jardin des Plantes. Sa hauteur paraît très-exagérée, comme sur tous les plans qui précèdent; le sommet en est boisé et ne porte plus de moulin à vent. Autour de cette butte serpente, après avoir passé sur la roue d'un moulin, un bras détourné de la rivière de Bièvre. Ce canal traverse, sous un pont, la rue de Seine, reparaît derrière le mur de Saint-Victor, coule sous deux corps de logis de ce couvent, puis sous deux murs; puis, faisant un brusque détour vers la Seine, va s'y jeter vis-à-vis la pointe orientale de l'île Notre-Dame. L'abbaye de Saint-Victor ne paraît pas trop mal figurée. — Sur la gauche de cette feuille se dessine presque en entier l'île Louviers, nommée alors d'*Entragues*; mais un peu plus tard elle reprit son ancien nom. Cette île renferme toujours une sorte de métairie vers le centre. — Non loin est l'*Arsenac* avec trois cours; dans la dernière sont quatre canons sur leurs affûts, comme sur le plan de Du Cerceau. Les onze tours carrées, élevées sous Charles V, paraissent avoir disparu, remplacées par des bâtiments modernes, ou plutôt incorporées à ces constructions.

Feuille III. — Près Saint-Marcel était une église dédiée à saint Martin; elle n'est pas ici marquée. — On n'indique, dans le voisinage des Gobelins, aucun de ces anciens manoirs qui existaient encore intacts; on se souciait fort peu, en 1609, des souvenirs du moyen âge. — Les Cordelières sont assez mal représentées. — Le faubourg Saint-Marceau (depuis rue Mouffetard) aboutit, au sud, à un bâtiment sans désignation; on le nommait *fausse porte Saint-Marcel*. — A l'extrémité de la rue de Lourcine, et passé les Cordelières, est une porte semblable. Au delà du faubourg sont d'anciens fossés. — Devant Saint-Médard est une croix. — Saint-Etienne-du-Mont, fort mal dessiné. — Derrière l'abbaye Sainte-Geneviève passe le mur *crénelé* de Ph. Auguste. — Au faubourg Saint-Jacques sont les *Carmelines*, dites plus tard Carmélites. — On ne voit pas d'estrapade sur la place de ce nom; omission surprenante de la part de Quesnel, qui plaçait des gibets partout. — L'image de la porte Saint-Jacques est peu fidèle; devant cette porte, le fossé est déjà comblé en partie et couvert de deux rangs de maisons, qui forment la tête du faubourg de ce nom. — La porte Saint-Marcel n'est pas dénommée.

Feuille IV. — Elle est presque entièrement remplie par un frontispice qui correspond à celui de la première feuille. Une Renommée, tenant une trompette d'où s'échappent ces mots : *Talem nec proferet ætas*, domine le blason de Paris; de chaque côté de l'écu est une figure allégorique, la Foi et la Loi. Au-dessous de cet emblème on lit, dans un cartouche : *Sur la deuise de Paris*, — *une Foy*, — *une Loy*; suivent huit vers, dont voici le premier : *Une Loy, une Foy, entretient en concorde*, etc. — Porte du faub. Saint-Jacques, flanquée de deux tours.

Feuille V (première du second rang). — Elle est traversée, de l'est à l'ouest, par une forte portion du rempart. Le gros bastion voisin de la porte Saint-Antoine est surmonté de trois moulins à vent; on en voit un autre sur le bastion qui suit à l'est. Ces moulins, grossièrement dessinés, ont pour assiette de petits cônes fort aigus. — La Bastille paraît avoir, vers le sud, une tour de trop. — La seconde porte Saint-Antoine, celle achevée sous Henri III, en deçà du fossé, est très-mal figurée; une avant-porte à bascule est établie au bout d'un pont dormant jeté sur le second fossé, du côté du faubourg. La place Royale est terminée, quoiqu'elle ne l'ait été que sous Louis XIII; elle communique par une ruelle à la rue Saint-Antoine; la rue du Pas-de-la-Mule n'existe pas encore. La place où s'établirent les Minimes est occupée par de vastes constructions nommées, sur le plan qui précède : *Bâtiments pour les Soyes.* — A l'ouest de la place Royale est l'égout, qui a donné son nom à la rue voisine, égout dont la proximité infectait, l'été, le Palais des Tournelles, et qui, voûté aujourd'hui, coule sous le pavé de la rue Saint-Louis. — Au bas de la feuille, à droite, est *L'Temple* avec son enceinte crénelée. — Une sorte de chaussée jetée sur le fossé, avec une porte vers le milieu, semble indiquer le Pont-Saint-Louis, dit aussi *Pont-aux-Choux*[1].

FEUILLE VI. — Au haut, vers le milieu, est l'île Notre-Dame; on y voit deux hommes dont l'un tient un arc, et, plus loin, deux sortes de murs en ruine qui servent de but, et qu'on pourrait prendre pour un reste de la fortification qui reliait autrefois, au moyen de chaînes portées sur des bateaux, le mur méridional de Ph. Auguste, à la clôture du nord. — La porte Saint-Bernard figure ici sous ce nom pour la première fois.

Le cloître Notre-Dame est fermé de quatre portes dont une rue des Marmouzets. — A la pointe S.-E. de la Cité est *L'tairin* (le Terrein), monticule formé des décombres de l'ancienne église Saint-Etienne [2], ou simplement d'un dépôt d'immondices. Il fut réuni, sous Louis XIV, à la Cité. Sur le Terrein figurent un cavalier et deux piétons, tous trois mal dessinés et d'une proportion gigantesque. — *L'Dieu* (l'Hôtel-Dieu), peu remarquable. — Le pont *Marchêt* (Marchand) et le pont *au Chêge* sont de bois. — Devant l'église Saint-Paul est un mur à hauteur d'appui. — Tour indiquée rue de Jouy (des Prêtres-Saint-Paul). — La tour Barbeau n'existe plus. — Sur la place du Cimetière-Saint-Jean sont une potence et une croix. — La façade de Saint-Gervais (reconstruite en 1616) consiste en un vaste pignon entre deux tourelles; devant les degrés du portail est un petit mur de clôture; l'orme du même nom paraît planté dans une sorte de puits. — L'Hôtel-de-Ville est terminé. — Sur la place de Grève on voit un gibet à trois piliers, et plus loin, derrière la croix, une potence. Vis-à-vis la rue de la Mortellerie s'élève un

---

[1] Je parle souvent, sans autre explication, de diverses localités du vieux Paris, supposant que le lecteur est déjà familiarisé avec ces anciens noms.

[2] Si l'on fouillait profondément en cet endroit, peut-être trouverait-on de curieux débris.

mât, autour duquel on allumait le feu de la Saint-Jean. — Non loin de la place, un pont tronqué aboutit à des moulins (les chambres de Hugues Restoré), qui appartenaient à l'abbaye Saint-Martin. — Les Billettes, chapelle flanquée au nord d'une tour surmontée d'un clocher. — Chapelle de Braque. — A la rencontre des rues du Temple et *Michel*-le-Comte, est l'échelle du Temple. — Le Grand-Châtelet et le cimetière des Innocents sont assez bien représentés.

FEUILLE VII. — Terre-plein du Pont-Neuf, semi-circulaire. — Le Palais est séparé de la rue de la Barillerie, par un mur percé de deux portes fortifiées de tourelles. — A l'extrémité orientale de la rue Saint-Louis (aujourd'hui quai des Orfévres) est une arcade. — La rue Dauphine, traversant une percée pratiquée dans le mur de Philippe Auguste, se prolonge au delà du fossé comblé. (La porte de ce nom ne fut bâtie qu'en 1633.) — Au milieu de la place Maubert, une potence. — L'entrée du collége de France est une porte cintrée entre deux tours rondes. — L'hôtel de Cluny et le Palais des Thermes ne sont pas indiqués. — L'ancienne façade de l'église de la Sorbonne est un simple pignon; deux rues voisines sont fermées de portes; on en voit une à chaque bout de la rue de *Serbone* et deux autres aux extrémités de la rue des *Masons*. — Entre les portes Saint-Jacques et Saint-Michel sont deux tours murales (il y en avait trois) et un bâtiment carré qui fait saillie sur le fossé; ce bâtiment, dépendance des Jacobins, est ici mal placé. — Porte Saint-Jacques : *ce que j'en dis page 79 se rapporte à cette feuille VII.* — Ancien hôtel du Luxembourg : l'entrée fait face à la rue Garancière; je ne sais si le dessin a quelque exactitude. — Entre les murs des Chartreux et la rue d'Enfer est une maison nommée *F.* (ferme ou fief) *d'lostel-Dieu*. — Dans le préau de la foire Saint-Germain est une potence. — L'hostel de la Royne Marguerite est à remarquer; il subsista peu de temps, et ce plan en offre, je crois, le premier, l'image; l'entrée est rue de Seine; à la face des bâtiments qui regardent l'ouest est appliqué un escalier en fer à cheval, communiquant à un vaste jardin, au milieu duquel s'élève un pavillon hexagone, couvert d'un dôme. (La suite des Jardins se voit feuille XIe.) — L'ensemble de l'abbaye Saint-Germain-des-Prés est assez fidèlement représenté. — Tour de Nesle : le tourillon qui renferme l'escalier est mal placé. — L'hostel de Nevers n'est pas achevé; il ne l'a jamais été. — Sur la place où aboutit au sud le pont Saint-Michel, on voit une maisonnette et une potence. — Sur le quai du Louvre on remarque l'arcade du Petit-Bourbon, pont jeté, je crois, sur l'ancien fossé du Louvre.

FEUILLE VIII. — En haut, à droite, une tablette carrée renferme des explications fort absurdes sur l'origine de Paris. — A gauche de la feuille est la suite des Chartreux très-mal figurés; au sud de ce couvent, sur la ligne, à peu près, où s'étend le boulevard actuel du Mont-Parnasse, sont des restes d'anciennes tranchées dont les déblais ont peut-être formé le *Mont-Parnasse*; elles furent creusées, je ne sais au juste à quelle époque, pour protéger les faubourgs de cette partie de Paris. — Au bas de la feuille, à gauche, est la chapelle *Saint-Père*, et à côté une butte qui porte un moulin à vent.

FEUILLE IX. — Première du troisième rang. — Au nord de l'enclos du Temple est un bastion revêtu de pierre et surmonté de trois moulins (il ne fut jamais terminé). — La porte du Temple, bâtiment carré, flanqué, à l'est, d'une tour ronde, est munie d'un pont-levis suivi d'un pont dormant de quatre arches sur le fossé. Le mur contigu, qui borde le rempart, paraît percé de meurtrières. — Porte Saint-Martin, bâtiment carré, fortifié à chaque angle d'une tourelle en encorbellement (elle figure autrement sur d'autres plans). Devant cette porte, pont à deux arcades, offrant, au-dessus des piles, des renflements semi-circulaires, comme on en voit au Pont-Neuf. — Un gros bastion portant trois moulins, et maçonné, avoisine la porte Saint-Martin. En réalité, il n'y eut jamais là qu'un monticule taillé en forme de bastion à deux faces, et non maçonné. — La façade ancienne de l'église Saint-Laurent (reconstruite vers 1622) consiste en un grand pignon entre deux tourelles. — L'hôpital Saint-Louis est nommé : *L' mais.* (la maison) *des Pestiférés*; non loin de la façade occidentale est une mare. — Au nord-ouest de cet hôpital, et à une distance trop rapprochée, s'élèvent la butte et le gibet de Montfaucon, garni de deux pendus. La plate-forme *carrée* sert de base à huit piliers pointus au sommet et rangés sur les quatre côtés de la plate-forme ; on ne distingue qu'une seule traverse. L'estampe de Poinssart, qui représente ce gibet vers la même époque, lui donne un autre aspect. Au sud de la butte est une maison, peut-être la demeure du gardien, et, à l'ouest, une croix de fer plantée sur une colonne de pierre. A côté de la grande Justice sont deux potences supplémentaires remplaçant, je crois, un ancien gibet dit *de Montigny*. — Une maison adossée à Saint-Lazare, et percée d'une grande porte, barre le faubourg Saint-Denis. Le mur de clôture de Saint-Lazare est flanqué, à l'ouest, de deux tours; on n'y voit pas figurer de moulin à vent. — Au bas de cette feuille est l'église de Montmartre, beaucoup trop voisine de Saint-Lazare.

FEUILLE X. — La butte de Villeneuve-sur-Gravois est couverte, en partie, de maisons ruinées sous la Ligue, et fortifiée d'un double bastion qui ne fut jamais que projeté. — Abbaye Saint-Martin : devant la porte d'entrée est une croix. Au carrefour Grenetat, devant Saint-Nicolas, est l'échelle patibulaire de l'abbaye. — Plus loin un égout découvert se perd sous une voûte nommée le *Ponceau*. — On ne voit pas indiquée la célèbre Cour des Miracles placée entre la clôture des Filles-Dieu et le rempart de Charles V. — De la porte Montmartre à celle Saint-Denis on compte cinq *bastides*, placées vers la base du talus et non sur le sommet du rempart[1]. — La porte Saint-Denis ressemble peu à l'estampe que nous en a laissée Isr. Silvestre ; c'est ici un bâtiment carré, fortifié de six tours rondes, avec un pont de trois arches, sur le fossé ; sur chaque pile est un hémicycle en encorbellement. Quatre de ces tours sont coiffées d'un toit conique que termine une fleur de lis. — La porte Montmartre (celle de Charles V) est un simple pavillon percé d'une voûte sous laquelle coule, à ciel ouvert, un égout qui va, en serpentant, déboucher, à la hauteur de la rue actuelle de Provence, dans le Grand égout. — Les bâtiments de la Grange-Batelière sont indiqués. — Sur cette feuille, vers le coin inférieur à droite, est tracée *l'Echelle des pas de l'auteur*, surmontée d'un compas. Cette naïve indication explique assez pourquoi ce plan est si peu *géométrique*. — Entre la rue du *Séjour* (aujourd'hui du *Jour*) et celle Plastrière apparaît une tour de l'enceinte de Philippe Auguste. — A la pointe Saint-Eustache est un puits, et, tout auprès, un petit pont de pierre jeté sur un ruisseau ; c'est le célèbre *Pont Alais*, ici nommé *P. Talet*. — Ancien portail de Saint-Eustache, mal rendu. — Hôtel de Soissons, fort grossièrement représenté. — A côté du Pilori des Halles, fontaine à dôme de pierre, et potence ; au sud de la place, plusieurs tables de pierre pour la vente du poisson. — Croix du Trahoir indiquée.

FEUILLE XI. — L'hôtel du Petit-Bourbon est peu remarquable. — Louvre : une partie est encore ancienne. On y compte plusieurs vieilles tours, dont une à l'angle sud-est de l'édifice, et trois autres rangées sur une même ligne, et faisant face à la place actuelle de l'Oratoire. Ces tours rondes ont trois étages en retrait et sont coiffées de toits coniques très-élancés. — Au nord de l'église Saint-Honoré est la croix des *Petits Chás* (champs). — La porte Saint-Honoré, bâtie sous Charles V, près la rue actuelle du Rempart, offre, du côté de la campagne, un bâtiment carré surmonté d'un toit aigu à lucarnes, et fortifié de deux tourelles dans les angles ; au-dessus de la porte sont deux fenêtres. Tous les anciens plans s'accordent pour la représenter à peu près ainsi, mais quelquefois les deux tours d'encoignure sont à encorbellement. Je n'en connais aucune vue du côté de la ville. Le pont jeté sur le fossé étant vu de face, on n'en peut compter les arches. — Le talus intérieur du rempart forme le côté occidental de la rue Saint-Nicaise, et aboutit à la porte Neuve, voisine des trois guichets du Louvre. La tour du Bois (non nommée ici) domine cette porte. — Au delà de la porte Saint-Honoré, plus loin vers l'est, au bas de la feuille, est une seconde porte attenant au nouveau rempart. On ne bâtit une porte à cet endroit qu'en 1633 ; mais peut-être en

---

[1] Il en est ainsi sur toute la ligne du rempart de Charles V, ici figurée. Tous les anciens plans (hors celui de Mérian qui, sur ce point, a copié Quesnel) placent ces bâtiments et le mur qui les relie, *sur le sommet* du rempart ; disposition, à mon avis, plus vraisemblable.

exista-t-il une provisoire. — Entre l'ancien rempart et les bastions projetés s'élève la butte Saint-Roch, surmontée d'un seul moulin; tous les autres plans en offrent deux. Au bas et au sud de cette butte, le long du vieux fossé, est le Marché aux chevaux, et, plus loin, un *Palle Mail*, qui semble établi dans l'arrière-fossé. Rien n'indique plus l'endroit où, au siècle précédent, on pendait ou brûlait vifs certains criminels. — Entre les deux remparts s'élèvent les bâtiments primitifs et encore inachevés des Tuileries : quatre pavillons réunis par des galeries basses à colonnes. Le tout fut reconstruit vers 1670, sauf le rez-de-chaussée. Le jardin est isolé du palais par une rue et un mur. Ce jardin offrait en 1609 des jets d'eau à l'italienne, des berceaux très-ornés, des pièces d'eau, statues, etc. ; d'autres plans le représentent mieux que celui-ci. Il se termine à l'ouest par un bastion à deux faces, et assez obtus, qui ne disparut que vers 1730. Une porte (qui n'exista jamais) est percée dans la face qui regarde le sud-ouest. — Aux *Capuchins* de la rue Saint-Honoré, font face les *Capuchines*, dont le couvent fut transféré plus loin au nord, quand Louis XIV fit commencer la place des Conquêtes. — L'hôtel de Vendôme n'est pas encore construit. — L'église des Feuillants est flanquée, au sud, d'un clocher qui fut démoli plus tard. — Au delà de la Seine, on remarque la suite des jardins de la Royne Marguerite. Outre celui qui attenait à son hôtel de la rue de Seine, elle possédait (au delà d'une rue dite depuis de Saint-Père), un autre jardin immense qui s'étendait jusqu'à la rue du Bac. Il contenait de longues allées parallèles à la Seine, et, je crois, publiques, car le jardin ne paraît pas fermé. J'en reparlerai plus tard.

FEUILLE XII. — Peu de détails topographiques. La Seine, comme sur le plan de Du Cereeau, fait vers le sud un trop brusque détour. — Le couvent des Bons-Hommes est situé bien au delà de l'île *Maquerelle* (des Cygnes) qui était vis-à-vis. — On voit la Ferme de Grenelle, et le gibet à trois piliers de l'abbaye Saint-Germain-des-Prés.

A gauche, au bas de la feuille, sur une tablette carrée, est gravé l'extrait du Privilége du 4 janvier 1608. A côté, un médaillon renferme le portrait de l'auteur du plan. Il est vu de profil et regarde à droite. Autour du portrait est cette inscription en lettres retournées : FRANÇOYS QVESNEL. PAINCTRE. A. PARIS. ÆT. 64 : 1609 : Au bas du portrait on lit : *François Quesnel, inuentor*. — Au-dessous du privilége on remarque les initiales (difficiles à déchiffrer) V. L. J. suivies du mot seculp (sculpsit). M. Robert Dumesnil (**Peintre-Graveur**, VI, p. 101) les explique ainsi : *Vallet Le Jeune*.

XI. — Plan de Vassalieu, dit Nicolay, 1609.

Ce plan, tracé à vol d'oiseau et orienté comme le précédent, se compose de quatre feuilles ayant chacune 50 centimètres sur 39. La seconde, en haut, à droite, porte un frontispice richement orné. On y voit la ville de Paris personnifiée, vêtue d'une robe parsemée de fleurs de lis, et coiffée à la romaine. Elle offre à Henri IV, qui est à cheval et regarde à gauche, un navire de forme ancienne, symbole de ses armes. Au-dessus du frontispice est écrit, en lettres majuscules : NEC PIETATE FVIT BELLI NEC MAJOR IN ARMIS. Au-dessous, sont quatre vers louangeurs signés : *J. de Fonteny*. Au bas de la feuille on lit, dans un cartouche : *Faict par* VASSALIEV DIT : NICOLAY, *topographe ordinaire de l'artillerye de France* (sans date), et, entre deux bannières : *à Paris, chez Jean Le Clerc, rue S. Jean de Latran, à la Salamandre Royalle*. Il n'y a pas de têtes de vents dans les coins, mais on remarque sur la troisième feuille une boussole et une échelle surmontée d'un compas. Au bas de la quatrième, à droite, sont les armes de Paris.

Cinq feuillets de texte, in-folio, imprimés sur deux colonnes, accompagnent le plan [1]. Ce texte a pour titre : *Remarqves singvlières de la ville, cité et vniversité de Paris, sommairement recveillies de bons avtheurs tant anciens que modernes*, par E. C. (Etienne Cholet) I. C. Lyonnois. A Paris, chez Jean Le Clerc, à la Salamandre Royale, 1609. On lit encore, à la fin du cinquième feuillet, la date du 2 mai 1609 et le nom de l'éditeur; mais dans la seconde édition de ce texte, la date est celle de 1614. Il m'a paru consister en une insignifiante compilation de notes d'après Corrozet et Belleforest.

La gravure de cette estampe peut être attribuée, pour le style, à Léonard Gaultier, si ce n'est à Vassalieu lui-même, car on ne trouve ni signature de graveur, ni monogramme. Elle séduit, au premier coup d'œil, parce qu'elle est burinée avec une grande netteté, pour ne pas dire sécheresse, et rehaussée de tailles très-vives qui lui donnent du relief. Mais, étudiée sous le rapport du tracé et des détails, ce plan ne peut soutenir l'examen ; son inexactitude évidente inspire une sorte de répugnance. On est, pour ainsi dire, indigné de voir, sur un plan de cette dimension, la Bastille représentée comme un faisceau *circulaire* de tours, et la place Dauphine, avec la forme d'un fer à cheval. La plupart des édifices sont ainsi déformés ou mal placés. C'est sans doute au plan de Vassalieu que fait allusion l'ingénieur J. Gomboust, dans les remarques gravées sur son plan de 1652. (Voy. cette année.)

[1] Quand le plan est assemblé, les deux premières feuilles du texte (divisées en quatre bandes, dans le sens de la hauteur) s'ajustent sur les côtés, et les trois dernières au-dessous.

Les rues sont beaucoup trop larges, et, de la prétention absurde du dessinateur, de figurer *toutes* les maisons de Paris, il résulte, comme il arrive toujours, que pas une n'est reconnaissable. Les hôtels seuls pourraient offrir quelque intérêt, s'ils eussent été tracés sur des dessins d'après nature ; mais on voit, au contraire, qu'ils le furent de mémoire ou de fantaisie.

Vassalieu anime çà et là son plan de petits personnages aussi hauts que les maisons, ce qui leur donne un air de naïveté qu'on pardonnerait à une miniature du XVe siècle. Sur la place de l'Estrapade est une représentation de ce genre de supplice militaire ; à chaque gibet se balance un pendu ; on voit des joueurs de *pall-mail*, le long des fossés ; des promeneurs dans les clos et les faubourgs ; accessoires qui amusent un instant les yeux, mais n'ôtent rien à l'imperfection réelle du plan. Il paraît, du reste, avoir peu d'analogie avec ceux qui l'ont précédé, et, tout mauvais qu'il est, il doit passer pour original. On n'y remarque plus de traces de l'enceinte septentrionale de Philippe Auguste. Le rempart et les portes de Charles V offrent un ensemble pittoresque, mais peu digne de confiance. L'image assez détaillée des portes de Paris, du côté de la rive gauche, mériterait l'attention de l'antiquaire s'il n'était évident que l'idéal est toujours à la place du positif.

Ce plan, néanmoins, doit nécessairement contenir quelques détails, quelques dénominations de lieux qu'on ne retrouverait pas ailleurs. Ainsi, l'hôtel des comtes de Saint-Paul, qui passa au duc de La Force, rue du Roi-de-Sicile, est nommé, à tort ou à raison, Hôtel de *Roquelor*. L'hôtel de *Zamet*, si renommé dans la biographie galante d'Henri IV, est indiqué, rue de la Cerisaie ; on voit à côté de l'hôtel de Vitry, voisin de la place Royale, des bâtiments à toits aigus, qui semblent un reste du palais des Tournelles. On distingue, à la place du palais du Luxembourg, l'ancien hôtel du même nom ; mais ces images paraissent tracées de mémoire ou de fantaisie ; il suffit, pour s'en convaincre, d'examiner des édifices encore subsistants. Du reste, on chercherait vainement, sur ce plan, comme sur les autres du même temps, certaines localités célèbres de nos jours, aux yeux du vulgaire ou des archéologues ; telles sont ces maisons soi-disant habitées par la *belle Gabrielle*, la reine Blanche, etc., mentionnées surtout par les *historiens-anecdotiers*.

Le champ du plan de Vassalieu ne s'étend guère, au nord et au sud, au delà de l'emplacement actuel de nos boulevards intérieurs. On y voit figurer, comme sur celui de Quesnel, cette ceinture de bastions, projetée dès Henri II, depuis les Tuileries jusqu'à la Bastille, mais seulement commencée en réalité à chacune des extrémités de la ligne.

Je ne m'étendrai pas davantage sur ce plan aussi rare qu'inexact. Avant mes recherches dans la collection Hennin, il m'était tout à fait inconnu ; il s'y trouve dans un état parfait d'épreuve et de conservation. La Bibliothèque Nationale en possède une épreuve (*Plans généraux de Paris*, tome suppl. V. a. 74), avec texte daté 1614, et tout à fait conforme à celui de 1609, sauf que la dédicace s'adresse à Louis XIII et non plus à Henri IV. Quant à l'état de l'estampe, il est identique à celui des épreuves primitives; seulement le tirage en est moins brillant. M. Walcknaer, conservateur au cabinet des Estampes, m'a dit posséder aussi une épreuve du plan de Vassalieu, avec texte daté de 16..

Je ne connais aucun plan nouveau, édité entre 1609 et 1615.

La Tynna attribue à tort la date de 1615 à un plan gravé à Amsterdam par Witt. Je n'ai vu, signé de ce nom, qu'un plan où sont représentés le collège Mazarin et les Invalides, plan gravé vers 1680, et qui ne m'a paru offrir aucune trace de corrections. J'en parlerai à l'année 1680.

XII. — Plan de Mathieu Mérian, 1615, et ses copies.

Le plan de Paris, à vol d'oiseau, le plus intéressant par ses détails et l'un des moins inexacts parmi ceux publiés entre 1600 et 1652, est, à mon avis, celui que je vais décrire. Il se compose de deux feuilles in-folio ayant chacune environ 51 centimètres sur 38. A chaque feuille s'ajoute latéralement, comme appendice, une bande représentant, en quatre compartiments, des personnages en costumes de l'époque. Le compartiment supérieur représente Louis XIII encore enfant; au-dessous, les gens de cour, *changeants* (dit l'inscription en vers) *dhabits de iour en iour*; viennent ensuite les gens d'épée et riches marchands, enfin les *paysants et porte-cotrès*. L'autre bande, qui se rattache à la seconde feuille, offre, dans un ordre analogue, les costumes de femmes de diverses conditions, depuis la reine jusqu'à la porteuse d'eau. De plus, au-dessous des deux feuilles du plan et des bandes latérales réunies, s'adaptent deux feuilles de texte imprimées sur trois colonnes, en petits caractères. L'ensemble des six pièces rassemblées a une surface d'environ 102 centimètres sur 90, entre les lignes d'encadrement.

Ce plan est gravé à l'eau-forte et retouché à la pointe. Les traits et les tailles en sont d'une finesse surprenante. Le texte des épreuves primitives est daté 1615; celui des tirages postérieurs, 1621; peut-être même en existe-t-il un intermédiaire de 1618. En tout cas, plan et costumes, est toujours la même, en sorte qu'il n'y a d'éditions différentes que par rapport au texte.

Je remarquerai, en passant, que je n'ai jamais vu les deux planches se raccorder parfaitement, soit par la faute du graveur, soit par l'effet de la dilatation inégale des papiers. Je possède deux épreuves complètes de ce plan; l'une, d'une remarquable netteté, avec le texte primitif de 1615 ; l'autre, beaucoup moins brillante, avec le texte de 1621, augmenté de *nouvelles remarques* dont je parlerai plus tard.

Les épreuves primitives sont tirées sur un papier non encollé et si fin, qu'il faut une grande habitude pour retirer de l'eau cette estampe quand on veut la redresser. Le papier du tirage de 1621 est plus fort et moins difficile à manier. A cette qualité du papier est due peut-être la rareté des premières épreuves, dont un grand nombre auront trouvé leur perte entre les mains de réparateurs inhabiles. Les épreuves du tirage de 1621 sont assez communes, mais je n'en ai jamais rencontré du tirage de 1615, outre celle que je possède. Ce plan, avec les deux bandes de costumes et le texte, pourrait monter en vente publique, suivant son état de gravure et de conservation, de 50 à 200 fr.

Je vais donner maintenant sur cette curieuse estampe de minutieux détails ; mes remarques porteront sur l'ensemble. Le titre inscrit en majuscules, au sommet de la carte, sur une longue banderole, flottante seulement aux extrémités, est ainsi orthographié : *Plan de la Ville, Cité, Vniversite et Favxbovrgs de Paris avec la description de son antiqvite et singvliarites*. (Ces trois derniers mots en plus petites majuscules). La seconde moitié du titre rend en quelque sorte le texte nécessaire au complément de l'estampe.

Dans le coin supérieur, à gauche, sont les armes de France et de Navarre entourées du collier de l'ordre du Saint-Esprit, et surmontées d'une couronne fermée ; tout à côté, se trouve le blason de Paris, dans un cadre circulaire orné de feuilles de lauriers. Au coin inférieur de gauche, un cartouche carré, orné de consoles, de fleurs et de fruits, renferme ces quatre vers : *Ceste ville est un autre monde — Dedans un monde florissant, — En peuple et en biens puissant — Qui de toutes choses abonde.* Au bas du cartouche, sur la droite, on lit : *Mathœus Mérian Basiliensis Fecit.* Dans un tirage postérieur des mêmes planches non retouchées, on a ajouté à la suite de ce nom : *Excudit Mariette*[1]. Remarquons que le mot *Fecit* n'indique pas positivement que Mérian soit le graveur. Au bas, au milieu de la Seine, qui est une fois trop large, est une manière de boussole.

Toutes les maisons particulières sont évidemment tracées de fantaisie. Cependant il y a certaines rues, notamment en la Cité, qui paraissent dessinées d'après nature. On ne doit chercher, en général, un peu d'exactitude que dans la configuration des églises et autres édifices publics, dont les proportions sont, au reste, très-exagérées, selon l'habitude de Mérian.

Ce graveur-géographe s'est certainement aidé du travail de Fr. Quesnel, mais

---

[1] Sur l'épreuve de la Bibliothèque Nationale (*Recueil de plans de Paris*, tome I) on lit, au-dessous des quatre vers, et à l'intérieur même du cartouche : *P. Mariette excudit*.

il en a rectifié et modifié beaucoup de points, et a reproduit une quantité de détails qui manquaient, sur le plan de 1609, aux principaux monuments. Les rues ont peu d'exactitude dans leur longueur comme dans leur forme; aussi ce *plan* ne mérite-t-il pas ce nom, à la rigueur. C'est plutôt une *vue* qu'un plan à *vol d'oiseau*. Néanmoins, comme la plupart des rues y sont indiquées et désignées, j'ai dû mettre cette estampe au rang des *plans* de Paris. Mais par l'effet de la perspective, cette ville est vue, en quelque sorte, dans son profil du nord au midi, et les rues qui courent de l'est à l'ouest sont tracées un peu en raccourci. L'orthographe des noms des rues et des édifices est plus correcte, en général, sans l'être beaucoup, que celle du plan de Fr. Quesnel.

Les remparts bastionnés, qui n'étaient encore, en 1615, qu'à l'état de projet (sauf aux environs de la Bastille et à l'extrémité des Tuileries), sont, à tort, indiqués ici comme revêtus de maçonnerie ; la proportion de tous ces bastions à deux faces est démesurée, et tous les fossés paraissent remplis d'eau courante; c'est une naïveté de l'auteur.

Si l'on compare l'image ici tracée du rempart de Charles V avec celle qu'offrent les plans du XVI° siècle, on y trouve cette différence : les *bastides* de pierre, reliées entre elles par un mur percé de meurtrières, ne sont pas assises sur le sommet du rempart, mais sur la pente du talus extérieur. Cette disposition, qui semble répugner aux règles stratégiques, est probablement une erreur reproduite d'après Quesnel. Notons en passant que le même Mérian, sur une vue de Paris en deux feuilles, dessinée *ad vivum* en 1620, représente ce rempart sans ces bâtiments carrés, qui pourtant subsistèrent jusqu'en 1634.

Le champ du plan est moins étendu, au nord, que celui de Quesnel. L'hôpital Saint-Louis y figure, avec une mare devant la chapelle; mais il est trop rapproché de la porte du Temple. Le gibet de Montfaucon n'a pu être indiqué, et l'on ne voit qu'une partie du couvent de Saint-Lazare. A l'ouest, la limite est le bastion qui termine le jardin des Tuileries; au sud, la ligne qui borne l'estampe coupe l'enclos des Chartreux, et si l'on aperçoit au sud-est Saint-Marcel et autres édifices, c'est grâce à une perspective fuyante, en dehors du système général. A l'est, on distingue, mais à l'état de vue lointaine, l'abbaye Saint-Antoine, Picpus, Vincennes, Charenton, Gentilly et les ruines du château de Bicêtre.

L'ensemble de ces diverses parties offre donc une perspective peu homogène; néanmoins, cette image est si pittoresque, qu'on oublie volontiers ces défauts, ces fictions; bien plus, on s'y habitue et on les adopte, parce qu'on peut en quelque sorte se promener partout sur ce plan. A coup sûr, le dessinateur a réussi à intéresser et à *paraître* exact; on ne peut lui refuser au moins beaucoup d'adresse.

Du côté du nord, on ne voit plus que trois tours de l'enceinte de Ph. Auguste, dans le voisinage du Louvre. Sur la rive gauche, l'enceinte est encore à peu près entière, comme au temps de Charles VI, sauf qu'aux environs des portes, le chemin de contrescarpe du fossé commence à se couvrir de lignes de maisons. A cette époque, le faubourg Saint-Germain était déjà devenu un quartier considérable, ainsi que celui de la place Royale. Quant au *nombre* des tours murales de Ph. Auguste, je ne garantirais pas qu'il fût exact, non plus que leur forme; c'est une question que j'examinerai spécialement dans mon traité *sur les Enceintes*, à la suite de cet ouvrage.

Le *Théâtre des Antiquités* de Du Breul, édition de 1612, est l'ouvrage qui peut, je pense, le mieux aider à interpréter ce plan exempt d'anachronismes, puisque sur tous les points, sauf quelques anticipations, il justifie sa date. Plusieurs historiographes parisiens l'ont cité, en certains cas; mais c'était peut-être d'une de ses nombreuses copies qu'ils invoquaient le témoignage. Mauperché ne le connaissait sans doute pas, puisqu'il n'en parle pas, malgré son importance. La Tynna le cite, je suppose, sous ce titre : « 1620. Plan gravé en Hollande », et M. G. de Saint-Fargeau, sous celui-ci : « Plan de Paris, sous Louis XIII, in-folio, 1620. » Ces deux auteurs n'ont eu peut-être en vue que la copie éditée à Francfort, en 1655, par un autre Mérian, dont le prénom est *Gaspard* (Voy. p. 101).

Je vais signaler le plus brièvement possible les points les plus remarquables qu'offre aux archéologues parisiens le plan de 1615.

Le dessin du château non achevé des Tuileries s'accorde assez bien avec les vues gravées par La Belle, Isr. Silvestre, etc., et aussi avec l'élévation géométrale insérée dans l'*Architecture* de Fr. Blondel. Le dôme circulaire du milieu est entouré de quatre autres petits dômes richement ornés. Ce bâtiment renfermait, avant sa reconstruction, l'escalier ovale si célèbre de Philibert De Lorme. De tous les bâtiments primitifs, il ne reste aujourd'hui que les rez-de-chaussée et le pavillon de Flore, qui fut lui-même modifié sous Louis XIV. La cour nommée de nos jours : des Tuileries, était, en 1615, un jardin borné à l'est par le rempart de Charles V ; sous Louis XIV, il s'appelait *parterre de Mademoiselle*. Ce rempart est refait à neuf, entre le quai et la porte Saint-Honoré, et n'a plus de bastides.

Le jardin des Tuileries, séparé du château par un mur et par une rue, est très-pittoresque, et paraît assez bien dessiné. J'en reparlerai à propos d'un plan de 1652. Au nord du jardin est le manége où Pluvinel donnait ses leçons. Dans son *Traité d'Équitation* de 1623, on voit plusieurs représentations peu fidèles de ce manége. — La tour et la Porte-Neuve sont assez exactement indiquées. — Entre la Seine et le bastion des Tuileries est une portion de courtine, dans laquelle est percée une porte, vers l'endroit où fut bâtie, seulement vers 1633, celle dite : de la Conférence, que plusieurs auteurs ont confondue avec la Porte-Neuve.

Le Louvre est représenté à peu près comme sur le plan de Quesnel. Il est encore flanqué de quatre vieilles tours, non compris deux autres (ici cachées), qui formaient du côté de l'est une porte devant laquelle périt assassiné le maréchal d'Ancre, en 1617. Au nord du Louvre, est un jardin avec berceaux, terminé à l'est par un mur crénelé et flanqué de deux tours rondes à toits aigus ; c'est le mur de clôture de Ph. Auguste. Plus loin, au nord, à la place où fut bâti l'Oratoire, apparaît dans une cour une autre tour de la même enceinte.

Au bas de la butte Saint-Roch (non nommée) est le marché aux chevaux et aux pourceaux ; on n'y voit plus de signe de justice. — Saint-Roch, chapelle entourée d'un cimetière : sa façade alors regardait l'ouest et non le sud ; à droite est une tour carrée qui fut conservée lorsque, plus tard, on refit et retourna l'église.

Entre les portes Montmartre et Saint-Honoré, le long du fossé, est une double rangée d'arbres, interrompue par un *Palmail*, espèce de jeu de balle (que tenait Raphaël Silvesti). On y voit trois petits personnages qui semblent lancer leurs balles avec des sortes de houlettes. — Entre les portes Montmartre et Saint-Denis est un reste de l'*arrière-fossé*. — Le faubourg Montmartre a déjà l'air d'une petite ville, ainsi que les faubourgs Saint-Denis et Saint-Martin, bâtis sur de vastes marais. — Entre la clôture bastionnée et le grand égout, on distingue l'enclos presque carré de la Grange-Batelière ; au milieu est une chapelle ruinée ; elle le fut sans doute sous la Ligue. — Le Château des Porcherons n'est pas indiqué.

Vers le milieu des faubourgs Saint-Denis et Saint-Martin, près et en deçà du Grand égout bordé de saules, sont deux portes sans architecture remarquable ; c'étaient des barrières qu'on nommait *fausses-portes*. Le Grand égout semble donc de ce côté être la limite de l'octroi. — Outre la fausse porte Saint-Denis est une troisième porte adossée, comme sur le plan de Quesnel, aux bâtiments de Saint-Lazare, couvent que borne à l'ouest un mur fortifié de tours. — Saint-Laurent : sa façade à pignon (refaite en 1620) est ornée d'une vaste fenêtre et d'un riche et double portail de style ogival.

Au sommet du plan, vers l'orient, la perspective offre une multitude de routes, fermes, hameaux et maisons de campagne dont on ne signale pas les noms. — La Bastille et son voisinage ont beaucoup de rapport avec le plan de Quesnel. — Près des portes du Temple et Saint-Martin sont des bastions figurés à tort comme revêtus de pierre ; ils sont surmontés de moulins. — La porte Saint-Martin, en partie reconstruite du côté de la ville, comme le prouve un dessin de Fr. Stella que je reproduirai, consiste, du côté de la campagne, en un bâtiment carré avec *trois* tourelles en encorbellement, appliquées de front sur la façade, outre une autre attachée à chacun des profils. Le même artiste, dans une vue perspective de Paris, en 1620, représente cette façade ornée de *quatre* tourelles. Où est la vérité ?

La porte Saint-Denis ressemble assez à celle d'Isr. Silvestre, et paraît précédée, du côté de la ville, d'un avant-corps moderne. — Les deux portes citées sont accompagnées d'un pont de deux arches, jeté sur le fossé, et sur chaque pile est ménagé un espace en saillie, de forme semi-circulaire (Voy. la note, page 48).

L'ancien village de Villeneuve-sur-Gravois (butte Bonne-Nouvelle) offre encore des monceaux de ruines éparses sur un monticule voisin de la porte Saint-Denis ; à cet endroit sont placés au hasard deux bastions maçonnés. Ces ruines furent, je crois, occasionnées par l'artillerie que Henri IV avait placée, en 1590, sur la butte de Montfaucon et ailleurs. Nous verrons, sur une copie du même plan, 1630, ces masures réparées.

Les promeneurs parisiens, du haut de la longue ligne de ce rempart tout gazonné, élevé sous Charles V, ou le long de ces fossés garnis çà et là de jardins, de guinguettes et de divers jeux, devaient jouir d'un coup d'œil vraiment pittoresque.

Revenons maintenant à l'intérieur de la ville. J'indiquerai sommairement les points les mieux retracés, autant que j'en puis juger d'après des centaines d'estampes ou de dessins détaillés, que j'ai vus ou que je possède.

Au-dessus du Louvre, vers l'est, nous voyons le Petit-Bourbon, assez bien figuré avec sa chapelle ; Mérian a oublié de placer sur le quai voisin l'arche du même nom. — Derrière le mur crénelé du jardin du Louvre est un hôtel de Longueville ; sous Louis XIV l'hôtel de ce nom était situé entre le Louvre et les Tuileries.—A l'angle nord-ouest de la rue des Poulies (aujourd'hui de l'Arbre-Sec) est la croix (non nommée) du Trahoir, avec son soubassement pyramidal à cinq degrés.— Sainte-Opportune, façade gothique, avec tour au nord. — Le Grand-Châtelet est vu de profil. — Saint-Leufroy est surmonté d'une petite flèche. La façade de cette chapelle consistait en un pignon entre deux tourelles hexagones, avec une porte ogivale, surmontée d'une fenêtre du même style. — La grande Boucherie offre deux bâtiments dont les pignons regardent l'ouest. — La *Vallée de misère* est aujourd'hui le quai de la Mégisserie ; on y remarque un pont sous lequel coule un égout à ciel ouvert, c'est l'arche *Popin*. Tout à côté de cette arche, deux grands toits gothiques indiquent probablement le Fort-l'Évêque.—La façade de Saint-Jacques-la-Boucherie ressemble peu à celle gravée dans Dulaure, d'après le dessin de Civeton. — L'Hôtel-de-Ville est terminé. La place de Grève est remarquable par sa croix gothique et l'arbre de la Saint-Jean ; on n'y voit plus de potence.—A l'est du pont Notre-Dame sur la Seine figurent, sans désignation, les moulins de Hugues Restoré, qu'on voit plus détaillés sur une médiocre estampe de Nic. Berey, vers 1656. — Saint-Jean en Grève se fait remarquer par la flèche de pierre taillée à jour, qui s'élève sur sa tour du nord. — Au milieu du *semetière Saint-Jean*, croix gothique et petite Boucherie. — La rue de la Verrerie, à partir de celle des Billettes, est nommée : rue du Roy-de-Sicile ; et la rue qui doit porter ce nom, *rue des Balets*. Mérian a aussi confondu la rue de la Coutellerie avec celle de la Tixeranderie. — La rue actuelle des Prêtres-Saint-Paul se nomme encore rue de Jouy. — A la place où fut bâtie plus tard l'église des Jésuites, en face la fontaine de Biragues, est une chapelle et, au sud, une sorte de cloître. — L'église Saint-Paul paraît assez conforme au dessin gravé dans le *Tableau de Paris* de M. de Saint-Victor.

L'Arsenal, vastes bâtiments de récente construction : sur la porte d'entrée, de chaque côté du fronton, on distingue un canon sculpté en pierre. — Rue de la Cerisaie est encore l'hôtel de *Iamet* (Zamet), qu'acheta et rebâtit le connétable de Lesdiguières. Le quai, nommé aujourd'hui *de l'Arsenal*, est planté d'arbres ; on y voit un jeu de *palmail*. — Dans le lointain, au delà de la Bastille, on aperçoit le couvent de Picpus et l'abbaye Saint-Antoine, dont la nef en croix est surmontée, au centre, d'une flèche élevée. — L'emplacement de la rue actuelle Saint-Louis est toujours occupé, dans toute sa longueur, par un égout découvert, qui va se rendre aux marais du Temple, et de là, au fossé de la ville.

Le mur de clôture du Temple est flanqué de contre-forts et de tours et tourelles en encorbellement. (Il reste encore une des tours de coin, à deux étages, sise derrière la Rotonde du Temple.) Les bâtiments sont mal figurés et le donjon horriblement démesuré. Rue du Temple, dans un angle rentrant, dont la rue conserve encore la forme, est la principale entrée, percée de deux baies ogivales. — Derrière le Temple, on remarque un pont ou une chaussée qui va du rempart aux champs et qui traverse le fossé (c'est le Pont-aux-Choux). — Chapelle des Enfants-Rouges. — Hôtel de Guise, assez reconnaissable. — Chapelle de *Brac*. — Ancienne église des Blancs-Manteaux ; le chevet regarde l'orient.

Le prieuré Saint-Martin est, comme le Temple, plus pittoresque qu'exact. La principale entrée consiste en un double portail gothique, voisin de la façade de Saint-Nicolas. La tour du coin nord-est (partie encore subsistante de l'ancienne prison), est assez bien rendue. Vis-à-vis cette tour, serpente un égout découvert qui aboutit rue Saint-Denis, au *Ponseau*. — Plus d'échelle du Temple. — Grand enclos de la Trinité ; vaste cimetière carré au milieu duquel est une croix à soubassement pyramidal, avec cinq degrés. — Rue du *Petit Heulé* (Hurleur). — Couvent des Filles-Pénitentes de Saint-Magloire ; l'entrée est un portail gothique. — Rue *Briboucher*. — Cimetière des Innocents ; on y distingue l'église à double pignon, la tour octogone, la croix Gastine, la chapelle d'Orgemont, etc. La fontaine sculptée par J. Goujon n'est pas représentée au coin N.-E. du cimetière. — Halles ; le pilori est entouré de baraques ; à côté est une fontaine de pierre. — Le théâtre de l'hôtel de Bourgogne n'est pas indiqué, non plus que le haut donjon encore debout de cet hôtel célèbre.

Les Filles-Dieu ont une chapelle avec portail très-orné ; du toit s'élance une flèche élégante. On ne voit pas figurer, entre ce cloître et le rempart de Charles V, cette fameuse *Cour des Miracles* qu'aucun ancien plan ne désigne avant 1652. — A la Pointe-Saint-Eustache est un puits ; on ne remarque plus le *Pont-Alais*. — Le puits dit d'*Amour*, illustré par tous les *anecdotistes*, et placé à la rencontre des rues de la Grande et de la Petite-Truanderie, n'a pas été indiqué. — Derrière Saint-Eustache apparaît je ne sais quel clocher de forme carrée. — L'hôtel de Soissons est trop resserré. Rue de Grenelle est la chapelle de la Reine ; façade ornée d'une rosace et d'un portail de style *gothique*, entre deux tourelles hexagones dont les toits sont en forme de cloche. Le mur de clôture de l'hôtel est soutenu de nombreux contre-forts le long de la rue de Grenelle ; la colonne astronomique s'élève au milieu d'une des cours ; c'est une erreur, elle était placée dans un angle. — A la rencontre des rues du Bouloy et des Petits-Champs est une croix à cinq degrés, qui a donné le nom à cette rue. — La rue des Bons-Enfants aboutit au rempart de Charles V, surmonté à cet endroit d'un moulin qui, suivant d'anciens comptes, se nommait, en 1635, *moulin des Petits-Champs*. Au-dessous étaient deux casemates. (Voy. *Mémoires de Bouquet*, p. 218 et 235.) — L'église Saint-Honoré, nef à croix latine, avec grand portail ; au sud, clocher dont la base carrée est ornée de quatre clochetons. — Rue Saint-Honoré ; au débouché de celle des Petits-Champs, c'est une barrière des sergents ou un pilori. — En dehors de la porte Saint-Honoré, à droite et à gauche, un rang de maisons borde le chemin de la contrescarpe, et à partir de cette porte, la rue prend le nom de faubourg.

Visitons maintenant les îles et les ponts. — L'île de *Louvières* est plantée d'arbres ; au milieu, sont trois maisons. — Dans l'île aux Vaches on distingue : une maison, deux arbres, des piles de bois et des meules de moulins ; un canal la sépare toujours de l'île Notre-Dame où sont des arbres, des chantiers et des bateaux en réparation. Cette dernière île devait communiquer avec la ville au moyen de deux ponts, qui ne sont encore marqués qu'à l'état de projets ; on prendrait ce tracé pour des ponts de bateaux.

Les maisons à pignons des ponts au Change et Notre-Dame sont si finement gravées, qu'on reconnaît ici jusqu'au style de leur ornementation. — A l'ouest et tout près du Pont-au-Change, est celui de bois dit : *Pont aus Marchant* (jadis le Pont-aux-Meusniers) ; il est couvert de maisons à pignons. Notons que son véritable nom était Pont *Marchand*, de celui du constructeur ; il s'appelait encore *Pont-aux-Oiseaux*, parce que chaque enseigne des boutiques représentait un oiseau. Il fut incendié, ainsi que le pont voisin, en 1621. — Le pont Saint-Michel est de bois et en dos-d'âne. Entre le Petit-Pont et celui-ci, la rive est bordée de vieilles maisons baignées par la Seine, ainsi que celles sises au delà du Petit-Châtelet.

La place Dauphine paraît bien rendue, ainsi que le Pont-Neuf. Le terre-plein a toujours, à tort ou à raison, la forme d'un hémicycle; le cheval de bronze se cabre au lieu de marcher. — La Samaritaine (celle de fondation primitive) est un bâtiment sur pilotis; le toit est surmonté d'un clocheton octogone dont la pointe se termine par une énorme fleur-de-lis.

Le portail de Notre-Dame est assez fidèlement détaillé, et sa flèche ressemble au dessin original qu'en a laissé Garnerey, et que possède M. Lassus. — Pas encore de fontaine sur le Parvis. — L'Evêché est assez bien dessiné; le bâtiment de sa chapelle offre à l'occident un pignon flanqué, aux angles, de tourelles à cul-de-lampe, que je me souviens d'avoir vues avant 1831. — Dans la cour du cloître est un puits placé devant l'entrée de Saint-Denis-du-Pas. — Derrière le chevet de cette chapelle, le mur claustral est percé d'une baie cintrée qui ouvre sur le *terrien* (terrain), où sont plantés quelques arbres. Cette butte est trop vaste et mal placée; elle n'est pas assez vers le sud. Une des quatre portes du cloître, placée en travers de la rue des Marmouzets, paraît de style ancien, ainsi que les maisons qui l'avoisinent. La plupart des vieux pignons de la Cité sont figurés avec soin; c'est peut-être la partie du plan la mieux dessinée. — Sur la rive, près la rue Glatigny, est l'hôtel (non nommé) des Ursins, reconnaissable à ses deux pavillons en saillie, dont le pied sert d'encaissement à la Seine. Toutes les maisons de la rive septentrionale de la Cité sont dans le même cas, hors du côté du quai de l'Horloge, auquel Mérian ne donne aucun nom. (On l'appelait alors: *Quay qui regarde la Mégisserie.*) — Toutes les églises comprises entre Notre-Dame et le Palais, Saint-Christophe, Saint-Landry, Saint-Germain-le-Vieil, la Madeleine, Sainte-Geneviève-des-Ardents, Saint-Denis-de-la-Charte, Saint-Barthélemy, Saint-Eloy, paraissent, ainsi que l'Hôtel-Dieu, assez bien représentées et portent le cachet du style ogival. — Sur la place qu'occupait la maison du père de Jean Chastel, là où fut élevée et peu après démolie la Pyramide, on remarque, dans l'angle de la place, près l'entrée de Saint-Eloy (plus tard: les Barnabites), une fontaine de pierre qui fut depuis déplacée et adossée à la tour hexagone dite d'Alexandre, sise à la pointe sud-est de l'abbaye Saint-Victor. J'ai recueilli ce renseignement, que je ne garantis pas, sur une note manuscrite de la collection de Fontettes. On voit dans l'*Architecture* de Blondel la gravure de cette fontaine dite de: Saint-Victor, bâtie, dit-on, par Le Bernin en 1687 [1].

Le Palais paraît assez bien rendu dans son ensemble et dans ses détails. Au nord, la tour carrée de l'Horloge et les trois grosses tours rondes, restes du palais

---

[1] Une particularité remarquable, c'est que le dessin exact de cette fontaine, de style antique, se trouve sur un frontispice intitulé: *Divers veves de port de mers, Faict par Israel Siluestre, anno Do. 1648.* Cette petite eau-forte a une forme ronde; derrière la fontaine on aperçoit la ville de Gayette.

de Philippe le Bel, sont exactement placées et bien dessinées. La Sainte-Chapelle est surmontée de sa flèche primitive, détruite en 1630. On entrevoit les lucarnes ornées d'élégants clochetons de pierre de la Cour des Comptes. Du côté de la rue de la Barillerie, règne un mur crénelé, percé de deux portes, l'une vis-à-vis le grand escalier du Palais, l'autre à côté de Saint-Michel. Toutes deux sont flanquées, de chaque côté de leurs baies ogivales, de tourelles à cul-de-lampe. A l'angle de la rue de la Barillerie et de celle Saint-Louis, devenue quai des Orfévres, figurent encore deux vieilles tours. On distingue plusieurs anciens pavillons, qui font aujourd'hui partie de la Préfecture de police. Mérian a oublié cette grosse tour ronde flanquée d'un tourillon en encorbellement, qu'on voit encore sur le quai, à l'entrée de la rue de Jérusalem. Le double pignon de la grande salle du Palais (incendiée en 1618) est percé de grandes fenêtres ogivales et paraît dessiné avec soin. En un mot, cette partie de la Cité est tracée avec une précision peu ordinaire à cette époque.

Nous allons enfin parcourir l'Université ou rive gauche. Ce qui frappe tout d'abord, de ce côté de la Seine, c'est l'enceinte de Philippe Auguste, avec son large fossé creusé sous Charles V. Elle paraît assez exacte dans son ensemble. Comme j'en parlerai souvent en détail dans mon *Traité sur les Enceintes*, je me bornerai à quelques remarques. Toutes les tours, au nombre de vingt-sept (non compris celles qui flanquent les portes), sont rondes et coiffées d'un toit conique; on les représente, à tort, comme dépassant le mur, à l'intérieur. Ce mur paraît crénelé entre les portes de Nesle et Saint-Michel; quelques tours ont conservé leurs créneaux. A cette époque (1615), on ne pouvait, à l'intérieur de la ville, se rendre d'une porte à l'autre, car le chemin de ronde, pratiqué vers 1358, n'existait plus. Le long du fossé, le chemin de contrescarpe paraît bordé d'un parapet, interrompu seulement, aux abords des portes Buci, Saint-Germain et Saint-Jacques, par des lignes de maisons dont les derrières sont engagés dans le fossé. Notons que ce plan est le seul où figure ce parapet, qui n'exista peut-être jamais en nature.

Toutes les maisons qui bordent la rive de la Seine, et forment la corde de l'arc représenté par le parcours du gros mur, ont leur rez-de-chaussée dans l'eau, hors sur une partie du quai Saint-Bernard, et sur celui des Grands-Augustins, entre le pont Saint-Michel et les abords de la tour de Nesle. — La porte Saint-Bernard est celle construite en 1606. Un gros pavillon carré qui l'avoisine est flanqué, à chaque angle, d'une tourelle en encorbellement. Le quai Saint-Bernard est planté de quelques arbres. — La porte Papale, attenant à l'abbaye Sainte-Geneviève et ici non nommée, est à remarquer. Elle paraît donner issue à une rue qui n'exista jamais, mais qui fut sans doute projetée, en prolongation de celle des Sept-Voies. Cette porte, réservée pour la réception des papes, faisait face à la place de l'Estrapade ; elle n'était jamais ouverte et n'avait pas de pont sur le fossé. — La porte Saint-Jacques est ici mal représentée ; elle a l'air d'un pavillon carré, tandis, qu'elle était composée de deux grosses tours. Mérian, lui-même, sur quelques gravures, lui donne une autre forme. L'avant-porte est aussi mal figurée. — La rue Dauphine aboutit à la porte Buci, au lieu de rencontrer le mur d'enceinte à l'endroit où, plus tard, fut élevée la porte Dauphine. — Le tourillon qui contient l'escalier de la tour de Nesle est adossé à cette tour du côté du nord, tandis qu'il y attenait du côté du sud. La porte de Nesle est précédée d'un pont de bois ; il était de pierre d'après les estampes d'Isr. Silvestre, La Belle, et Perelle. Cette double erreur a été rectifiée sur des copies de Mérian, que je citerai ci-après.

Dans l'intérieur de l'enceinte, on remarque une multitude d'églises et de colléges; certaines rues, telles que celle Zacharie, sont bordées de vieux pignons, qui paraissent dessinés d'après nature. A un grand nombre de maisons situées aux environs des ponts, sont suspendues des enseignes indiquant peut-être des hôtelleries. — Les Bernardins, le collége de Navarre, l'abbaye Sainte-Geneviève, les Carmes de la place Maubert, etc., forment des groupes assez intéressants. — Le mur qui enclôt le collége de Cluny est fortifié de tourelles. — L'église primitive de la Sorbonne et ses vieux bâtiments sans symétrie n'offrent aucuns détails curieux. Les rues de Sorbonne et des Maçons sont fermées de portes à leurs extrémités. — L'église des Jacobins se distingue par une flèche élevée, semblable à celle de Notre-Dame. Derrière ce couvent, s'avance en saillie, sur le fossé, un bâtiment qu'on a pris, à tort, pour le *Parloüer-aux-Bourgeois*, et qui est, du reste, ici mal dessiné et mal placé. — Près du chevet de Saint-Benoît, s'élève un haut clocher de forme ronde, à trois étages, qui me paraît idéal. — Le couvent des Mathurins communique avec une maison située au delà de la rue du Foin, par un corps de logis suspendu en forme de pont. — L'hôtel de Cluny est mal figuré ; et les ruines des Thermes ne sont pas indiquées. — La tour et le clocher de Saint-Séverin sont trop écrasés. — Saint-André-des-Arts paraît assez exact, à s'en rapporter à une estampe de J. Marot. — Au coin de la rue Pavée et du quai des Grands-Augustins est un hôtel remarquable par une tourelle à cul-de-lampe ; c'est, je crois, l'hôtel de Luynes. Les trois tourelles du même genre, qui existent encore rue Hautefeuille, ne sont pas marquées. — Entre la rue des Grands-Augustins, la rue Pavée et le quai, s'étend un vaste hôtel sans dénomination. Il s'appelait, à cause des fresques qui l'ornaient, *hôtel d'Hercule*. — L'hôtel de Nevers offre trois gros pavillons, dont celui du milieu avec un dôme ; cet hôtel ne fut jamais terminé comme il est ici représenté. — Au-dessous du Pont-Neuf, près le parapet du quai, à l'endroit où nous voyons l'abreuvoir Guénégaud, est une maison isolée, ici mal rendue. C'était une sorte de petit *castel*, sis en retraite du quai, et nommé sur un plan de 1652, le *Château-Gaillard*. Brioché, vers 1630, y avait établi son théâtre de marionnettes. Ce bâtiment est très-bien représenté sur la *Perspective du Pont-Neuf*, par La Belle.

La partie de la rive gauche qui s'étend au delà du mur de Ph. Auguste contient aussi de curieux détails. On distingue dans le lointain Charenton, dont le pont de huit arches n'a plus de fortification, mais porte encore plusieurs maisons ; à droite de la carte, apparaissent les ruines du vieux château de Bicêtre, dont Claude Goyrand nous a laissé trois vues fort curieuses. — Les églises de Saint-Marcel, Saint-Médard, Saint-Hippolyte et les Cordelières, vues dans l'éloignement, ne sont pas assez détaillées pour fournir des renseignements précis. Saint-Marcel et l'église des Cordelières, que surmonte une flèche élancée, sont les points les plus remarquables. — Au haut du faubourg Saint-Marcel, près la rue dite aujourd'hui : Croulebarbe, est située, sans être nommée, la *fausse porte* Saint-Marcel, simple pavillon non fortifié. — On voit une porte semblable au haut de la rue de Lourcine, passé les Cordelières. Il en existait deux autres rue d'Enfer et au faubourg Saint-Jacques, mais la limite du plan n'a pas permis de les indiquer.

L'église de l'abbaye Saint-Victor paraît assez bien figurée. Du point où le toit du transsept rencontre celui de la nef, s'élance une flèche élégante, et à l'ouest, près du chevet, s'élève une tour carrée et isolée dont le clocher est entouré, à sa base, de quatre clochetons, ainsi qu'on le voit représenté sur trois planches de J. Marot. Il est à noter que l'orientation de cette église n'est pas conforme à la règle générale, puisque son chevet regarde le nord-est. Derrière les vastes bâtiments du monastère passe un bras de la Bièvre, au delà duquel est un parc renommé par ses beaux arbres. Mérian n'a pas oublié la tour hexagone dont j'ai déjà parlé, page 95, mais cette tour n'est pas assez élancée. Le tout est dominé par la *Butte Coypeau*, boisée en partie. Sa hauteur est ici exagérée, et son sommet ne porte plus de moulin.

Entre le faubourg Saint-Marceau, qui a conservé l'apparence d'un gros bourg, et le faubourg Saint-Jacques, sont deux moulins à vent et d'immenses clos en culture. Ce dernier faubourg n'a pas toute son étendue, vu les bornes du plan, mais s'arrête à la hauteur des *Carmelines*, dont l'église (Notre-Dame-des-Champs) offre un pignon entre deux tours. — Non loin est l'ancienne église de Saint-Jacques-du-Haut-Pas, avec sa flèche gothique ; à côté, est l'hôpital du même nom, et derrière, un grand clos qui contient un moulin à vent. — La rue d'Enfer est nommée *de Fer*, nom qu'on lui donne dans quelques anciens titres. — A l'ouest de cette rue, dans un clos appartenant aux Chartreux, est une sorte de *manoir* ceint d'un mur fortifié de trois tours. Il figure aussi, mais autrement, sur le plan de Du Cerceau ; on le prendrait volontiers pour le château si célèbre de Vauvert, s'il n'était certain que les Chartreux détruisirent ce château et n'en conservèrent que la chapelle, devenue leur réfectoire.

La vaste enceinte des Chartreux a été tronquée, faute d'espace, et l'on a transporté leur moulin, qui ne pouvait être tracé à sa place réelle, derrière le grand cloître, à l'ouest. L'église a ici la forme d'une croix latine ; c'est une erreur, elle consistait en une nef simple et sans transsept. Au sud-est est une tour ronde (probablement la tour *carrée* de l'horloge, dessinée dans Millin). Au milieu du grand cloître, est la pompe. Le nombre des cellules est restreint des deux tiers ; on n'en compte que douze, au lieu de trente-six. — Derrière les Chartreux, au nord, est un grand clos avec quelques arbres et un moulin à vent ; Marie de Médicis acheta ce terrain pour y planter les jardins de son palais.

L'hôtel de *Luxembour* fait face aux rues Garencière et des Fossoyeurs, et a deux entrées. Ne connaissant aucune vue détaillée de cet hôtel, j'ignore si cette image est exacte. Il fut remplacé par le *Petit-Luxembourg*. Ce fut en 1615 que Marie de Médicis fit commencer son palais sur un terrain contigu, à l'est, à cet ancien hôtel.

L'église Saint-Sulpice paraît assez bien dessinée, et son clocher rappelle celui de Saint-Séverin. Jean Marot nous a laissé une vue exacte de cette église, mais on n'y voit pas le portail qui regarde le nord ; ce portail figure ici, et son architecture ogivale paraît très-ornée. — Trois portes introduisent au clos de la Foire Saint-Germain ; l'une, à deux arcades, débouche vis-à-vis la rue *Saint-Lembert* ; les deux autres, très-larges, ouvrent sur la rue du Four. Au milieu du clos est le double et vaste bâtiment (reconstruit en 1511), avec ses toits immenses, percés d'un double rang de lucarnes. On distingue, sur la place, quelques personnages aussi hauts que les maisons.

Au carrefour dit aujourd'hui de la Croix-Rouge, est un arbre énorme, entouré d'un banc circulaire ; on n'y voit point de croix. — L'abbaye Saint-Germain-des-Prés est assez bien dessinée ; elle est entourée d'une double ceinture de murailles, flanquées de tours et de tourelles en encorbellement ; entre les deux murs, était le fossé. Au sud-est de son enclos est indiqué, au milieu du carrefour, un pilori. On trouve dans l'ouvrage de Dom Bouillard des vues très-détaillées de cette abbaye, à diverses époques. — A l'ouest de l'abbaye est la chapelle *Saint-Père*, et plus loin, l'hôpital de la Charité. Cet hôpital, un peu après 1615, fut transféré près de cette chapelle, qui dès lors lui appartint. — Plus loin encore, vers l'ouest, au milieu de cultures, se dresse un gibet à trois piliers, réunis par une traverse qui supporte deux pendus ; c'est la justice de l'abbaye. On la retrouve sur plusieurs estampes et plans du temps de Louis XIV, qui indiquent son emplacement entre les Invalides et le terrain actuel du Champ-de-Mars.

L'hôtel de la reine Marguerite est un des points les plus curieux du plan de

Mathieu Mérian, car il fut détruit peu après 1615. Vis-à-vis le pont de la porte de Nesle, une courte rue, qui existe encore (c'est le retour d'équerre de la rue Mazarine), faisait face à l'entrée du palais, rue de Seine. Ce palais, comme l'hôtel de Nevers, se compose de trois gros pavillons reliés entre eux par des bâtiments, dont une partie en retour sur le quai; celui du milieu porte un dôme à lanterne. Devant la façade, du côté de l'intérieur, règne, sur toute la longueur, un vaste perron avec deux escaliers opposés, droits et non en fer-à-cheval, comme les représente Quesnel. Il conduit à un parterre de forme triangulaire, et borné au sud par les maisons de la rue *des Marets*. Au delà du mur de l'ouest, est une ruelle qui sépare le jardin de l'hôtel, d'un autre jardin plus vaste, qui s'avance jusqu'au rivage, et qui renferme une chapelle ronde, avec dôme et lanterne; cette chapelle, je crois, devint plus tard le chœur des Petits-Augustins, qui la reçurent en don de la reine. Enfin, au delà de la rue des Saints-Pères [1], est un autre immense jardin non clos, divisé par de grandes allées; le sol en paraît assez élevé. On remarque surtout une longue avenue parallèle à la Seine, aboutissant à une porte ou arcade, ouverte sur la rue des Saints-Pères. Ce jardin est dominé, au sud, par une butte élevée que surmonte un moulin.

Tout cet espace se nomme: *Le Jardin de la Royne Marguerite*. Il s'étendait en longueur jusqu'à la rue du Bac, et, en largeur, de la rue de l'Université à celle de Lille. Tout l'espace entre la rivière et la grande avenue est garni çà et là de propriétés qui paraissent être des roulages et des guinguettes. Peu après 1615, les immenses jardins de la reine Marguerite, établis sur le grand Pré-aux-Clercs, disparurent, et sous Louis XIV on vit s'élever de magnifiques hôtels sur les rues de Lille et de Verneuil, percées sur son emplacement.

On remarque sur la Seine, en beaucoup d'endroits, des moulins, des bateaux, des coches d'eau et des escaliers descendant à la rivière.

Je consacrerai peu de lignes au texte qui accompagne le plan de Mathieu Mérian, car il consiste en notes extraites probablement de l'ouvrage de Du Breul. Je ne pense pas, je le répète, qu'il existe plusieurs états de la planche que je viens de décrire; mais j'ai vu deux textes un peu différents, annexés à ce plan. Le texte primitif que je possède est de 1615, chez Nic. de Mathonière; il y en a *peut-être* un de 1618; enfin, il en est un daté de 1621. Ce dernier n'est plus précisément le même que celui de 1615. Il a été complétement réimprimé avec quelques additions, et publié par le même éditeur. Il est également dédié au roi, et forme

---

[1] Cette rue, ici non désignée, fait face au pavillon de Flore! C'est bien elle pourtant qu'on a voulu tracer, puisqu'elle aboutit à l'église Saint-Père.

deux feuilles, divisées chacune en trois colonnes. Je signalerai quelques additions intercalées dans la réimpression de ce texte. — « En la rue Chappon, près le ci- « metière Saint-Nicolas, est vn nouueau conuent de Religieuses (Carmélites). — « Au bout de la rüe du Vert-Bois, on a basty vn conuent de Religieuses de l'ordre « de Saincte-Élizabeth. — On a fait vn pont pour aller au *Terrin* Nostre-Dame, et « de là à la porte Sainct-Bernard ; aucuns le nomment le pont Marie. » Ces deux ponts portèrent en effet d'abord le même nom.

Ce nouveau texte de 1621 fait un récit abrégé de l'incendie de la grande salle du Palais. « Il aduint un sinistre accident de feu, en la Salle du Palais, la nuict « d'entre le 6 et 7 Mars 1617 (il veut dire : 1618). Son architecture estoit très- « exquise, et son contour estoit décoré de figure en bosse qui représentoient au na- « turel les Roys de France, etc. » On ne parle pas encore de l'incendie du pont Marchand, arrivé en 1621 ; mais on cite le pont Saint-Michel (réédifié en 1547), qui « retomba l'an 1616. On continue pour le refaire de pierre, en ceste année « 1621. — Dedans le Faux-bourg (Saint-Germain), en tirant en bas du costé de « l'eau, est le logis de la feüe Royne Marguerite : derrière lequel est vn conuent « d'Augustins reformez. — Où estoit l'Hostel de Luxembourg, on bastit vn su- « perbe et magnifique hostel. »

Voilà, à quelques phrases près, les différences que présentent les textes com- parés de 1615 et 1621. J'ai reconnu que dans ce dernier on avait oublié de citer le collége des Trésoriers, mentionné dans le texte primitif.

COPIES DU PLAN DE MATHIEU MÉRIAN. — Il existe un assez grand nombre de co- pies grandes ou petites du plan de Paris de Mathieu Mérian, plan très-apprécié de son temps. Je commencerai par la plus connue, celle insérée dans le recueil in-folio : *Topographia Galliæ*, publié en 1655 à Francfort-sur-Mein par *Gaspard Mérian*, fils ou parent de Mathieu. La gravure de toutes les estampes médiocres de ce recueil est attribuée à Zeiler. Ce plan, en une feuille, placé en tête du pre- mier volume, a 46 centim. sur 34 1/2. On lit au haut de la carte : PARIS *Wie solche A° 1620 im Wessen gestanden*. Je ne sais s'il existe des épreuves avec l'in- scription française, mais les renvois du texte aux numéros du plan sont en langue française fort écorchée. Au bas, à gauche, on a groupé six des personnages, gra- vés sur des bandes dans l'original. A droite, au milieu du Pré-aux-Clercs, figure la grosse boussole que Mathieu Mérian avait placée au milieu de la Seine.

La gravure de ce plan est fort sèche de ton, et les ombres en sont beaucoup trop noires. Les détails, si légers, si fins de l'original, n'y sont pas reproduits; il est évidemment tracé d'après le plan de 1615, et s'étend jusqu'aux mêmes limi- tes ; mais on y a ajouté les corrections d'une autre copie du même modèle, copie rajeunie et publiée en 1635 par Melchior Tavernier. C'est donc à tort qu'on y a inscrit la date de 1620. On commence à voir des maisons bâties dans l'île Saint-Louis; le pont Marie existe ainsi que le pont Rouge (ou Saint-Landry), et l'autre pont Rouge (ou Barbier), élevé vis-à-vis la rue de Beaune, vers 1632 [1]. Le pont au Change, brûlé en 1621, est remplacé par un pont de bois provisoire, etc. Tous ces détails démentent le millésime de ce plan, peu digne au reste de notre attention. Si je l'ai cité en tête des copies de Mathieu Mérian, c'est parce qu'il est très-commun, et que peut-être plus d'un amateur qui le possède s'imagine avoir l'original si précieux que je viens de décrire.

Je parlerai ci-après d'un plan de Paris signé : *C. Visscher*, 1618, qui est une reproduction légèrement modifiée dans la perspective et fort bien gravée aussi, du plan original de M. Mérian.

Il existe une vaste et rare estampe, qui a pour base ce même original. C'est une longue perspective de la ville de Paris, composée de quatre feuilles, ayant chacune 53 centim. de long sur 43 de haut. C'est donc moins un *plan* de Paris qu'une vue dont la perspective forcée permet de voir les rues et les principaux édifices. Elle tient une sorte de milieu entre le genre dit *à vol d'oiseau* et la perspective naturelle; c'est un point de vue fictif avec des premiers plans très-vigoureux et des fonds très-affaiblis. En définitive, le graveur a manqué son effet, qui est mal gradué. Sur la première feuille, à gauche, est la statue équestre de Louis XIII encore fort jeune. Au bas de la troisième feuille on lit : *Franciscus Hoiamis fecit*, et, au bas de la quatrième : *Amstelodami Franciscus Hoiamis fecit et excudit A° 1619*. Mais à côté de cette date, on distingue celle de 1617, mal effacée sur la planche. Au-dessus de cette inscription sont dix vers latins extraits du poëte anglais *Architremius*[2], précédés du titre : *De Laude et Splendore Vrbis Parrhisiorum*. Au bas de chaque feuille on voit figurer des personnages de diverses conditions, depuis le noble jusqu'au portefaix. L'orthographe des noms inscrits sur le plan est très-fautive; ainsi on lit : *Le Gaye* des Augustins, etc. Un texte de quatre pages accompagne cette longue estampe et correspond à chaque feuille. Elle reproduit les édifices du plan de Mérian, mais dans une proportion beaucoup plus ample. Le profil de Paris se développe du nord au sud, mais la perspective des rues et des édifices, de l'est à l'ouest, est en raccourci. Ce sont du reste les mêmes traits que ceux de l'original, sauf quelques détails ajoutés par exemple à la Grange-Batelière et aux Filles-Dieu.

Il existe, à ma connaissance, deux états de cette estampe; la Bibliothèque na-

[1] Tous les ponts de bois s'appelaient *rouges*, à cause de la couche de minium dont on les couvrait.
[2] J'ai lu que *Architrenius* (et non *Architremius*) est le titre d'un poëme dû à Jean de Hauteville. André Duchesne affirme que ce nom est celui de l'auteur.

tionale les possède tous deux (*Vues générales de Paris*, et carton supplém. V. a. 74).
Dans l'épreuve de second état, la tête de Louis XIII est celle d'un jeune homme.
Il y a, je crois aussi, quelques retouches dans les armoiries du haut et dans les costumes ; mais le fond, la perspective de Paris, est toujours le même. On a effacé la date, et sur une des feuilles on lit : *Romboutius Hoiamis fecit et excudit*. La Bibliothèque Sainte-Geneviève possède une épreuve assez endommagée de cette estampe, premier état.

Je décrirai, à l'année 1630, le plan édité par Melchior Tavernier, plan qui est une copie calquée sur l'original (dont la planche appartenait à l'éditeur), mais corrigée et modernisée avec soin pour cette année, indiquée au bas du texte. Des yeux peu exercés pourraient prendre ce plan pour l'original, parce qu'il est de même dimension ; mais il y a une grande différence pour la finesse du burin.

Je citerai, à l'année 1650? un autre plan, qui est une très-médiocre copie, ou plutôt une ignoble contrefaçon de l'original et de même grandeur. On voit encore dans le *Profil des villes de France*, par Tassin (2 vol. in-4° oblong), 1634, un petit plan de Paris, qui est la réduction, soit de l'original de Mérian, soit de la copie de Melchior Tavernier, 1630. Ce même petit plan de Tassin, recalqué, se retrouve dans les *Délices de la France*, par Savinien d'Alquié, 1670, petit in-8°.

XIII. — Plan de Jean Ziarnko, 1616.

Au *Dépôt de la Guerre* (6-D. 42), est un plan de Paris à vol d'oiseau, composé de quatre feuilles (et non d'une seule, comme je le dis dans mon *Histoire de la gravure*, p. 64). Chaque feuille a environ 39 centim. sur 33, et l'ensemble 78 sur 66. Il a été gravé à l'eau-forte (et peut-être aussi dressé) par Jean Ziarnko, peintre-graveur polonais, à qui nous devons un certain nombre de pièces historiques françaises fort intéressantes, telles que le Carrousel de la place Royale, 1612, la Tenue des Etats généraux, 1614, etc. Cet artiste signait presque toujours : *Joan. Ziarnko Polonius*. Au bas de ce plan, gravé avec assez de verve, on lit sur la quatrième feuille : *Joan. Ziarnko*, 1616. Au haut de la première, à gauche, est un frontispice qui rappelle le plan de Quesnel, dont il est une sorte de réduction. On y voit Henri IV monté sur un cheval que conduisent deux figures allégoriques, LEX et FIDES, coiffées à la mode du temps [1]. Dans le coin supérieur, au-dessus de la tête du roi, on distingue les initiales de la compagnie de Jésus I. H. S.

[1] Ainsi cette estampe, malgré sa date de 1616, est dédiée à Henri IV. Peut-être la gravure fut-elle commencée, en effet, sous le règne de ce roi et terminée plus tard. En tout cas, l'épreuve ne paraît point retouchée.

Non loin de ce bienheureux signe, une Renommée, coiffée à la Médicis, souffle dans une trompette ornée d'un drapelet fleurdelisé; une sorte de fumée sort de l'embouchure. Sur une banderole flottante, qu'un Amour entraîne vers la gauche, on lit le titre : Ville, Citté, Université de Paris. Au haut de la seconde feuille est le blason de Paris, soutenu par deux autres Amours ou génies tenant des palmes. Au bas du plan, au coin de droite, sont trois personnages en costume du temps, dont une dame de qualité; à gauche est un cartouche ovale, accompagné de trois figures allégoriques, et ne contenant aucune inscription. On lit encore au-dessus de ce cartouche, en lettres fines : *Joan. Ziarnko fecit.* Le même nom est répété à côté d'un autre petit cartouche de même forme, encadré d'enroulements et aussi sans inscription. La signature se retrouve ainsi en trois ou quatre endroits; aussi, jamais estampe n'a pu courir moins de chances de passer pour anonyme. Sur une petite tablette (feuille IV), au-dessous des Chartreux, on lit : *à Paris, chez Anthoine de Vuauconsains* (ou *Vuauconfains*), *au Pallays en la Gallerye des Prisonniers, anno 1616.*

J'ajouterai ici quelques remarques sur le plan lui-même, plutôt pour bien signaler cette estampe que pour en tirer des documents utiles. Il s'arrête, du côté de l'ouest, au milieu du Jardin des Tuileries. — On n'y voit point tracée par anticipation, comme sur les plans de Fr. Quesnel et de Mathieu Mérian, l'enceinte bastionnée de Louis XIII. En cela, il est plus exact que ces deux plans. — Les bastions du fossé de la Bastille sont d'une dimension démesurée; mais les deux portes Saint-Antoine, ancienne et moderne, et l'avant-porte qui les précède, paraissent bien placées. — La porte du Temple est suivie d'un pont de quatre arches; à droite est un bastion à deux faces. — La porte Saint-Martin présente une façade ornée de trois tourelles en encorbellement. — Entre les portes Saint-Denis et Montmartre, dans le fossé, sont des *râteaux* de cordiers. — Le Louvre et la porte Neuve sont très-mal figurés. — Les noms des places et de quelques rues sont inscrits en majuscules.

Sur la butte Coypeau, figure encore un moulin à vent. — L'île actuelle Saint-Louis, toujours divisée en deux parties, n'est pas encore garnie de maisons, et le tracé des deux ponts projetés semble indiquer, au premier coup d'œil, des ponts de bateaux. — Derrière la rue du Harlay est dessiné le *Jardin Royal* du Palais. Un des compartiments du parterre représente les armes de France. — Le terre-plein du Pont-Neuf est carré, et la statue équestre bien représentée. — Le pont Marchand est nommé : *pont au Marchans.*

Ce plan n'indique aucune tour murale entre les portes de Nesle et de Saint-Germain. — On a oublié la rue de Tournon et l'hôtel du Luxembourg. Il manque, au reste, beaucoup d'autres édifices. — La foire Saint-Germain offre *trois* grands bâtiments réunis. Les autres plans n'en n'offrent que deux. — La rue Dauphine aboutit, par erreur, à la porte de *Buscy*. — Les jardins de la Royne Marguerite sont moins détaillés que sur le plan de Mérian. — Près la chapelle Saint-Père sont signalés : *Les Frères Ygnorent* (ignorantins?). A l'ouest de la même chapelle, on voit plusieurs enclos renfermant des moulins à vent. Dans l'un de ces clos on lit : *Cimentier de Hugerot*. On a sans doute voulu dire : *Cimetière des Huguenôts*, car en 1652 on indique là le *cimetière des Réformez*.

La porte Saint-Honoré est flanquée de tourelles à cul-de-lampe, et non de tours. — Sur le sommet du rempart de Charles V est un mur percé de meurtrières; mais on n'y voit plus de *bastides*, quoique ces constructions figurent encore sur les plans de 1630. — Les Minimes de la place Royale paraissent indiqués. — La rue de la Verrerie, à son extrémité orientale, porte le nom de *Hoqueton*, et la rue Tiron, celui de *Bison*. L'orthographe des noms est en général loin d'être correcte. — Les noms des places et de quelques rues sont tracés en majuscules. Les places, carrefours, ponts et quais, et chemins le long des remparts, sont animés d'une quantité de petits personnages à peine indiqués.

J'ignore s'il existe un texte destiné à accompagner cette estampe.

Il résulte de ces remarques prises au hasard, que le plan de Ziarnko ne peut inspirer grande confiance à l'archéologue, puisque c'est un plan bâtard, plein d'omissions ou d'anachronismes, une image tracée d'après plusieurs plans de diverses époques, que l'auteur a confondus dans son souvenir. Quant à sa grande rareté, elle est incontestable. Je n'ai jamais vu d'autre épreuve que celle du *Dépôt de la Guerre*. Pour mon compte, je l'estimerais à peine cinquante francs. Mais deux amateurs de pièces rares, qui fermeraient les yeux sur sa qualité réelle, pourraient le faire monter, dans une vente publique, à un prix bien plus élevé.

XIV. — **Plan de Paris, par Visscher, 1618.**

(Copie de Mérian.)

On voit encore, au Dépôt de la Guerre (6-D. 43), un plan de Paris à vol d'oiseau, composé de deux feuilles ayant chacune, y compris des costumes sur les côtés, et des renvois gravés au bas de la planche, 54 centim. sur 42. Aux deux feuilles assemblées s'adaptent deux bandes inégales de texte français, imprimé et disposé sur neuf colonnes. Chaque bande a 12 centim. de large. Le plan, dans son ensemble, forme un carré de 84 centim. sur 66.

Cette estampe, qui est évidemment une copie calquée de Mathieu Mérian, présente, à quelques différences près, les mêmes détails et les mêmes lointains ; elle est gravée aussi avec soin, mais pourtant avec moins de finesse que l'original. Les ombres ne sont plus du même côté, et je crois que la perspective a été un peu modifiée sur plusieurs points. Chaque feuille porte latéralement une suite de quatre personnages de divers états, rangés dans le même ordre que sur le plan de Mérian; mais il n'y a dans chaque compartiment très-étroit qu'une seule figure (au lieu de deux ou trois), avec inscription latine et française. Sur la première feuille, à gauche, on remarque le Roi, Rex Galliæ; au-dessous : Nobilis parisiensis; puis vient : Civis parisiensis, et enfin : Rusticus Parisii, qu'on traduit par : *Villageois du Parisis*. Du côté opposé, sur l'autre feuille, sont les femmes, — Regina Galliæ, Fœmina nobilis, Fœmina plœbeia, Rustica Parisii.

Au bas des deux planches sont gravés 304 renvois en français mal orthographié, correspondant aux numéros inscrits dans les principales rues et près des monuments, car il n'y a d'inscription sur le plan qu'à propos de *Liesle aus Vaches, Liesle Nostre-Dame* et *Liesle Louvières*. A la suite de ces explications, on lit : *Impr. à Amstelredam, chez Nicolas Iansstz Visscher, l'an* 1618.

Au sommet de l'estampe est une longue banderole, portant, en majuscules, le même titre que celui du plan de Munster : *Lutetia Parisiorvm vrbs toto orbe celeberrima notissimaque capvt regni Franciæ*. Au coin inférieur de la seconde feuille, à droite, on lit : *Visscher excudebat anno* 1618. Le V est une espèce de monogramme où l'on distingue la lettre C, qui est, je crois, l'initiale du prénom *Charles*. Dans un cartouche orné, placé à droite, et non à gauche, comme sur l'original, sont les quatre vers : *Ceste ville en un autre monde*, etc. Au milieu de la Seine, au bas, est aussi une boussole, mais mieux dessinée que celle de Mérian.

Ces renseignements suffiront pour distinguer entre eux les plans de Mathieu Mérian et de C. Visscher. Tous deux offrent le même intérêt, et à très-peu de chose près, le même état de Paris, de sorte que la description que j'ai donnée de l'un peut servir à interpréter l'autre. J'ai reconnu quelques légères dissemblances relatives au fossé de la Bastille, à la butte Coypeau et à quelques portes. L'île Saint-Louis est peut-être le point qui diffère le plus de l'original, car les quais paraissent commencés. Je n'oserais, du reste, avancer qu'il n'y a pas à signaler d'autres différences, puisque je n'ai pas mis la copie en présence du modèle; mais je puis affirmer qu'elles ont peu d'importance.

Je regarde l'estampe de Visscher comme plus rare que celle dont elle est la copie, puisque je connais à Paris cinq ou six épreuves de Mérian, mais n'ai jamais vu le plan de Visscher qu'au Dépôt de la Guerre. Sous ce point de vue, elle peut donc avoir, selon les idées de certains amateurs, une valeur supérieure que je leur laisse le soin de fixer. Quoi qu'il en soit, l'original, à mon avis, quoique plus commun, aura toujours plus d'importance.

Nul bibliographe, à ma connaissance, n'a cité ce plan, à moins que la Tynna n'en désigne une seconde édition, quand il mentionne, sans autre renseignements, « un plan gravé en Hollande, 1620. » Pour moi, je ne connais pas de plan qui porte positivement cette date. S'il existe des épreuves des planches de Mathieu Mérian, tirées cette année, elles ne diffèrent en rien de l'édition primitive, et c'est au bas du texte seulement qu'on lit la date de 1620.

Je n'ai jamais rencontré de plans de Paris intermédiaires entre 1618 et 1630. Il peut exister, à mon insu, de nouvelles éditions ou des copies des plans précédemment décrits ; mais nous admettrons que, dans cet intervalle, on n'en a pas publié de nouveaux, jusqu'au moment où une découverte ultérieure viendra nous prouver le contraire.

XV. — Plan publié par Melchior Tavernier, 1630, 31 et 35.

On voit, dans la collection de M. Hennin, un plan à vol d'oiseau, anonyme, composé de deux feuilles, ayant chacune environ 56 centim. sur 37, et, en outre, de quatre bandes de texte imprimé, dont deux se collent sur les côtés, et les deux autres au bas de l'estampe assemblée. C'est un calque de celui de Mathieu Mérian, 1615, et le texte est également la copie de celui du plan original ; mais on remarque de nombreuses rectifications appropriées à la date de 1630, date inscrite à côté du nom de l'éditeur, au bas du texte. Les costumes qui, dans l'original, figurent sur deux bandes verticales, gravées à part, ont été ici retracés en plus petit, et avec d'autres accessoires. Ils forment huit compartiments, disposés sur une ligne horizontale, et occupent la partie supérieure de l'estampe. Au bas, à gauche, est un cartouche orné des attributs de la Guerre et des Arts, et d'une autre forme que celui placé sur le modèle, au même endroit. Les quatre vers de ce dernier sont remplacés par six autres, à la louange du Roy, et commencent ainsi : *Comme ces Insignes Trophées*, etc. A l'autre coin de la carte, à droite, est un cartouche correspondant, orné de fleurs et de fruits, et contenant également six vers, dont voici le premier : *Comme icy se void l'abondance*, etc. Le titre est à peu près le même que celui de la copie, et les blasons du Roi et de Paris sont réunis sur un même cartouche que soutiennent deux Amours.

Ce qui rend ce plan précieux, c'est que les nombreux changements faits au dessin primitif de M. Mérian le mettent en harmonie avec la date réelle de 1630, et que, de la comparaison des deux estampes, résultent de curieux et instructifs documents que je vais signaler.

La butte Villeneuve-sur-Gravois, qui n'offrait que des ruines en 1615, est couverte de maisons neuves qui forment plusieurs rues, et surmontée de deux moulins à vent. — Les deux ponts au Change et Marchand, incendiés en 1621, sont supprimés, et l'on voit, à leur place, un pont de bois provisoire situé vis-à-vis la tour de l'Horloge, et remarquable par la croix qui s'élève au milieu ; des poteaux sont plantés à l'endroit des anciennes piles, pour diriger les navigateurs. Ce pont, cette croix et ces poteaux sont représentés sur un petit dessin au crayon que je possède, dessin attribué à La Belle, et provenant de la collection *Lagoy*. On y remarque, de plus, de petites boutiques couvertes en bois ou en toile. — Le Louvre a été très-modifié. Il en est ainsi des îles aux Vaches et Notre-Dame, réunies en une seule sous ce dernier nom. Le sol commence çà et là à se garnir de rues. Le pont Marie est construit en pierre, mais ne supporte pas de maisons. Quant à l'autre pont, dit aujourd'hui de la Tournelle, il paraît encore à l'état de projet. La partie orientale, dite l'île aux Vaches, est couverte de chantiers ; on distingue encore l'ancien canal de séparation, car il n'est comblé que dans l'axe de la rue principale, qui traverse l'île de l'est à l'ouest. Près du pont Marie, on voit un moulin à vent qu'indique pareillement une petite vue, gravée vers la même époque, sur le frontispice du *Théâtre géographique dv Royavme de France*, frontispice signé : *L. Gaultier incidit*. Cette vue est tout autre que celle signalée page 72.

A côté de l'ancien hostel du Luxembourg, apparaît le nouveau palais du même nom, dit aussi d'Orléans. Apparemment que l'hôtel ne fut pas démoli, et forma le *Petit-Luxembourg*, rebâti depuis. — Le pont de Nesle a trois arches de pierre (il était de bois sur le modèle). — Les tourillons annexés aux tours Neuve et de Nesle, placés à contre-sens sur l'original, ont été ici rectifiés ainsi que la forme cintrée du terre-plein du Pont-Neuf et l'allure du cheval de bronze. — Le pont Saint-Michel, détruit en 1616, est refait de pierre. Les jardins de la reine Marguerite sont remplacés par de nouvelles rues et par le couvent des Petits-Augustins. On remarque aussi que l'hôpital de la Charité a été transféré près de l'ancienne chapelle Saint-Père, qui devint celle de l'établissement. — De nouvelles rues ont été percées sur les marais du Temple.

Du reste on a reproduit, au sujet de quelques noms de rues, les erreurs de l'original signalées page 93, et on en a laissé subsister beaucoup d'autres relatives aux édifices. Au sommet du plan, on a reproduit plusieurs localités lointaines, mais tracées avec bien moins de finesse que sur le modèle. La gravure de ce plan, bien qu'assez délicate, est fort inférieure, sur tous les points, à celle du plan de Mérian. Elle peut être attribuée à l'éditeur Melchior Tavernier, le même sans doute, si ce n'est son fils, qui avait édité l'estampe originale. Aucun nom, aucun millésime ne figure sur le plan même, mais au bas de la dernière feuille de texte on lit : chez Melchior Tavernier, graveur et imprimeur du Roy pour les tailles-douces, demeurant... *sur le Quay qui regarde la Mégisserie, à l'Epic d'or*, 1630.

J'ai vu le même plan, avec texte de 1631, sans changements, je crois, sur la planche. Pour moi, j'en possède une autre édition avec texte daté 1635, *chez Melchior Tavernier, graveur...*, même quai, mais à l'enseigne de *la Sphère*, et non plus : *A l'Epic d'or*. Mon texte, comparé à celui de l'épreuve de M. Hennin, offre plusieurs variantes. Il en est ainsi de l'estampe qui, naturellement moins nette et moins vigoureuse que l'état primitif, offre certaines additions importantes. Ainsi on y a ajouté le pont Rouge (ou Barbier), construit de bois, entre la galerie du Louvre et la rue de Beaune qui, par le fait de l'erreur de l'original, est celle des Saints-Pères. On y voit aussi un autre pont Rouge ou de Saint-Landry, entre l'île Saint-Louis et la Cité.

J'ignore s'il existe d'autres éditions de ce plan.

En 1634, le même Tavernier édita l'ouvrage suivant, en deux tomes in-4° oblong : *Les Plans et Profils de toutes les principales villes... de France*, par Tassin, *géographe ordinaire de Sa Majesté*. On y trouve un petit plan de Paris de 22 centim. sur 19. C'est la copie réduite du grand plan de Tavernier, édition avec texte daté 1635.

Dans la *Topographie Francoise*, mise en lumière par Jean Boisseau, in-folio, 1648 (cab. des Est., n° 542), on voit, au commencement du volume, un petit plan de 24 centim. sur 16, qui paraît être une reproduction exacte du plan de Tassin. On a ajouté des chiffres et des renvois pour les noms des portes de la ville et de l'Université.

Enfin, dans les *Délices de la France*, par Savinien d'Alquié, in-12, 1670, page 288, on retrouve une copie calquée du petit plan de Tassin; copie identique pour les détails et pour la dimension, seulement il est moins finement gravé.

Hurtaut, dans son *Dictionnaire de Paris* (IV, page 125) mentionne, à propos de la porte de la Conférence : le plan de Boisseau de 1643. Je n'ai jamais vu de plan portant cette date. Il est à croire que le compilateur Hurtaut se sera trompé, mais je ne puis l'affirmer. Peut-être cette date de 1643 appartient-elle à une première édition soit du plan que je vais décrire ci-après, soit d'un autre en quatre feuilles, dont je parlerai à l'année 1654.

XVI. — Petit plan édité par Jean Boisseau, 1650.

On voit à la Bibliothèque nationale plusieurs épreuves d'un petit plan géométral de Paris, gravé au trait, avec les édifices seuls en élévation. C'est peut-être le premier de ce genre. Il a 54 centim. sur 42. Son orientation n'est pas tout à fait celle des précédents; c'est le nord-ouest qui est au bas de la carte, que la Seine traverse diagonalement. Au haut se lit le titre suivant, d'une écriture fort grossière :

PETIT PLAN DE JEAN BOISSEAU, 1650.

Plan de la Ville, Cité, Uniuersité, Isles et Fauxbourgs de Paris, auec le proiect de la nouuelle closture ou nouuelles fortifications d'icelle, diuisé par ses 16 quartiers ou colonelles, avec les noms des Officiers, etc.

Sur chaque côté de la feuille s'élève une colonne cannelée, dont le haut est caché par une draperie. Sur la draperie de gauche est une dédicace que fait à Fr. de L'Hospital, comte de Rozoy (dont les armes sont en tête), l'éditeur Iean Boisseau... sur le Pont-Neuf, à la *Fontaine Royalle de Iouvance*, 1650. Sur la draperie de droite sont les armes d'Antoine Lefebvre, etc.

Les épreuves les plus communes offrent la date retouchée de 1652; mais on en voit une fort belle, au Dépôt de la Guerre, qui porte le millésime 1650 et paraît être tout à fait primitive. Sur les épreuves postérieures on a, je crois, ajouté du texte sur le plan. Ainsi, sur la gauche, on a inscrit les noms des seize quartiers, etc. Cette même estampe, portant un texte imprimé au verso, se trouve intercalée dans l'ouvrage cité, page 33, à la suite du petit plan de Georges Braun sans les trois figures, ouvrage orné de planches de toutes époques, avec un titre de 1657. L'épreuve conservée dans le *Recueil de Plans* du Cabinet des Estampes a trois bandes de texte imprimé, ajoutées au bas et sur les côtés, texte qui donne des détails sur les colonels et autres officiers municipaux préposés à la garde des portes.

On voit, sur la rive droite, l'ensemble de la clôture bastionnée, qui ne fut exécutée qu'en partie, et, entre la Bastille et la porte du Temple, *le nouueau canal pour la décharge des eaux*. Sur la rive gauche est tracé au pointillé le plan d'une enceinte du même genre, qui n'exista jamais qu'à l'état de projet, et ne fut pas même commencée. Elle part du bord de la Seine, vis-à-vis le bastion des Tuileries, et, formant un vaste demi-cercle qui comprend dix-huit bastions plus ou moins réguliers, aboutit à l'embouchure de la Bièvre, après avoir enclos les faubourgs Saint-Germain, Saint-Jacques et Saint-Marcel. Ce projet fut abandonné vers 1670 pour celui d'un cours planté de quatre rangs d'arbres, comme de l'autre côté de Paris, cours qui ne fut commencé que beaucoup plus tard.

L'enceinte méridionale de Ph. Auguste est figurée sur ce plan au simple trait et sans élévation. Son tracé peu fidèle n'offre que des demi-tours au lieu de tours entières engagées dans le gros mur. La situation, la dimension et le nombre de ces tournelles murales ne sont pas exacts, comme je le prouverai plus tard. Quant aux rues ou édifices que renferment ces diverses clôtures, leur configuration ne nous fournit aucun document nouveau.

Le champ est assez étendu vers le sud, puisqu'on y voit figurer le *Mont-Parnasse*, qui s'appela aussi *Mont de la Fronde*, à cause des événements de l'année 1648. Au nord, il ne dépasse pas l'hôpital Saint-Louis; à l'est, il comprend une partie du faubourg Saint-Antoine, et, à l'ouest, s'arrête au Cours-la-Reine. On y a tracé les portes Richelieu et Sainte-Anne; celle de Gaillon n'y est pas représentée.

Il existe de ce plan des éditions de 1650, 51 et 52, et peut-être d'autres de date postérieure, mais je doute qu'il y en ait de plus anciennes. Il est curieux surtout par les renseignements qu'il donne sur la position des barrières d'octroi et sur la division de Paris à cette époque.

J'ai trouvé aussi au *Cabinet des Estampes*, dans un grand carton supplémentaire sur le département de la Seine, un petit plan manuscrit indiquant la distribution des *colonels* de Paris, pour la garde des portes. Il est daté 1651.

Mauperché et La Tynna citent, sans ajouter de détails, un plan de Boisseau de 1652. M. de Saint-Fargeau en signale un daté de 1650. Je ne sais s'ils veulent désigner le plan dit des Colonelles, ou tout autre édité par le même Jean Boisseau qui s'intitulait: *imagier et enlumineur du Roy*. J'ignore, au reste, s'il dressa et grava lui-même ce petit plan et un autre plus grand que je décrirai à l'année 1657. Je crois plutôt qu'il était simplement éditeur.

XVII. — Plan de Du Cerceau, retouché vers 1650?

On publia vers 1650 (et non en 1628 comme je l'ai dit dans mon *Histoire de la Gravure*), un plan en sept feuilles inégales, tiré évidemment des mêmes cuivres que celui en quatre planches, attribuable à Androuet Du Cerceau, et décrit page 56 et suivantes. La dimension est identique, et ce que j'ai dit de ce dernier s'applique à celui-ci, sauf de nombreux changements que je vais signaler. On ne trouve sur ce plan ni date, ni signature, ni inscription particulière. Au bas de la dernière feuille est un cartouche ovale sur une draperie que soutiennent deux Amours, mais ce cartouche est vide.

Un éditeur inconnu qui, un peu avant ou après 1650, possédait les anciens cuivres de Du Cerceau, aura entrepris de rajeunir cette vieille image de Paris, opération qui ne lui causa pas un léger embarras, car elle était fort inexacte dans son ensemble et dans ses détails. Il s'agissait d'y intercaler bon nombre de rues et d'édifices nouveaux, et, d'autre part, d'en effacer beaucoup d'autres. On se rendra compte, en suivant mes remarques, de cet ingrat travail. On laissa subsister une quantité de localités anciennes, dont la présence constitue une contradiction choquante avec les parties modernisées.

Voyons d'abord ce qu'on fit du cuivre de la première planche. On le divisa en trois pièces inégales, comme l'indique cette figure. La partie supérieure fut entièrement renouvelée; on y refit la Bastille et les deux gros bastions qui l'avoisinent au nord; on ajouta la place Royale, avec la statue de Louis XIII, érigée en 1639; les Minimes, les deux portes Saint-Antoine et l'avant-porte qui les précédaient du côté du faubourg; les Filles Sainte-Marie, etc. Le graveur imita de son mieux le style de la gravure primitive.

Le morceau de gauche conserve beaucoup de parties tracées sur l'ancienne planche, telles que : le Temple, le prieuré Saint-Martin, Saint-Laurent, Montfaucon, Saint-Ladre, le Ponceau, la Trinité, etc. Mais on ajouta deux bastions près des portes du Temple et Saint-Martin, le pont Saint-Louis, sur le fossé, les Filles du Calvaire (fort mal placées), l'hôpital Saint-Louis trop rapproché du rempart, par rapport au gibet, et, enfin, d'autres localités grossièrement représentées et mal situées faute d'espace.

Le morceau de droite offre presque partout la gravure originale. Il n'existe que quelques corrections vers le coin supérieur de gauche. On y a marqué, près des Filles du Calvaire, une rue de *Breda* que n'indique aucun plan. On lit dans Hénault que la ville hollandaise de ce nom se rendit en 1637 au prince d'Orange, et qu'en 1667 on signa, dans cette ville, le traité de paix dit : traité de *Breda*. Ce nom n'a aucun rapport avec ces événements : on a peut-être voulu écrire : rue de *Bretagne*, ou encore, désigner une impasse voisine, que le plan précédent appelle : *c. de M. de Breuanes*. Le nouveau graveur n'a jamais pu placer la rue Saint-Louis qui part de la place Royale. Rien, peut-être, ne prouve mieux l'inexactitude du plan primitif que cette impossibilité d'y intercaler une rue nouvelle. Je ne sais si aucun des anciens plans signalés subirait mieux que celui-ci une épreuve du même genre.

La seconde planche est en grande partie celle même qui a fourni les anciens tirages du plan de Du Cerceau. Le cuivre a été partagé, dans le sens vertical, en deux portions égales, apparemment pour faciliter les retouches. On a fait très-peu de changements à l'ancien Arsenal, toujours borné, au sud, par cette suite de onze tours carrées et crénelées qui se reliaient autrefois à la tour Billy remplacée depuis longtemps par un bastion angulaire situé à l'entrée du fossé de la Bastille. Ces onze tours, elles-mêmes, avaient fait place ou avaient été incorporées aux nouveaux bâtiments que fit élever Sully. — On distingue toujours au loin les ruines du château de Bicêtre, le pont fortifié de Charenton, etc. L'île Louviers est restée la même; seulement on y a ajouté le nom d'*isle d'Antragre* (Entragues), sous lequel on la désigna souvent, jusqu'en 1671. — Quant aux anciennes îles dites *aux Vaches* et *Nostre-Dame*, elles sont réunies en une seule couverte de rues et reliée aux deux rives au moyen de deux ponts de pierre portant l'un et l'autre le nom de *Marie*, leur constructeur; celui du nord est chargé de maisons. — Le pont de bois ou pont Rouge (dit aussi de Saint-Landry) réunit cette île à la Cité.

PLAN DE DU CERCEAU, RETOUCHÉ VERS 1650 ?

La Cité est telle que l'offre l'estampe originale, sauf quelques rectifications incomplètes. Ainsi, on a ajouté le pont de l'Hôtel-Dieu ; on a représenté le nouveau pont au Change construit de pierres, commencé en 1639 et achevé huit ans plus tard ; on a effacé en même temps le vieux pont aux Meuniers, mais on n'a pas retouché à l'ancien pont Saint-Michel, qui en 1560 était de bois, et, après 1616, fut reconstruit en pierre.—La butte Coypeau porte encore un moulin, et l'on a oublié de marquer le Jardin des Plantes.—On a ajouté la porte de la Tournelle, et à côté, la prison des Galériens.—On a refait les fossés et le gros mur d'enceinte entre les portes Saint-Jacques et de la Tournelle, ainsi qu'une partie des faubourgs Saint-Jacques et Saint-Marceau, dont les rues portent des noms plus modernes.—Le moulin des Gobelins, d'une proportion exagérée, est resté debout, ainsi que les petits personnages qui l'avoisinent, au milieu de toutes ces corrections qui servent uniquement à faire ressortir la difformité originelle du plan.— On remarque un nouveau couvent de Filles-Anglaises, rue des Fossés-Saint-Victor, la nouvelle église et la place de la Sorbonne, etc.

La troisième planche n'a pas été divisée, mais en partie refaite, pour y tracer les bastions de Louis XIII, les Tuileries, etc. Le vieux rempart de Charles V est effacé (hors entre la rue Saint-Honoré et la Seine), et a fait place aux rues des Fossés-Montmartre et autres, mais tout ce qui était renfermé dans cette enceinte a peu varié. On a laissé l'ancien château du Louvre, se bornant à y ajouter un bâtiment à dôme horriblement dessiné, pour indiquer l'aile occidentale du nouveau palais.— Toutes les localités et rues tracées sur cette planche sont étrangement brouillées ou déformées. Les portes Richelieu et Saint-Honoré ont l'air de forteresses ; aucune rue n'aboutit à sa place réelle.— Le plan du palais Cardinal n'a pu être tracé faute d'espace.—L'hôtel de Vendôme (où est la place de ce nom), au lieu d'être situé entre les Capucines et les Jacobins, remplace la grande écurie du roi.— La butte des deux Moulins, qui subsistait encore en 1656, a été effacée.— Toutes les rues sises entre le vieux rempart détruit et l'enceinte bastionnée de Louis XIII, n'ont pu être figurées avec leur direction respective ; ainsi la rue *Vivians* (Vivienne) aboutit rue du Mail ; celle *des Poissonneurs* (Poissonnière) fait suite à la rue Neuve-Saint-Eustache ; la rue du Sentier court de l'est à l'ouest, etc. En un mot, tout est à l'envers, et dans un état d'extrême confusion. Parallèlement à la rue du Mail figure la rue *Jodelet* (aujourd'hui Joquelet), et une autre nommée *Pain Michelt*, qui n'est citée nulle part.

La quatrième planche est tout aussi anormale. Pour pouvoir placer le Pont-Neuf, on a démesurément allongé la place Dauphine, et la rue Dauphine, qui aboutit à la porte du même nom, n'est pas dans l'axe du Pont-Neuf.— Le pont des Tuileries (ou pont Rouge) aboutit, au sud, à la rue de Beaune, et, au nord, vers le milieu du jardin des Tuileries; l'île aux Cygnes[1], qui est aujourd'hui incorporée au Champ-de-Mars, est voisine de la rue de Beaune!...

Si j'ai entretenu si longtemps le lecteur d'une image de Paris à ce point défectueuse, c'est que ce plan est, au fond, celui si célèbre autrefois sous le nom de *Plan de Saint-Victor;* c'est qu'il prouve à quel point l'original si vanté, surtout à propos de la copie qu'en a donnée G. Dheulland, était inexact. J'ai acheté fort cher cette incroyable estampe, uniquement parce qu'elle atteste la *destinée* d'une planche de Du Cerceau, et l'impuissance du graveur anonyme qui tenta d'en faire un plan pour l'an 1650 ou environ. Au bas, un cartouche attendait une dédicace, un nom de graveur ou d'éditeur, mais nul n'a osé signer, ni dater, ni dédier une œuvre aussi monstrueuse. L'original plaît malgré ses défauts, parce qu'en faveur de sa date on lui pardonne une imperfection qui échappe en partie à l'examen; mais cette indulgence ne peut s'étendre à l'édition de 1650. Si elle est rarissime, c'est que les Parisiens, sans doute, la rejetèrent avec dégoût, et que le peu d'épreuves mises en vente ont dû être détruites faute d'acheteurs. Nous retrouverons encore la trace de ce même plan à l'année 1668.

PLAN ÉDITÉ PAR J. HONERVOGT, représentant Paris vers 1650. — On voit à la Bibliothèque nationale (*Recueil de plans de Paris*, tome I), un plan à vol d'oiseau, en deux feuilles ayant chacune 49 centim. sur 38. On ne sait au juste quelle date lui assigner, car il offre beaucoup de détails contradictoires. J'ai cru devoir, après un long examen, lui donner celle approximative de 1650, bien que l'état de l'ancien Louvre et la présence du pont Marchand incendié en 1621, etc., répugnent à cette date. C'est un calque grossier du plan de Mathieu Mérian, 1615. Le titre est le même, mais autrement disposé et mal gravé. Les édifices, les villages lointains, les groupes de maisons de la Cité, si finement tracés sur l'original, sont ici lourds et déformés. Il offre, en résumé, comme le précédent, une détestable image de Paris, et l'on croirait volontiers que le même éditeur a mis la main à cette ignoble contrefaçon.

On a reproduit à gauche, au bas de la carte, le cartouche orné de fleurs et de fruits, mais au lieu des quatre vers français, il en contient dix autres latins dont voici le premier: *Exoritur tandem locus, altera regia Phœbi.* Parmi les détails ajoutés, je citerai les suivants: les îles aux Vaches et Notre-Dame sont réunies en une seule dont la surface est presque partout garnie d'habitations; les quais sont

---

[1] Le véritable nom de cette île était: *Macquerelle*. Beaucoup de géographes ont défiguré ce nom plus ou moins niaisement, afin d'en adoucir le sens obscène. Le plan de Du Cerceau la nomme *isle Mas ou Erelle*.

achevés, ainsi que les deux ponts, dont celui du nord (pont Marie) est couvert de maisons neuves. Le pont Rouge (ou de Saint-Landry) réunit cette île à la Cité. On voit aussi le pont des Tuileries, mais on a oublié celui de l'Hôtel-Dieu. — On a conservé au terre-plein du Pont-Neuf la forme semicirculaire, et l'on a corrigé seulement le cheval de bronze. — La porte Richelieu ressemble à une bastide carrée flanquée dans les angles de quatre grosses tours. Le rempart de Charles V a disparu, ainsi que les jardins de la reine Marguerite, etc., etc.

On voit dans la *collection Uxelles*, tome XV, une épreuve coloriée du même plan, qui diffère de l'autre en ce qu'elle porte au verso de chaque feuille une page de texte français mal imprimé. Elle provient, sans doute, de quelque grossière compilation publiée vers 1656, en Hollande, car la dédicace du plan est signée : J. Honervogt, c'est le nom de l'auteur du texte ou celui du graveur de cette mauvaise copie, imparfaitement modernisée, de sorte qu'elle est plus propre à nous induire en erreur qu'à nous instruire.

PLAN DE 1651. — J'ai cité, page 109, un petit plan de J. Boisseau, dont il existe des épreuves avec cette date. On a également, dans le Recueil de plans de Paris de la Bibliothèque nationale, attribué cette même date de 1651 à un monstrueux plan italien, que, vu l'état de Paris qu'il représente, j'ai cru devoir rapporter à l'an 1570. (Voyez page 67). Il est possible qu'il provienne d'une cosmographie italienne qui porte le millésime 1651, mais il n'en est pas moins la copie d'un autre plan antérieur de près d'un siècle.

La Tynna signale sous cette même date 1651, un « Plan qui n'indique que les « rues et aucun édifice public. » Cette citation est bien vague, et je ne saurais deviner au juste à quel plan elle s'applique, peut-être à celui de Flamen, dont je parlerai plus tard. En tout cas, il serait fort mal désigné.

XVIII. — Plan de Jacques Gomboust, 1652.

(Représentant Paris vers 1649).

Nous allons enfin nous occuper d'un plan réellement fondé sur des principes de géométrie. C'est le premier qui joigne au mérite d'être curieux, celui d'être utile. Son exactitude l'a rendu digne de servir de base à tous les plans postérieurs, pendant près d'un siècle. Heureusement pour les archéologues d'aujourd'hui, il fut exécuté à une époque où la capitale, sur le point de subir une complète métamorphose, conservait encore une partie de son ancienne physionomie. Levé vingt-cinq ans plus tôt, il nous eût légué un souvenir exact du rempart de Charles V, dont il offre à peine quelques vestiges, parce que ce rempart, consistant en travaux de terrassement, a été complétement détruit ; mais bien que venue un peu tard pour notre satisfaction, l'œuvre de Gomboust est assez intéressante encore pour mériter d'être *fac-similisée* à titre de rare monument.

Il se compose de neuf feuilles ayant chacune environ 50 centim. sur 44, y compris la bordure de feuillage qui encadre l'ensemble, et porte dans les coins quatre armoiries, celles de la ville, du maréchal de L'Hospital, gouverneur de Paris, de MM. Brisson et Le Febvre, prévôts de Paris et des marchands. Le champ en est borné à l'orient par le commencement du faubourg Saint-Antoine, et, au couchant, par les premiers arbres du Cours-la-Reine. Il s'arrête au nord à l'hôpital Saint-Louis, qu'il renferme, et au clos Saint-Lazare; au midi, au point où fut construit l'Observatoire. Il est fâcheux qu'il ne s'étende pas plus loin du côté du nord et de l'est, parties qui présentaient encore, en 1652, des localités d'un haut intérêt. Il a été dressé sur l'échelle d'environ 5 millimètres 1/2 pour dix toises.

Le genre de ce plan est une innovation heureuse dont on a déjà vu un échantillon, à propos d'un petit plan édité par J. Boisseau, en 1650. Les églises, couvents, remparts, palais, hôtels et maisons remarquables, y sont tracés en élévation, ou plutôt à vol d'oiseau, puisque l'œil plane sur l'ensemble des bâtiments; mais les îlots de maisons sont figurés par de simples traits, et l'intervalle est rempli par une sorte de pointillé inégal, assez désagréable à l'œil dans les endroits mal venus à l'impression. La folle prétention de représenter *toutes* les maisons de Paris, avec cours et jardins, forçait les anciens dessinateurs à altérer la forme des rues, à tracer d'idée la plupart de ces maisons et à en omettre le plus grand nombre. L'abandon de ce genre stérile permit à l'ingénieur[1] J. Gomboust d'obtenir plus de netteté, et d'économiser du temps; le travail était déjà bien assez compliqué : ses édifices sont, pour la plupart, dessinés avec une verve qui décèle un artiste exercé, et l'on voit même qu'il a tenté d'appliquer, autant que possible, *son échelle des mesures*, à leur élévation en perspective. Les inscriptions des rues sont au complet et orthographiées avec soin. Les noms sont tracés, selon les circonstances, tantôt dans les rues même, tantôt à côté, sur des espaces blancs ménagés dans le pointillé.

L'orientation du plan est toujours celle adoptée généralement par les anciens topographes; l'ouest est en bas de la carte, système qui présente à l'œil les façades des églises. Toutes alors, à quelques exceptions près, regardaient encore l'occident, et le chœur, par conséquent l'orient, le berceau du Christ. Mais quand les

---

[1] Il était permis à Gomboust, sans encourir un reproche de charlatanerie, de prendre ce titre d'ingénieur, usurpé par ses devanciers, et de déprécier, comme il l'a fait, tant de mauvaises productions qui avaient précédé son travail.

savants eurent fait passer une ligne méridienne dans l'axe de l'Observatoire, les géographes renoncèrent à ce mode d'orientation, comme aussi, sauf quelques rares exceptions, à la perspective dite à vol d'oiseau.

Il existe un texte de douze colonnes in-folio, imprimé en placard et destiné à accompagner le plan de J. Gomboust. Ce texte explicatif a pour titre : *De l'antiquité, grandeur, richesse, gouvernement, etc., de la ville de Paris, par P. P.* Il paraît extrait des ouvrages de Corrozet, Belleforest, Dubreul, etc. J'y ai pourtant remarqué, çà et là, quelques observations particulières de l'auteur. Par exemple, au sujet de la tour située vis-à-vis de celle de Nesle, et nommée autrefois : *Tour qui fait le coin*, il nous apprend qu'il n'en restait plus alors « qu'environ vingt pieds de hauteur. » On ne voit, en effet, sur les estampes contemporaines gravées par Isr. Silvestre, La Belle et autres, figurer que le rez-de-chaussée de cette tour qui paraît servir de terrasse. — Il signale la maison professe des Jésuites, « où est encores une vieille tour » (de l'enceinte de Ph. Auguste), et les Tuileries, appelées : *Le Iardin de Mademoiselle*. Il rappelle qu'en 1633 on rebâtit « les portes neuues et magnifiques de la Conférence, de Mont-Orgueil, etc. » Ce nom peu connu de porte *Montorgueil* s'applique, sans nul doute, à celle nommée, sur le plan, des *Poissonniers*.

Mais dès qu'il s'agit de faits éloignés, le texte est souvent basé sur des erreurs. Ainsi on y lit que : rue Saint-Honoré il y avait une porte (celle de Ph. Auguste) entre la Croix du Tiroir et la rue Tirechappe ; que la porte Barbette fut construite sous Charles VI ; que le mur d'enceinte (avant Ph. Auguste), suivant la rue Sainte-Croix de la Bretonnerie et celle des Billettes, aboutissait à une tour carrée dans la maison de M. Barentin, etc. On verra, dans mon *Traité sur les enceintes*, que ces assertions ne sont que des méprises.

Ce texte, que je n'ai jamais rencontré qu'une seule fois (dans la collection Uxelles, tome XV), est suivi d'un extrait du Privilége du Roy que je vais réimprimer ici en entier, parce qu'il contient de curieux détails sur le plan.

« Par grâce et priuilège particulier du Roy donné à Paris le dernier décembre
« 1649 et vérifié en la Cour de Parlement. Sur ce qui a esté représenté à Sa
« Majesté que la plupart de ceux qui se sont employez jusques ici à faire les
« cartes de prouinces, plans et éleuations des villes, ports et hâures, n'y ont
« trauaillé qu'a veüe d'œil ou sur de vieux exéplaires pleins de fautes, sans y auoir
« apporté aucune mesure ny obseruations mathématiques, notamment dans le
« plan de la ville de Paris, desiré auec tant de passion de tous ses sujets et des
« estrangers : Sa Majesté auroit fait commander par Mr. le chancelier à Jacques
« Gomboust conducteur d'ouurages de fortifications, de trauailler au plan de
« ladite ville et fauxbourgs de Paris, auec toutes les rües dans leurs mesures,
« mesmes de représenter au naturel toutes les églises, collèges, hospitaux,

« couuents, palais, hostels, ponts, places, fontaines et autres lieux publics et
« particuliers. A quoy ledit Gomboust ayant trauaillé continuellement pendant
« quatre ans, il se seroit si dignement acquitté de ce commandement, au iuge-
« ment des experts et connoissans qui auroient esté commis pour examiner ledit
« ouurage, que Sa Majesté auroit crée et establv ledit Gomboust son ingenieur
« pour l'éleuation de plans des villes et maisons Royalles, et luy auroit permis de
« grauer ou faire grauer, imprimer, vendre et débiter par lui seul lesdits plans
« et perspectiues, auec les discours concernans l'explication d'iceux; faisant inhi-
« bitions et défences à toutes personnes de copier et contrefaire lesdits plans ou
« parties d'iceux en quelque forme et grandeur que ce soit ; comme aussi de grauer
« ou faire grauer à l'aduenir aucuns plans, perspectiues ou représentations de la
« ville de Paris et autres, sans le consentement dudit Gomboust à peine de trois
« mille liures d'amende et confiscation des planches et exemplaires : Reuoquant
« à cet effect toutes Lettres à ce contraires et Priuilèges cy-deuant accordez
« pour semblables plans qui n'ont point encores esté publiez et exposez en
« vente, comme il est plus amplement porté par ledit Priuilège, signifié où besoin
« a esté. » — Ledit plan se vend à Paris, Rüe Neuue S. Honoré près l'Eglise S.
« Roch, à l'Hostel du S. Esprit, et au Palais dans la gallérie des Prisonniers. »

Cette forte peine prononcée contre les plagiaires et contrefacteurs semble expliquer pourquoi il ne parut, après 1652, que de très-médiocres plans de Paris. Si l'on excepte ceux de J. Boisseau, ils sont en effet détestables, soit que Gomboust n'en autorisât point d'autres, soit que, pour échapper aux termes du privilège, on eût utilisé des planches gravées antérieurement au dessin de cet ingénieur. Mais plus tard, probablement après la mort du privilégié, parut le plan en douze feuilles de Bullet et Blondel, qui, tout inférieur qu'il soit à celui de Gomboust, l'emporte de beaucoup, en perfection, sur tous ceux édités entre ces deux époques.

Le nom du graveur qui a tracé, à l'eau-forte, ce plan remarquable, est une énigme qu'il faut tenter de deviner. D'abord il est probable que l'ingénieur Gomboust ne fut que le dessinateur de ce plan, comme aussi de ceux de Rouen et de Caen. Cependant je n'oserais l'affirmer. Mais il est vraisemblable que, s'il l'eût gravé, il aurait eu à cœur d'attacher son nom à la gravure comme à la levée du plan.

J'ai avancé dans mon *Histoire de la Gravure*, page 46, sur la foi d'un judicieux amateur de nos antiquités parisiennes, que le nom d'Abraham Bosse se trouvait inscrit sur une épreuve conservée à la Bibliothèque du Luxembourg. Quelque soin que j'aie mis à chercher cette signature, je ne l'ai point trouvée. Mais il est fort probable que ce graveur célèbre a contribué à l'exécution du plan, car on voit indiqué sur la huitième feuille, rue Saint-Honoré, près Saint-Roch, l'*hostel du*

S. Esprit, demeure de l'auteur. Or, Abraham Bosse, comme le témoignent les inscriptions mises au bas d'un grand nombre de ses pièces, habitait ce même hôtel. Il est donc à présumer, vu cette circonstance, que cet artiste se sera chargé d'une partie de la gravure ; d'ailleurs on reconnaît son style dans les ornements des cartouches.

On pourrait aussi attribuer, sans invraisemblance, certains détails que je signalerai dans mes remarques sur chaque feuille, à Claude Goyrand, à Fr. Collignon ou à Isr. Silvestre. Quant à l'éditeur, c'est Gomboust ou Abr. Bosse. On lit, en effet, deux fois (feuilles 7 et 9) au-dessous des *Eschelles des mesures*, l'adresse suivante : « à Paris, rue N^e S. Honoré, près S. Roch, à *l'hostel du S. Esprit*, et au « Palais, en la *galerie* des *Prisonniers*. » Remarquons encore que plusieurs pièces d'A. Bosse portent cette dernière adresse, et que ce graveur édita non-seulement ses propres œuvres, mais aussi celles de quelques-uns de ses confrères.

Ce plan, je ne puis trop le répéter, est le plus exact et le plus détaillé qui ait paru au XVIIe siècle. Celui de Quesnel, 1609, bien que plus vaste, offre beaucoup moins de renseignements. Le plan de Gomboust indique le point de transition, de transformation du vieux Paris en Paris moderne ; nul ne constate mieux la métamorphose. Le rempart de Charles V a disparu et son fossé est comblé, mais il en reste près du Louvre quelques toises qui peuvent servir d'échantillon. Au midi, le gros mur de Ph. Auguste subsiste encore avec ses accessoires. On voit, de toute part, la ville gothique s'effacer, envahie par une cité nouvelle qui, s'installant sur ses débris, semble réclamer déjà, en échange de ses vieilles portes usées, les arcs de triomphe et les vastes promenades qu'on y verra figurer, trente ans plus tard.

Au reste, les nombreuses traces qu'il nous conserve encore de la ville du moyen âge suffiraient presque pour la reconstruire en entier. Il est à regretter qu'à l'époque de Gomboust on fît si peu de cas des anciens hôtels qui abondaient à Paris. Sans ce dédain presque universel, il n'eût pas négligé d'indiquer tous les vieux manoirs encore debout au faubourg Saint-Marceau et ailleurs, et les vieilles tours de Ph. Auguste, qui, sur la rive droite, existaient encore presque au complet, au milieu des îlots de maisons.

Quant à l'utilité d'un plan si minutieusement détaillé, elle est incontestable. Il représente Paris à une époque bien arrêtée. Le dessin était terminé en 1649, date du privilége accordé pour la gravure. Il a dû, nécessairement, pendant qu'on le gravait, survenir plus d'un changement dans la forme des rues ou des édifices. Il est impossible, en effet, d'offrir au public une image de Paris qui soit, à la lettre, *moderne*. Pendant qu'on trace le portrait actuel d'une ville si muable, il s'opère toujours des modifications que le crayon et le burin ne peuvent suivre. Cette observation s'applique aux meilleurs plans de Paris que nous possédions : la date réelle de l'image est toujours plus ou moins en retard sur le millésime du plan. Notre capitale ressemble, en effet, à ces enfants si pleins de turbulence que le peintre ne peut saisir parfaitement leur physionomie toujours mobile.

Le plan de Gomboust, mis en parallèle avec celui de Verniquet, paraîtrait encore bien grossier; mais comparé aux plans antérieurs ou contemporains, c'est un chef-d'œuvre. Il est, pour ainsi dire, à ceux qui l'ont précédé, ce que sont les comédies de Molière aux *farces* de ses devanciers. Aussi est-il aujourd'hui fort en vogue auprès des archéologues parisiens. Il est malheureusement trop rare pour que tous le possèdent, et il n'en existe du reste aucune copie [1].

Je ne l'ai jamais vu ni dans le commerce, ni dans les ventes publiques, et si j'ai pu m'en procurer une épreuve, c'est par voie d'échange avec la Bibliothèque nationale. A l'inverse de la plupart des autres vieux plans, sa rareté a pour cause non le mépris, mais l'estime qu'il inspirait; il servit de base à tous les autres plans du XVIIe siècle, et fut usé par l'étude. C'est ainsi que les causes les plus opposées amènent souvent le même résultat.

Il était déjà fort rare en 1750, d'après le témoignage de Bonamy. Mais heureusement il en reste assez d'épreuves dans nos dépôts publics pour satisfaire la curiosité des archéologues. On le trouve à la Bibliothèque nationale, à celle du Luxembourg, au Dépôt de la Guerre, outre les épreuves que possèdent quelques architectes ou amateurs. Je pense qu'on pourrait en retrouver encore plus d'une dans des collections étrangères. Il est notoire qu'il eut un grand succès de son temps, et qu'il était attendu avec impatience du prévôt de Paris, des ingénieurs et d'un grand nombre de Parisiens et d'étrangers. Selon nos habitudes d'insouciance, nous en avons, nous autres enfants de Lutèce, détruit le plus grand nombre; mais les touristes allemands ou anglais ont dû en rapporter dans leurs pénates plus d'une épreuve qui, de père en fils, se sera conservée dans les recueils de la famille. Le fait est que j'ai rencontré fort peu de vieux plans de Paris, à Paris même; c'est d'Allemagne que j'ai tiré la moitié de ceux que je possède.

Veut-on des preuves de l'estime qu'on avait pour le plan de Gomboust, sous Louis XIV et sous Louis XV ? J'en vais fournir plusieurs. D'abord on peut relire l'extrait du privilége imprimé ci-dessus. Si l'on parcourt la vieille *Gazette* de Renaudot, on trouvera, à la date du 12 mars 1653 (p. 362), l'article suivant :

« Comme le génie du Roy est vniversel et qu'il s'entend parfaitement à toutes
« les belles choses qui font la meilleure partie de ses nobles divertissemens, ces

---

[1] M. Léon de Laborde, dans son ouvrage sur le palais Mazarin (in-4°, 1846, p. 149), a reproduit avec une parfaite exactitude une partie de la huitième feuille de ce plan. L'*Illustration*, dans son numéro du 19 août 1848, a représenté, d'après le même plan, l'état des Tuileries et de ses environs en 1652.

« jours passez, l'on présenta à Sa Majesté vn plan, auec la description de la ville
« de Paris et de ses fauxbourgs, lequel, après vn travail de plusieurs années, a
« esté enfin donné au public par le sieur Gomboust, Ingénieur de Sadite Majesté,
« qui s'est employé à cet ouvrage avec tant de soin et d'exactitude que, non-
« seulement toutes les rues, mais aussi toutes les églises et maisons plus re-
« marquables y sont représentées en leurs justes dimensions. De sorte qu'en un
« espace de 5 à 6 pieds en quarré, on peut voir et parcourir à son aise cette vaste
« et célèbre ville, justement appelée la merveille et l'abrégé de l'Vnivers. »

Sauval cite quelquefois ce plan comme autorité. Les plus judicieux historiographes parisiens du XVIIIe siècle en font pareillement grand cas. Un article du
Journal de Verdun (août 1757), concernant l'ancienne enceinte, le signale comme
excellent. Bonamy, dans une dissertation sur l'hôtel de Soissons, insérée dans
les *Mém. de l'Acad. des Inscr.* (tom. XXIII, p. 263), donne un tracé de cet
hôtel d'après le plan de Gomboust, « plan (dit-il) devenu rare, dont l'*exactitude*
fait le mérite. »

Piganiol de la Force, dans sa *Descr. de Paris*, tom. VIII, p. 168, édit. de 1765,
fait intervenir l'autorité de ce même plan au sujet d'une *rue de Sorbonne*, qui
faisait suite à la rue Jacob. Jaillot, dans ses *Recherches*, a souvent recours, à
propos des rues de Paris, au témoignage de J. Gomboust, et paraît, tout en rele-
vant ses défauts, l'avoir en grande estime. Enfin, plusieurs auteurs de notre
siècle l'ont cité en diverses circonstances.

La *Bibliothèque historique* du père Lelong, édit. en cinq volumes, signale ainsi
ce plan sous le n° 1772 : « Plan de Paris sous Louis XIV, toisé par J. Gomboust,
« en *quatre* feuilles in-folio, 1652. » Mauperché, ce critique si acharné contre les
négligences de ses devanciers, le nomme : Plan de *Gombaut*, et lui attribue la date
de 1665. Cette date est probablement une méprise ; du moins, je n'ai jamais
rencontré de seconde édition. Comme cet auteur cite avant ce plan celui de
Boisseau 1652, il est possible qu'il ait transposé les dates. L'abbé de Marolles a
également déformé ce nom ; on lit en effet dans son *Catalogue* de 1666, p. 133,
« le plan de Rouen de Jacques *Gomboud*. » Robert de Vaugondy écrit : *Combouist*.

Je vais maintenant faire ressortir, tout en critiquant les défauts, les points
qui, sur chaque feuille, me paraissent offrir de l'intérêt et fournir des renseignements utiles à l'archéologie de Paris pour l'époque de 1652, ou même pour des
époques antérieures. Ces notes seront un peu courtes, pour un plan si détaillé
qu'il faudrait un volume pour le bien décrire.

FEUILLE I. — La partie supérieure est occupée, dans presque toute sa largeur,
par une vue de Paris prise de Montmartre, assez richement encadrée et finement
exécutée à la pointe, dans le genre de Fr. Collignon. — Au-dessous une draperie

tendue renferme un texte gravé de douze lignes. Dans cette note, Gomboust s'excuse de n'avoir pu, faute d'espace, insérer le faubourg Saint-Antoine, dont il nomme les principaux édifices. — Au bas de la feuille, à gauche, partie de l'hôpital Saint-Louis. — Près la porte du Temple, un monticule brut, façonné en manière de bastion à deux faces, mais non maçonné, est surmonté de quatre moulins à vent. — Derrière le couvent des Filles du Calvaire, une butte de forme presque carrée ressemble à une sorte de bastion tronqué; non loin, est la *Poterne du Marais*, en tête d'un petit pont de bois jeté sur le fossé, pont nommé vulgairement *Pont-aux-Choux*. — Au fond du fossé, coule l'égout du Marais.

Feuille II. — Au haut, dans un long et étroit cartouche qui interrompt la bordure de feuilles de chêne, on lit en majuscules ombrées : LVTETIA. PARIS. — La Bastille est assez bien figurée, et son fossé paraît pour la première fois exactement représenté. Le gros bastion, situé au nord de la Bastille, est nommé : *Bouleuart de la Porte S. Antoine*. A gauche suit un autre bastion, dont les faces forment un angle très-obtus. On y remarque le *Jardin des Harquebusiers*, qui fut, plus tard, transféré derrière le gros bastion. — Au milieu de la Seine, au-dessus de l'île *Louuiers*, couverte de chantiers, est une rose des vents. — Les deux portes Saint-Antoine sont assez mal indiquées et pitoyablement dessinées. La seconde, qui était un véritable arc de triomphe, a l'air d'une niche à chien, placée en travers du pont dormant très-étroit et renflé à l'endroit des trois piles, de manière à former, comme au Pont-Neuf, des hémicycles. Plus loin, vers l'est, est le plan d'une avant-porte qui était à bascule.

Le Grand Arsenal renferme six vastes cours. — L'égout, qui parcourait toute la longueur de la rue Saint-Louis, est voûté. — L'église des Minimes n'a point encore de façade. — La rue Neuve-Sainte-Catherine est la seule qui aboutisse à la place Royale; les autres n'y débouchent que sous des arcades percées dans les bâtiments. — Rue de la *Cousture* (Culture) Sainte-Catherine, au coin de celle du Parc-Royal, est l'*Arcenal de la Ville*; c'était probablement une succursale du Grand Arsenal. — Les Filles-Bleues et l'hôtel Carnavalet n'ont pas été oubliés. — Les nombreux hôtels de ce quartier paraissent bien indiqués, et même assez finement détaillés pour être reconnaissables. Celui de la Force (depuis devenu prison), est nommé : *de Chauigny*. On n'y voit aucune trace de l'ancien mur, qui en traversait l'emplacement. — Vieille-Rue-du-Temple, entre les rues de la Perle et celle des *Coustures*.*S. Geruais*, est le théâtre des *Comédiens du Marais*. C'est le seul plan qui le signale. — On voit dans l'île Saint-Louis plusieurs hôtels remarquables. — Le pont Marie forme le dos d'âne et porte deux rangs de maisons. — La paroisse de Saint-Louis-en-l'Ile n'est pas celle d'aujourd'hui; c'est une chapelle très-modeste. — La rue Poulletier, nom d'un des constructeurs de l'île, est ici nommée

Pouletterie[1]. — Le canal détourné de la Bièvre, après avoir traversé l'enclos de l'Abbaye-Saint-Victor, débouche dans la Seine, vis-à-vis cette rue *Pouletterie*, et non, comme sur la plupart des anciens plans, vis-à-vis la pointe occidentale de l'île Louviers. — On voit de l'eau dans le fossé Saint-Bernard. Le gros mur de Ph. Auguste, qui domine ce fossé, est flanqué de deux demi-tours, ou renflements semi-circulaires. A ce mur, à l'intérieur, est adossé un terrassement qui servait sans doute à placer de l'artillerie. La bouche des canons s'engageait dans de larges embrasures, dont j'ai vu quelques échantillons. — Sur le quai, vis-à-vis la rue Geoffroy-l'Asnier, est la place aux Veaux.

Feuille III. — Au sommet est une vue encadrée, correspondant à celle de la première feuille, et représentant la galerie du Louvre, eau-forte bien inférieure à l'autre ; le dessin manque d'aplomb et décèle une main moins habile. La tour du Bois qui domine la porte Neuve, et en a pris le nom, est beaucoup trop distante de l'hôtel du Grand-Prévost. Dans le coin supérieur de la feuille, à gauche, la rivière des Gobelins (ou Bièvre) débouche dans la Seine, après avoir serpenté à travers de vastes prairies. — Le jardin des *Plantes Médicin.* est borné, au nord, par le canal détourné de la Bièvre qui, passant sous la rue de Seine, coule entre les bâtiments et le jardin de Saint-Victor. L'ancienne butte Coypeau n'est plus ici une montagne démesurée, mais une simple éminence garnie d'un jardin élégant. — Derrière, à l'est, est le marché aux chevaux des *Mercredis* et aussi aux *cochons*. On remarque sur ce point des carrosses, des cavaliers et des piétons, le tout bien dessiné et de si petite proportion qu'il semble s'accorder avec l'échelle du plan. — L'hospice actuel de la Pitié est nommé *les Enfermez*. — Près Saint-Médard est la chapelle Saint-Martin, non figurée sur les plans précédents. — Les Gobelins, les Cordelières, Saint-Hippolyte, sont dessinés avec des proportions assez justes, et, par conséquent, trop petites pour offrir beaucoup de détails ; mais on en reconnaît très bien l'ensemble. Ainsi, le toit du chœur de Saint-Médard est plus élevé que celui de la nef, tel qu'on le voit encore de nos jours. — Derrière les Gobelins est le *Pré des Enfants*, où de petites figures, à l'échelle du plan, c'est-à-dire microscopiques, forment des danses ou se promènent. Près des Gobelins, au haut de la rue *Mouftar*, est la *vieille porte S. Marcel*.

Feuille IV (première du second rang). — Suite de l'hôpital Saint-Louis ; plus de marre près de la chapelle. — Le grand égout découvert paraît bordé de saules. — Vastes bâtiments de Saint-Lazare avec ses jardins, sa *Lapinière*, son moulin à vent et son grand enclos. Le mur occidental n'est plus fortifié de tours. — Près

---

[1] Je ne relèverai pas tous les noms de rues altérés ou mal orthographiés, qui, du reste, sont ici assez rares ; Jaillot a fait ce travail.

des Récollets, une porte barre le haut du faubourg Saint-Martin. — Le bas du faubourg dit aujourd'hui Poissonnière est nommé : *Chaussée*, mais, au delà de la rue actuelle Saint-Lazare, il prend le nom de *Nouvel-France*. — A l'est de la porte Saint-Martin, on voit un gros bastion, ou plutôt une butte façonnée en manière de bastion non maçonné et surmonté de trois moulins. — La porte Saint-Martin est un simple pavillon à toit aigu, élevé sous Louis XIII ; quant à la vieille porte à tourelles, qui y attenait au nord, elle a disparu. — La porte Saint-Denis est toujours l'ancienne, gravée par Isr. Silvestre, dont le recueil de vues semble être le complément du plan de Gomboust. Dans le voisinage de cette porte on voit tracées des rues qui, en réalité, ne furent formées que longtemps après 1652. Il existait encore en 1714, entre les rues Cléry et Bourbon-Villeneuve, à l'endroit des vieux fossés, de vastes terrains vagues, qui seulement alors commençaient à se garnir de maisons.

Entre les portes Saint-Denis et Saint-Martin, le fossé de Charles V est comblé et remplacé par des habitations particulières. — La butte de Villeneuve-sur-Gravois a la forme d'un gros bastion non revêtu. — Rue actuelle Poissonnière, près la rue de *la Lane* (*Lune*), est située la porte de *la Poissonnerie*, nommée aussi *S. Anne*, et indiquée plus au nord sur quelques plans. Le fossé étant comblé à cet endroit, cette porte n'est pas accompagnée d'un pont. — Celle Montmartre, près la rue des *Jeusneurs*, est peu remarquable. Elle a un pont-levis, suivi d'un pont dormant sur le fossé ; entre cette porte et celle de la Poissonnerie est un bastion revêtu de pierres, ainsi que la courtine, et surmonté d'un parapet. Ce rempart me paraît levé avec exactitude. — Notre-Dame-de-Bonnes-Nouvelles n'a pas de clocher ; cependant celui que nous voyons aujourd'hui indique l'époque de Louis XIII ; l'église seule a été rebâtie et autrement orientée. — Cour des Miracles ; c'est le premier plan qui la désigne ainsi. — La rue du Petit-Hurleur se nomme du *Petit-Leu*. — Rue Saint-Denis, près Saint-Sauveur, est la ruelle des *Grands-Pleurs* (l'impasse Mauconseil). — La rue actuelle du Grand-Hurleur est nommée *rue du Pet* ; on lit les noms des rues : *Trousse-Nonain* et *Tireboudin*.

Au bas de cette feuille, à gauche, commence une inscription encadrée, dont la suite se trouve au haut de la feuille VII. Je vais la reproduire en entier.

« Ce n'est pas assez d'avoir dict cy à costé (feuille VI) les fautes générales des
« Plans de Paris qu'on a fait jusqu'icy, il en faut cotter de particulières et remplir
« ce petit espace d'une partie des plus grossières. Les uns ont fait les faces du bastion de l'Arsenal deux fois plus grandes quelles ne sont, la courtine avec un
« angle rentrant au lieu d'une ligne droicte, et sur icelle, un grand bastion pour
« un petit ravelin ; d'autres, la porte de Montmartre sur la face d'un bastion
« qui est sur une courtine (*la suite se retrouve sur la feuille VII*) de 134 toises

« de longueur qu'ils ont faité de 470, celle d'entre les portes S. Honoré
« et la Conférence de 190 qui n'en n'a que 124. D'autres ont fait tous les bastions
« de la ville neuve d'une construction aussi nouvelle contre toutes les règles de
« fortification, c'est à dire de lignes courbes et d'angles sphériques avec des oril-
« lons ronds, pour des flancs quarrez et des faces droictes. Il n'y a pas une rue
« dans ses iustes longueurs, largeurs et allignements; qu'on regarde celles de
« derrière et autour du Palais Cardinal de Richelieu, on en verra la preuve, et
« dans l'isle N^re-Dame ils en font où il n'y en a point, comme au contraire d'autres
« en retranchent et mesme de considérables comme celle de S. Thomas du Lou-
« vre. Le Palais Royal ou Cardinal a 200 toises de longueur; ils y en mettent 460.
« Le iardin des Thuilleries en a près de 300 de longueur, ils en mettent 430. La
« grande Galerie en a 232, ils la marquent de 320. Le bastiment du Louvre, celuy
« des Thuilleries et les hostels des Princes ny sont que très faussement représentez
« et la grande escurie du Roy en quelques plans est mesme oubliée aussi bien que
« l'Hostel de Longueville en d'autres. Le pont rouge n'a que 80 toises de long^r,
« ils le font de 220 et par conséquent la rivière deux ou trois foys plus large
« qu'elle nest et les ponts de mesme hors de toute mesure et vérité. Ce qui fait
« bien voir qu'ils n'ont observé aucunes règles ny proportions; aussi n'ont ils
« point mis d'eschelles en la pluspart de ces mauvais plans pour couvrir d'autant
« mieux leurs fautes qui ne sont pas en moindre nombre dans le deffaut que dans
« l'excès de leurs mesures. A S. Merry un clocher pointu à gauche, pour une
« tour quarrée à droit, de mesme en tout le reste de ces malheureux plans
« copiez presque tous les uns sur les autres pour se ressembler d'autant mieux à
« la faussetté et ignorance qu'ils sont contraires à la vérité; ce qui les rend plus
« propres à parer des boutiques et des cabarets qu'à tenir place dans les sales,
« galleries et Bibliotèques de gens de Condition. »

Feuille V. — Cette feuille, étant celle du centre, contient de nombreux détails; je me bornerai à quelques remarques essentielles. La plupart des édifices civils ou religieux paraissent dessinés avec soin, et surtout dans de sages proportions, par rapport à la surface de l'ensemble. Je signalerai le Louvre qui conserve encore quelques vieilles tours, le Petit-Bourbon, l'hôtel de Soissons, le Bureau des Drappiers, le *Grand-Conseil*, vis-à-vis Saint-Germain-l'Auxerrois, la *Douane* établie dans l'hôtel de la Trémouille, rue des Bourdonnais, la croix du *Tiroir* (tracée, mais non désignée sur les autres plans), l'hôtel de *Sourdy*, rue de l'Arbre-Sec, et autres en grand nombre, plus ou moins connus, aux environs du Louvre et de l'hôtel de Soissons. — Le voisinage des Blancs-Manteaux est également le centre d'hôtels remarquables, dont quelques-uns ne sont probablement indiqués que sur ce plan. Le dessin de la plupart des localités qui existent encore, sans être parfait dans les détails, satisfait la raison. Il est cependant des édifices mal reproduits, tels que le grand Châtelet, et le *For l'Evesque*. — La Seine, qui traverse cette feuille de haut en bas, est d'une largeur proportionnée ; on y voit plusieurs moulins établis sur la rivière et une quantité de bateaux d'une dimension exagérée. — La forme de la cité commence à se dessiner avec plus de justesse que sur tous les plans antérieurs. Ses diverses églises ou chapelles sont assez bien représentées. Saint-Pierre-des-Arcis est ici nommé : Saint-Pierre-aux-Liens.

Le Palais offrirait un ensemble curieux s'il était plus finement gravé; les traits en sont confus quoique habilement tracés. J'aime mieux la Cité du plan de Mérian, quoiqu'elle soit moins exacte dans ses proportions. — Le Terrain est ici réduit à sa dimension naturelle. — Le *pont de Bois* (que Silvestre nomme Saint-Landry) réunit l'île Notre-Dame à la Cité. — Sur le quai de Nevers (aujourd'hui Conti), on remarque le *Chasteau Gaillard*, maison en saillie sur la Seine, dont j'ai parlé à la page 98. — Rue de la Bûcherie, est le *Collège de Médecine*. — Ce côté de la Seine renferme plusieurs hôtels importants, tels que l'hôtel de Luynes, quai des Augustins; l'hôtel Guénégaud, sur le quai de Nevers; l'hôtel de Cluny, *demeure des Nonces*; l'hôtel de *La Carée*, rue Dauphine, et autres peu connus. — De nombreux colléges et monastères y figurent, assez détaillés et surtout bien à leur place. — Rue Saint-Jacques, est une cour nommée *la grande Poste*. — Le mur d'enceinte de Ph.-Auguste et les fossés qui l'accompagnent sont très-remarquables. Cette clôture est tracée avec assez d'exactitude, mais on verra, dans mon travail sur les enceintes, que sa configuration n'est qu'un à-peu-près. Les fossés entre les portes Dauphine et Saint-Michel commencent à être envahis par les maisons, et se rétrécissent, pour ainsi dire, à vue d'œil. Les portes sont bien placées, mais dessinées trop en petit pour être reconnaissables. — L'hôtel de *Liancour*, rue de Seine, paraît occuper en partie la place de celui de la Reine Marguerite, que je décris page 100. — Derrière et à l'est de l'abbaye Saint-Germain, dont la vieille enceinte a disparu, on distingue un jeu de longue paulme.

FEUILLE VI. — Vers le coin supérieur de gauche se développe une grande partie de l'arc que forme l'enceinte de Ph. Auguste ; c'est un des points les plus remarquables du plan. Dans les fossés sont deux *Ieux de longue Paulme*, l'un derrière les Cordeliers, l'autre derrière l'abbaye Sainte-Geneviève. Le gros mur est flanqué, tantôt de demi-tours, tantôt de tours entières. Leur nombre peut être exact, mais je démontrerai, dans mon *Traité sur les Enceintes*, que leur position et leur forme sont loin d'avoir une précision géométrique. L'image des portes ne mérite pas non plus toute notre confiance; à l'extrémité de la rue *Bourdel* est la porte *S. Marceau*. Celle Saint-Jacques s'accorde peu avec un plan manuscrit, très-détaillé, levé vers la même époque, et qui sera reproduit dans le susdit *Traité*, où j'aurai, du reste, occasion de reparler souvent du plan de Gomboust.

L'enceinte méridionale renferme plusieurs couvents ou églises et surtout un grand nombre de colléges dont la représentation semble être, en général, assez exacte, autant que l'a permis leur petite dimension. On remarquera un bâtiment qui dépend des Cordeliers et aboutit rue de la Harpe. Il contenait alors la Bibliothèque du Roy, transférée depuis rue Richelieu.

En dehors de l'enceinte, l'attention est attirée par les vastes clôtures de divers établissements religieux. Ce sont les Filles de la Visitation, les Urselines, les Feuillantines, le Val de Grâce, les Capucins, le Port-Royal, les Feuillants des Saints-Anges, les Pères de l'Oratoire (près de Saint-Jacques-du-Haut-Pas), les Carmelites, ci-devant *Carmelines*, devenues si célèbres par la retraite de la duchesse de la Vallière. — Derrière le Port-Royal on remarque le Réservoir des eaux d'Arcueil, et la *porte du fauxbourg S. Iacques*, au haut de ce faubourg, près de l'emplacement où l'on établit l'Observatoire.

L'immense enclos des Chartreux occupe le centre de la feuille. L'ensemble des bâtiments paraît assez exactement rendu; on y compte *vingt-huit* cellules. Un mur sépare, au nord, le couvent, du jardin du Palais d'Orléans ou de Luxembourg; jardin qui, après plusieurs transformations, a perdu, de nos jours, vers l'ouest, une étendue qu'il a regagnée au sud, par l'adjonction d'une partie des Chartreux. — Près de l'hôtel de Condé figure l'Académie d'*Arnaul Finy*, nom qui est probablement déformé; on appelait alors *académies* les écoles en tout genre. En face du séminaire Saint-Sulpice est indiquée une autre académie, où l'on enseignait, je crois, l'équitation. — L'ancienne église Saint-Sulpice n'est guère reconnaissable. — La foire Saint-Germain, avec ses deux vastes bâtiments de charpente, me paraît fidèlement représentée, à en juger par les dessins ou estampes que j'en ai vus.

Dans le coin inférieur de la feuille, à droite, est un grand cartouche, dont le cadre est de forme carrée interrompue par plusieurs ressauts, et orné d'enroulements, de guirlandes de chêne et de rubans qui flottent. Il contient un texte gravé de 57 lignes, dont la fin se retrouve sur la feuille IX. Ce texte, qui s'adresse aux lecteurs, est une critique fort juste des mauvais plans antérieurs à celui-ci. Je ne sais, au reste, auxquels il fait allusion, mais il était certainement permis à Gomboust de juger sévèrement tous ses devanciers. Voici cette inscription dans son entier :

« Après tant de faux plans et de mauuaises représentations de cette grande
« Ville, qu'on a veu jusqu'icy paroistre à son deshonneur et de tant d'habiles
« géomètres qui ont soufert l'ignorance et l'auarice de ceux qui les ont faites

« préualoir à la vérité, voicy tout ce que l'art et l'usage des instruments de Mathé-
« matique peuuent donner au jour de parfait. C'est un Ouurage de cinq ans
« entiers que l'ayde et les conseils de Mr Petit, intendant des Fortifications et
« très intelligent en toutes sortes de belles lettres, ont encores abregé de plus de
« la moitié par la facilité des pratiques nouuelles, et rares inuentions que l'exer-
« cice continuel quil en a fait despuis 25 ans luy ont acquis en cette profession
« dont le Public et moy le premier luy sommes obligez. Aussi sans un secours
« extraordinaire comment pensez vous qu'un particulier eut pû sortir de ce
« labirynthe? Considérez la quantité des rues, le nombre des Eglises, Conuents,
« Hospitaulx, Collèges, Hostels, Ponts, Quays, et autres lieux publics qui sont
« dans cette Carte ; et représentez vous pour en tirer le plan et l'eleuation d'un
« chacun en ses justes mesures, de longueurs, largeurs, et hauteurs, combien
« il a fallu faire d'obseruations; puisque l'Ichnographie, et contour d'une
« Citadelle donne bien de la peyne. Aussi ne faut-il pas s'estonner si tous les
« Plans qui ont paru jusqu'icy de cette incomparable Ville sont tous remplis de
« fautes estant plustost l'effect de l'imagination de ceux qui les ont faits tels sans
« mesures et sans jugement, que des regles de la Géométrie et des pratiques du
« compas et de la boussole. Les rues y sont sans proportion de longueurs et
« largeurs, et telle qui n'a que six pieds de largeur est de 50 dans ces mauuais
« plans, le hazard mesme n'en ayant pas fait une seule dans ses justes mesures.
« Les Eglises à leurs fantaisies, sans ressemblance aucune de leurs figures,
« frontispices, et clochers qu'ils ont faits pointus indifféremment en pyramides,
« au lieu des grandes tours quarrées superbes et magnifiques dont elles sont
« ornées. L'enceinte des murailles toute corrompue, les courtines, flans et bas-
« tions faux dans leurs angles et longueurs, il y en a mesmes d'obmis tous entiers,
« et d'autres imaginaires qui ne furent jamais que dans leurs idées. Les Hostels
« et Palais tout à fait deprauez ny en ayant pas un seul qui ayt esté desseigné
« autrement que par le caprice du graueur et la pointe de son burin, non plus
« que les Conuents et Collèges qu'ils ont bastis à leur discretion, comme la Bas-
« tille dont ils ont fait une place ronde, auec des tours également espacées. Bref
« on peut dire qu'autant de traits qu'il y a dans ces malheureux plans, sont
« autant de grossières fautes que l'ignorance, l'auarice et la négligence ont laissé
« courir par toute l'Europe, au préjudice de la vérité, laquelle pour ne point
« altérer, on a mesme jugé à propos de ny représenter pas les maisons bour-
« geoises, et dont on ne pouuoit mettre les grandeurs et figures au vray, sans un
« temps infiny, outre que leur eleuation eut couuert quantité de rues, et ofusqué
« les Eglises et Hostels de conséquence, au nombre de plus de 400 qui sont repré-
« sentez au naturel auec leurs jardins et parterres, mais on a pointillé la surface

« de tous les bastiments particuliers, en sorte que par tout ou il y (*à partir d'ici*
« *l'inscription se retrouve sur la feuille IX*) a des points figurez vous que ce sont
« des maisons, soit dans la Ville, soit dans les fauxbourgs. Et du tout il en fault
« auoir l'obligation particulière, à MONSEIGNEVR SÉGVIER CHANCELIER DE FRANCE, dont
« le mérite et la Vertu ne scauroient estre assez hautement louez, tant pour les
« grands seruices qu'il a rendus et rend tous les jours à cette Monarchie, que pour
« estre le véritable Protecteur des Arts et des Sciences, et qui par l'honneur de
« son aprobation, a fait espérer à ce PLAN en le rendant public, un accueil fauo-
« rable de toutes les Nations, où sa gloire et son Nom peuuent estre portez par

« son Treshumble Tresobeissant et tres obligé seruiteur

« Jacques GOMBOVST Ingénieur du ROY. 1652. »

FEUILLE VII. Première du troisième rang. — Elle est occupée presque en entier par un immense piédestal à ressauts, très-orné et surmonté des armes de France accompagnées de trophées disposés en forme pyramidale. Le milieu du piédestal contient une vue à vol d'oiseau du palais de Fontainebleau, entourée de quatre plus petites, représentant les châteaux de Monceaux, *Villers Cotrait*, Limours et Bois-le-Vicomte. Au milieu du socle s'étendent cinq *Eschelles des Mesvres*, et, sur les côtés, de petites vues des châteaux de Chantilly et d'*Escouan*. Au bas des échelles est l'adresse de l'éditeur, citée page 119. Les ornements de ce grand cartouche révèlent la manière d'Abr. Bosse; les vues, gravées à la pointe, sont dues au même, ou à Goyrand, ou encore à Fr. Collignon. Un cavalier, à droite du socle, rappelle le style de La Belle.

Dans le coin supérieur de la feuille, à gauche, est le reste de l'inscription commencée à la feuille IV. Au coin opposé, à droite, passe la courtine du rempart qu'interrompt un bastion, dans une des faces duquel est percée la porte de Richelieu. Cette porte (dont je publierai le dessin) est vue de profil et n'offre ici aucun intérêt. Elle a un pont-levis suivi d'un pont dormant d'une seule arche; le fossé paraît plein d'eau. — Filles-de-Saint-Thomas. — Le faubourg Montmartre se dirige vers un pont dit : *des Marais*, jeté sur le grand égout, à la hauteur de la rue actuelle de Provence, et, au delà, dévie vers le N.-O. Il est à regretter que le grand piédestal nous ait caché la Grange-Batelière et le château des Porcherons, deux localités intéressantes dont il occupe l'espace.

FEUILLE VIII. — Elle contient de curieux détails. — Le palais des Tuileries est nommé : *Logement de Mademoiselle* ; les deux tiers environ des bâtiments sont achevés. Celui du milieu est toujours surmonté du dôme de Philibert de Lorme. Une très-petite portion de l'ancien fossé de Charles V subsiste encore entre la rue Saint-Honoré et la galerie du Louvre. — Entre ce fossé et le palais s'étend le

Parterre de Mademoiselle, où nous voyons aujourd'hui la place des Tuileries. Le jardin de ce nom, toujours séparé du palais par une rue, offre des détails intéressants. On y distingue des bosquets, une grande pièce d'eau carrée, une volière du côté du quai. A l'angle N.-O. est l'orangerie et la ménagerie des *Bestes féroces*. Plus loin est le cabaret de Mr Regnard (célèbre sous la Fronde), et, sur le bastion, entre les deux faces qui forment la pointe, *la Garenne*. Ce bastion ne paraît pas d'une forme assez obtuse, à en juger par d'autres plans postérieurs.

Gomboust est le seul qui ait représenté avec autant de précision ce jardin, remplacé plus tard par celui de Le Nôtre, dont le plan actuel conserve une partie. — Les portes Saint-Honoré et de la Conférence semblent construites, à peu près, sur le même modèle. — Le Palais-Royal et celui de Mazarin paraissent bien tracés. — A l'intérieur du troisième bastion (à partir de la Seine), derrière l'hôtel de Vendôme, est le *marché aux chevaux des samedys*. On y remarque de nombreux groupes de personnages microscopiques bien dessinés. — Près de là est *la Butte*, surmontée des deux moulins, d'où la rue contiguë a pris son nom. Cette éminence, toute champêtre, commence à être cernée de tous côtés par des rues nouvelles. C'est un point très-pittoresque, et qu'on ne retrouve, nulle part, dessiné avec autant d'exactitude. — Les hôtels et les couvents, dans le voisinage des Tuileries, sont assez bien figurés. On y distingue le vaste hôtel de *Vandosme* (où fut établie la place du même nom) à côté du couvent des *Capucines*, qui font naïvement face à celui des *Capucins*; les Filles de l'Assomption qui n'ont encore qu'une modeste chapelle ; les Quinze-Vingts, Saint-Nicaise, l'hôtel de Rambouillet, si célèbre; à côté, celui de Chevreuse; le Manége ou grande Escurie du Roi, l'Escurie de la Royne, près l'hôtel de Chevreuse; l'*Hostel du Saint-Esprit*, près Saint-Roch, *demeure de l'auteur*. — Le pont Rouge, construit en bois, a quatorze arches, avec une pompe vers le milieu ; il communique de la rue de Beaune aux trois guichets du Louvre. — Notons que, de la rue de l'Echelle à la porte Saint-Honoré nouvelle, la rue de ce nom s'appelle : *rue Neuve-Saint-Honoré*.

Au delà de la Seine, s'étend largement encore le Grand pré aux Clercs, qu'envahit de jour en jour le faubourg Saint-Germain, déjà remarquable par des couvents, des hôtels et divers établissements, tels que l'*Académie de M. Forestier*, la *Nouelle hale du Prez aux Clercs*, entre les rues du Barcq et de Beaune, le cimetière des Reformez, rue de Saint-Père. — L'hospice de la Charité paraît très-agrandi. — La rue actuelle de l'Université se nomme : de *Sorbonne*. — Au bas de la feuille, au milieu de la Seine, est une seconde rose des vents.

FEUILLE IX. — Peu de localités figurent sur cette feuille, remplie aux deux tiers par des hors-d'œuvre. Au haut, à droite, est la suite de la grande inscription signalée à la feuille VI. — Au centre est un grand piédestal correspondant à celui décrit précédemment. Celui-ci est surmonté des armoiries de Mr Séguier, chancelier de France, personnage à qui Gomboust dédie son plan. Au pied de l'écusson sont des cornes d'abondance, une balance, des livres, un coffre fleurdelysé, etc., attributs allégoriques qui font allusion à la justice, au goût pour les Lettres et à la gestion financière du chancelier. Au milieu du piédestal figure une vue à vol d'oiseau du château neuf de Saint-Germain-en-Laye, entourée de celles, plus petites, des châteaux de Madrid, Versailles, Vincennes et *Bisestre* (ce dernier récemment rebâti). Le socle contient, comme sur l'autre feuille, deux petites vues sur les côtés (Ruel et l'aqueduc d'Arcueil) et cinq *eschelles des mesvres*, et au-dessous est l'adresse répétée de l'éditeur. Quant aux graveurs qui ont pu concourir à ces vues et à ces ornements, je renvoie à ce que j'en ai dit page 129.

A gauche et à l'angle supérieur de la feuille on distingue : l'*Académie du sieur del Capo*, rue du Four; les Petites maisons, l'*Hospital des Taigneux*, une manufacture de Tapisserie (rue de la *Chèze*), l'hôpital des Incurables, celui des Convalescents, etc. Enfin, les plaines de Grenelle et de Vaugirard.

Je ne saurais citer d'autres plans de Paris qui portent la date positive de 1652, sinon une édition du plan de *Jean Boisseau*, dont je parle page 111, et qui parut pour la première fois en 1650. La Tynna enregistre un « plan de Boisseau, 1652. » Il veut désigner celui-ci, ou peut-être un autre en quatre feuilles dont il sera question à l'année 1657, parce que je n'ai vu que l'édition portant ce millésime. Peut-être aussi s'agit-il d'un autre plan que je n'ai jamais rencontré; Boisseau étant éditeur-géographe a pu en publier plusieurs qui ont échappé à mes recherches. Mr G. de S. Fargeau cite : « le plan de Paris, par *Bercy*, en 6 feuilles, 1652. » Il y a là double erreur, c'est *Berey* et non *Bercy*; quant à la date, elle est de 1656, comme je le prouverai plus loin.

Le privilége exclusif qui fut accordé par le roi, en décembre 1649, à Jacques Gomboust (voyez page 117), dut influer beaucoup, je le répète, sur l'état des autres plans de Paris publiés vers la même époque. Comme il n'en pouvait paraître de *nouveaux* en concurrence avec le sien, sans son autorisation, il est probable que plusieurs éditeurs, pour éluder la tyrannie d'un tel privilége, firent graver des plans à l'étranger, ou s'avisèrent de tirer des épreuves de planches déjà anciennes qu'ils rajeunirent tant bien que mal. Peut-être faut-il reporter à cette époque l'apparition des plans retouchés de Du Cerceau et de Mérian, plans signalés à l'an 1650. Il est naturel de croire, d'après les termes du susdit privilége, que les plans publiés à Paris après 1652 ne parurent qu'avec le consentement du privilégié. Ils sont, en général, si médiocres, jusqu'à l'an 1672, que les éditeurs parisiens ne peuvent encourir l'accusation d'avoir copié ou contrefait le sien.

XIX. — Plans de Paris en 1654, copiés d'après Jean Boisseau.

Il existe plusieurs plans qui, bien qu'exécutés postérieurement à 1654, représentent la capitale à cette époque. Leur origine commune est un plan de cette date, dressé, et peut-être aussi gravé par Jean Boisseau, plan dont je n'ai pu voir qu'une édition avec texte daté 1657. Au reste, il est probable que les épreuves primitives de 1654 sont identiques, et qu'il n'y a d'autres différences que le millésime inscrit à la fin du texte.

Il est donc certain pour moi qu'il existe un plan de Jean Boisseau de 1654, en quatre feuilles. Jaillot le cite plusieurs fois, au sujet des noms de rues. La publication a dû en être autorisée par Jacques Gomboust, puisque, d'après les termes du privilége cité plus haut, il n'en pouvait paraître aucun sans son consentement. Ensuite, il serait possible que l'édition primitive du plan de Boisseau eût précédé celui du privilégié, car, dès 1650, ce géographe avait déjà publié son petit *plan* dit : *des Colonelles*, qui a assez d'analogie dans son ensemble avec celui qui nous occupe. Ces questions, au reste, sont assez difficiles à résoudre; car les divers auteurs qui signalent des plans de Boisseau de telle ou telle date (on en cite même un de 1643), ne s'expliquent jamais sur leurs dimensions.

Quoi qu'il en soit, le grand plan de Boisseau ne doit pas être considéré comme une copie de celui de Gomboust. L'imagier a pu s'aider du travail de l'ingénieur, mais ne l'a point reproduit. L'orientation, le champ, la perspective, la forme et la désignation des rues, la configuration des maisons et des enceintes, offrent, quand on compare ces deux plans, des dissemblances notables, qui sont, je crois, toujours à l'avantage de l'ingénieur.

J'ai trouvé, au Cabinet des Estampes, dans un carton supplémentaire aux plans de Paris, des portions d'un texte imprimé d'un seul côté, qui contient le *Dénombrement* des paroisses, rues, etc., de Paris. On lit à la fin : « *Chez Antoine de* « *Fere*, marchand de Taille-douce, enlumineur de cartes géographiques, sur le « *Quay qui regarde la Mégisserie, à l'Aage de Fer et à la Sphère Royale,* 1654. » Ce texte appartient peut-être à l'édition de même date du grand plan de Boisseau, dont la Bibliothèque ne possède aucune épreuve. Antoine de Fère, ou plutôt de *Fer*, est sans doute parent de Nicolas de Fer, célèbre éditeur de cartes entre 1675 et 1720. Boisseau, quoique éditeur d'imagerie, faisait vendre ses plans par des confrères; l'édition de 1657 se débitait chez Louis Boissevin.

J'ai dû parler ici de cette estampe, bien que je ne l'aie jamais eue sous les yeux, afin de constater son existence positive, et de lui assigner une place. Elle méritait au moins une mention, puisqu'elle a servi de modèle à plusieurs autres plans qui en sont des réductions, et dont je vais m'occuper. Les éditeurs de l'époque, ne pouvant prendre la liberté de copier le plan privilégié de 1652, obtinrent sans doute plus facilement, de l'imagier Jean Boisseau, la permission de reproduire le sien.

COPIE DU PLAN DE J. BOISSEAU, éditée à Francfort. — Un recueil de planches, intitulé : *Topographia Galliæ*, fut publié, en 1655, à Francfort-sur-Mein, par *Gaspard* Mérian, fils ou parent de *Mathieu*. Toutes ces planches sont dues au burin sec et froid du graveur Zeiler, qui reproduisait, tantôt en les réduisant, tantôt en les amplifiant, les principales pièces topographiques gravées en Europe. Au commencement du tome I se trouve le plan de Paris en question, à la suite d'un autre, signalé page 101. Il est en une feuille in-folio, et porte 41 1/2 centim. sur 34 1/2. C'est la copie, réduite au quart ou environ (peut-être à l'aide du *pantographe*, instrument nommé alors : *compas de mathématiques*), du plan de J. Boisseau en quatre feuilles, auquel il ressemble sur tous les points, à part les accessoires.

En haut, à gauche, est l'écu de France ; à droite, le blason de Paris, à côté duquel on lit en majuscules enjolivées de traits : *Parys A° 1654*. Au-dessous, on voit une échelle et une petite boussole. On ne distingue d'autre inscription que le nom du *Mont Parnasse ou de la Fronde*. Mais la plupart des rues et des édifices tracés sur cette carte muette portent des numéros correspondants à 793 renvois imprimés en langue française, et formant six pages de texte. Notons que ces noms français sont presque toujours horriblement défigurés.

Ce millésime 1654 m'a aidé à fixer la date des deux plans suivants, qui sont des réductions identiques, sur une échelle plus grande, des mêmes planches de J. Boisseau ; et, si j'ai cité d'abord cette copie, c'est parce que c'est la seule qui porte une date bien positive, comme le prouve son annexion à un ouvrage publié en 1655. Elle était assez commune à Paris il y a quelques années, ainsi que l'ouvrage qui la contient. Je pense que tous les amateurs la possèdent comme moi. Mon épreuve est accompagnée de la liste des renvois, qui la complète et lui donne plus d'intérêt. Isolé, ce plan peut être estimé deux francs. Mais à qui possède le grand plan original de Boisseau, ou l'une des copies que je vais décrire, elle ne peut être d'aucune utilité.

PLAN ÉDITÉ PAR J. JANSSONIUS. — J'ai cité déjà, p. 33, l'ouvrage : *Illustriorum regni Galliæ civitatum tabulæ et Helvetiæ. Ex officinâ Joannis Janssonii*. Cet ouvrage est sans date, mais j'ai fait observer que celle de 1657 est inscrite sur un autre tome du même recueil. Au cahier E se trouve le plan de Paris, avec texte latin sur deux colonnes, imprimé au verso. Il est d'une seule feuille et il a un cadre d'environ 56 centim. sur 46. La gravure, exécutée au burin, est sèche, mais d'une netteté qui plaît à l'œil et annonce une épreuve primitive. Le nord-ouest est au bas de la carte; la Seine la traverse diagonalement, et son cours est représenté par des lignes tremblées d'un bon effet.

Cette estampe ne porte ni date ni signature ; le graveur n'est probablement pas Janssonius, qui n'était qu'éditeur à Amsterdam. Elle représente Paris à vol d'oiseau, en 1654. Au haut, à droite, est un cartouche orné de gracieux enroulements, et soutenu par Mars et Apollon. Au sommet du cartouche est le blason de Paris, surmonté de trois tiges de lis, et, au milieu, on lit ce simple titre : *Lutetia Parisiorum, vulgo* PARIS. On ne voit, sur cette planche, ni explications ni dédicace. La plupart des rues et des édifices ont leur nom tant bien que mal orthographié.

Le champ du plan est, du côté de l'est et du sud, plus vaste que celui de Gomboust ; c'est à peu près celui du petit plan dit : des Colonelles. Le faubourg Saint-Antoine se prolonge jusqu'à la rue de Reuilly, et même au delà, de sorte qu'on peut suivre l'histoire des combats livrés dans ce faubourg le 2 juillet 1652. La rive gauche s'étend au delà de l'embouchure de la Bièvre ; on n'y voit pas encore la Salpêtrière, qui donna son nom au grand hôpital qui la remplaça.

Du côté du midi, il renferme les extrémités des faubourgs Saint-Marceau, Saint-Jacques et Saint-Germain. On y remarque la butte, appelée, je ne sais trop pourquoi, *Mont Parnasse*. Elle porte, de plus, le nom de *Mont de la Fronde*. On voit, en effet, sur son sommet, et à l'entour, de petits personnages, qui s'exercent à manier la Fronde (détails qui manquent sur le grand plan de Boisseau). Selon quelques historiens, elle prit cette désignation des troubles de la *Fronde,* nom dont Anquetil et autres expliquent l'origine. A l'ouest, le champ ne dépasse guère les premiers arbres du Cours-la-Reine, et il s'arrête, au nord, à l'hôpital Saint-Louis.

Les maisons de la ville, dessinées de fantaisie, sont en nombre bien inférieur au nombre réel ; quelques édifices seulement sont assez bien rendus pour une si petite échelle. Je signalerai quelques points curieux. Au haut de la rue de Lourcine, près la rue des *Lionois,* est une porte de ville, et à l'extrémité du faubourg Saint-Jacques une autre semblable ; ce sont de simples pavillons. Le faubourg Saint-Germain est garni de maisons à peu près comme sur le plan de Gomboust. Peut-être y en a-t-il quelques-unes de plus au Pré aux Clercs. — La configuration de la Seine et des îles est moins exacte que sur ce dernier plan. — L'enceinte bastionnée du nord a quelque analogie, dans son tracé, avec le plan de 1652, mais n'en est pas la copie, et quand elle en diffère, je suis porté à croire que l'erreur est de son côté. Ainsi, le bastion contigu à la porte du Temple me semble à tort représenté comme achevé, puisque Gomboust le figure comme une butte en forme de bastion, mais sans revêtement.

Janssonius eût pu, sans encourir d'amende, se permettre, à Amsterdam, de réduire et de copier avec fidélité le plan de 1652, privilégié en France. Mais c'est à celui de J. Boisseau qu'il a donné la préférence, sans doute pour que son livre pût se vendre à Paris sans inconvénient.

On voit encore le palais *Cardinal*, ancien nom, qui, dès 1648, avait été échangé contre celui de *Royal*. A l'est de ce palais s'élève *la Butte*. C'est le nom que tous les plans d'alors donnaient à ce monticule que les historiens désignent sous celui plus spécial de *Butte S. Roch ou des Moulins*; j'ai déjà noté que les plus anciens plans ne lui en donnent aucun. La porte Richelieu avec ses tourelles en encorbellement, suspendues à ses quatre angles, paraît assez exactement rendue, à en juger par un dessin à la sanguine de la Bibliothèque Nationale. — La porte Gaillon, projetée dès 1645, n'existe pas encore. — La rue Poissonnière se nomme ici : *des Poissonneurs*. — Le faubourg actuel Poissonnière porte, dans son étendue, trois noms différents. A l'extrémité voisine du rempart, il s'appelle, à cause d'une chapelle voisine, *faubourg Sainte-Anne*. La porte du même nom (dite sur le plan de Gomboust : *de la Poissonnerie*) n'est pas ici figurée. A l'entrée du faubourg Sainte-Anne est le château *Frilleux*, que n'indique aucun des plans qui précèdent, et sur lequel je n'ai aucun renseignement. La Tynna signale, comme attenant à la rue de la Mortellerie, une rue dite *rue Frilleuse*, ou *de Château-Frileux*, et aussi : *de la Pétaudière*; mais il ne nous apprend rien sur la localité qui nous occupe.

Au delà du Grand-Egout qu'il traverse, le faubourg Sainte-Anne s'appelle : *Le val Laronneux*, et, plus loin, *la Nouvelle-France*. — Entre les portes Saint-Denis et Saint-Martin, en dehors de la ville, est établie la rue Neuve-Saint-Denis, garnie de quelques maisons. — Près de la première de ces portes existe encore un vestige du vieux rempart. — A l'est de la porte Saint-Martin est une butte surmontée de deux moulins. Gomboust en indique trois, et donne à la butte une forme de bastion à deux faces, tandis qu'ici elle ressemble plutôt à une portion du rempart de Charles V. — Plus loin, vers l'est, une sorte de pont de bois est jeté sur le fossé. A cet endroit débouchait, sous une voûte, l'égout dit : *du Pont-aux-Biches*, qui, traversant le fossé, peut-être sur une chaussée, allait rejoindre le Grand-Egout. Est-ce le pont de ce nom qu'on a voulu représenter? Gomboust n'indique aucun pont sur le fossé, mais seulement une voûte dite Pont-aux-Biches, établie sur un égout à l'endroit où la rue du même nom croise celle Neuve-Saint-Denis.

La porte du Temple (on lit : *Temble*) est suivie d'un pont de *sept* arches. On on comptait *trois* au plus. La fantaisie du graveur présidait toujours à ces détails ; le seul fait positif, c'est qu'il y avait là un pont. — A côté de cette porte est un bastion *maçonné* que surmontent deux moulins. — A la suite de la rue du Pont-aux-Choux sont le pont et la porte du même nom, dite aussi Saint-Louis. — Sur le bastion suivant est placé le *Iardin des Arbalestriers*. Gomboust dit : des *Harquebusiers*. — La rue Saint-Louis est d'une largeur démesurée. — Au débouché du fossé de la Bastille est désigné le *passage du Petit bateau*. Sur plusieurs autres plans on voit, à cet endroit, un bateau amarré au milieu du canal, et soutenant, de chaque côté, une planche qui communique à la berge.

Ce plan de Janssonius est la réduction directe, avec un peu moins de champ, du plan de J. Boisseau en quatre feuilles 1654, ou le calque exact du plan suivant qui a certainement la même origine. Je ne sais au juste lequel des deux est la copie de l'autre. Peut-être chaque éditeur a-t-il réduit le sien de son côté, et à la même échelle. Le plan de Janssonius n'est pas commun, et on peut l'estimer 10 ou 12 francs.

PLAN ÉDITÉ PAR NICOLAS BEREY. — On voit dans la *Collection-Uxelles* (XV, p. 53) un petit plan colorié, sans date, d'une impression très-nette, et composé de deux feuilles ayant chacune 54 centim. sur 26 1/2 d'encadrement. L'ensemble a donc une forme à peu près carrée. Au verso est un texte français imprimé, ce qui prouve qu'il fait partie d'un ouvrage topographique.

Le titre en majuscules, qu'on voit au haut du plan, s'étend sur les deux feuilles au delà de la ligne qui limite l'estampe. Ce titre n'étant complet ni au commencement ni à la fin, il est évident qu'il existe des bandes étroites, contenant un texte ou des sujets gravés, qui s'adaptent sur les côtés. Je vais le citer, ayant soin de restituer entre parenthèses les mots que je suppose manquer. — (*Novveav plan d) e la Ville et Favxbovrgs de Paris avec la carte de la Bant lieve, mis en lvmière par N. Berey enlvminevr dv Roy, proc (he les Avgvstins, Aux 2 Globes)*. A gauche, un cartouche ovale, contenant la dédicace, est surmonté du blason de Dreux d'Aubray, lieutenant civil de Paris, à qui N. Berey dédie ce plan dont il est l'éditeur, sinon le graveur. Au coin supérieur de droite est une vue de Paris, prise de Montmartre, et réduite d'après celle qu'on voit sur la première feuille de Gomboust. Au-dessous est le petit plan de la Banlieue, annoncé sur le titre.

Ce plan étant semblable au précédent, sauf quelques accessoires, on pourrait croire qu'il a été tiré des mêmes cuivres, mais il est facile de se convaincre du contraire. D'abord, il est en deux feuilles ; ensuite son champ a un peu plus d'étendue vers le nord, puisqu'on y voit figurer la butte de Montfaucon, qui conserve huit piliers de l'ancien gibet. Enfin, l'écriture des noms de rues n'est pas identique. On lit ici : *chasteaux Frilleux*, et sur l'estampe de Janssonius : *chasteax*. — Il est à supposer que l'orthographe du plan hollandais est, en général, la moins correcte. Nic. Berey a figuré, au-dessus de la rivière des Gobelins, dans un clos, quelques bâtiments, nommés : *Nouuel Arcenal ou on fait la poudre à canon*. C'est en ce lieu que fut commencé, vers 1656, l'hôpital dit : *la Salpêtrière*.

Il pourrait fort bien exister d'autres différences qui m'auront échappé, car je n'ai pu mettre les deux plans en présence pour les comparer.

En résumé, je crois que le plan édité par Janssonius est la copie exacte, et réduite environ au quart, de celui en quatre feuilles de Jean Boisseau, édition de 1654, où n'est pas indiqué le *nouuel arcenal*, etc., tandis que la copie de N. Berey est une reproduction du même plan, édition de 1657, que je décrirai au chapitre XXI[1]. J'ajouterai qu'ils ont beaucoup d'analogie avec le petit plan du même Boisseau (1650) dit: *des Colonelles*, signalé chap. XVI. Le plan de J. Gomboust a pu influer sur leur perfection, mais n'en est certainement pas la base.

Le plan en deux feuilles, édité par N. Berey, est, à mes yeux, plus rare que celui de Janssonius, puisque ce dernier se retrouve dans un volume que possèdent la plupart des bibliothèques, tandis que je n'ai jamais vu le premier que dans la Collection-Uxelles. Aussi peut-on lui attribuer une valeur au moins double, quoique, au fond, il offre une image identique de la capitale.

Il existe encore deux autres plans, copiés plus tard d'après le grand plan de J. Boisseau. Je les décrirai à la suite de ce dernier.

XX. — Grand plan édité par Nicolas Berey, 1656.

Ce plan, tracé tout entier à vol d'oiseau, se compose de six feuilles qui forment deux rangs. Chaque planche a la mesure approximative de 50 centimètres sur 41, y compris des vues gravées de chaque côté, et des armoiries qui entourent l'ensemble. Son champ est à peu près le même que celui du plan de Gomboust, hors du côté de l'est, où il s'étend assez loin pour comprendre le faubourg Saint-Antoine.

C'est une estampe si grossière sous le rapport du dessin et de la gravure, qu'on a peine à comprendre qu'on ait osé, à cette époque, offrir et espérer de vendre aux Parisiens une pareille image. On ne peut dire qu'elle soit une copie de Gomboust, mais elle en est certainement une contrefaçon déguisée sous la difformité la plus monstrueuse. C'est le nord et non l'ouest qui est au bas de la carte ; mais

---

[1] Il n'est point vraisemblable que ce soit Jean Boisseau qui ait copié en plus grand le plan de N. Berey, car les copies sont, en général, plutôt réduites qu'amplifiées.

comme ce système d'orientation ne permettait pas au dessinateur de représenter les façades principales des églises et de divers édifices, tels que la Bastille, l'Hôtel-de-Ville, etc., il eut, pour remédier à ce défaut, recours à un singulier expédient, dont nous avons déjà signalé un exemple à la page 69 ; il fit faire à ces façades un demi-tour vers le nord, de sorte que le grand portail de Notre-Dame regarde du côté de la place de Grève, et non du parvis. Qu'on juge de l'effet résultant d'une pareille licence de perspective !

Après tout, la direction et la distance respective des rues peuvent être assez exactes, puisque le plan de Gomboust en est la base. *Toutes* les habitations de Paris sont ici représentées par quelques pignons rangés côte à côte et d'un effet désagréable à l'œil ; en quelques endroits seulement la place des maisons est figurée au pointillé, comme sur le plan de 1652. Contrairement à la vérité, les ponts au Change et Notre-Dame ne portent pas de maisons.

Pour donner plus d'attrait à cette ignoble contrefaçon, on entoura l'ensemble d'une bordure formée par une suite des armoiries de tous les Prévôts des marchands, depuis 1407 jusqu'à 1654. Passé cette dernière année, il reste, sur les épreuves primitives, huit blasons vides, qui furent remplis beaucoup plus tard. On voit, en outre, de chaque côté une série de douze vues de Paris, pitoyables reproductions des eaux-fortes, d'Isr. Silvestre, Jean Marot, J. Boisseau, etc. J'ignore si l'imagier Berey grava lui-même ces blasons, ces vues et la totalité du plan ; s'il a tout cela sur la conscience, il a fort bien fait de n'avoir pas inscrit son nom à titre de graveur.

Ce plan est sans date, mais il est facile de lui en assigner une. Cette circonstance que la rue de Richelieu ne se prolonge pas jusqu'au rempart et qu'on n'y voit pas la porte du même nom, pourrait donner à penser qu'il est antérieur à 1650 ; mais c'est, je crois, tout simplement un oubli ou une ruse pour écarter le reproche de contrefaçon. Ce n'est certes pas une ancienne planche rajeunie par l'éditeur, afin d'éviter l'amende infligée à toute publication de plan nouveau, non autorisée par le privilégié Gomboust. Si c'était une ancienne planche, elle n'offrirait pas dans le tracé des rues et des enceintes autant de ressemblance avec le plan de 1652. Sa date peut être fixée d'après le dernier blason des Prévôts, gravé au bas de la quatrième feuille, celui d'Alexandre de Sève, élu en 1654, et remplacé en 1662. C'est donc entre ces deux millésimes qu'il faut chercher la date réelle du plan. J'estime qu'on doit lui assigner celle de 1656, parce que j'ai remarqué, dans un carton supplémentaire aux recueils de plans de Paris (Cab. des Est. v. n. 74), un texte imprimé qui semble se rapporter à ce plan. Il est probablement incomplet, car il n'offre que trois colonnes isolées. En tête de l'une d'elles est ce titre : *Novveav plant de la ville, cité*, etc., et, à la fin de la troisième, on lit : *à Paris, chez Nicolas Berrey*, enlumineur du Roy, proche les Grands Augustins, *aux Deux Globes*, m. dc. lvi.

Il est vrai que ce texte pourrait se rapporter au plan en deux feuilles, beaucoup mieux gravé, édité par le même et décrit page 136, mais je crois que, par sa disposition, il appartient plutôt au plan en six feuilles.

Je me bornerai à quelques remarques sur l'ensemble, remarques qui s'appliquent aux épreuves primitives, car il en existe d'un tirage bien postérieur. A gauche, un cadre ovale, bordé de feuillages, renferme le portrait du roi encore adolescent. A droite, un cadre correspondant entoure le portrait de la reine-mère; au-dessous sont gravés les noms de Louis XIIII, Roy de France, etc., et d'Anne d'Avstriche.

Au bas de la carte, à gauche, un autre cadre du même genre est surmonté du blason d'Alexandre de Sève, prévôt des marchands, et entouré d'une sorte de collier formé de sept écussons, dont ceux des quatre échevins : Ant. de La Porte, Ph. Gervais, Claude Santeuil et Jacques Renard, qui étaient en charge en 1656. Au milieu du cadre est gravée la dédicace que fait de son œuvre N. Berey au Prévôt et aux Échevins. On y remarque cette phrase : « Le public recevra ce plan « auec d'autant plus d'agrément qu'on le verra sous votre protection; qu'il « est accompagné de la carte de la banlieue de Paris et des armes de M" les « Preuosts des marchands, etc. » Cette petite carte de la banlieue et des environs, aussi mal gravée que le reste, se voit sur la sixième feuille et correspond à la dédicace. Au-dessus on lit : *à Paris, chez N. Berey, enlumineur du Roy proche les Augustins, aux 2 Globes*.

Ce serait perdre mon temps que de décrire chaque feuille de ce plan après celui de J. Gomboust, puisque ses points les plus exacts ont ce dernier pour base et qu'il n'y a de différence, entre les deux, que les erreurs de celui-ci. Ainsi, la rue Pernelle, qui aboutissait au port au Bled, vient ici déboucher sous l'arcade Saint-Jean. Il est probable qu'on y trouverait plus d'une méprise du même genre. Derrière le collége du Plessis est une rue Fromentel, que Gomboust nomme : rue du Cimetière S. Benoist. — La porte Richelieu a été oubliée. — Le palais des Tuileries paraît achevé; on y voit même annexé, au nord, en retour d'équerre, une galerie parallèle à celle du Louvre, galerie qui ne fut commencée que sous l'Empire. Si les bastions et les portes de Louis XIII, sur la rive droite, et l'enceinte de Ph. Auguste, sur la rive gauche, sont assez bien tracés, c'est d'après le travail de Gomboust. Je n'affirmerais pourtant pas qu'il n'y eût, parfois, dans la désignation des rues, quelque avantage du côté de N. Berey, mais je ne saurais en fournir la preuve. Certains établissements publics, tels que : la Bibliothèque du Roy, rue de la Harpe, la Grande Poste, rue Saint-Jacques, et autres, sont également indiqués sur le modèle, et beaucoup mieux représentés. Je n'ai remarqué que fort peu de localités ajoutées par Berey. Au delà de l'embouchure de la Bièvre, à l'endroit où fut bâtie, vers 1657, la Salpêtrière, quelques bâtiments insignifiants sont ainsi désignés : *Nouuel arcenal la ou se fait la poudre a canon*. On voit ici le faubourg Saint-Antoine jusqu'à l'abbaye de ce nom. Le champ de l'estampe de Berey lui permettait de retracer la Grange-Batelière, le Mont-Parnasse et autres localités, mais il a jugé ces détails inutiles.

En résumé, le plan de Berey peut fournir, à qui n'a pas le plan de Gomboust, plus d'un document utile, puisque, malgré sa grossière apparence, il en est le reflet.

Vers 1764, plus d'un siècle après la publication de cette estampe, un éditeur mal inspiré, se trouvant sans doute en possession des anciens cuivres, eut l'idée d'en tirer des épreuves. Il ajouta à la suite des armoiries des Prévôts quinze autres blasons, gravés au burin. Le dernier est celui d'Armand-Jérôme Bignon, élu en 1764, date qui indique celle approximative de l'époque de la retouche. On effaça les inscriptions gravées au bas des deux portraits, et, à l'adresse de N. Berey, placée au-dessus de la carte de la *Bans lievs* de Paris, on substitua celle-ci : *Chez Charles Dien, rue du Foin S. Jacques, au collège de M^{tre} Gervais*. Du reste, je n'ai remarqué aucune retouche sur la gravure du plan, sinon quelques tailles ajoutées à la Seine, autour des îles. Ce qui prouve qu'on n'eut aucune intention de dissimuler sa date primitive, quoiqu'on eût effacé les inscriptions des portraits, c'est qu'on grava au haut de la première feuille le millésime 1654.

On cite quelque part, je crois, une édition de 1663.

Les premières épreuves sont rares (on en voit une à la Bibliothèque Nationale), mais celles retouchées le sont beaucoup moins. Il serait même possible que les cuivres existassent encore; en tout cas, ils ne sont pas à la Calcographie du Louvre. Je serais fort embarrassé de fixer un prix à ce plan difforme. Pour qui possède celui de Gomboust, il n'a aucune valeur. Comme pièce rare, le premier état pourrait être estimé cinquante francs, et le second de douze à quinze.

XXI. — Grand Plan de Jean Boisseau, édition de 1657.

M. Gatteaux, membre de l'Académie des Beaux-Arts, possède un plan de Paris, dressé à vol d'oiseau (et peut-être gravé) par Jean Boisseau. A la fin du texte qui y est annexé on lit la date de 1657. Je le regarde comme l'édition postérieure d'un plan que Jaillot cite sous la date de 1654 (Voy. page 132), et c'est avec d'autant plus de raison, que cette épreuve, assez usée, semble attester l'existence d'un tirage antérieur. L'état du plan est-il, sur cette épreuve, identique à celui du premier tirage, sauf quelques accessoires ajoutés, et représente-t-il toujours Paris en 1654 ? C'est une question que je ne puis résoudre, en l'absence du plan primitif. Mais, si l'on s'en rapporte à la petite copie de Zeiler, que je décris page 101, copie réduite, en 1655, d'après le premier état, on doit supposer qu'entre les deux éditions de l'estampe en quatre feuilles il n'y avait, relativement à l'image de Paris, aucune différence. Rien ne prouve qu'un plan de Paris, daté 1657, doive nécessairement différer d'un autre antérieur de trois années. Paris ne se métamorphosait pas alors à vue d'œil, comme de nos jours.

Le plan de Boisseau, édité en 1657, se compose, en principal, de quatre planches, ayant, les deux premières, 54 centim. de haut sur 42 de large, et les deux du second rang 44 seulement de haut sur 42. De plus, il porte en appendice, de chaque côté, une bande large de 8 centim., contenant six blasons étagés. Celle de gauche offre les armes du Roi, de Fr. de L'Hospital, gouverneur de Paris, de Jérôme Feron, prévôt des marchands, de G. Pietre, procureur du roi, et de Martin Le Maire, greffier ; celle de droite, les armes d'Anne d'Autriche, de la ville de Paris et des quatre échevins : Gab. Ant. Fournier, Pierre Héliot, Pierre Hachette et Raimond Lescot. On a gravé sur ces bandes, outre les blasons, plusieurs localités, qui se raccordent avec le champ de la carte, telles que l'hôpital Saint-Louis, au-dessous des armes de Martin Le Maire, les Incurables, etc.

A ces bandes de blasons sont, de plus, annexées deux autres bandes de 21 centim. de large, contenant chacune six rangs de vues de Paris ou des environs, signées *J. Boisseau excudit*. Ces vues, fort médiocres d'épreuves, parurent d'abord dans la *Topographie Françoise*—*mise en lumière* en 1648, par ce même éditeur, qui aura voulu utiliser ses planches, pour donner à son plan plus d'apparence. Les plus intéressantes sont les perspectives à vol d'oiseau du Palais des Tuileries, du Louvre et du Palais-Cardinal.

Au bas de la carte assemblée, y compris les vues et les blasons, s'ajoutent trois bandes horizontales de texte imprimé, ayant 19 centim. de hauteur. Les deux premières renferment cinq colonnes, la dernière quatre seulement. Chaque colonne contient environ 40 lignes. Ce texte offre le *dénombrement* des paroisses, marchés, cimetières, etc. A la fin de la dernière colonne, on lit : *chez Louis Boissevin*, rue Saint-Jacques, à l'Image Sainte-Geneviève. M. DC. LVII.

Toutes ces pièces réunies offrent un ensemble d'environ 140 centim. sur 118. Au haut de la carte, au delà de la ligne d'encadrement, s'étend en longueur le titre, gravé en grosses majuscules, à double trait, sauf les initiales de chaque mot principal, qui se distinguent des autres lettres, en ce qu'elles sont ombrées. Voici ce titre : *Plan Général de la Ville, Cité, Vniversité, Isles et Favbovrgs de Paris*. Au-dessous est écrit en plus petites lettres : *Dédié à Messieurs les Gouver-*

neur, *Prévost des marchands et Echevins, par leur tres humble serviteur Jean Boisseau, enlumineur du Roy pour les cartes géographiques.*

Vers le coin supérieur, à droite, un cartouche, orné d'enroulements, de fruits et de deux figures allégoriques, contient la dédicace de Jean Boisseau en quelques lignes gravées. On n'y voit aucune date. Au-dessous est l'échelle de mesure, qui est plus petite, du double au moins, que celle de Gomboust.

L'orientation de ce plan est telle, qu'il a au bas le nord-ouest, et que la Seine traverse la carte diagonalement, de l'angle supérieur de gauche à l'angle inférieur de droite. Le champ était peut-être plus étroit dans l'édition primitive, à moins que cette édition n'eût elle-même été entourée des bandes supplémentaires citées ci-dessus. C'est ce que je ne saurais décider, n'ayant pas vu l'édition de 1654, qui n'est peut-être pas elle-même la première [1]. Du côté de l'ouest, le champ s'arrête à l'entrée du Cours-la-Reine. Sur la rive gauche, il s'étend à peu près jusqu'à l'enceinte actuelle du boulevard extérieur. — Le faubourg Saint-Antoine s'y prolonge presque jusqu'au point où nous voyons la barrière du Trône.

Cette estampe répugne, au premier coup d'œil, parce que les rues sont formées de quelques chétives maisons fort clairsemées, et tracées de fantaisie. Cette prétention de représenter *toutes* les maisons de Paris est un ridicule que Boisseau avait su éviter, quand il édita, en 1650, son petit plan dit : *des Colonelles*.

Il est presque inutile, après la description du plan de Gomboust, de m'étendre beaucoup sur celui-ci, d'autant plus que j'ai signalé presque toutes les particularités qu'il renferme, à propos des plans de Janssonius et de Berey (Voy. chap. XIX), qui en sont des réductions très-exactes, renfermant les mêmes détails. Le plan de Boisseau est loin de nous donner, surtout sur l'intérieur de la ville, autant de renseignements que celui de Gomboust. On y voit figurer bien moins d'hôtels, et ils sont mal représentés. Il n'indique pas : *les Comédiens du Marais, la Grande Poste*, rue Saint-Jacques, la *Bibliotèque du Roy*, rue de la Harpe, et autres établissements publics, intéressants pour les historiens modernes.

D'autre part, Boisseau nous signale quelques localités remarquables, que le plan de 1652 a omises, faute d'espace, ou oubliées, telles que le gibet de Montfaucon, avec sept ou huit piliers en ruine, le château Frilleux à l'entrée du faubourg Sainte-Anne (aujourd'hui Poissonnière), la Salpêtrière, devenue l'hôpital du même nom (placée ici à une distance beaucoup trop éloignée vers l'est), le mont Parnasse ou de la Fronde, etc. A part ces quelques détails, le plan de 1652 est infiniment plus curieux et plus instructif.

---

[1] Les quatre échevins dont les armes sont ajoutées au plan étaient déjà en charge en 1648. Si ces blasons faisaient partie de la première édition du plan, il serait possible qu'elle eût paru vers 1650.

Boisseau a figuré, en un coin du Jardin des Plantes, mais sans la désigner, l'ancienne *butte Coppeau*; il paraît avoir ignoré que ce fut celle-là même qui portait ce nom, puisqu'il le donne à une éminence située beaucoup plus loin au delà du Marché-aux-Chevaux. Il a inscrit, à l'entrée du faubourg Sainte-Anne, mais sans en tracer l'image, le nom de la porte Sainte-Anne, que Gomboust place près la rue de la Lune, et nomme : *porte de la Poissonnerie*. Il est à remarquer que le Palais-Royal, ainsi désigné dès 1648, est, sur ce plan, appelé encore : *Cardinal*. Cette circonstance prouverait-elle que le plan est antérieur à cette année ? Je ne le pense pas ; cependant, je ne saurais prouver le contraire.

Il paraîtrait que certains noms de rues offrent ici de notables différences avec ceux du plan de Gomboust ; car Jaillot cite assez souvent l'un pour rectifier l'autre. L'œuvre de Boisseau a donc un certain mérite intrinsèque, puisque Jaillot a recours à son témoignage. En résumé, je ne crois pas que Boisseau se soit aidé du plan de 1652 pour la confection du sien. Quand on compare les deux cartes, qui représentent Paris vers la même époque, on y découvre assez de dissemblances dans la forme des enceintes et des îles, dans le genre et la disposition de la gravure, etc., pour conclure que le travail de Gomboust n'est pas précisément la base du plan qui nous occupe.

Le plan en quatre feuilles de Boisseau est fort rare, et la Bibliothèque Nationale ne le possède pas. Il serait fort précieux, sans les deux copies exactes et mieux gravées qu'en ont éditées J. Janssonius, à Amsterdam, et N. Berey, à Paris, copies qui offrent les mêmes détails et les mêmes inscriptions sous un plus petit volume, et paraissent plus agréables à l'œil, parce que les détails y sont moins clairsemés.

L'édition de 1657 peut être estimée environ 30 francs, et celle de 1654, que je suppose être l'édition primitive, un prix beaucoup plus élevé.

Mauperché et La Tynna ne citent de Boisseau qu'un plan de 1652, sans s'expliquer sur ses dimensions. C'est probablement le petit plan de 1650, décrit page 109, qu'ils veulent désigner. Je n'affirmerais pas cependant, je le répète, que la première édition du grand plan n'eût point paru avec cette date.

J'ignore s'il existe d'autres éditions du même plan, postérieures à 1657 ; mais ce qui est positif, c'est qu'après 1661 on publia un plan dressé sur une moindre échelle, qui en est encore la reproduction et ne peut être confondu avec les trois décrits au précédent chapitre, bien qu'il n'y ait presque aucun changement dans les détails. Je vais le faire connaître.

COPIE DU GRAND PLAN DE JEAN BOISSEAU (postérieure à 1661). — On voit à la Bibliothèque Nationale, dans un grand carton supplémentaire aux Plans de Paris, un plan anonyme en deux planches, ayant chacune 61 centimètres sur 44 1/2, y compris six portraits gravés sur les côtés. Ces portraits sont entourés d'un encadrement en forme de carrés à pans coupés. Les trois de gauche représentent : Louis XIV, le Dauphin, *né en* 1661, le prince de Condé, et au-dessous, la carte de la *Bantlieve*; les trois de droite : Marie-Thérèse d'Autriche, le duc d'Orléans, le duc d'*Anguin* (Enghien), et au-dessous, une petite carte de France.

Au haut de ce plan est inscrit, en majuscules, le titre qui s'étend sur les deux feuilles : *Le plan et proffil de la ville*, etc. Comme on voit le portrait du Dauphin, né en 1661, et que ce portrait est celui d'un fort jeune enfant, on peut attribuer à cette estampe la date approximative de 1664 ou 65. Mais l'image qu'il offre de Paris est un peu antérieure à cette date, car il est la réduction du grand plan de J. Boisseau décrit ci-dessus, tracée à une échelle un peu plus grande que celle des plans de Janssonius et de Nic. Berey.

On n'y voit ni les Invalides, ni l'Observatoire, ni la porte Gaillon ; l'hospice de la Salpêtrière n'a pas encore remplacé le *nouel arcena* (sic) *ou se fait la poudre a canon*. Il indique, comme son modèle, le *Val Laronneux*, le *Chasteau Frileux*, etc. Ce sont les mêmes rues et les mêmes formes de bastions. Je crois pourtant qu'il en diffère un peu sur quelques points. Ainsi, la Bastille m'a paru beaucoup plus mal dessinée que sur l'original. L'égout du Pont-aux-Biches paraît, sur ce dernier, déboucher dans le fossé de la ville, sous une voûte; ici cette voûte a été déformée au point de ressembler à une porte de ville. Il m'a semblé aussi qu'on y avait ajouté quelques maisons le long des vieux fossés de la rive gauche. Le *Terrain*, derrière Notre-Dame, n'est plus une butte, mais commence à être revêtu de pierre et à faire corps avec le quai de la Cité.

Ce qui prouve que c'est un vieux plan qu'on a voulu déguiser, rajeunir, au moyen des six portraits ajoutés, c'est qu'on voit encore dans le coin supérieur, à droite, Louis XIV *enfant*, entre deux figures allégoriques ; l'une d'elles est la Justice, dont le roi remet les balances à un de ses ministres, peut-être à Mazarin. On ne trouve aucun nom de graveur ou d'éditeur. Le style de cette médiocre estampe rappelle celui du plan en six feuilles, édité en 1656 par Nic. Berey. Les portraits sont gravés d'un burin sec et dur, dans le genre de ceux de Montcornet.

J'ai vu, je ne sais plus en quel portefeuille de la Bibliothèque Nationale, un autre plan de Paris anonyme et semblable à celui ci-dessus. Je me souviens qu'il était fort mal gravé, et *illustré* de six petits portraits disposés comme sur le plan précédent, dont il était la reproduction réduite environ de moitié. Il provenait, je crois, d'un ouvrage intitulé : *La France nouvellement décrite*, 1671. Peut-être même portait-il cette date. Je n'ai pas cru devoir me mettre, à ce sujet, en frais de recherches.

XXII. — Plans de Paris gravés par A. B. Flamen, vers 1658.

Albert Flamen (qui signait quelquefois : *Flaman*) est un artiste probablement né en Flandre, dont les eaux-fortes sont aujourd'hui rares et recherchées. On lui doit, entre autres pièces topographiques, deux petits plans de Paris, dressés à propos du projet d'un canal qu'on devait établir autour de la capitale, du côté de la rive droite, pour obvier aux débordements de la Seine. Dès le règne de Henri IV, on avait mis en avant plusieurs projets de ce genre. Celui qui parut le plus sérieux fut celui de l'ingénieur Pierre Petit, qui proposa, en 1651, de canaliser les fossés de Paris, du côté du nord. Mais ce fut, je crois, postérieurement à cette époque que les dessins de cet ingénieur furent gravés par A. B. Flamen, peut-être sept ans plus tard, car en 1658 Pierre Petit, après l'inondation qui emporta, cette année, deux arches du pont Marie, fit imprimer un mémoire in-4°, intitulé : *Discours ... touchant les remèdes qu'on peut apporter aux inondations de la Seine*, par Petit, Intendant des Fortifications.

On me communiqua, vers 1845, à la Bibliothèque Nationale, cet ouvrage (marqué L. 886. 1-b.); mais je n'ai pu le revoir une seconde fois, car il est aujourd'hui déplacé, perdu, ou prêté, ce qui revient au même pour le public qui veut le consulter. Il contenait trois planches repliées dans le volume, et signées, soit du nom *AB. Flamen*, soit des seules initiales accolées de ce graveur. Le livre ne se retrouvant pas, je n'ai pu vérifier si ces planches sont précisément les mêmes que les deux dont je vais parler; peut-être en sont-elles des copies réduites. L'une d'elles était, je crois, divisée en deux parties.

Quoi qu'il en soit, les plans dont la description va suivre ont été gravés probablement vers 1658, et sûrement après 1652, car les bastions de l'enceinte du nord y sont tracés d'après le plan de Gomboust, qui porte cette dernière date.

On voit à la Bibliothèque Nationale, dans l'*OEuvre de Flamen*, une estampe en une feuille, gravée à l'eau-forte, et portant 52 cent. sur 37. Elle a pour titre : *Plan dv canal pour l'escoulement des eaux, suivant la résolution prise en assemblée générale, le 28 sept. 1651*, etc. Ce titre est renfermé dans un cartouche richement orné, placé en haut de la carte, à droite. Au coin opposé, un cartouche plus petit contient l'échelle. On lit au bas de la feuille, à gauche, et au-dessous de la ligne d'encadrement : *A Paris, par Jaque Lagniet, au for Leueque*, et, à droite : *AB. Flamen fe*. Au bas, sur une draperie que soutiennent deux enfants ailés, sont gravés seize renvois explicatifs correspondant à autant de lettres marquées sur le plan.

Ce plan contient seulement la partie septentrionale de Paris, qui figure en blanc. On s'est borné au tracé géométral du rempart bastionné, des fossés (pleins d'eau), des portes, et du cours de l'ancien et du *nouuel esgout*. La porte Gaillon, non indiquée sur les plans de 1652 et 54, est tracée sans élévation et marquée C. Le renvoi explicatif l'appelle : *Porte Gallion qui se bastit dans le Marché aux cheuaux*. La porte marquée I est nommée au renvoi : *du Calvaire, ditte de S. Louis*. Le sud (et non l'ouest) est au bas de la planche, comme sur les cartes modernes. C'est peut-être le premier plan de Paris qui soit ainsi orienté.

Plusieurs auteurs ont attribué à ce plan la date de 1651, parce que ce millésime figure sur le titre; mais il est probable, je le répète, qu'il fut gravé plus tard, vers l'an 1658, époque où parut le livre de P. Petit. Albert Flamen, quoi qu'en aient dit plusieurs iconographes, gravait encore en 1658, car on a de lui des pièces allégoriques sur le Jansénisme, et des sujets d'almanachs postérieurs à cette date.

On trouve dans l'*OEuvre* du même artiste, et aussi à la Bibliothèque du Luxembourg, un autre plan gravé par le même, et relatif au même projet. Il est en une feuille, et il a d'encadrement environ 64 1/2 centim. sur 44. Au haut, un cartouche orné de deux Sirènes contient ce titre : *Plan de la ville de Paris et des canaux proposez contre les inondations... par P. Petit*. On lit au bas, à gauche : *AB. Flamen sculpsit cum priuil. Regis*. Son orientation est celle du plan de Gomboust; vers le milieu de la partie inférieure, est une petite carte des environs de Paris. Cette estampe offre le plan général de la ville; mais on s'est borné à représenter au trait quelques rues principales; aucun édifice public, hôtel ou monastère n'est indiqué dans l'intérieur des enceintes. Le champ de la carte ne dépasse pas les Chartreux, au sud, et le Cours-la-Reine, à l'ouest; à l'orient, il s'étend au delà de l'abbaye Saint-Antoine; mais du côté du nord, où se voit le projet du canal, il s'étend beaucoup plus loin, puisqu'on y voit tracée une partie de la ville de Saint-Denis. Sur la route de Paris à cette ville, sont deux croix gothiques ou *Montjoies-S.-Denis*, indiquant les places où se reposa Philippe le Hardi, quand il porta le cercueil de saint Louis, son père. L'une d'elles, placée au delà du village de La Chapelle, est nommée : *Deuxième croix* (la première était devant Saint-Lazare); la suivante n'est pas désignée. Notons qu'il y en avait *cinq* dans cet espace, et que le grand plan des Environs de Paris, par Delagrive, leur donne à toutes un nom.

La prise d'eau du canal projeté est vis-à-vis l'île de la Garenne; il aboutit à la porte du Temple. Le plan du Grand égout (ancien ruisseau de Ménil-Montant) est assez remarquable; il est nommé ici *Esgout des Porcherons*. Le château du même nom est entouré de fossés pleins d'eau. Au sud-ouest de ce château, l'égout passe sous un ponceau, nommé *Hersant*. C'est le même sans doute qu'on voit figurer sur le plan de Du Cerceau (vers l'extrémité de la rue actuelle de l'Arcade), mais sous le nom de *Pont Arcans*. — Au haut du faubourg Saint-Martin est une croix appelée : *croix Mouton*. C'est peut-être le seul plan qui la signale. On y remarque encore la butte et le gibet de *Mont-Faulcon*, dont il reste quelques piliers en ruine, Belleville, la Courtille, l'abbaye Saint-Antoine, etc. La clôture bastionnée paraît tracée positivement d'après le plan de Gomboust. On voit, entre autres portes, celle de Gaillon, à l'extrémité de la rue du même nom, et celle *de la Poissonnerie*.

Sur la rive gauche se déploie l'enceinte de Ph. Auguste, dont la forme générale semble peu exacte. On y compte trente *demi-tours* murales (non compris celles des portes), qui paraissent placées au hasard. Cette forme de demi-tours s'éloigne de la réalité, car presque partout on voyait des *tours rondes*, engagées d'un tiers environ dans l'épaisseur du gros mur, qu'elles ne dépassaient pas à l'intérieur. — Au delà de l'embouchure de la Bièvre, figure déjà un grand bâtiment, nommé l'*Hospital* (la *Salpêtrière*). Or, ce bâtiment, que nul plan antérieur n'indique, peut nous aider à fixer une date à celui-ci : on ne commença à bâtir cet hôpital qu'à la fin de l'année 1656.

J'ai avancé, par erreur, dans mon *Histoire de la Gravure*, page 86, que Flamen avait gravé un plan de Paris en *deux* feuilles. Il a en effet gravé deux feuilles, mais chacune d'elles porte un plan différent; ce sont ceux que je viens de signaler.

Je ne sais si c'est ce plan que La Tynna désigne ainsi : « 1651. Plan qui n'in- « diqué que les rues et aucun édifice public. » Celui-ci est le seul, à ma connaissance, qui soit dans ce cas; on lui aura attribué la date de 1651, probablement parce qu'en cette année fut décidée la construction du canal qu'il représente, mais qui n'exista jamais qu'à l'état de projet.

XXIII. — Plans de Paris entre 1658 et 1676.

1658. — Je ne connais aucun plan qui porte cette date. Mais j'ai cité au précédent chapitre un ouvrage de l'ingénieur Pierre Petit, qui fut publié cette année, et qui contient deux plans (dont l'un, je crois, en deux parties), gravés par Albert Flamen. Ces plans étant les mêmes (peut-être en plus petit) que ceux du même graveur décrits au chapitre précédent, je n'ai plus rien à en dire, puisque je n'ai pu revoir l'ouvrage où ils se trouvent, ni à la Bibliothèque Nationale ni ailleurs.

1663? — Je me souviens d'avoir vu, il y a quelques années, chez un amateur d'estampes, un mauvais plan à vol d'oiseau, sans nom ni date, en une feuille, encadré des portraits de tous les rois de France jusques et y compris celui de Louis XIV. La seule impression que m'ait laissée l'examen rapide que j'en ai fait, c'est qu'il était fort grossier sous tous les rapports. Je lui ai assigné cette date, parce qu'il provenait de je ne sais plus quel atlas géographique publié vers 1663, ce qui ne veut pas dire qu'il représente précisément Paris à cette époque. C'est, je crois, le même plan que possède la Bibliothèque du Luxembourg. Il a 51 centim. sur 38; on lit au bas : *chez Iollain, rue S. Jacques, à l'Image S. Louis*. C'est une hideuse copie modernisée du plan de Mérian.

1664 ou 65. — J'ai signalé, page 143, deux plans réduits d'après celui en quatre feuilles de Jean Boisseau, plans exécutés approximativement vers cette époque; mais comme ils représentent Paris vers 1657, j'ai dû les citer à cette dernière date.

1665. — Mauperché cite, sous cette date, le plan de J. Gomboust, qu'il nomme : *Gombaut*. C'est probablement une double erreur. Pour moi, je n'ai jamais vu de ce plan qu'une seule édition : celle de 1652. Voy. page 121.

1666 et 68. — On voit, à l'Hôtel-de-Ville (Bureau des Plans), un plan de Paris composé de quatre feuilles, tracé à vol d'oiseau, et orienté avec l'ouest au bas. On remarque sur la seconde feuille, au-dessus d'un portrait de Louis XIV, à côté du blason de Paris, la date de 1668, et à un autre endroit, celle de 1666. Près et à gauche du portrait signalé est le signe des jésuites IHS. On lit, au bas de la carte, à droite : *A Paris chez N. Berey, proche les Grands Augustins, ou bout* (sic) *du pont Neuf*.

Cette image de la capitale est horriblement déformée. Le Palais-Royal n'y figure pas, faute d'espace; la rue de Richelieu fait le coude; le pont Rouge aboutit, au sud à la rue de Beaune, et au nord, vers le milieu du jardin des Tuileries, et autres bévues du même genre.

A la dimension de ce plan et à certains détails, j'ai reconnu positivement un nouveau tirage, surchargé de nouvelles retouches, des anciens cuivres de Du Cerceau, dont j'ai parlé à la page 111. Mais ces planches ont perdu, cette fois, l'intérêt qui se rattachait encore à l'édition de 1650, qui offrait au moins les deux tiers du tracé original. Ici, on a si bien regratté, repassé et défiguré toute la surface du cuivre, qu'on y retrouve à peine quelques traces de la gravure primitive. Ce qui me surprend, c'est que les deux planches du premier rang ne paraissent plus avoir été divisées comme elles le furent en effet, ainsi que je l'ai expliqué.

Il faut donc admettre que le nouvel éditeur réussit à en réunir les morceaux assez intimement pour qu'il ne restât plus aucun vestige de coupures.

1668. — Je ne sais plus où j'ai vu citée, à cette date ou à celle de 1669, une édition du plan en six feuilles de N. Berey, décrit page 147. Je ne crois pas qu'il existe de tirage de ces planches, intermédiaire entre 1656 et 1764. En tout cas, on n'y remarquerait aucune différence, puisqu'on n'en voit aucune sur les épreuves tirées vers 1764.

1669? — La Tynna donne cette date à un « plan de Cochin en *trois* feuilles. » Je ne connais aucun plan en trois feuilles, à moins que l'une d'elles ne soit un texte ajouté. Peut-être La Tynna accorde-t-il, par méprise, le nom de *plan* à une *vue générale* de Paris, due à ce graveur.

Dans les *Délices de la France*, ouvrage publié en 1670 (voy. page 109), se trouve inséré un petit plan dont j'ai parlé à l'année 1634, puisqu'il est la copie exacte d'un autre plan de cette époque.

1674. — L'Académie des sciences ayant fait dresser (peut-être par Jouvin de Rochefort) un plan des environs de Paris, chargea, en 1674, François de La Pointe du soin de le graver. Ce travail fut achevé en 1678. Ce plan, orienté comme ceux de nos jours, se compose de neuf feuilles qui, réunies, forment un ensemble de 137 centim. sur 126. Si je mentionne ici cette carte, ce n'est pas à titre de plan de Paris, puisque la capitale y occupe un espace fort exigu ; c'est parce qu'elle représente pour la première fois peut-être, et assez en grand, l'état des localités qui l'entourent. Je ne sais si elle a le mérite de l'exactitude, sous le rapport des distances, mais à coup sûr elle n'offre pas la dixième partie des détails qu'on devait exiger d'une telle superficie. Les grandes propriétés, et les principales routes elles-mêmes n'y sont pas tracées. Elle n'est point rare, puisque les planches existent à la *Calcographie du Louvre*, où les neuf feuilles se vendent au prix de douze francs.

1675. — Je ne connais aucun plan qui porte positivement cette date. Mais je pense qu'il en existe un ou plusieurs qui la portent, ou du moins auxquels on doit l'attribuer. Ainsi, le plan de Blondel et Bullet, que je décris au chapitre suivant, se rapporte à cette année 1675, comme l'annonce le texte. Je m'étendrai, à l'année 1690, sur un plan en neuf feuilles, dressé par Jouvin de Rochefort. Or, il peut exister de ce plan une édition un peu antérieure à 1676, puisqu'un plan plus petit, de cette date et du même géographe, fut *réduit*, de l'aveu de l'auteur, *sur un autre en plusieurs feuilles*. Cet autre est fort probablement son œuvre, c'est-à-dire son plan en neuf feuilles, édition primitive. Peut-être veut-il désigner celui de Bullet, avec lequel il a assez d'analogie ; mais il est plus vraisemblable d'admettre que Jouvin réduisit son propre plan.

XXIV. — Plan de Pierre Bullet et Nicolas Blondel, 1676.

Voici le plan de Paris le plus important, édité depuis celui de J. Gomboust, 1652, si toutefois la première édition du plan en neuf feuilles de Jouvin de Rochefort ne l'a point précédé. L'architecte qui le dressa, sous la conduite de son collègue Blondel, put se passer, pour le publier, de l'autorisation de l'ingénieur privilégié Gomboust, supposé qu'il vécût encore, puisque la levée en fut ordonnée par Louis XIV. Il se compose de douze feuilles, formant quatre rangs, et portant chacune, y compris la bordure de feuilles de chêne qui encadre l'ensemble, 64 cent. de largeur ; la hauteur varie entre 48 et 49 centimètres.

Bien que ce plan soit le plus vaste entrepris jusqu'alors, il est loin d'être aussi précis et aussi détaillé que celui de Gomboust, qui probablement lui sert de base. Il est orienté comme ce dernier, et, à son exemple, n'offre en élévation que les édifices publics et les hôtels. Les noms des rues sont inscrits, soit au milieu de ces rues, soit le plus souvent sur les blancs ménagés dans le pointillé des îlots de maisons. Son champ a pour bornes les boulevards intérieurs actuels, projetés au nord et au midi. Au delà de cette double ceinture d'arbres, sont de grands espaces vides qu'on ne jugea pas à propos de remplir, puisque le but principal était d'offrir le tracé des nouvelles enceintes. Ce plan de commande, devant être terminé à époque fixe, fut exécuté avec trop de précipitation pour que les détails en fussent bien soignés. La gravure assez remarquable sur certains points, et exécutée à l'eau-forte, est due à De la Boissière, graveur d'architecture, connu des amateurs de topographie par quelques pièces curieuses. Ce nom, suivi du mot *fecit*, est inscrit au bas de la onzième feuille.

On voit aux Archives (1re classe-53) un grand plan manuscrit lavé avec soin, et portant au bas la signature de Bullet. Le catalogue des Archives lui attribue à tort la date de 1665. Ce plan a été modernisé peut-être par Bullet lui-même, pour l'année 1700 ou environ. Aussi n'y voit-on plus, comme sur la gravure, ni le rempart de Louis XIII, ni les restes de l'enceinte méridionale de Ph. Auguste.

Dans une des salles hautes des Invalides, occupées par les dessinateurs des plans en relief, se trouve ce même plan manuscrit, dessiné et lavé avec la plus grande netteté. Sur un obélisque entouré d'ornements très-soignés, on lit :

Bullet, 1676. Malgré cette date, il représente aussi l'état de Paris vers 1700. Il est probable qu'à cette époque le roi aura donné ordre de dresser plusieurs de ces plans, pour les distribuer à divers établissements publics.

Bien que cette carte, datée de 1676, passe pour une première édition, certains points usés ou mal effacés sur les planches me font conjecturer que la gravure primitive est antérieure de plusieurs années à cette date. Le prévôt des marchands désirant se procurer au plus vite un plan gravé avec le tracé des boulevards projetés, afin de le soumettre aux yeux du roi et du public, aurait-il fait acquisition d'un plan commencé depuis longtemps et non achevé, et l'aurait-il approprié à son but? Cette hypothèse n'est pas sans vraisemblance. — Les portes Saint-Denis et Saint-Martin, récemment élevées par Blondel et Bullet, sont ici figurées avec leurs noms; mais ces noms, trop éloignés des monuments qu'ils désignent, s'appliquent évidemment aux anciennes portes, situées à environ quarante toises plus loin vers le sud. Aux inscriptions : *porte S. Marcel, S. Jacques, S. Michel*, on a fait ajouter au burin, l'épithète de : *ancienne*. Le pont Marie n'a plus que les deux tiers de ses maisons; mais on voit qu'elles y figuraient toutes primitivement, car il reste encore des traces de la double rangée qui, vers le sud, fut emportée avec deux arches par l'inondation de 1658. — Les Invalides, commencés en 1671, n'y sont pas encore marqués.

Ces remarques attestent que ce plan eut une édition antérieure (que je n'ai jamais vue), ou du moins, qu'il fut commencé avant l'an 1675, époque où il parut susceptible à Blondel d'atteindre, au moyen de quelques modifications, le but désiré. Quoi qu'il en soit, je l'appellerai première édition. Voici le titre qu'il porte, titre inscrit en majuscules sur la troisième feuille : « Plan de Paris levé par les « Ordres dv Roy et par les soins de Messievrs les Prévost des Marchans et Esche-« vins, en L'année 1676, par le Sr Bvllet [1], Architecte dv Roy et de la Ville, sovz « la condvite de Monsievr Blondel..., Directevr de l'Académie Royale d'Architec-« tvre..., contenant l'Estat présent de la Ville de Paris et les Ovvrages qvi ont été « commencez par les Ordres dv Roy... »

Cette vaste estampe, qui est loin d'être un chef-d'œuvre, sous le rapport de la gravure ou de la précision géométrique, offre encore de l'intérêt à l'archéologue, car on y saisit, en quelque sorte, les dernières traces du vieux Paris, les derniers mouvements de sa métamorphose. Il conserve encore, sur la rive gauche, l'image de la clôture de Ph. Auguste, depuis la porte Saint-Michel jusqu'à celle Saint-Victor, et, sur la rive droite, le tracé des bastions de Louis XIII. La présence de

---

[1] On a lu quelquefois BVILET au lieu de BVLLET, parce que sur ce titre, le premier L de ce nom en majuscules étant trop rapproché du second, et se confondant avec lui, ressemble à un I.

ces bastions, à côté de la ligne actuelle des boulevards, offre un curieux point de comparaison relativement aux limites respectives des deux enceintes.

La Bibliothèque du Luxembourg possède une épreuve du plan de Bullet, suivi d'un texte détaché, en quatre feuilles in-folio, imprimé sur deux colonnes. Il porte pour titre : « Plan de Paris... levé par l'ordre du Roy et par les soins du Pré- « vost, etc., en l'année 1675, par le Sr *Bvlet*. » On lit à la fin : « Se vend à Paris, au logis de Monsieur Blondel, rue Jacob. » Ce texte offre quelques explications sur les édifices modernes. Il était destiné à être divisé en huit bandes, et collé de chaque côté du plan assemblé, comme le prouve une épreuve coloriée et montée sur toile, que l'on conserve aux Archives (1re classe-52).

Il est possible qu'il existe une édition antérieure à 1676; mais il est certain qu'il en a été publié au moins deux, postérieurement à cette date. Il y a un tirage où l'on voit la place des Victoires, substituée à l'hôtel de La Ferté-Senecterre, place achevée en 1686. Je décrirai plus tard l'édition de 1707, qui a été retouchée et modernisée sur toute sa surface ; enfin, il en existe peut-être une autre de 1710.

La *Bibliothèque historique* de Lelong signale (n° 1773) le « Plan de Paris en 12 feuilles in-folio, 1676, par *Guilette*[1], sous la direction de N. Blondel. » M. G. de Saint-Fargeau, qui a la naïveté de se fier au père Lelong, a répété ce nom de *Guilette*. *La Tynna* ne cite aucune édition de ce plan. Mauperché dit simplement : Plan de Bullet, 1676.

Les diverses éditions sont assez rares aujourd'hui dans le commerce, celle surtout de 1676. Néanmoins, on en rencontre de temps à autres, et la plupart des collectionneurs en ce genre ont pu s'en procurer une épreuve, moyennant la somme de 25 à 50 fr., selon son état de conservation.

M. Léon de la Borde, dans son ouvrage sur le *Palais Mazarin*, 1846, a reproduit, page 5, une partie de la septième feuille de ce plan, représentant le voisinage de l'hôtel Mazarin, devenu la Bibliothèque Royale.

Je passe à quelques remarques sur chaque feuille du plan de Bullet, d'après l'épreuve de premier état que je possède.

FEUILLE I. — Elle est aux deux tiers remplie par une vaste draperie, sur laquelle figure l'élévation géométrale de la porte Saint-Bernard, refaite par Bullet en 1673, et de la nouvelle porte Saint-Denis, construite par Blondel en 1672. Au-dessous de la draperie, une médaille représente le profil du roi, et au revers, la ville de

---

[1] Cette singulière altération du nom de *Bullet* prouve que Lelong (ou son continuateur) rédigeait quelquefois des titres *de auditu*, méthode fort vicieuse. On lui aura dicté le nom, et il aura entendu : *Guilette*.

Paris assise, appuyée sur son blason, et tenant une corne d'abondance; autour, la devise : *Felicitas Publica*. — Le gros bastion de la porte Saint-Antoine est planté d'un double rang d'arbres, qui suit sa forme triangulaire. Plus loin, vers l'est, est un autre bastion d'une forme très-obtuse; le nouveau cours traverse une de ses faces. On n'y voit plus le jardin des Arquebusiers qui fut, vers cette époque, transféré au delà du fossé, derrière le Grand bastion.

La ligne du boulevard, avec ses quatre rangées d'arbres, semble être terminée depuis la Bastille jusqu'à la hauteur de la rue Boucherat. — Les fossés paraissent pleins d'eau jusqu'au delà de la porte Saint-Louis. — Les hôtels et couvents avoisinant la place Royale sont assez mal dessinés. — On remarque, rue Payenne, les Religieuses de la Nativité de Jésus. — Il n'existe plus d'*Arcenal de la ville*, rue *Cousture* Sainte-Catherine. — La place Royale est entourée d'une palissade.

FEUILLE II. — Au sommet, dans un cartouche orné d'enroulements et de draperies, on lit en majuscules pointillées : PARIS ; au-dessous, au milieu de la Seine, est une boussole. — Il ne reste plus qu'une seule porte Saint-Antoine, celle terminée sous Henri III, modifiée vers 1660, et enfin restaurée à neuf en 1672, par Blondel. Elle est précédée, du côté du faubourg, par une rampe semi-circulaire. — La contrescarpe du fossé de la Bastille est revêtue de pierres jusqu'à la Seine; ce revêtement n'existait pas encore en 1739. — Rue de la Cerisaye, est indiqué l'*hostel d'Esdiguières* (De Lesdiguières), et, rue Saint-Antoine, au coin de celle du Petit-Musc, un autre est appelé : *de Lesdigier*. C'est une méprise : ce dernier se nommait : hôtel du Maine. — Chapelle Saint-Eloy, près de Saint-Paul. — Un pont de six bateaux est établi entre l'île Louviers et le quai, près l'entrée de l'Arsenal. — On reconnaît encore, enclavées dans les bâtiments de l'Arsenal qui longent le Mail, ces tours carrées élevées sous Charles V, pour relier la tour Barbeau à celle de Billy.

Les principaux édifices tracés sur cette feuille, tels que Saint-Victor, les Célestins, l'hôtel de Sens, etc., sont d'un dessin mesquin et sans exactitude; le style en est tout défiguré. — Le pont Marie, vers l'extrémité sud, a perdu un tiers de son double rang de maisons. Ces maisons effacées, mais dont on voit encore la trace, sont remplacées par un simple balustre de fer. — La porte Saint-Bernard, rhabillée par Blondel, est percée de deux arcades : le fossé, de ce côté, paraît comblé. A cette porte adhère une longue portion du gros mur d'enceinte, auquel est incorporée une vaste tour ronde qui le dépasse à l'intérieur. Des plans plus précis indiquent là une demi-tour. — A cette même porte aboutit le tracé du nouveau cours projeté au sud. Ce boulevard fut exécuté beaucoup plus tard, et sur un autre point, puisqu'il passa au delà du Jardin des Plantes. — Le canal détourné de la Bièvre limite encore ce jardin, et se rend dans l'enclos de l'abbaye Saint-Victor; mais il s'y arrête et ne débouche plus dans la Seine. — La Halle aux vins, établie en 1662, et l'Hospice de la Salpêtrière vers 1667, ne sont pas indiqués.

FEUILLE III. — Elle est toute remplie par le titre, cité page 151. Au-dessus de ce titre, figurent les élévations géométrales de la porte Saint-Antoine, restaurée et percée de deux nouvelles baies en 1672, et de celle Saint-Martin, construite par Bullet en 1674. Le tout a pour fond une immense draperie frangée.

FEUILLE IV (première du second rang). — A gauche, passe le nouveau boulevard, tracé au gros pointillé. — Les buttes, en forme de bastion, voisines des portes Saint-Martin et du Temple, paraissent ici aplanies, quoiqu'elles subsistassent toujours. — La rue Meslay n'est pas encore formée. — Au delà du tracé du boulevard, sont d'immenses espaces en blanc, qui ne furent remplis que sur l'édition de 1707. — L'abbaye Saint-Martin et l'enclos du Temple attirent surtout l'attention, mais ces deux localités sont mal représentées dans leur ensemble et leurs détails, si on les compare aux vues du même temps qui nous en restent.— L'entrée du Temple paraît fortifiée de deux vieilles tours; celle de l'abbaye Saint-Martin est assez pittoresque; devant, est une barrière. La tour (encore subsistante) qui fait le coin de la rue du Vert-Bois (ici nommée : *du Gaillardboys*) est mal rendue, ainsi que toutes les autres. — Capucins, rue d'Orléans; vaste couvent. — On ne voit plus, Vieille rue du Temple, les *Comédiens du Marais*. — Ancienne église des Blancs-Manteaux, avec le chœur tourné vers l'orient. — On remarque encore : l'hostel d'O (Vieille rue du Temple), que remplaça un couvent d'Hospitalières, et plus tard le marché Saint-Gervais ou des Blancs-Manteaux. — Les façades ogivales des églises de Saint-Magloire, du Saint-Sépulcre, etc., offrent trop peu de détails pour qu'on puisse s'en faire une idée; les principaux hôtels et églises tracés sur cette feuille sont, en général, peu reconnaissables.

FEUILLE V. — Au centre est la Cité. Le Terrain, réuni à son sol, est revêtu de maçonnerie, mais offre encore une place vide; pas de portes au cloître Notre-Dame. — Les ponts chargés de maisons de diverses époques sont assez pittoresques; mais la plupart des vieilles églises sont mal rendues, sauf la façade de Notre-Dame, et le triple pignon des bâtiments de l'Hôtel-Dieu, du côté du Petit-Pont. — Le Petit-Châtelet, ainsi que le Grand, sont insignifiants. — Saint-Leuffroy, qui n'avait qu'une nef, en a ici trois. — L'image du Palais est peu précise; l'ensemble et les détails sont certainement plus exacts sur l'ancien plan de Mathieu Mérian. On a oublié non-seulement la grosse tour sise à l'entrée de la rue de Jérusalem, mais aussi celles qu'on voit encore sur le quai ici nommé : *du Grand cours d'eau ou de l'Horloge*. — Entre le Petit-Pont et le pont de l'Hôtel-Dieu, est le pont Saint-Charles (non indiqué par Gomboust), avec une croix au milieu. — Sur la place de

Grève, plus de croix gothique, ni de fontaine, ni de piles de planches, mais une sorte de terrasse qui conduit au *nouueau quay de la Tannerie*. Ce quai, construit par Bullet lui-même en 1675, nécessita la démolition des maisons sises à l'extrémité nord du pont Notre-Dame. — Les anciens moulins, près la Grève, ont disparu. — Le cimetière des Innocents paraît assez exact; la rue de la Féronnerie a été élargie. — La façade détaillée de Saint-Jacques-la-Boucherie ressemble assez à l'estampe donnée par Dulaure. — Derrière le marché Saint-Jean, est indiqué le *Cimetière Verd*. — Bureau des *Merciers-Joalliers*, rue des Cinq-Diamants. — Chapelle des Orfévres, rue des Deux-Portes.

Sur la rive gauche de la Seine, on trouve quelques vieux édifices dessinés avec assez de finesse et d'exactitude; je citerai : Le collége de Navarre avec ses quatre pignons gothiques, dont une estampe de A. D. Martinet nous a laissé les détails; Saint-Etienne-du-Mont et Sainte-Geneviève : Saint-Nicolas-du-Chardonnet, Saint-Jean-de-Latran, les Carmes, Saint-Yves, la Sorbonne, l'hôtel de Condé, Saint-André-des-Arts, dont la tour est mal placée, etc. — Devant la façade de l'église des Cordeliers aboutit la nouvelle rue de l'Observance; le cloître reconstruit empiète sur l'ancien fossé, comblé jusqu'à la porte Saint-Michel. — Cette porte est mal figurée. — On ne voit plus, rue de la Harpe, la Bibliothèque du Roi, qui n'est pas encore indiquée rue Vivienne, où elle resta quelque temps. — La porte Saint-Victor est ici fortifiée de deux tours, du côté de la ville.

Plus d'un nom de rue a été altéré ou mal orthographié, comme : rue *Tisons*, au lieu de *Tiron* (rue Saint-Antoine); celle de l'Abreuvoir-Popin est nommée : *de l'Arbre voir Pepin*. — La rue de Condé se nomme, comme sur le plan de Gomboust : *Neufue S. Lanbert*; celle aujourd'hui dite : Pavée-Saint-André, rue *Pavée d'Andouilles*; celle du Fouarre : rue *au Foire*. — Près la porte Saint-Marcel est écrit : *Ancienne porte Saint-Martin*, mais sur la feuille suivante on lit l'inscription : *Porte Saint-Marceau*.

FEUILLE VI. — A gauche, on voit passer la partie de l'enceinte de Ph. Auguste, comprise entre les portes Saint-Michel et Saint-Marcel. — La porte Saint-Jacques et son avant-porte sont assez bien figurées; aux environs, le fossé commence à être remplacé, du côté de la contrescarpe, par des rangs de maisons. — Estrapade. — Plus de jeux de longue Paulme dans le fossé. — On voit, à partir de la porte Saint-Marceau, la suite du pointillé, commencé à la porte Saint-Bernard, qui indique le projet du nouveau boulevard du Sud. Il enclôt le Val-de-Grâce, et revient, par un retour d'équerre, au haut du faubourg Saint-Jacques, au coin du couvent des Capucins; puis reprend, rue d'Enfer, à la pointe sud-est des Chartreux. — Au delà du tracé est l'Observatoire récemment construit. — Le couvent des Chartreux offre vingt-neuf cellules. La pompe qu'on remarque au milieu du grand cloître subsiste encore aujourd'hui. — Les édifices qu'on distingue sur cette feuille sont, en général, assez mal gravés, et offrent peu de détails bien remarquables. Près l'Observatoire est la *Fauce porte du Fauxbourg S. Iacques*.

FEUILLE VII (première du troisième rang). — Sur la gauche, passe le tracé du nouveau boulevard du Nord; celui de la clôture bastionnée de Louis XIII subsiste toujours. — La porte Montmartre, près la rue des Jeûneurs, et celle Richelieu, près la rue Feydeau, sont encore debout; cette dernière seule est en élévation, et paraît fortifiée de deux tours, avec pont-levis et pont dormant d'une arche sur le fossé, qui n'a point été comblé entre ces deux portes. — La place des Victoires n'est pas encore construite [1]. — La rue actuelle Feydeau se nomme ici : *des Fossez Montmartre*, et celle qui porte aujourd'hui ce nom, simplement : *rue des Fossés*. — La Butte des deux moulins est aplanie. — La rue dite de nos jours : Saint-Joseph est nommée : *Rue du Temps perdu*. — Pas de croix gothique devant la façade de Saint-Eustache.

FEUILLE VIII. — On y remarque : L'hostel de Soissons bien figuré; la Chapelle de la Reine n'est pas tracée en élévation. — La Monnoye du Roy se voit rue de ce nom. A côté est une sorte de rue commencée, nommée : *Rue Guy d'Auxerre*. — Le Louvre est achevé; on a supposé démoli le groupe d'hôtels qui cachait sa colonnade. — Le *Grand Conseil* est toujours dans la rue du Petit-Bourbon. Il est, je crois, établi dans l'ancien hôtel du Bouchage, où mourut peut-être Gabrielle d'Estrées. — Hôtels de la Roche-Guyon et de *Melusine*, rue des Bons-Enfants. — La façade de l'Oratoire n'est pas encore construite. — Un hostel de Richelieu (rue de ce nom) est contigu au Palais-Royal, à la place où nous voyons le Théâtre-Français. Au milieu de la cour est une statue équestre, et, dans un coin de l'arrière-cour, une sorte de vieille tour ronde, ou de colombier. — Saint-Roch a une nouvelle façade; mais l'ancienne, qui regardait l'ouest, n'a pas été démolie. — Le palais des Tuileries a été reconstruit, accompagné du nouveau jardin, que nous voyons encore aujourd'hui; la cour du château remplace le jardin de Mademoiselle; la tour et la porte Neuve ont été abattues, et le reste de l'ancien fossé comblé. — Le pont Rouge, avec ses treize arches de bois, subsiste toujours, mais il n'y a plus de pompe vers le milieu. — Le collége *des quatre Nasion* a chassé la tour et la porte de Nesle, et l'hôtel de Conti, l'hôtel de Guénégaud. — La rue Mazarine est encore nommée : *des Fossez*. — L'hôtel de Liancourt paraît assez bien dessiné,

---

[1] Sur l'épreuve de la Bibliothèque Nationale, cette septième feuille, quoique faisant partie de l'édition de 1676, offre cette place, substituée à l'hôtel de *Sceneterre* (Sénecterre), indiqué sur mon épreuve et sur celle du Luxembourg. Cette légère différence atteste-t-elle l'existence d'une édition intermédiaire entre celles de 1676 et 1707?

ainsi que l'ensemble de l'Abbaye Saint-Germain-des-Prés. Derrière cette abbaye, à l'est, est le *Ieu de longue Paulme de Metz*. — Eglise des Théatins. — L'ancienne église Saint-Sulpice est toujours debout, mais à son chevet est commencée la nouvelle paroisse, beaucoup plus spacieuse que l'ancienne.

Feuille IX. — Le tracé du boulevard du Sud, venant de la pointe des Chartreux, passe au milieu de cette feuille ; il traverse la rue de Vaugirard au-dessus de la rue de Bagneux, puis, celle du *Chasse-Midi*, près d'une rue en zigzag, nommée : *rue Abrulle* ; arrivé rue de *Seue* (Sèvres), il fait le coude vers le nord, et coupe de biais la rue *du Leude ou des Brodeurs*, derrière les Incurables. — On voit encore, comme en 1652, l'hôpital des *Taigneux*, rue de la *Cheze*, entre les Petites-Maisons et une manufacture de tapisseries. — Les *Dix-Vertus*. — Rue du Regard, derrière la pointe S.-O. du jardin du Luxembourg, est le *Fort des Académistes*. On y voit figurer, au milieu d'un jardin, un fort bastionné, destiné, sans doute, à démontrer la théorie de Vauban. Vis-à-vis cet établissement est une église du Saint-Esprit. Au delà de la ligne du boulevard projeté, toute la feuille est restée blanche.

Feuille X (première du quatrième rang). — Au coin supérieur, à droite, passe le troisième bastion de Louis XIII (à partir de la Seine). Au delà, au nord de ce bastion, continue le tracé du nouveau boulevard qui arrive à l'emplacement actuel de la Madeleine. L'immense vide de cette feuille est rempli par une draperie contenant un plan des fontaines et conduites d'eaux de Paris. — Au bas de la draperie, à droite, est une grotte de stalactites, à trois arcades, laissant entrevoir une vue du Pont-Neuf, et surmontée de figures allégoriques. Au bas de la feuille, à gauche, on lit : *Chez N. Langlois, rue S. Jacques, à la Victoire. Auec priu. du Roy renouelé pour vingt années*.

Feuille XI. — Reste du Boulevard qui aboutit à une place projetée, à la suite du jardin des Tuileries, place exécutée beaucoup plus tard, et sur un autre plan. Le jardin est toujours terminé par le bastion à deux faces, qui fut abattu, vers 1720, pour agrandir les terrasses. — L'hôtel de Vendôme, les Feuillants, les Capucins et leurs voisines les Capucines, etc., sont assez bien figurés. — Les religieuses de l'Assomption possèdent enfin cet énorme dôme (précédé d'un très-petit péristyle) que des plaisants ont baptisé du nom de : église de *Sot Dôme*. — De l'autre côté de la Seine, vis-à-vis la porte de la Conférence, commence, au milieu du Grand Pré-aux-Clercs, le tracé du boulevard du Midi, qui devait laisser en dehors les Invalides, ici non représentés, bien qu'ils fussent commencés dès 1671. — Les rues de Grenelle et de Saint-Dominique ont l'air encore de chemins à travers champs ; chemins que bientôt borderont de somptueux hôtels. On remarque déjà, dans cet espace, quatre couvents modernes de religieuses, l'Orangerie du Roy, et l'Hostel de Noailles (rue de Grenelle), accompagné d'un immense jardin carré. — Au bas, et au milieu de cette feuille, est un socle de colonne. On y voit tracée l'échelle du plan, et plus bas, on lit : DE LA BOISSIERE FEC. Sur l'épreuve de la Bibl. Nat., on a, près de ce nom, ajouté une bande où on lit : *Se vend chez Monsieur Blondel, au coin de la rue Jacob, faub. S. Germain.*

FEUILLE XII. — Dans le coin supérieur, à gauche, passe, de biais, la portion du boulevard du Midi, qui, partant du Pré-aux-Clercs, va, au sud-est, rejoindre le haut de la rue de Sève. Au delà du tracé, le vide est rempli par une carte fort médiocre des environs de Paris, entourée d'une bordure.

XXV. — Petit plan de Jouvin de Rochefort, 1676.

(Et sa copie par F. de Witt.)

On voit à la Bibliothèque de l'Arsenal (*Collection in-folio sur l'Ile-de-France*, n° 464), un plan de Paris en une seule planche, de 70 centim. sur 55. L'épreuve magnifique annonce un premier état. Son tracé tout entier est géométral, et les îlots de maisons sont pointillés avec finesse. Il est orienté selon la méridienne, avec le sud au bas de la carte, et gravé avec beaucoup de netteté, sur les dessins d'Albert Jouvin de Rochefort, probablement par Fr. de La Pointe, le même qui exécuta le plan des Environs de Paris, décrit à l'année 1674.

En haut, à gauche, un cartouche orné de draperies que portent deux enfants ailés, contient la dédicace que fait Jouvin de Rochefort à Simon Arnauld de Pompone. A droite est représentée, dans un nuage, la France soutenant les armes royales et le blason de Paris; au-dessus de sa tête on lit, sur un rouleau : LVTETIA. Entre ce sujet allégorique et la dédicace est ce titre, encadré d'un simple filet : *Paris et ses environs*. Au bas de la feuille figure la petite carte de ces environs, et à côté, une tablette carrée, au milieu de laquelle est une petite rose des vents, porte l'adresse de l'éditeur : *Chez de Fer, sur le quay de l'Orloge, à la Sphère, 1676, avec priuilège pour 20 ans*. A droite, toujours au bas, un cadre sans ornement, correspondant à la carte des environs, renferme 67 renvois, disposés sur trois colonnes. En tête de ces renvois, on lit cette phrase remarquable : « Comme il se trouve moins de place dans ce plan abrégé de la ville de Paris que « dans *l'autre en plusieurs feuilles*, sur lequel je l'ai réduit, j'ay mis sur cette « table les noms de quelque lieux. »

Or, quel est cet autre plan en plusieurs feuilles, d'où dérive celui-ci? Ne serait-ce pas le plan en neuf feuilles du même Jouvin, dont il existerait une édition un peu antérieure à 1676? Pour moi, je n'ai jamais vu qu'une édition sans date, celle décrite à l'an 1690, parce qu'elle représente évidemment l'état de Paris à cette époque. Il semble résulter de ces mots que Jouvin aurait déjà, en 1676, publié son grand plan en neuf feuilles; mais je n'oserais l'affirmer, car l'épreuve signalée à l'an 1690 ne paraît ni usée ni retouchée, et il serait possible que le plan en *plusieurs* feuilles dont il parle fût celui de Bullet, avec lequel le sien a beaucoup de conformité, dans les proportions comme dans la forme.

Le champ de ce plan en une feuille a pour limites : au nord, le château de Monceaux, l'hôpital Saint-Louis et la *Folie-Renaud*, propriété qui passa au Père La Chaise; au sud, l'Observatoire, terminé en 1672; à l'est, la Rapée et le faubourg Saint-Antoine, jusqu'au delà de la grande rue de Reuilly; enfin, à l'ouest, l'église de Saint-Philippe-du-Roule.

Je mentionnerai quelques localités. On y remarque toujours l'hôtel de Vendosme, que doit bientôt remplacer la Place des Conquêtes, à laquelle nous avons donné le nom de l'hôtel. — Le palais du Louvre est représenté comme achevé, et dégagé des vieilles constructions qui obstruèrent sa colonnade jusque vers 1750. — La Butte des Moulins a disparu, ainsi que la Tour du Bois et le logis du Grand Prévôt. — L'enceinte de Louis XIII existe encore en partie, mais les fossés sont partout comblés, hors entre la Seine et la porte Saint-Honoré. La forme des bastions ressemble plus à ceux du plan de Bullet qu'à ceux de Gomboust. Celui dont une des faces livre passage à la porte Richelieu a une forme plus obtuse que sur les deux plans cités; un plan manuscrit des Archives semble donner raison à Jouvin. — On voit figurer la porte Gaillon et les nouvelles portes triomphales Saint-Denis et Saint-Martin; quant aux anciennes du même nom, elles ont été démolies. — Les buttes qui dominaient les vieilles portes S.-Martin et du Temple subsistent toujours, et sont surmontées chacune de trois moulins. — La ligne des boulevards actuels n'est pas encore tracée, pas même du côté de la Bastille, où les plantations avaient été commencées dès 1668; c'est une omission de Jouvin, ou il faudrait attribuer à son plan une date antérieure. — Il n'existe plus qu'une faible partie du bastion, qui contenait le jardin des Arquebusiers. — Ce plan est le premier peut-être qui nomme : le Pont-aux-Choux.

Les îles n'offrent aucuns détails nouveaux. — Le *Terrin* est incorporé à la Cité. — On reconnaît encore, du côté de la rive gauche, de vastes portions du mur de Ph. Auguste, mais aucune tour murale. On voit toujours les vieilles portes Saint-Victor, Saint-Marcel, Saint-Jacques et Saint-Michel, qui furent toutes abattues vers 1684. Les fossés sont comblés partout, hors entre les portes Saint-Victor et Saint-Michel et le long des Cordeliers; mais aux abords des portes désignées, ils sont envahis par des maisons dont ils paraissent former les cours ou les jardins. — On a indiqué les Invalides et l'hospice de la Salpêtrière.

En résumé, ce plan donne l'état de Paris vers 1674 ou 75, et paraît être réduit d'après des dessins qui ont peut-être servi de modèle à l'architecte Bullet. Il est certain aussi que le plan de Gomboust a dû influer sur sa perfection.

Tous les plans de Jouvin de Rochefort eurent, de leur temps, une réputation méritée, et furent la base des meilleurs édités par Nicolas De Fer, entre 1676 et 1728, époque où les travaux consciencieux du célèbre géographe Delagrive, qui dut s'en aider à son tour, commencèrent à les faire oublier.

La Bibliothèque Nationale possède (grand carton supplém.) une épreuve du plan de Jouvin, ci-dessus décrit; mais cette épreuve est pâle et certainement postérieure à la date 1676, qu'on y a effacée sans doute pour le rajeunir. Je n'ai pu mettre les deux épreuves en présence; mais si ma mémoire est fidèle, il n'y a entre elles aucune différence sensible. J'ai remarqué seulement la disparition du millésime, et un 68e numéro ajouté à la table des renvois.

Cette estampe me semble assez importante et assez rare pour être estimée une trentaine de francs.

Ce plan, ou plutôt le grand en neuf feuilles du même géographe, a donné lieu à beaucoup de copies plus ou moins réduites, par l'éditeur De Fer qui avait, je pense, la propriété des dessins de Jouvin de Rochefort. La plupart des Descriptions de Paris publiées vers 1700 renferment des réductions modernisées de ce plan. J'en vais citer un qui en est positivement la copie, bien que tracé sous forme de plan à vol d'oiseau.

PLAN DE FR. WITT. — Vers 1690, parut un immense recueil en 30 tomes in-folio, intitulé : *La Galerie agréable du Monde*, sorte de Cosmographie *mise en ordre et exécutée*, dit le titre, par Vander Aa, libraire à Leyde. La France seule y occupe six tomes. Les planches sont des reproductions exactes des estampes de N. Perelle et autres graveurs français. Le tome Ier renferme un plan de Paris en une feuille, ayant un peu plus de 58 centim. sur 49. Ce plan est l'exacte copie, un peu réduite, du plan de Jouvin de Rochefort, 1676. C'est la même orientation; ce sont les mêmes détails. Seulement il offre, sans cesser de représenter Paris géométralement, une sorte de plan à vol d'oiseau, puisque les îlots de maisons sont formés de lignes de pignons réguliers et uniformes, qui laissent à découvert la forme de toutes les rues. Ces pignons constituent une sorte de signe conventionnel destiné à remplacer le pointillé de l'original. Quant aux édifices représentés, ils sont tout à fait insignifiants. La gravure, au reste, est très-finement exécutée à la pointe. Un assez grand nombre de localités sont désignées, mais aucune rue ne porte de nom. Les principales sont accompagnées de numéros correspondant à 327 renvois gravés au bas de la planche. Au haut est le titre suivant, qui s'étend sur toute la longueur : *Lutetiæ Parisiorum Vniversæ Galliæ Metropolis novissima... Delineatio per F. de Witt.* A gauche sont les armes de France, à droite celles de Paris; des enfants ailés soutiennent les deux blasons. Au bas de la feuille, à droite, on lit : *à Amsterdam, chez F. de Witt.*

Tout ce que j'ai dit du plan qui précède peut s'appliquer à celui-ci, qui a un peu moins de champ. On y a indiqué les nouvelles portes Saint-Denis et Saint-Martin, engagées au milieu des maisons de ces faubourgs, les portes Gaillon, Richelieu, etc.; la ligne des boulevards n'y figure pas.

Ce petit plan n'est pas rare, en ce sens que l'ouvrage qui le renferme se trouve dans presque toutes les bibliothèques publiques. Il ne serait d'aucune utilité à qui posséderait le plan de Jouvin de 1676 ou celui de 1690. Isolé, il peut être estimé cinq à six francs.

La Tynna signale « le plan gravé à Amsterdam par de Witt, 1615. » L'erreur est ici évidente, car cette estampe, qu'on voit à la Bibliothèque Nationale et ailleurs, n'offre aucune trace de retouche. La Tynna l'aura mal examinée, ou il se sera trompé en relisant ses notes, et aura voulu dire : 1675.

PLANS ENTRE 1676 ET 90. — Il n'a paru, à ma connaissance, pendant cet intervalle de temps, aucun plan remarquable, sinon des copies de Jouvin de Rochefort, éditées sans doute et dressées par N. de Fer. Plusieurs petits plans sans date peuvent se rapporter à cette époque. — En 1678 fut achevée la gravure du grand plan des environs de Paris mentionné à l'an 1674, puisque l'exécution du dessin se rapporte à cette année, et lui est même un peu antérieure. — On cite quelque part une édition du plan de Bullet, avec la date de 1678. Cette édition pourrait fort bien exister, mais je ne l'ai pas rencontrée.

On peut attribuer approximativement la même date à un plan géométral italien fort médiocre qu'on voit au Cabinet des Estampes, dans le grand carton supplémentaire aux plans de Paris. Il porte 45 1/2 centim. sur 28, et est orienté comme ceux de Jouvin, dont il est sans doute une contrefaçon grossière. Il a pour titre : *Pianta Iconografica della città di Parigi.* A droite se lit la dédicace : *Dedicata dal Maestro Coronelli cosmografo... al Padre Felice Donati.* Je ne sais si ce *Coronelli* est l'auteur des deux énormes sphères qui encombrent la Bibliothèque Nationale. En tout cas, son plan de Paris n'a pour nous aucune valeur.

1679. — On voit au Cabinet des Estampes (Recueil de plans de Paris, 1.) une liste des rues en plusieurs feuilles imprimées en placard, « pour servir au plan du S^{eur} I. B. Nolin, géographe de Monsieur. » Sur la dernière feuille on lit : *De l'imprimerie d'Antoine Lambin,* 1679. Il existerait donc un plan de cette date? Je ne l'ai jamais rencontré.

Dans la *Descrip. de l'Univers* d'Alain Manesson Malet, 1685, in-8°, se trouve (tome IV, page 169) un très-petit plan de Paris que je signale seulement pour mémoire. Les épreuves primitives sont signées *Aveline fecit*.

Jaillot cite quelque part, en ses *Recherches*, un plan de Gérard Jollain, « plan « (dit-il) qui, quoique sans date, fut *certainement* gravé en 1687. » Je n'en ai jamais vu d'épreuves.

XXVI. — Grand plan de Jouvin de Rochefort, vers 1690.

J'attribue cette date, sans crainte de m'éloigner beaucoup de la vérité, à la première ou deuxième édition d'un plan sans millésime, gravé sur les dessins de Jouvin de Rochefort. Il se compose de neuf planches, ayant chacune environ 61 centim. de large sur 50 de hauteur, hors les trois feuilles du second rang, qui n'ont de haut que 48 1/2 centim. Les intervalles des rues sont au pointillé, et les édifices en élévation perspective. Il est gravé à l'eau-forte; trois artistes ont coopéré à son exécution, qui est remarquable, Pierre Brissard, François de La Pointe, et Jacqueline Panouze. Il est encadré d'une bordure de feuillage et de fruits. C'est le sud qui est au bas de la carte, et la ligne méridienne de l'Observatoire le traverse perpendiculairement. Son champ, dépassant le mur d'octroi actuel, s'étend assez loin pour comprendre Passy, Chaillot, Montmartre, Belleville, Charonne, Bercy, Gentilly et Vaugirard. C'est, je crois, le premier plan de Paris qui donne, sur une aussi grande échelle, des détails sur les diverses localités situées au delà des barrières de Paris sous Louis XIV. Il ne nous retrace plus le vieux Paris, puisque Paris moderne l'envahit à la fois sur tous les points; mais il est fort curieux encore comme plan de transition, et surtout en ce qu'il représente avec assez d'exactitude un grand nombre d'édifices éloignés du centre, négligés ou fort mal rendus par les précédents géographes. Les petites figures qui animent çà et là les environs de la ville lui donnent aussi un air de naïveté.

Ce plan, sans approcher de la précision de nos cartes modernes, a joui, de son temps, d'une réputation méritée, car il fut tracé avec conscience. L'auteur s'est aidé sans doute du travail de l'ingénieur Gomboust, mais l'a modifié et perfectionné par de nouvelles recherches. Son plan fut à son tour, je le répète, le modèle de ceux qui lui ont succédé pendant un demi-siècle; peut-être même a-t-il été la base du grand plan de Bullet, avec lequel il a plus d'analogie qu'avec tout autre. Mais pour admettre cette opinion, il faut supposer, à défaut de preuve positive, que le plan en neuf feuilles que nous allons décrire n'est qu'une édition postérieure, et que la première remonte à 1674.

Le plan de Jouvin de Rochefort est assez souvent cité par Jaillot, qui n'en fixe pas la date. Mauperché signale le plan de Paris de 1697 par *Jovin* de Rochefort, mais ne s'explique pas sur sa dimension. La Tynna en mentionne un de la même date, et de même sans ajouter le moindre détail, de sorte qu'on ne sait de quel plan il veut parler (peut-être de celui de N. de Fer en 4 f.). Cette manière vague de s'exprimer dispense de bien des embarras, mais n'éclaire pas le public.

On m'avait assuré qu'on trouve dans les *Mémoires de l'Académie des Sciences*, aux années 1692 et 97, de grands détails sur les plans de Jouvin de Rochefort; c'est une fausse indication, car mes recherches ont été sans résultats.

Ce plan, sans date et en neuf feuilles, est plus rare que celui de Bullet, probablement parce qu'il aura été, comme celui de Gomboust, usé par l'étude. Je n'en ai jamais vu un seul exemplaire en vente, et je ne connais qu'un amateur (M. le général Rébillot) qui le possède. Heureusement, on le trouve à la Bibliothèque Nationale (grand carton supplém.) et à celle du Luxembourg[1]. Il peut être estimé environ une centaine de francs. Mais s'il se rencontrait jamais une édition antérieure du même plan, datée 1675, elle vaudrait bien quatre fois ce prix, comme pièce rarissime. Au reste, si cette édition primitive existe réellement, on en a une copie réduite par le même, avec un peu moins de champ. C'est le plan qui fait le sujet du chapitre XXV.

Je signalerai, à l'année 1714, la seconde (ou troisième) édition, remaniée et rajeunie sur tous les points, du plan qui nous occupe, et dont je vais décrire chaque feuille en particulier. Mes remarques sur l'atlas de J. de La Caille (1714), qui est une copie de celui-ci, compléteront cette description.

FEUILLE I. — Au haut, à gauche, est une vue de Notre-Dame, prise du nord-ouest de la place. — La butte Montmartre figure en entier avec le plan du village, alors fort exigu; on y voit l'abbaye, les moulins et les plâtrières. — Château des Porcherons, rue du même nom (aujourd'hui Saint-Lazare); son mur d'enceinte est fortifié de deux tours et environné de fossés. — Au nord-est de ce château est un moulin appartenant aux *Dames* ou religieuses de Montmartre. Plus tard, quand il n'en resta plus que la cage, construite en pierre, on le nomma : *la Tour des Dames*, d'où la rue de ce nom. Isr. Silvestre nous a laissé une eau-forte (devenue rare) qui représente ce moulin, avec le château des Porcherons dans l'éloignement. Autour de cet ancien manoir on voyait, sous Louis XIV, de

---

[1] Je décris l'épreuve de la Bibliothèque Nationale ; celle qu'on voit au Luxembourg, peu homogène, paraît contenir des planches de divers tirages. Au bas de la dernière feuille, on lit, en lettres mal formées, cette inscription ajoutée : *à Paris, chez le sieur de Richesource, en place Dauphine, à la Renomé*. Cette feuille provient sans doute d'une édition intermédiaire entre 1690 et 1714. D'autre part, la présence, sur la feuille IV, de l'hôtel de Vendôme abattu vers 1686, prouve l'existence d'une édition antérieure à 1690.

nombreuses *guinguettes;* il en devint une lui-même, et donna son nom à tout le quartier, à la rue, et même à l'égout voisin. — Notre-Dame-de-Lorette, chapelle avec tour. — Château et parc de *Monceau;* c'est peut-être le premier plan qui le représente avec détails. — Dans les plaines qui avoisinent ces diverses localités, on remarque une foule de petits personnages à pied ou à cheval, des carrosses, des bergers, des laboureurs et une chasse au lièvre. — Foire Saint-Laurent, établie en 1662. — Ferme des Mathurins, tracée, mais non nommée.

FEUILLE II. — Au haut, vers le milieu, est le titre : PARIS ET SES ENVIRONS, par Mr *Iouvin de Rochefort, Trésorier de France;* il est inscrit sur une draperie que soutiennent deux enfants ailés. On remarque sur cette feuille : — Le faubourg et le couvent de Saint-Lazare avec son immense clos. — Le gibet de Montfaucon conserve encore six piliers dégradés; croix de pierre au pied du monticule. — Butte Chaumont avec ses ravins; au bas est une *Corderie à boyeaux.* — Grange-Batelière; elle n'est pas figurée en élévation. — La rue Bergère est déjà percée. — La rue de Cléry aboutit à un grand espace carré et vide, nommé *La Ville Neuve.* Ce terrain vague est à tort représenté sur le plan de Bullet, comme couvert de maisons, et traversé par la rue de Bourbon. — On voit d'autres espaces vides à la place qu'occupèrent les rues Meslay et Boucherat. — Il ne reste plus de traces de la butte élevée à côté de l'ancienne porte Saint-Martin; c'est à tort, puisque sur le plan de La Caille, 1714, qui dérive de celui-ci, il en existe encore une partie. — La ligne des boulevards actuels, çà et là plantée d'arbres, offre un ensemble curieux à consulter. — Les marais du Temple sont en grande partie couverts de rues nouvelles. — Chapelle Sainte-Anne et faubourg du même nom, dit aujourd'hui *Poissonnière.* La porte Sainte-Anne n'existe plus. — La porte Montmartre, bâtie sous Louis XIII, subsiste toujours, au coin de la rue des Ieusneurs. — Espace vide, à l'endroit du boulevard actuel Poissonnière.

FEUILLE III. — Elle est peu garnie, mais fort intéressante pour l'histoire de la Banlieue. On y trouve les plans de Belleville, Mesnil-Montant, la Folie-Renault, où le Père La Chaise établit sa maison de campagne, dite *Mont-Louis,* Charonne avec son église dédiée à saint Germain. — Les Annonciades du Saint-Esprit, couvent de femmes dont la chapelle était dédiée à saint Ambroise, les Hospitalières de la Roquette, etc. — Dans les champs sont des bergers, et sur les routes, des carrosses. — Au haut de la feuille, à droite, vue de la façade de l'Hôtel-de-Ville, correspondant à celle de Notre-Dame.

FEUILLE IV (première du second rang). — Le village de Chaillot est ici nommé : *Faubourg de la Conférence.* On y voit un couvent d'Augustines. — Sur la Seine est l'*île Maquerelle.* — Vis-à-vis les Invalides, dont on aperçoit une portion, sont deux coches d'eau nommés : l'un *Adada,* l'autre *Va bellement.* —

A côté de l'Hospital de la Savonnerie (aujourd'hui Manutention des Vivres), débouche le Grand égout. — Au faubourg Saint-Honoré, près et passé la rue du Chemin-Vert, avant le pont établi sur l'égout, est indiquée une *Fauce Porte S. Honoré*, qui n'est peut-être qu'une barrière d'octroi. — La grande avenue des Champs-Élysées se nomme : Avenue des Tuileries. — Saint-Jacques-Saint-Philippe est une chapelle peu remarquable, ainsi que celle de la Madeleine. — Nouvelle église Saint-Roch; clocher à l'ouest; c'est une erreur, car il existe encore du côté opposé. — Le Jardin des Tuileries est celui de Le Nôtre, et le château a été reconstruit. — La place des *Conquêtes* (dite plus tard : Louis-le-Grand, puis Vendôme), est ici figurée selon le premier projet; elle ressemble à une vaste cour carrée et fermée de toutes parts, comme la place Royale. Elle fut, en effet, commencée en 1687[1], d'après ce plan, mais elle devait être ouverte dans toute sa largeur sur la rue Saint-Honoré; les plans et les estampes postérieurs à 1690 la représentent ainsi; quelques-uns la supposent fermée d'une grille. — Derrière cette place est le nouveau couvent des Capucines, devenu le Timbre. — On voit encore les deux bastions qui suivaient celui des Tuileries. — La Porte de la Conférence est précédée de deux ponts établis sur le double fossé des Tuileries. — Le grand Pré-aux-Clercs commence à disparaître sous des rues nouvelles, des hôtels et des couvents.

FEUILLE V. — La porte Richelieu n'est plus suivie d'un pont sur le fossé, puisqu'il a été comblé[2]. — Hôtel Mazarin. — Le Louvre paraît dégagé de toute habitation au nord et à l'est; cette amélioration est anticipée de plus d'un demi-siècle. — Le pont de bois dit : Rouge ou des Tuileries, a disparu, et plus à l'ouest est le pont Royal, bâti de pierres en 1685, entre les Tuileries et la rue du Bac. — L'hôtel de Soissons est assez mal représenté ; la colonne astronomique manque d'aplomb. — Bureau des *Marchands-Drappiers*, rue des *Chargeurs*. — A l'endroit où, près la place de Grève, un pont tronqué conduisait à d'anciens moulins, sont encore indiqués des pilotis. — Le bâtiment du Grand-Châtelet présente, sur ce plan, sa face méridionale. Les vues prises de ce côté nous manquent ; ici malheureusement le dessin est trop en petit pour être intéressant. — La Cité n'offre aucun document nouveau ; le Terrain y est incorporé et revêtu de pierres ; le Palais paraît assez bien représenté.

L'autre rive de la Seine nous fournit plusieurs points curieux. — On ne voit plus le bras détourné de la Bièvre qui traversait l'enclos de Saint-Victor, mais un

---

[1] Sur l'épreuve de la Bibliothèque du Luxembourg, on voit encore *l'hostel de Vendosme*.
[2] Il est à noter que les bastions à deux faces construits sous Louis XIII étant de plein pied avec les rues voisines, les fossés une fois comblés, et les parapets des bastions et courtines abattus, ces rues pouvaient se prolonger sur leur emplacement, comme on le voit sur ce plan.

tracé, effacé à demi, indique encore son cours tortueux. Cette circonstance semble confirmer l'existence d'une édition antérieure, dont je parle page 158. — L'ancienne clôture de Ph. Auguste a partout disparu, ainsi que les portes et les fossés comblés et occupés par des habitations particulières. On distingue encore, au milieu des massifs des maisons, sept *demi-tours* murales, dont trois attachées à une longue portion du gros mur, entre le quai et la rue Saint-Victor, deux (encore debout) à l'endroit du passage actuel du Commerce; enfin, deux autres derrière les Cordeliers. Il y en avait alors beaucoup d'autres sur pied, mais Jouvin se sera borné à retracer celles qu'il connaissait. — La Bibliothèque du Roy est toujours rue de la Harpe, près le chevet de Saint-Côme. — La rue de l'Université est nommée: *de Sorbonne*. — Le couvent des Théatins paraît achevé; il le fut vingt ans plus tard. — On voit encore l'ancienne église Saint-Sulpice avec la nouvelle commencée derrière; ces travaux, faute de fonds, restaient suspendus. — L'abbaye Saint-Germain est fort pittoresque; derrière, à l'est, est toujours un jeu de Paume. Le faubourg de ce nom renferme de nombreux et vastes hôtels; on en remarque un nommé: de Chevreuse (rue Saint-Dominique), outre celui de même nom, qui fait face à la cour du Carrousel. — La Foire Saint-Germain est ici inexactement figurée, car elle se compose de trois grands bâtiments; il n'y en avait que deux.

Feuille VI. — Elle offre plusieurs points curieux sur lesquels les plans qui précèdent ne donnent aucuns détails, vu les limites de leur champ. — L'extrémité orientale de la longue rue de Bercy aboutit à une rue qui doit son nom à la *Grange-aux-Merciers*, édifice célèbre par les conférences qu'on y tint sous Charles V. Malheureusement, cet édifice, dont on ne connaît aucun dessin, n'est pas ici représenté en élévation, mais indiqué par de simples traits. Il faisait face à la rue de Bercy. En 1842, je vis, sous les baraques modernes qui le remplaçaient, une ancienne cave solidement voûtée, mais aucun vestige d'architecture. — Ruilly (on dit de nos jours *Reuilly*), ancien manoir royal, ressemble ici à une ferme isolée avec deux corps de logis et une tour ronde, peut-être un simple colombier, au milieu d'une cour. Le plan de Turgot, 1739, indique encore cette tour, qui a disparu aujourd'hui, ainsi que les anciens bâtiments. — Rue de Charenton est l'hôtel de Rambouillet, destiné, sous Louis XIV, à loger les ambassadeurs avant leur entrée solennelle à Paris, par la porte Saint-Antoine. Cet hôtel figure déjà sur le petit plan de Boisseau de 1650, mais ici les jardins agrandis s'étendent jusqu'à la rue de Bercy. La grande porte était rue de la Planchette; on y comptait six pavillons carrés réunis par des murs ou des corps de logis, avec une belle grille d'entrée. Une petite eau-forte d'Isr. Silvestre nous en donne une idée, et complète ce plan, qui en offre l'ensemble assez bien rendu. Les jardins, si célèbres autrefois, sont aujourd'hui des marais potagers; en 1840, j'y ai dessiné quelques restes de pavillons de pierre mêlée de brique, annonçant l'époque de Louis XIII. La Tynna dit « qu'un nommé *Rambouillet* avait fait là construire une « maison magnifique en 1676. » La date est certainement une erreur, puisque Boisseau et Silvestre la représentent en 1650. — L'étang de Bercy, d'une forme très-allongée, se jette dans la Seine, sous un pont voûté, au-dessus duquel passe le quai de la Rapée. Il est desséché depuis longtemps. — Au haut du faubourg Saint-Antoine, près la place circulaire du Trône, on voit l'arc de Triomphe élevé en plâtre, par Claude Perrault, vers 1665. Le soubassement seul fut bâti en énormes pierres. Il paraît fort bien dessiné. — Rue Picpus, est un couvent de Bénédictines dites : Notre-Dame de la Victoire, et plus loin celui des Pères du Tiers-Ordre-Saint-François, dont l'église, qui paraît considérable, est très-minutieusement détaillée. — L'ensemble de l'abbaye Saint-Antoine est intéressant. — Dans la rue du faubourg est la chapelle dite : *Le Repy S. Hubert*. — On n'a pas indiqué, dans le haut du même faubourg, une maison célèbre pour avoir, en 1660, reçu Louis XIV, qui, du premier étage, se rendit, par une galerie suspendue, à un *trône* élevé au milieu de la chaussée. Cette maison, qui existe encore au n° 289, est remarquable par ses balcons de fer, où l'on distingue des soleils, devise de ce roi. — Eglise Sainte-Marguerite, *aide à S. Paul*, dit l'inscription. — A l'entrée du faubourg sont les *Enfans-Trouués* et la *Verrerie Royale*. — La Bastille est bien dessinée; on tire un coup de canon de la plate-forme. — Maison de M' Titon. — Vis-à-vis de la Rapée est un coche d'eau nommé : *Haye au Mats*.

FEUILLE VII (première du troisième rang). — Elle est aux deux tiers remplie par un immense frontispice orné de draperies et de figures allégoriques; on y distingue aussi des rochers et des palmiers, allusion aux armes de Simon Arnauld de Pompone (à qui Jouvin de Rochefort dédie son plan) qui surmontent le frontispice. C'est au même personnage, mort en 1699, que Jouvin avait dédié son petit plan de 1676. Cette dédicace n'indique aucune date, non plus que le Privilége daté du 3 août, et signé : *Patu*. Cette absence de date me paraît être une ruse de l'éditeur, pour se ménager la faculté de vendre plus longtemps son plan comme moderne. — Au bas de la feuille, à gauche, au-dessous de la bordure de feuillage, on lit : *P. Brissar* (Pierre Brissard) *Ædificia et ornamenta fecit*.

On voit peu d'édifices sur cette feuille. On y remarque la suite des Invalides, et à l'ouest de cet hôtel, le *Gibet de Grenelle* (dit autrefois : de Saint-Germain); il est composé de trois piliers, réunis au sommet par des traverses. — Partie de l'hospice des Incurables. — Couvent de Notre-Dame-de-Liesse, et, auprès, un moulin. — Trois régiments, armés de lances, paradent dans la plaine de Grenelle, où se trouve une vaste propriété nommée : *La Folie*.

FEUILLE VIII. — On y remarque : l'hospice Sainte-Anne *pour les malades de la contagion*, l'Observatoire et, tout auprès, la porte du faubourg Saint-Jacques, la *Tombisoire* (Tombe-Issoire, ancienne ferme de Montsouris, qui contient aujourd'hui un puits communiquant avec les catacombes); c'est un clos avec un moulin à vent. — Carmes déchaussés. — Le cloître des Chartreux offre vingt-neuf cellules. — Mont-Parnasse : au pied de la butte, on voit six duellistes ; deux se battent à cheval, au pistolet, et quatre autres à pied, à l'épée ; un d'eux *a mordu la poussière*. — Les Cordelières, assez bien dessinées ; on ne voit plus de porte de faubourg près de ce couvent. — Au milieu des champs sont de nombreuses roues à carrières et des moulins. — Au bas de la feuille, sur un piédestal bas, orné de fleurs et de fruits, et surmonté d'une rose des vents, on voit l'échelle du plan. Au-dessous, on lit : *gravé par François de La Pointe*. Il s'agit de la gravure du tracé géométral, puisque l'inscription de la feuille précédente nous apprend que Brissard a exécuté les édifices et les ornements.

FEUILLE IX. — Elle est presque toute remplie par un frontispice correspondant à celui de la feuille VII. Ce frontispice, entouré de draperies et de figures emblématiques, et dominé par les armes de France, contient un plan des Environs de Paris, assez médiocre et peu détaillé, car il s'étend à neuf lieues à la ronde. On n'y voit que de très-légères indications des principales routes. — Au bas de la feuille, à gauche, on lit : *A Paris, sur le Quay de l'Horloge, chez La Pointe, aux trois Estoilles; De Fer, à la Sphère Royale*, et, à droite, près la bordure : *Jacqueline Panouze scripsit*. Cette artiste mérite des éloges, car l'écriture du plan est soignée, ainsi que l'orthographe de la plupart des noms.

1690. — Plan routier (sans élévation) de la ville de Paris, en une feuille, par J. B. Nolin, sans date ; peut être la copie d'un autre de 1679 (voy. pag. 161). On y remarque la place des Conquêtes, commencée vers 1687, et la rue Saint-Ovide, ainsi nommée des reliques de ce saint, que possédaient les Capucines. — A l'endroit du passage actuel du Commerce figure un *grand jeu de Boule*.

XXVII. — **Plans de Paris entre 1690 et 1700.**

Nicolas De Fer, le principal éditeur-géographe de l'époque, a publié, pendant cet intervalle de dix ans, un assez grand nombre de plans en une ou deux feuilles, avec ou sans date. La plupart, tracés géométralement, avaient pour base les *Mémoires* de Jouvin de Rochefort, c'est-à-dire, je pense, les dessins originaux que De Fer avait en sa possession, avec le droit d'en tirer parti. Je doute qu'il fût lui-même graveur, mais certainement il dressa plusieurs de ces plans, dont le principal mérite revient à l'auteur des dessins [1]. Je signalerai les plus importants.

1692. — « Plan de la ville de Paris... avec ses nouvelles rues, places, enceintes et cazernes, levé sur lieux par M Jouvin de Rochefort, et augmenté des tables, des cazernes et des *vielles* et nouvelles enceintes, par N. de Fer, géographe de Monseigneur, 1692. » Tel est le titre d'un plan en une planche de 71 cent. sur 55, non compris deux listes de rues rapportées sur les côtés. Ce plan, dédié au Dauphin, est un calque de celui de Jouvin, 1676, ou un tirage du même cuivre retouché sur tous les points. Dans trois des angles sont groupées de petites vues de Paris, entourées d'ornements. On lit au bas, à gauche, *C. Inselin scrip.* Les îlots de maisons, ombrés au pointillé sur l'original, le sont ici au moyen de traits fins et réguliers; ce genre était une innovation. On remarque particulièrement sur ce plan : la ligne (projetée) du nouveau Cours du Sud qui commence en face du bastion des Tuileries et aboutit vis-à-vis de l'embouchure du fossé de la Bastille; la clôture bastionnée du Nord, supposée complète; le tracé au gros pointillé du rempart de Charles V, et du mur de Ph. Auguste, sur les deux rives; enfin l'indication hypothétique d'une enceinte encore plus ancienne, qui part du Pont-Neuf, et, suivant la rue des Lombards, aboutit vers la place Baudoyer. Le parcours de ces diverses enceintes est presque partout mal indiqué; mais ce plan est le premier qui les ait mises en parallèle avec les nouveaux boulevards de Louis XIV.

Sur les premières épreuves on ne voit ni ces tracés d'enceinte, ni le Cours du Sud, ni les casernes; beaucoup d'inscriptions manquent, et le titre est plus bref. Au lieu de : Levé sur lieux, etc., on lit : *dressé sur les Lieux et sur les Mémoires de Jouvin de Rochefort, par N. de Fer*, 1692; phrase rectifiée par l'éditeur.

1694. — On voit à la Bibliothèque Nationale un petit plan (30 centim. sur 23 1/2), dédié à Claude Bosc du Bois, par N. De Fer, 1694. Il en existe une seconde édition, ou une copie, datée 1699, qui se vendait chez C. Inselin.

Cette même année, parut un plan en deux feuilles, de largeur inégale, avec édifices en élévation. L'ensemble a un cadre d'un mètre sur 80 centimètres. On lit au bas : *Il se vend chez G. Monbard, graveur*, 1694. Cette image de Paris est infidèle, grossièrement tracée et orientée avec l'ouest au bas. Le faubourg Saint-

---

[1] On a donné à tort à un grand nombre de plans le nom de : *Plans de De Fer*, puisque ce géographe n'était, le plus souvent, que l'éditeur, et ne faisait guère de toisés. Sur un seul de ses plans (1697) j'ai lu : *dressé sur lieux par N. De Fer*. Son travail se bornait, le plus souvent, à réduire (ou à faire réduire), corriger et moderniser les anciens plans gravés d'après Jouvin ou autres.

Antoine a été représenté en raccourci, faute d'espace. Les rues sont, en général, d'une largeur démesurée, et semblent tirées au cordeau. Ce qui attire surtout l'attention, c'est la configuration de fossés creusés devant le nouveau boulevard du nord, et celui projeté au midi. C'est probablement une idée de l'auteur. Ce plan se trouve à la Bibliot. Nationale (Dépôt des Cartes).

1696. — J'ai vu, avec cette date, un plan en deux feuilles, par N. De Fer. On y remarque encore la trace des bastions de Louis XIII.

1697. — Mauperché cite un plan de *Jovin* de Rochefort, 1697. La Tynna attribue la même date à un plan de « Paris et ses environs, par Jouvin de Rochefort. » Il est difficile de deviner ceux qu'ils veulent désigner, car il en existe plusieurs de différentes tailles, gravés d'après les dessins du célèbre géographe. S'agit-il du grand sans date (en neuf feuilles), auquel j'ai donné celle de 1690, ou de celui que je vais décrire ci-après? — De son côté, M. de Saint-Fargeau mentionne le « Plan de Paris par *Defer* (gravé par *Lapointe*) en *huit* feuilles, 1697. » C'est évidemment le plan en *neuf* feuilles de 1690, qu'il a l'intention de signaler, soit qu'il existe une édition ainsi datée, ce que je ne puis nier, soit que ce millésime soit attribué à l'édition sans date.

PLAN EN QUATRE FEUILLES, 1697. — On voit dans le Recueil du Cabinet des Estampes un plan géométral, composé de quatre planches, ayant chacune environ 60 centim. sur 45, dressé sur les *Mémoires* de Jouvin de Rochefort, *corigé* et augmenté, etc., par De Fer, et dédié à Marc-Réné de Voïer de Paulmy, marquis d'Argenson. A Paris, chez *l'autheur*, quai de l'Horloge, *à la Sphère Royale*, 1697. Cette date se trouve répétée au bas de la troisième feuille. J'ignore si cette édition est la première, mais il est certain qu'il en existe de postérieures, dont une de 1699, qu'on voit dans le même recueil. Je ne sais si Nicolas De Fer, qui se donne le titre d'*autheur*, veut entendre par là qu'il a dressé lui-même et gravé le plan. — Les îlots de maisons sont ombrés, non au pointillé, mais avec des lignes uniformes. — Au bas de la quatrième feuille on lit : *C. Inselin sculps.*, nom effacé sur d'autres épreuves. — La ville est divisée en 17 quartiers.

Le champ de ce plan est moins étendu que celui du grand en neuf feuilles, dressé d'après le même géographe. Il est bordé de petites vues, qui font partie des planches, et représentent Versailles, ses jardins et autres résidences royales. — Les fossés de Louis XIII sont comblés, et le Grand Cours du Nord paraît achevé sur toute la ligne, sauf une interruption à l'endroit du boulevard dit aujourd'hui Bonne-Nouvelle. On y remarque l'abbaye de Montmartre et les *Martirs*. — Le faubourg Saint-Honoré renferme encore de grands marais. — Le faubourg actuel Poissonnière se nomme toujours Sainte-Anne, à cause de la chapelle de ce nom, qu'Anne d'Autriche y éleva, en 1655, à sa patronne (entre les rues Bleue et Montholon). — La rue des Porcherons (partie de celle Saint-Lazare) commence à se garnir de maisons, ainsi que le haut du faubourg Montmartre. — Foire Saint-Laurent. — La porte Richelieu existe encore, ainsi que celle de Gaillon. — Saint-Jacques et Saint-Philippe-du-Roule. — Place des Conquêtes, toujours figurée carrée, avec quatre pavillons dans les coins, et fermée d'une grille sur la rue Saint-Honoré ; au centre est la statue équestre du Roi ; au nord, une sorte d'arc de triomphe conduit au nouveau couvent des Capucines. Tous ces détails (hors la statue) n'existèrent jamais qu'en projet. — Le jardin des Tuileries n'est plus séparé du château par la rue du même nom.

Si nous passons à un autre quartier de la ville, nous noterons les détails suivants : — Entre le mur du Temple et le boulevard, ainsi que dans le voisinage du boulev. Poissonnière, s'étendent de vastes terrains vagues. — La rue actuelle du Pas-de-la-Mule se nomme : *Royale*, et communique à la place de ce nom par une arcade ouverte sous les bâtiments. — Le jardin des Arbalestriers a été transféré à l'entrée du faubourg Saint-Antoine, derrière la Boucherie. — Manufacture des Glaces indiquée à l'est de l'abbaye Saint-Antoine. — Croix *Faubin*. — *Folie Renault*. — L'hôtel ci-devant de Chavigny (plus tard : de la Force) se nomme ici hôtel *Saint-Paul*. Plusieurs auteurs ont confondu cette propriété des comtes de Saint-Paul avec le célèbre palais du même nom, résidence de Charles VI. — Ce quartier est rempli d'hôtels nouveaux, du moins quant aux noms ; tels sont ceux d'Effiat, d'Argenson, de Pelletier de Souci, etc. — Le chevet de l'ancienne chapelle des Haudriettes, près la Grève, est tourné vers le sud ; cette orientation me paraît une erreur. — Nouveau quai *Peltier*. — Barrière d'octroi, près Saint-Bonnet, à la Rapée. — Ile *Louviers, autrefois d'Antrague*.

La Cité n'offre rien de remarquable. — Sur la rive gauche, on remarque : — Les *Prez S. Germain* ou : *aux Clers*. — Pas encore d'Esplanade devant les Invalides. — L'isle du *Mast* ou de *Querelle*, dite : *Ile aux Cygnes* ; désignation bizarre, inventée pour adoucir la crudité du nom primitif. Aucun pont ne communique à cette île, qui servait alors de rendez-vous de plaisir. — Devant les Grands-Augustins est le marché *au Pain et à la Volaille*. — On a tracé le nouveau Cours du Midi, qui fut planté beaucoup plus tard, et d'après une autre ligne. — Au coin des rues de Vaugirard et Notre-Dame-des-Champs sont établies les *Filles de la Mort*, que remplacèrent les *Filles de S. Sulpice*. — La Grenouillère ; cabarets dits : *Le Milieu du Monde*, et : *La Bonne Eau*. — Près le moulin de la Pointe est indiquée une *Maison de Pension*. — On ne voit pas la Salpêtrière.

La partie la plus peuplée de la rive gauche n'offre aucun bâtiment nouveau; mais une particularité de ce plan, c'est que tous les colléges y sont indiqués par de petits cercles ombrés, qu'on prendrait pour des plans de tours circulaires. — On trouve çà et là, gravées sur le plan même, des notes descriptives concernant les résidences royales.

Il existe de la même année 1697 un plan en deux feuilles, ayant chacune environ 58 centim. sur 44, plan *dressé sur lieux*, dit le titre, *par N. De Fer géographe*, et dédié à Marc Réné Voyer de Paulmy, duc d'Argenson. Il est tout entouré de petites vues de Versailles, réduites d'après les Perelles. Les îlots des maisons sont finement ombrés. C'est, je pense, une réduction du plan précédent. Il y a une édition de 1699.

1699. — Plan routier de Paris, etc., par Jean-Bapt. Nolin, géographe de Monsieur, chez l'auteur, Quay de l'Horloge, *à la Place des Victoires*. Ce plan géométral, dédié à M. de La Moignon, est en une seule planche de 66 centimètres sur 49, non compris une bande, ajoutée de chaque côté, qui contient les noms de rues. Il ressemble assez au précédent, sauf que l'intervalle entre les rues est au pointillé. Ces rues sont beaucoup trop larges et trop droites. La forme de la Cité n'est pas exacte. — Champs-Elysées; au delà de l'avenue des Tuileries sont les marais du faubourg Saint-Honoré. — Ile aux Cygnes ou de *Grenelle*. — On a indiqué beaucoup de Barrières et Roulettes. — Tracé du boulevard du Midi. — Cimetière de l'Hôtel-Dieu, près la Croix Clamart, etc.

On trouve à la Bibliothèque du Luxembourg une épreuve du même plan, fort pâle, et avec la date effacée. La Tynna cite une édition de 1698, mais peut-être confond-il avec un plan des environs de Paris du même auteur, plan portant en effet cette date, et dédié au Roi.

Outre la nouvelle édition du plan en 2 f. de De Fer et de celui de Nolin, il existe pour l'an 1699 plusieurs petits plans destinés peut-être à orner des livres. J'en citerai un qui a 30 centim. sur 23 1/2. Il est finement gravé et porte 113 renvois. On lit sur le titre : « Dessiné sur les lieux par C. Inselin, géografe; le plan, « l'écriture et le tout est gravé par le même Inselin. Se vend chez luy rue S. « Jacques à Paris. » Sur une autre épreuve, on lit : « Chez Inselin quay de l'Hor« loge à l'enseigne de la *Place des Victoires*. » — Sur ce plan, la forme de la place des Conquêtes a été rectifiée; elle est, comme de nos jours, à pans coupés; on ne voit qu'une partie du Cours du Midi, derrière les Invalides et derrière les Chartreux. Plus tard, vers 1700, C. Inselin grava avec encore plus de finesse un autre plan de même dimension, dont j'ai vu une épreuve, avec cette adresse : chez de Beaurain géog. ordin. du Roy. Au bas, on lit : *Gravée par Incelin*. C'est la copie ou la retouche du petit plan dédié à Bosc du Bois, et signalé à l'année 1694. Une épreuve de ce plan orne, je crois, la *Description de Paris* de Germain Brice, édition de 1706.

1700. — Il existe probablement plusieurs plans avec cette date, publiés par De Fer ou autres éditeurs. L'ouvrage où se trouve le plan de Witt, décrit page 160, a peut-être paru cette année en Hollande; mais j'ai dû placer le plan à l'an 1676, puisqu'il représente Paris vers cette époque.

M. G. de Saint-Fargeau signale le plan de Paris et environs, en neuf feuilles, de Roussel, comme levé en 1700, et revu en 1730 ; c'est une erreur. La date primitive est celle de 1730. Les épreuves qui portent ce millésime sont très-belles, et l'on n'y aperçoit aucune trace de retouches.

On voit au Cabinet des Estampes (Grand carton supplémentaire), un plan anonyme et fort grossier, ayant dans son ensemble un mètre sur 80 centim. Au bas, à droite, on lit : « Se vend à Paris chez *Cl. Rocher*, sur le Quay de l'Horloge du Palais, *au fort Sanson*, 1700. » Il contient une liste des rues. C'est le plan de G. Monbard (1694), avec changement de nom d'éditeur.

XXVIII. — **Des plans de Paris au XVIII° siècle (de 1701 à 1707).**

Un plan de la Capitale paraissait, sous Louis XV, aussi indispensable qu'un almanach, aux savants, aux étrangers et même aux simples bourgeois de Paris; on en publia donc un grand nombre. Comme la certitude du débit engendre, dans toutes les branches de l'industrie, les améliorations, l'art de lever et de graver les plans fit de rapides progrès, grâce surtout à de nouveaux systèmes géométriques. Les beaux-arts et les lettres avaient atteint leur apogée; c'était le tour des découvertes scientifiques, et l'institution de l'Académie des sciences porta ses fruits. Les cartes géographiques furent alors, en raison du perfectionnement des presses et des procédés de la gravure, tirées à plus grand nombre et livrées à meilleur marché qu'autrefois, bien qu'elles fussent supérieures aux anciennes.

D'autre part, ce siècle, qui vit naître des savants en tout genre, affecta trop de mépris pour les productions topographiques des siècles précédents. Le même esprit qui présidait alors à la mutilation de l'architecture ogivale amena la destruction d'une multitude de vieilles estampes. Les plans de Paris ne furent pas épargnés, et le peu d'épreuves qui nous restent nous ont été conservées par quelques collecteurs éclairés, surtout chez nos voisins les Allemands et les Hollandais, peuples érudits comme nous, mais de plus conservateurs par système, et c'est là une qualité qui nous manque.

Le XVIII° siècle nous a légué des plans de Paris vastes et détaillés, mais malheureusement pour l'archéologie, on ne s'y promène plus autour des vieux remparts. Ils offrent cependant encore de l'intérêt : la forme et la dénomination des rues y sont plus exactes[1], et les anciens couvents ou hôtels célèbres qui avaient en partie conservé leurs bâtiments primitifs, y sont retracés avec précision.

Je signalerai avec soin les premières éditions des principaux plans, j'entends par là ceux levés d'après des renseignements originaux, de nouvelles recherches et sur une vaste échelle, par des géographes habiles et consciencieux. Ces plans se faisaient une concurrence profitable à la science, et servaient de base à une multitude d'autres petits d'un ordre secondaire, destinés à l'usage des étrangers ou à l'illustration des *Histoires de Paris*, qui se multipliaient de toute part. Il parut, en fait de plans de ce dernier genre, des masses de productions bâtardes, parasites, contrefaites à dessein pour dissimuler le plagiat. Je les regarde comme indignes de nous occuper, maintenant que nous avons du choix. Ceux qui voudraient faire des recherches sur une localité de telle ou telle époque pourront, au besoin, consulter la liste générale de tous les plans que possèdent la Section des Estampes et celle des Cartes. Le plus mauvais plan peut quelquefois, j'en conviens, fournir, par hasard, un document inédit; mais j'ai cru devoir négliger toute la *racaille*, afin de ménager le temps du lecteur et le mien.

La plupart des meilleurs plans de ce siècle se retrouvent dans nos bibliothèques publiques, et même, de temps à autre, dans le commerce; car, je le répète, on les tirait à grand nombre. Il en est néanmoins quelques-uns, antérieurs à 1740, qui ne sont pas faciles à rencontrer. Quant à ceux incorporés à des ouvrages, ils sont assez communs. J'en signalerai plusieurs qui, précieux à l'état d'édition primitive, sont devenus, par suite de corrections incomplètes, un véritable guet-apens, car on y voit figurer côte à côte des monuments fort surpris de se trouver ensemble. Celui de Roussel (1730), rajeuni en l'an IV, en est un échantillon.

Une partie de ces plans sont encore tracés avec les édifices en élévation, mais on en rencontrera fort peu qui soient dressés en entier dans le genre à vol d'oiseau, genre plus amusant qu'utile, et qu'on tenta vainement de remettre en vogue en 1739. Après le plan de Turgot, qui fut le dernier de cette espèce, l'usage en fut abandonné. Seulement, en 1742, Piganiol fit réduire et moderniser

[1] Un volume suffirait à peine à la description de tous les changements opérés dans le nombre et la forme des rues. Cette partie a été traitée, du reste, avec assez d'exactitude par La Tynna. Je me bornerai à signaler aux amateurs les meilleurs plans de l'époque, leur laissant le soin de les consulter, pour en extraire des renseignements.

les planches de La Caille pour illustrer son livre, et en 1756, Dheulland reproduisit le vieux plan de Du Cerceau, à la satisfaction des antiquaires. L'accueil empressé qu'ils firent à cette copie semble même attester qu'on avait alors perdu le souvenir des autres plans du XVIe siècle.

La mode des plans à vol d'oiseau, oubliée depuis si longtemps, paraît vouloir reprendre faveur de nos jours; mais je ne sais si, en ce temps de positif, il sera facile de faire préférer au public le pittoresque à la précision.

De 1701 à 1704, il ne parut que des plans peu remarquables, soit nouveaux, soit retouchés. J'en citerai deux de N. De Fer, avec la date de 1701 ; l'un (33 cent. sur 22), signé *H. Van Loon sculp.*, est la copie de celui dédié à Bosc du Bois (1694); l'autre, de 56 1/2 cent. sur 45, est divisé en vingt quartiers et dédié au marquis d'Argenson. La seconde édition se trouve dans le *Traité de la Police*.

Un très-petit plan que renferme la *Géométrie Pratique* de Manesson Malet, 1702, n'a pas la moindre valeur.

Il semble qu'on eût alors la manie des petits plans. En 1704, il en parut un (27 cent. sur 27) gravé par Roussel. Il est inexact et médiocre sous tous les rapports, et si je le signale, c'est que ce nom de *Roussel* se rattache à un plan très-remarquable exécuté en 1730. Roussel père, éditeur-géographe, publia celui-ci. Au bas du texte est inscrit : « Quoique ce plan soit petit, il est plus *ample* que tous les grands qui ont été faits ci-devant. » Cette phrase présomptueuse est le seul point curieux qu'offre cette mauvaise estampe.

1705. — Cette année, parut, dans le tome Ier du *Traité de la Police* de De La Marre, une suite de huit plans qui avaient la prétention d'offrir une image exacte de Paris, de Jules César à Louis XIV. De Fer édita et dressa peut-être ces plans, dont il existe de nombreuses copies réduites. Ils sont tout à fait indignes de nous occuper, et je n'ai rien à ajouter à ce que j'en dis pages 1 et 9.

C'est encore, je crois, à la date de 1705 que se rapporte un plan de 61 cent. sur 47, qui sert de carte d'assemblage à la *Description de Paris* de La Caille, 1714, gr. in-folio. Il est signé au bas, à droite : *Van Loon sculp.* Il se vendait à Paris, chez Et. Picart, dit *le Romain*, graveur du Roy, de l'Académie Royale de Peinture [1], rue S. Jacques, *au Buste de Monseigneur*. La gravure en est assez remarquable. Il offre, avec un peu plus de champ, le même état de Paris que le huitième plan de De La Marre, mais il est plus finement gravé. On y voit figurer deux anciennes

---

[1] On s'étonnera sans doute de voir un artiste, décoré de si beaux titres, vendre des petits plans de Paris d'un graveur secondaire. Celui qui s'est occupé de vieilles estampes trouvera beaucoup d'exemples semblables. Sur des épreuves d'un tirage postérieur, on lit : *Se vend chez le sieur Jaillot*.

tours murales entre les rues des Cordeliers et Saint-André-des-Arts, et une autre derrière les Cordeliers. Il y a 22 renvois pour la Cité.

XXIX. — Plan de Bullet, retouché par Jaillot fils, 1707. — (Et autres plans, de 1707 à 1713.)

Il existe peut-être, ainsi que je l'ai remarqué page 151, une édition de Bullet, publiée vers 1700 ; mais ne l'ayant jamais rencontrée, je me bornerai à noter les principales différences entre le tirage de 1676 et la retouche de 1707, que je nommerai seconde édition, faute de preuves qui constatent une édition intermédiaire.

Pendant cet espace de trente-un ans, Paris subit de nombreuses métamorphoses ; aussi l'édition de 1707, quoique non dénuée d'intérêt, surtout comparée à la première, a-t-elle, à mes yeux, bien moins de valeur. La forme générale du vieux Paris y a disparu sur tous les points. La ligne pointillée, qui indiquait le passage des boulevards projetés au nord, a été remplacée par le plan du Cours planté d'arbres, ayant à peu près la forme qu'il offre aujourd'hui ; mais, sur la rive gauche, le pointillé effacé n'a point fait place à un cours, puisque, de ce côté, le boulevard ne fut exécuté que plus tard et d'après un autre projet.

Les vastes espaces laissés en blanc sur l'édition de 1676, au delà du tracé des boulevards, sont ici remplis par les plans des faubourgs, où apparaît un grand nombre de localités nouvelles. Les anciens édifices existant sur les planches primitives ont été la plupart refaits ou retouchés, mais avec bien moins de finesse dans les détails ; plusieurs ont disparu, notamment parmi les hôtels. On a fort probablement, comme il arrive trop souvent aux plans modernisés, oublié de rajeunir quelques points.

FEUILLE I. — Derrière le gros bastion voisin de la Bastille, à l'entrée de la rue de la Roquette, est le *jardin des Arbalestriers et Arquebusiers*. En outre, on voit dans le fossé le *lieu où l'on tire de l'arquebuse.* — Les Filles du Calvaire, oubliées sur l'autre édition, sont ici indiquées à leur place. — On remarque, rue Saint-Louis, l'*hotel Boucherat*, et, rue des Tournelles, la *maison de M. Mansard*, qui subsiste encore. — Façade des Minimes.

FEUILLE II. — A l'entrée du faubourg Saint-Antoine, *Hostel des Mousquetaires du Roy*, 2ᵐᵉ *compagnie*. — Au débouché du fossé de la Bastille, on traverse le canal sur deux planches que soutient un bateau amarré. — Dans l'île Louviers, chantiers de *bois à bâtir*; le pont de bateaux qui conduisait à cette île en 1676 est remplacé par un autre construit en charpente, avec une croix au milieu; il est nommé *pont de Gramont.* — Le canal détourné de la Bièvre, qui borne encore, au nord, le Jardin des Plantes, est effacé dans l'enclos de Saint-Victor. — La Halle aux vins, établie dès 1662, consiste en deux vastes hangars. — Maisons construites sur le fossé Saint-Bernard; la ligne de leurs façades forme le côté occidental de la rue des Fossés. — Rue de Seine, derrière le Jardin des Plantes, couvent des *Nouveaux-Convertis à la Foy.* — Sur le quai Saint-Bernard, entre les rues de Seine et des Fossés, s'ouvrent trois impasses ou rues commencées, qui n'existèrent jamais. — On remarque, rue des Lions-Saint-Paul, l'*hôtel du Prévôt des Marchands.* — L'hôtel de Mayenne, rue Saint-Antoine, remplace celui nommé par erreur *Lesdigier* sur l'édition de 1676. — L'ancien hôtel de Chavigny s'appelle ici : *de la Force.*

FEUILLE III. — On y voit encore l'ancien frontispice, mais le titre a été modifié comme il suit : après les sept premières lignes, qui sont identiques (voir page 151), on a refait ainsi la suite du texte : « ... contenant l'Estat présent de la Ville de « Paris et les Ovvrages qui ont été faits par les ordres de Sa Majesté ivsqu'en « 1707, divisée en ses vingt qvartiers... Le tovt revev et avgmenté par le « Sr Iaillot le fils Géographe, 1707. » — En fait d'édifices ajoutés, on distingue la maison de Sainte-Pélagie, rue de la Clef, etc.

FEUILLE IV. — Près de la porte Saint-Martin est encore une partie de la butte qui l'avoisinait. — La *rue de Meslay* commence à se former du côté de la rue du Temple. — La Tour du Temple est nommée : *château*. A la tourelle de l'angle N.-O. de l'enceinte du prieuré, est adossée la fontaine de *Vandosme.* — L'abbaye Saint-Martin a été retouchée. — Derrière l'hôtel de Guise, à l'ouest, figure celui de Strasbourg. — L'église des Blancs-Manteaux a été reconstruite avec le chevet tourné vers le nord. — L'hôtel d'*Estrées*, rue Barbette, est représenté en élévation, il n'était que désigné sur la première édition. — Plusieurs autres hôtels ont été ajoutés; la gravure en est assez grossière.

FEUILLE V. — On a ajouté les hôtels de Beauvais, de Fourcy, d'Aumont, d'Argenson, etc., et un orme devant le portail Saint-Gervais. — Le nouveau quai de la Tannerie porte aussi le nom de *Pelletier*, de Claude Le Pelletier, prévôt des marchands. — La Boucherie du Grand Châtelet et le *For l'Evesque*, d'abord oubliés, ont été tracés en élévation. Ce dernier édifice, dont il n'existe aucune vue particulière, offre deux cours; l'entrée, du côté de la rue Saint-Germain-l'Auxerrois, paraît fortifiée de deux tourelles. — Grenier à sel. — Bureau des *Bonnetiers*, rue des Écrivains, sur la place Saint-Jacques-la-Boucherie. — Le cloître Notre-Dame est fermé de quatre portes (on ne voyait que celle du Parvis sur la première édition). — Entre les ponts Saint-Charles et de l'Hôtel-Dieu, est un nouveau bâtiment adjoint à cet hôpital. — Chapelle Saint-Aignan, rue de la *Colombe*. — Saint-Landry retouché.

Sur la rive gauche, un grand nombre de colléges oubliés ou mal figurés ont été ajoutés ou regravés; tels sont ceux des Écossais, des Grassins, de Cluny, de Sees, de Bayeux, de Narbonne, d'Harcourt, etc. -On a refait le couvent des Jacobins et les jardins de l'hôtel de Condé, et mis une fontaine sur la place Maubert. — Hôtel *Serpente*, rue de ce nom. — La rue *Pavée*, près Saint-André-des-Arts, était nommée en 1676 : rue *Pauée d'Andouilles*; on a retranché le dernier mot. — On remarquera encore, en fait de nouveaux détails : *les Frères-Cordonniers de Saint-Crespin*, rue Pavée, et, vis-à-vis, l'hôtel de M. d'Aguesseau.

FEUILLE VI.—Le mur méridional de Philippe Auguste, le fossé et les portes, tout a disparu, remplacé par des propriétés particulières. — On a refait les Feuillantines, rue Saint-Jacques, et derrière l'Observatoire on a dessiné une grande tour en charpente, qu'on y dressa vers 1700. — On y voit le Mont-Parnasse *couppé* (dit l'inscription) *pour continuer le cours*. Aux environs sont de nombreuses carrières de pierres. — A l'angle nord-est du grand cloître des Chartreux, est le cimetière.

FEUILLE VII. — Voici les principaux points ajoutés ou modifiés : — Faubourg et chapelle Sainte-Anne, Notre-Dame-de-Lorette (rue Saint-Lazare), la Grange Bastelière. — La porte Richelieu a été remplacée par la Barrière du même nom, qui tient à l'hôtel de Mr *de la Cour-des-Chiens*. — La Bibliothèque du Roy est établie rue Vivienne. (En 1721 seulement elle fut transférée à l'ancien Palais-Mazarin). — Plus de traces des bastions construits sous Louis XIII. — Chapelle S.-Joseph (rue Montmartre), refaite. — Sur l'emplacement de l'hôtel de La Ferté-Senecterre, s'arrondit la place des Victoires, avec la statue du roi au centre. — Nombreux hôtels ajoutés; je citerai celui de la Compagnie des Indes, rue Pavée-Saint-Sauveur, celui du Gouverneur de Paris, rue Neuve-Saint-Augustin, etc. — Pas de croix sur la place Saint-Eustache. — Près des Filles-Dieu est une place nommée *La Petite pleine*; c'est une dépendance de la Cour des Miracles.

FEUILLE VIII.— On a retouché le Palais-Royal et supprimé l'hôtel de Richelieu, qui était contigu à l'ouest.—Saint-Roch a toujours son clocher mal placé. —Pas encore de façade à l'Oratoire.—Groupe de maisons au milieu de la cour du Louvre.— Hôtel d'*Vsès* près de celui de Longueville, etc.— Le pont de Bois, vis-à-vis la rue de Beaune, est démoli; nouveau pont de pierre, dit *Royal*.— Rue des Fossés-Saint-Germain est la *Comédie*.— Hôtel Ventadour, rue de Tournon, etc. — Grand nombre d'autres hôtels et de couvents de récente fondation au faubourg Saint-Germain.—Quatre maisons ont été bâties dans l'enclos de la Foire-Saint-Germain.

FEUILLE IX. — On y remarque plusieurs nouveaux couvents de femmes, tels que : les Filles du S.-Sacrement, rue Cassette, les Bernardins du Précieux Sang, rue de Vaugirard, N.-Dame de Liesse, les Filles S.-Sulpice en place des *Filles-de-la-Mort*, rue de Sèvres, etc.— Plus de *Fort des Académistes*.— Hôtel de l'Enfant-Jésus, rue du *Chasse-Midi*.— Moulins de la Pointe et de la Tour.— Cimetière Saint-Sulpice; l'entrée fait face à la Petite rue du *Barcq*.

FEUILLE X.— On a conservé le plan des Fontaines de Paris.— On a représenté le nouveau couvent des Capucines, au nord de la place des Conquêtes.— Église de la Madeleine, peu remarquable. — Bénédictines de la Ville-l'Evesque.— L'adresse de N. Langlois, inscrite sur l'édition de 1676, a été ici remplacée par cette autre : « Se vend à Paris, chez *Jaillot le fils*, sur le quay de l'Horloge du Palais, « ou *des Morfondus*, à l'enseigne de l'*Atlas François*. Avec privilège du Roy « pour *dix* ans, pour ce grand plan et la *réduction* en petit. »

FEUILLE XI. — L'ancien couvent des Capucines et l'hôtel de Vendôme ont été remplacés par la place *Louis-le-Grand* ou : *des Conquêtes;* sa forme est telle qu'elle est de nos jours, carrée à pans coupés.— Rue de Grenelle-Saint-Germain est établi un nouveau Couvent de Carmélites. — On ne lit plus la signature : *De La Boissierre fec.*— Partie des Invalides, avec une avenue qui aboutit au quai.

FEUILLE XII.— Suite des Invalides; l'église en est cachée par la grande draperie qui contient la carte des Environs de Paris, et remplit presque toute la feuille. Au bas on lit : *chez B. Jaillot le fils, etc.*

PLANS ENTRE 1707 ET 1713.— Outre le plan retouché de Bullet, il existe pour l'année 1707 plusieurs petits plans en une ou deux feuilles, édités par N. De Fer. Ce sont toujours les dessins de Jouvin qui en sont la base. Il y a aussi une nouvelle édition du plan de C. Inselin (1699), avec la date de 1707.

Le plus remarquable des plans en une feuille de cette année 1707, est celui dressé par N. De Fer, dédié au Dauphin et signé au bas, *P. Stark-man fecit*. Sa gravure au burin est d'une grande netteté. Il a d'encadrement 76 centim. sur 54 1/2. Il offre tout à fait la même disposition que celui de *Van Loon* signalé page 155, et porte cette adresse : *Chez l'auteur, Quay de l'Orloge, à la Sphère Royale*, 1707. J'ai vu une édition datée 1712.

Je ne connais aucun plan daté 1708 ou 1709; mais il est probable qu'il en existe. On signale, je ne sais plus où, une nouvelle édition du grand plan recorrigé de Bullet ou de Jouvin, avec la date de 1710 : je n'en ai rencontré aucune épreuve. J'ai vu, avec celle de 1712, un plan de De Fer, signé *C. Inselin scripsit*. — La Tynna cite le plan de *Brice;* c'est une fausse désignation. Germain Brice, auteur d'une *Description de Paris* qui eut sept ou huit éditions, faisait réduire le premier plan de De Fer venu, pour le mettre en tête de son livre. S'il fallait s'occuper de tous les plans de ce genre, cet ouvrage n'aurait point de terme. Celui dont parle La Tynna fut dessiné et gravé par Antoine Cocquart, 1712, avec écriture par Desbruslins (36 1/2 centim. sur 29).

J'ai vu quelque part, avec la date de 1712, un ignoble tirage d'un petit plan d'environ 1663, entouré de 65 portraits des rois de France. C'est probablement la planche rajeunie du plan cité page 148.

1712.—Nouvelle édition du plan gravé par P. Stark-man. Voy. l'année 1707.

1712?— PLAN DE CONSTANTINI. — Ce plan géométral et sans date est en une feuille portant 66 centim. sur 54. Il est intitulé : « Plan général des Bureaux d'entrée, Barrières de renvois, Roulettes et Corps-de-garde de Paris, par J. B. Constantini dit *Octave*, contrôleur *ambulant* des Aydes et Domaines du Roy. » Il est entouré des blasons des Fermiers généraux, et dédié à Mr Des Marets Contrôleur général des Finances. Il n'offre que fort peu d'intérêt, puisqu'il ne désigne spécialement que le haut des faubourgs. Du reste, plusieurs plans qui précèdent indiquent, au moins en partie, les Barrières situées déjà bien au delà de la ligne des boulevards. On voit figurer un fort petit nombre de localités centrales.

C'est, en résumé, un plan fort médiocre. Mauperché se borne à le signaler comme *postérieur à* 1708, et nous apprend que Constantini, qui était *commis* (sans doute à l'octroi), eut, dans sa jeunesse, sous le titre d'*Octave*, quelques succès dans la troupe de l'ancien théâtre Italien. — La Tynna lui donne la date de 1720 (il existe peut-être une édition avec ce millésime); d'autres lui attribuent la date de 1716. J'ai adopté celle de 1712, comme la plus vraisemblable. S'il est postérieur au plan de La Caille, 1714, il n'a aucun mérite, puisque ce dernier indique avec soin toutes les Barrières, Bureaux, etc.

On voit au Cabinet des Estampes (grand carton supplémentaire), à côté du plan précédent, un plan manuscrit aussi sans date, qui est peut-être le dessin original de Constantini. Il a pour titre : « Nouveau plan général des Bureaux « d'entrée, Laissez-passer, Barrières de renvoy, Roulettes et postes de Brigades « et Gardes de la Ville, etc. » Il est en deux feuilles, et a d'encadrement 1 mètre sur 76 centim. La ville est fort peu détaillée. Il est intéressant par l'indication des limites de Paris. On y remarque, rue du Faubourg-Saint-Laurent (faubourg actuel Saint-Martin), une *Croix-Mouton* qui figure aussi sur le plan de Flamen, décrit à l'année 1658.

XXX. — Plan de Bernard Jaillot, 1713.

La Bibliothèque du Luxembourg possède un plan de Paris en quatre feuilles, ayant chacune 61 centim. sur 44 d'encadrement. Il a été dressé par Bernard Jaillot, et est signé au bas : *I. B. Scotin le Jeu. fec.—Puthaux scripsit*. Les édifices seuls sont tracés en élévation, et le reste au pointillé. Le contour de chaque îlot de maisons est composé d'une ligne doublée. La gravure en est soignée et plaît aux yeux. Il est orienté avec l'ouest au bas de la carte. Le champ en est assez borné, surtout à l'est et à l'ouest. Au bas, à gauche, un riche cartouche contient la dédicace adressée à « Messire Hiérôme Bignon, Prévost des marchands, par Bernard Jaillot M. DCC. XIII. » Le titre se trouve sur la première feuille. On y lit que ce plan, mis au jour par B. Jaillot, a été *très-exactement levé et mesuré sur les lieux*. (Je crois qu'il est tout simplement une réduction de Bullet, édition de 1707.) Il se vendait chez l'auteur, quai de l'Horloge ou des Morfondus, à l'Atlas François.

On remarque sur ce plan un grand nombre d'hôtels, désignés assez souvent par des chiffres correspondant à des renvois. Les grands hôtels se multipliaient rapidement à cette époque, et les géographes étaient trop courtisans pour en oublier aucun. C'est un plan curieux à consulter sous ce rapport. Sur les côtés sont gravés les noms des rues.

J'ignore si Bernard Jaillot était parent de Jean-Bapt.-Michel Jaillot, célèbre auteur des *Recherches*, qui dressait des plans vers 1770 ; mais c'est le même probablement qui retoucha le plan de Bullet, en 1707, et qui signait : *Jaillot le fils*.

Le plan en question me paraît être, je le répète, une copie réduite du plan de Bullet, 1707. Il est intéressant, et les édifices, bien que sur une petite échelle, sont finement tracés, et assez détaillés pour être reconnaissables. Scotin jeune était un graveur habile et patient en ce genre. C'est le même qui grava les meilleures planches du plan de La Caille, 1714.

Le plan de Bernard Jaillot n'existe à la Bibliothèque Nationale qu'à l'état de seconde édition, avec le millésime de 1717. C'est une estampe rare. Je ne l'ai jamais vue qu'une fois passer en vente. On peut l'estimer de 25 à 30 francs. La Tynna signale sans aucun détail l'édition de 1717. Mauperché n'en cite aucune. Je crois me souvenir que l'homonyme de B. Jaillot en parle quelquefois dans ses *Recherches*.

J'ai peu de notes à faire sur ce plan, à moins que d'entreprendre de décrire les nombreux hôtels qu'il représente. Je m'en tiendrai à quelques remarques qui le distinguent de tout autre. — On compte encore quatre piliers à Monfaucon, et il n'y a plus de croix au pied de la butte. — Les Filles Saint-Anastase, où nous voyons le marché des Blancs-Manteaux, occupent l'emplacement de l'hôtel d'O. — Rue du Grand-Chantier, est toujours l'hôtel du Prévôt des marchands, et, en outre, on signale entre la rue Neuve-Saint-Augustin et le Boulevard : La *Maison du Prévost des marchands*, accompagnée de vastes jardins. — L'église des Saints-Innocents paraît bien détaillée; un porche à trois arcades précède son portail ; un mur la sépare du cimetière. — Château des Porcherons, bien dessiné. — Place des Victoires ; on n'y voit plus les quatre groupes de colonnes qui servaient à l'éclairage de la place. — Entre les rues d'Antin et de Gaillon est un terrain vague. — Eglise de la Madeleine, avec son cimetière à l'est. — Voirie, à l'endroit où exista depuis la Pépinière du Roi, rue de ce nom. — Le titre du plan cache la montagne de Montmartre. — On voit dans l'île Louviers une sorte de ferme, au lieu des chantiers de bois qu'indique l'édition de Bullet de 1707. — Rue Bourbon-Villeneuve en construction. — Maisons au milieu de la cour du Louvre ; la colonnade est toujours masquée par plusieurs hôtels. On ne nomme pas celui du Petit-Bourbon ; ce qui restait des bâtiments servait alors d'écuries pour la Reine. — La plantation des Champs-Elysées paraît terminée.

Sur la rive gauche, on distingue un grand nombre d'hôtels au faubourg Saint-Germain, et de colléges dans la partie que limitait l'enceinte de Ph. Auguste, dont ce plan ne conserve aucune trace ; la plupart de ces colléges sont mal figurés. — Au nord du Val-de-Grâce, nombreuses roues de carrières. — Puits au carrefour Saint-Hippolyte. — Le Boulevard du Sud est commencé en partie ; il divise le Mont-Parnasse en deux buttes. — Les Chartreux sont assez mal représentés ; on y compte 23 cellules ; un cimetière est établi dans l'angle nord-est du grand cloître. — Dans la cour de l'Observatoire est dressé un grand télescope ; la haute tour de charpente a disparu. — On voit toujours l'ancienne église Saint-Sulpice, avec la nouvelle inachevée. — L'enclos de l'abbaye Saint-Germain, en rétréci, envahi par des maisons neuves, qui rapportaient à l'Abbé plus de revenus que des jardins et de vieux fossés.

Le catalogue du *Dépôt de la Guerre* indique un nouveau plan de Roussel en une feuille, 1713. — Mauperché en cite un du même, avec la date de 1714.

XXXI. — Grand plan de Jouvin de Rochefort, retouché en 1714.

On a donné à tort le nom de l'éditeur N. De Fer à ce plan en neuf feuilles, tiré d'anciens cuivres dont il était possesseur. De Fer ne l'a ni dressé ni gravé ; il l'a seulement corrigé et rajeuni pour la date de 1714, et il est probable qu'il n'a pas exécuté lui-même les corrections qu'on y remarque. Les épreuves de cette estampe sont beaucoup moins nettes que celles du tirage primitif, et le papier en est plus épais. On a laissé tous les petits personnages de l'édition de 1690, on a effacé plusieurs localités et on en a représenté beaucoup de nouvelles. On a aussi modifié plusieurs inscriptions et noms de rues. Il est à noter que la plupart des localités ajoutées ne sont pas tracées en élévation.

J'ai déjà fait observer, page 163, qu'entre les éditions de 1690 et 1714, il en existait probablement une intermédiaire. Celle qui nous occupe, bien qu'à peu près aussi rare que celle de 1690, a pourtant moins de valeur. Elle peut être estimée environ 30 francs; mais celui qui possède le plan beaucoup plus commun de La Caille peut se passer de celui-ci, qui ne lui apprendrait rien de nouveau. La description de l'édition antérieure peut donc s'appliquer à celle-ci, sauf les changements ou additions que je vais signaler.

FEUILLE I. — La partie supérieure est occupée par une vue prise du Pont-Neuf, avec la colline de Chaillot dans le lointain. De Fer a substitué cette vue à celle du portail de Notre-Dame, afin de donner à ce plan un air de nouveauté. — On a tracé sur le sommet de Montmartre *le Pilier posé à l'endroit où passe la ligne méridienne de Paris.* C'est cet obélisque terminé par un fer de lance, que nous voyons encore aujourd'hui. — Château et moulin des Porcherons. — Château de Monceaux. — A mi-voie de la rue des Martyrs, on a ajouté : *La Guainguette.*

FEUILLE II. — En haut est le titre : *Paris et ses environs* dressé sur les *desseins* de Jouvin de Rochefort, par N. De Fer, etc. On a ajouté la ligne des Boulevards encore interrompue en certains endroits. — On a rétabli une partie de la butte voisine de la porte Saint-Martin, butte supprimée sur l'ancien cuivre et remplacée par un vide. — La rue Meslay est déjà garnie de quelques maisons. — Nouvelles rues derrière le Temple. — Le grand espace vague dit : *la Ville-Neuve,* n'est pas encore rempli. — A l'inscription de la rue des Jeûneurs, on a ajouté : *ou des Déjeuneurs.*

— On ne voit plus la porte Montmartre, construite, vers 1633, près de cette rue, qui, selon La Tynna, s'appelait : *de Jeux-Neufs* en 1643. — Le gibet de Montfaucon offre encore quelques piliers ruinés sur une butte taillée à pic et corrodée de toute part. Le tout ressemble assez à ces chicots qui servent d'enseignes aux dentistes, ou encore à un pis de vache retourné.

FEUILLE III. — Au haut, vue perspective des Invalides. — A la place de la *Folie-Renault,* est indiqué *Mont-Louis aux RR. PP. Iésuites.* Le reste est identique à l'édition de 1690.

FEUILLE IV. — Sur la place actuelle de la Concorde est une *Marbrière* (dépôt de marbres). — La place des Conquêtes est terminée et nommée : *Louis-le-Grand;* le premier projet ayant été modifié, elle a la forme que nous lui voyons encore. — Vis-à-vis des Bons-Hommes est *l'île du Mast et de Querelle,* et vers sa pointe orientale la *Loge aux Signes* (Cygnes), qu'entoure un jardinet. — Les Invalides sont aussi appelés *Hôtel de Mars;* la place où nous voyons l'Esplanade se nomme toujours : *Les Prez S. Germains dits aux Clercs.* — Le faubourg Saint-Germain s'est accru d'un grand nombre d'hôtels ; je citerai ceux de *Comenge,* Pompadour, Richelieu, d'Auvergne, etc. On les reconnaît de suite, en ce qu'ils ne sont pas tracés en élévation. Il y a aussi quelques nouveaux couvents, comme : les Religieuses de Belle-Chasse, etc. On n'a pas oublié de marquer les Barrières de ce côté de Paris. Aux Champs-Élysées on remarque celle de la Conférence, près d'un pont qui traverse le Grand Égout.

FEUILLE V. — Bien que, sur les épreuves de 1690, la colonnade du Louvre paraisse isolée, elle est ici offusquée par *La Nouvelle Monnoye* et par l'hôtel d'Antin (un autre du même nom avoisine les Capucines). — Au nord de la Place Royale on a indiqué les hôtels de Venise, et Boucherat, etc. — Rien de changé à la Cité. — On voit encore les *anciens murs* entre la rue Saint-Victor et la porte Saint-Bernard, près de laquelle sont les *Galériens.* — L'église Saint-Sulpice nouvelle en est toujours au même point.

FEUILLE VI. — Elle est presque partout identique au tirage primitif. — A l'entrée du faubourg Saint-Antoine, on a ajouté l'Hôtel des Mousquetaires et le jardin des Arbalétriers, derrière le Gros-Bastion, le long de la contrescarpe. — Près du ponceau, sous lequel débouche la Bièvre, est le moulin du même nom, non désigné sur l'édition de 1690.

FEUILLE VII. — Le grand Frontispice a été modifié. Aux armes de Simon Arnault, qui le surmontaient, on a substitué celles de Paris, dont le navire est de forme moderne. — Sur la draperie qui contenait la dédicace est gravée une table des rues. — On remarque encore les trois piliers de pierre du gibet de Saint-Germain, mais les traverses ont disparu ; à côté on a écrit *Justice de Grenelle.* — Au bas, à gauche, on lit toujours : *P. Brissar Ædificia et Ornamenta fecit.*

FEUILLE VIII. — On n'y a fait aucune retouche. Au-dessous du socle qui contient l'échelle est conservée l'inscription : *Gravé par François de La Pointe.*

FEUILLE IX. — A droite, sur la draperie que dominent les armes de France, est gravée la suite de la table des rues, en place du plan des Environs, qu'offre l'édition primitive. A la fin de cette table on lit : *Chez le Sr de Fer, etc.* 1714. L'adresse signalée page 163, et qui semblait prouver une édition intermédiaire, a été effacée et remplacée par des tailles.

XXXII. — Plan divisé en 20 quartiers, édité par J. de La Caille, 1714.

Cette même année, parut un atlas grand in-folio (accompagné d'un texte imprimé, sans pagination) des vingt quartiers de la capitale. On y remarque deux vues de Paris formant des hauts de pages, et quelques lettres ornées. En voici le titre abrégé : « Description de la Ville et des Fauxbourgs de Paris en vingt planches
« dont chacune représente un des Vingt Quartiers, suivant la Division qui en
« a esté faite par la Déclaration du Roy du 12 décembre 1702... [1] avec un Détail
« exact de toutes les Abbaies et Eglises, des Convents,... Lanternes, etc. Dressée
« et gravée sous les ordres de M. d'Argenson,... Lieutenant Général de Police...
« Dédiée à Monseigneur Desmaretz, ministre d'Etat, Controlleur Général des
« Finances. A Paris, par Jean de la Caille Imprimeur de la Police. M. DCC. XIV. »

Les *vingt-deux* planches de cet atlas (car il y a double planche pour deux quartiers), gravées sur cuivre par diverses mains, ne sont pas toutes, je crois, exécutées précisément sur la même échelle, de sorte qu'on pourrait difficilement les réunir. Leur assemblage, du reste, produirait un effet très-désagréable; la gravure de deux quartiers est d'une grossièreté qui fait disparate avec le reste, et d'ailleurs, les planches étant incorporées au texte, on ne pourrait les assembler sans détruire le livre.

Le modèle de ces plans est évidemment le grand plan de Jouvin de Rochefort, édition de 1714; on y reconnaît sa forme générale, son orientation et les mêmes détails. La différence consiste dans la division par quartiers, et dans l'addition ou la suppression de quelques localités. Ajoutons que, l'échelle étant d'environ un tiers plus grande, les édifices (tracés en élévation) se dessinent mieux que sur l'original. Quant aux îlots de maisons, ils sont ombrés au moyen de lignes transversales et régulières.

Le texte, dû peut-être à l'éditeur La Caille, offre quelques particularités inédites concernant les Barrières, les Bureaux d'octroi et Brigades, les Fontaines, l'éclairage des rues, et divers établissements nouveaux, indiqués sur les plans.

La lecture de la Dédicace amène à croire que La Caille a lui-même dressé et dessiné ces plans auxquels quatre ou cinq graveurs ont attaché leurs noms. Nous l'appellerons donc *Plan de La Caille*, désignation qu'on lui donne communément. Il faut éviter seulement de confondre dans sa mémoire ce nom avec celui de l'abbé *Delagrive*, le plus célèbre des géographes parisiens entre 1723 et 1756. Ces deux noms offrent en effet à l'esprit un sens tout à fait analogue.

---

[1] J'ai signalé, à l'an 1701, un plan déjà divisé, par anticipation sans doute, en 20 quartiers.

Je possède deux exemplaires de cet in-folio, et j'ai acquis la preuve qu'il y avait entre eux (quoiqu'ils fussent également datés 1714) des différences dans quatre pages du texte réimprimées et dans quelques-unes des planches. Je citerai deux exemples : on a ajouté au quartier de la place Maubert une bande où figure en entier la Salpêtrière ; et, au quartier Saint-Benoît, une maison (près de Saint-Jean-de-Latran), au-dessous de laquelle on lit : *Maison de l'auteur.* J'ai vu, à la vente de M. Maingot, 1850, un exemplaire avec un supplément de quelques pages de texte ; à la fin était la date de 1715. Les épreuves paraissaient très-fatiguées.

Ce plan a été justement estimé. Vaugondy le cite avec éloge dans ses *Tablettes parisiennes*, et Jaillot dans ses *Recherches*, mais ils semblent laisser à La Caille un mérite qui appartient à De Rochefort. La Tynna ne l'a pas signalé. Quand Piganiol de La Force publia, en 1742, sa *Description de Paris*, il y fit insérer des copies réduites de ces plans, exécutées par J.-B. Scotin, le même qui grava les meilleures planches de l'atlas de La Caille. On y fit, en les copiant, des corrections ou additions nécessitées par la nouvelle date de 1742.

Les exemplaires des plans de La Caille étaient assez communs vers 1840. Depuis cette époque, ils ont été plus recherchés dans les ventes par les amateurs. Selon leur état de conservation, ils montent aujourd'hui de 10 à 20 francs.

La plupart des exemplaires sont précédés d'un plan géométral in-folio, sans date, destiné à faire voir l'ensemble des vingt quartiers ; c'est celui signé : *Van Loon sculp.*, dont je parle page 175 ; mais il n'a pas été gravé pour cette destination, car il est antérieur d'au moins dix ans à 1714. Il existe, je crois, des exemplaires ayant en tête un autre plan d'assemblage. Il paraît que l'éditeur vendait son atlas tout relié ; du moins je l'ai toujours rencontré avec une reliure du temps.

Je passe à des remarques sur chaque quartier, négligeant les localités déjà décrites au sujet du plan de Jouvin de Rochefort, édition de 1690 et de 1707.

Le premier quartier contient la Cité et les îles, en deux planches séparées. Il a été gravé par *Scotin le jeune*, et l'écriture par *Fr. Desbrulins*, qui a également tracé toutes les inscriptions des autres planches. Les édifices y sont assez finement gravés, mais on eût pu les figurer avec plus d'exactitude. On n'aperçoit, vu l'orientation du plan, que les faces latérales des églises, et leurs portails se présentent de profil. Les tours de Notre-Dame ont 23 millim. de hauteur ; elles n'en ont que 18 sur le plan de Jouvin. Le Palais est assez bien rendu. Les îles Saint-Louis et Louviers occupent une autre page. Cette dernière île contient encore une habitation avec enclos, et des chantiers.

Le quartier Saint-Jacques-la-Boucherie est signé : *D*. Les points les plus intéressants sont : les Filles-de-Saint-Magloire, le Sépulcre, Saint-Josse, et l'ensemble du Grand Châtelet, qui fut rebâti vers 1685, et renferme la Morgue.

Le quartier Sainte-Opportune, non signé, est à peu près du même style. On y remarque le Bureau des Postes, rue des Bourdonnais (où ne figure pas l'ancien hôtel de la Trémouille), le Fort-l'Évêque, et l'église Sainte-Opportune.

Le quartier du Louvre est signé : *L. Boudan sculp.* Points remarquables : Saint-Honoré, la grande salle du Petit-Bourbon et l'arche du même nom, le rez-de-chaussée de l'ancienne tour correspondant à celle de Nesle ; l'hôtel de Sourdy, le *Grand-Conseil*, rue Saint-Honoré, et l'hôtel de la Monnoye, rue de ce nom.

Le vaste quartier du Palais-Royal est signé : *Lucas sculp.*, sans doute Claude Lucas, le même qui grava l'immense plan de Louis Bretez en 1734. Points à noter : le Port et le *Magazin* des Marbres, sur la place actuelle de la Concorde, bornée par un égout au delà duquel est la rue *de la Bonne Morue* (ce dernier mot a été oublié). — Filles-de-Sainte-Marie, à Chaillot. — Embouchure du Grand Egout, à côté de *S. Nicolas de la Savonerie.* — Pont d'Antin sur cet égout, à l'endroit où il traverse l'avenue des Champs-Élysées. — Orangerie et Pépinière du Roy, vis-à-vis Saint-Jacques-Saint-Philippe ; plus tard elle fut très agrandie et transférée de l'autre côté du faubourg Saint-Honoré. Dans ce même faubourg, à la hauteur de la *rue du Chemin vert* (aujourd'hui de Penthièvre), est une double barrière nommée : *Fausse Porte de St-Honoré.* — Cimetière de la Ville-l'Evêque. — La Madeleine avec son cimetière contigu. — Hospice des 15-Vingts. — Marché au pain, place du Palais-Royal. — L'Opéra est attenant à ce Palais. — Portes Saint-Honoré et de la Conférence non figurées en élévation. — Capucins et Feuillants. — Manége des Tuileries.

Le quartier de *Mont-Marte* est sans signature. On y distingue le village de ce nom, et la partie orientale de la montagne, contenant Saint-Pierre et l'abbaye. — Notre-Dame-de-Lorette. — Moulin et château des Porcherons. — Cimetière Saint-Eustache (au haut du faubourg Montmartre). — Le chemin des Porcherons (rue de la Chaussée-d'Antin) traverse le Grand-Egout, sur un pont dit : *Pont de l'Hôtel-Dieu*, à cause d'une ferme (rue Saint-Lazare) qui appartenait à cet hôpital. — Grange Bastelier. — L'impasse *Bergère* forme un coude représenté aujourd'hui par la Cité du même nom. — Au delà du boulevard actuel des Italiens, comme sur presque toute la ligne, sont des champs en culture. On y remarque deux *Jeux de Boulle.* — Rue de la Voirie, qui aboutit à la *Croix Cadet*, est la *Maison du Prince Monaco.* — Rue *Mont-Marte*, est l'hôtel de l'Hôpital, depuis d'Uzès. — La *Bibliotecque du Roy* est toujours rue Vivienne. — Entre le Boulevard et la rue Neuve-des-Petits-Champs s'étendent de nombreux et vastes hôtels. — On voit à la place des Passages des Panoramas l'hôtel du Contrôleur des finances Des Marets, à qui ce plan est dédié.

Le quartier Saint-Eustache (sans signature) n'est pas finement gravé. Les plus curieux points sont des hôtels ; je citerai ceux de Soissons, de Vertamont, de Chamillard, de Bullion, de Toulouse, où nous voyons la Banque, etc. — Sainte-Marie *Egiptienne*. — Derrière le chevet de Saint-Eustache s'élance un haut clocher ; c'est, je pense, un clocheton, dont la dimension est exagérée. — On indique encore le *Pont-Alais* qu'on ne voit plus, depuis longtemps, figurer sur aucun plan.

Le quartier des Halles est fort intéressant. On y compte tous les piliers ; on y voit la vieille Halle au Bled (où l'on conserve le *Poids du Roy*), aux Toiles, aux Draps, aux Cuirs, à la Saline, à la Marée, au Poisson d'eau douce, etc. — Pilori, croix, fontaine, nombreux étaux. — Suite de maisons, dites : *le Fief d'Alby*. — Au carrefour des deux rues de la *Truanderie* est indiqué le célèbre *Puits d'Amour* ; sa margelle n'est pas garnie d'une cage de fer. — Le cimetière des Innocents offre des détails assez exacts.

Le quartier Saint-Denis est signé : *N. Boudan sculp.*—Le Grand Égout traverse, sous des ponts, les faubourgs Saint-Denis et Saint-Martin. On voit plusieurs grilles et barrières dans ces faubourgs. — Saint-Lazare est bien détaillé ; son immense enclos renferme une butte élevée où nous voyons Saint-Vincent-de-Paul ; il n'est encore planté de quinconces que vers ses limites. Devant l'église de Saint-Lazare est une croix, voisine d'une autre placée devant la maison des Sœurs de la Charité (Hospice Dubois) ; cette dernière croix est la première des sept dites *Montjoies-S.-Denis*.—Bien au delà de Saint-Lazare est une fausse porte avec bureau d'octroi. — Foire Saint-Laurent, tracé géométral. — Notre-Dame de Bonne-Nouvelle n'a pas de clocher (voy. page 124). — En deçà du boulevard, on remarque les Filles-Dieu, la cour des Miracles, l'immense terrain vague, dit : La Ville-Neuve, et, rue aux Ours, la statue de la Vierge dite : Notre-Dame de la Cariole, dont l'histoire miraculeuse est assez connue.

Le quartier Saint-Martin est signé : *L. Boudan sculp.* — Gibet de Montfaucon, avec six piliers en ruine, et quelques traverses ; il repose sur une butte très-escarpée, parce qu'on en avait détruit la base pour gagner du terrain ou en tirer des pierres. Au pied de la butte est toujours l'ancienne croix. — La rue de *Melay* est commencée du côté de celle du Temple. Il reste encore une portion de la butte Saint-Martin. — L'ensemble de l'abbaye Saint-Martin est pittoresque. — En ce vaste quartier, on ne voit qu'un hôtel, celui de *Vic*, rue Saint-Martin, vis-à-vis de la rue de Montmorency.

Le quartier de la Grève est signé : *Boudan sculp.*, mais le jambage du *B* semble contenir un *J* accolé ; serait-ce un troisième graveur de ce nom ? Je crois plutôt que c'est un ornement, car le style de la gravure est bien celui des planches signées L. et N. Boudan. La plupart des édifices y sont bien représentés. Les plus curieux sont : la chapelle S. Bon, celle des Haudriettes, dont le chevet regarde l'orient, et surtout Saint-Jean-en-Grève, dont les tours offrent des détails gothiques assez finement indiqués.

Le quartier Saint-Paul est signé comme le précédent. On y remarque les Petit et Grand Arsenal, les Célestins, etc., et les hôtels de *Sens*, de *Lesdiguières*, de *Fieubec* (Ficubet), etc.

Quartier de Sainte-Avoye. — Au bas : *Ecrit par F. Desbruslins*. — Hôtels de Soubize, de Strasbourg, de Caumartin, de Montmorency et de Beauvilliers (Saint-Aignan). Les édifices religieux ont peu de style.

Le quartier du Temple (*J. B. Scotin sculp.*) est sèchement gravé. Il s'étend jusqu'à Saint-Jean, paroisse de Belleville. On y voit, dans le faubourg, plusieurs Brigades et Barrières. Il n'y a plus de porte du Temple ; celle Saint-Louis est suivie d'un pont de deux arches sur le fossé. — Entre le Boulevard et la rue du Temple, on remarque une dizaine d'hôtels.

Le quartier Saint-Antoine est en deux planches, gravées par Scotin le jeune. La première offre la place Royale, de nombreux hôtels, plusieurs couvents, dont le plus important est Sainte-Catherine-du-Val. — Bastille ; la cour n'est pas divisée en deux par un bâtiment ; de la plate-forme s'élance la fumée d'un canon, comme sur l'original. — La seconde planche, contenant l'immense faubourg Saint-Antoine, présente beaucoup de points curieux, signalés, pour la plupart, au sujet du grand plan de Jouvin, 1690 et 1714. Il y a, en fait d'additions, quelques maisons remarquables, rue de Bercy et de Charonne, etc. ; le *Jeu des Arquebusiers*, au delà du fossé du grand Boulevard de la porte Saint-Antoine. — La Grange-aux-Merciers n'est pas représentée en élévation.

Quartier de la Place-Maubert, non signé. Les points les plus curieux sont : les Bernardins, une tour ronde, incorporée à une longue portion du mur de Ph. Auguste, entre le collége du Cardinal Le Moine et la porte Saint-Bernard, le Jardin du Roy, Saint-Victor, le collége de Navarre, Saint-Marcel, Saint-Martin, Saint-Hypolite, le moulin à vent, dit : de Saint-Marcel, et autres ; la fausse porte située près des Gobelins ; le moulin de Notre-Dame, sur la Bièvre, plus tard nommé *Croulebarbe*. A droite est le commencement de la Salpêtrière, qui est tracée en entier sur une planche supplémentaire dans la seconde édition.

Le quartier Saint-Benoist est signé : *C. Inselin sculpsit*. La gravure, fort médiocre, fait contraste avec les autres plans. Les édifices sont inexacts, sans détails, et mal en perspective. Dans des épreuves de deuxième tirage, on voit indiquée, rue Saint-Jacques, derrière Saint-Jean-de-Latran, la *maison de l'auteur*. Le texte qui se rapporte à ce quartier a été réimprimé dans certains exemplaires. En comparant les deux textes, j'y ai trouvé des différences, du reste, trop peu importantes pour être signalées.

Le quartier Saint-André-des-Arts, sans signature, est encore plus grossièrement gravé que le précédent. La perspective, les détails, la position même des édifices, tout est mal entendu.

Le quartier du Luxembourg, non signé, est gravé avec soin. On y voit une image assez fidèle du Luxembourg, des Chartreux, des Carmes Déchaussés, de l'ancienne église Saint-Sulpice, etc. — Le Mont-Parnasse interrompt le boulevard du Sud. — Le tracé de la Foire Saint-Germain est inexact.

Le quartier Saint-Germain-des-Prez, signé : *Lucas sculps*, contient quelques localités intéressantes. Je citerai : l'île *du Mats* ou *des Cignes*, les cabarets du Gros-Caillou, et plusieurs bornes élevées çà et là, indiquant les limites de la *Seigneurie* de Sainte-Geneviève. C'est un détail que ne donnent pas les éditions de Jouvin. C'est une de ces bornes ou *gros caillous*, représentée sur l'enseigne d'un cabaret ou d'un mauvais lieu, qui a donné le nom à une partie du quartier. — Esplanade devant les Invalides ; entre cette Esplanade et la Seine existe toujours une partie du Pré-aux-Clercs. — A l'ouest de cet hôtel sont encore tracés trois piliers nommés : *Justice de S. Germain-des-Prez*. Au bas du plan, au milieu de la plaine de Grenelle, on distingue la Maison et Ferme Seigneuriale de Sainte-Geneviève, et plus loin le *clos de la Folie*. — Nombreux hôtels nouveaux, construits au faubourg Saint-Germain.

XXXIII. — Plans de Paris, édités de 1715 à 28.

1716. — Cette année, parut un plan généralement estimé, dressé au mois de Juin (dit le titre), sur les opérations géométriques de Guillaume De l'Isle, ingénieur-géographe du Roy, de l'Académie des Sciences. Lelong, de Vaugondy, Jaillot et Mauperché, écrivent à tort : *Delisle*, et La Tynna : *De Lille*. Il est en une planche de 65 centim. sur 50 ; on lit au bas, à gauche : *Derozier sculp*. Il est orienté suivant la méridienne de l'Observatoire, avec les édifices en élévation, système sans utilité, quand l'échelle est si petite. Les îlots de maisons sont indiqués au simple trait. Son champ est moins étendu que celui du grand plan de Jouvin, dont il me paraît être une réduction modernisée et rectifiée. On y voit encore, derrière les Capucines, un terrain vague, qui marque la place du fossé de Louis XIII. Le couvent des Filles-Hospitalières de la Roquette est nommé : Hôpital de la *Raquette*, etc.

Une particularité de ce plan, c'est qu'il donne avec assez d'exactitude le tracé de l'enceinte méridionale de Ph. Auguste, et, qu'on y voit ombrée la pente de la montagne Sainte-Geneviève. Il existe des épreuves postérieures qui n'offrent aucune différence, sinon qu'on a ajouté au bas de la planche : *Ph. Buache, P. G. de R.*

de *l'A. R. d. S.* (de l'Acad. Royale des Sciences), *gendre de l'auteur, avec privilége du 30 avril 1745*. — Je crois avoir vu une copie réduite de ce plan.

C'est encore, je crois, à l'année 1716, qu'appartient un petit plan sans date, de 30 centim. sur 23 1/2, publié par De Beaurain. On lit au bas : *gravée par Incelin*. A la partie inférieure est rapporté un cartouche en forme de cul-de-lampe très-orné, gravé sur une planche séparée, et contenant des renvois. Ce plan, remarquable par la finesse de sa gravure, est tiré; je crois, de la même planche que celui signalé à l'an 1699. Il est des épreuves qui offrent quelques différences ; ainsi on y a refait la ligne du Grand Égout.

1717. — On voit une nouvelle édition de cette date, du plan en quatre feuilles de Bernard Jaillot, décrit à l'année 1713. Il doit y avoir quelques corrections, outre le changement du millésime ; sur le quai d'Orsay, par exemple, est le *Magasin des Marbres*, qui, en 1714, était entre les Tuileries et les Champs-Elysées.

Il existe encore, avec la même date, un plan géométral très-nettement gravé. Il a 61 1/2 centim. sur 47, et est signé : *P. Starckman Fecit*. Les noms sont inscrits dans les rues. Au bas, on lit : *Chez l'auteur* (N. De Fer) 1717. J'ai déjà cité, à l'année 1707, un plan plus grand du même graveur, signé *Starck-Man*.

1720. — Plan géométral en deux planches, ayant chacune 78 centim. sur 54. Il est entouré de petites vues de Paris. Au bas est inscrit : *gravé par Roussel, rue des Noyers, au Mœcenas. — Roussel fils invenit*. Le dessin et la gravure de ce plan sont fort grossiers. Cette édition n'est point primitive, car l'épreuve paraît fort usée. Il en existe une réduction en une feuille. On cite des éditions datées 1722, 23 et 34, soit du grand, soit du petit; peu nous importe, au reste, car ni l'un ni l'autre ne mérite notre attention. J'ai déjà mentionné, page 175, un petit plan de C. Roussel.

1723. — Le catalogue des Archives indique (II⁰ cl. — 118) un plan de Paris et environs par Delagrive, 1723. S'il n'y a erreur, ce serait le premier publié par cet abbé-géographe devenu si célèbre.

1724. — Nouveau Plan de Paris divisé en 20 Quartiers, *mis au jour par* Gaspard de Baillieul, et dédié au prince de Conti. Cette image assez médiocre se compose de quatre planches ayant chacune 58 centim. sur 49 1/2. Elle est tracée géométralement, orientée selon la Méridienne, et entourée de 35 petites vues grossières. Au haut de la première feuille est un plan détaillé à part de la Cité. On y nomme, pour la première fois peut-être, le *Labyrinthe* du Jardin des

Plantes.— Rue de Vaugirard, vis-à-vis la rue de Bagneux, sont les Filles-de-Sainte-Thècle, et à côté les Filles-de-la-Mort, etc. On lit sur la troisième feuille : « chez le sieur Gaspard de Baillieul, géographe, rue S. Séverin, *Au Soleil d'or*... 1724, gravé par *D^{elle} Marie de Baillieul*. » C'est probablement le premier plan de Paris tracé par une femme. La Tynna dit à tort qu'il est « gravé par *Bailleul*. » M. de Saint-Fargeau le signale comme composé de *six* feuilles. Peut-être y a-t-il des épreuves avec texte ajouté. A la Bibliothèque du Luxembourg est une édition de 1732, retouchée. Au bas de la troisième feuille est écrit : *gravé par Marie filles* (sic) *de Baillieul*.

1726.— Plan en une feuille avec bande latérale supplémentaire, portant ensemble 63 centim. sur 58. Sur le cartouche assez orné du haut est l'adresse : *à Paris, chez G. Desprez et J. Desessartz, rue S^t. Jaques, à S. Prosper et aux Trois Vertus*, 1726. Au bas, à gauche, on lit : *A. Coquart sculpsit.— Delahaye scripsit*. Ce plan, qui est peut-être une réduction de celui de Baillieul, fut gravé pour l'*Histoire de Paris* de Félibien, achevée d'imprimer, lit-on à la fin du tome V, le 10 décembre 1724. Il ne put donc faire partie des premiers exemplaires mis en vente. Les îlots de maisons sont au trait. Entre la rue du *Chasse-Midi* et celle d'*Enfer*, on voit indiqué en blanc le tracé d'une partie du cours du Sud qui divise en deux la butte du Mont-Parnasse, dont il prit le nom. Ce boulevard devait se rattacher d'une part à celui des Invalides, de l'autre à celui commencé devant la Salpêtrière. Le champ de cette carte est très-borné à l'est et à l'ouest, car on n'y voit que l'entrée des Champs-Élysées et le commencement du faubourg Saint-Antoine.

XXXIV. — Plan en six feuilles de l'abbé Jean Delagrive, 1728.

Cette année, parut un vaste plan géométral et très-détaillé qui, détrônant celui de Jouvin de Rochefort, devait pendant longtemps servir de base aux plans postérieurs. Il se compose de quatre feuilles et de deux demi-feuilles ayant chacune une longueur de 91 centim. Mais la hauteur varie ; les deux feuilles du haut ont 60 centim. ; les deux du second rang 64 ; et les deux bandes du bas 29 ; l'ensemble a un cadre de 182 sur 153 centimètres.

Ce plan, tracé à l'échelle d'environ onze millimètres pour vingt-cinq toises, est entouré de vues de monuments gravés d'après Blondel. Ces vues ont pour nous peu d'intérêt, car elles représentent des édifices modernes et connus. Sur les côtés sont les *Tables* des rues. En haut, à droite, un vaste frontispice orné de volutes et de grandes figures mythologiques, et surmonté des Armes de Paris, contient ce titre : « Nouveau Plan de Paris et de ses Faubourgs, dressé sur la Méridienne de l'Observatoire et levé géométriquement par M. l'abbé DELAGRIVE. M. D. CC. XXVIII. » Au-dessous du cartouche, on lit d'une part : *Duflos delin.*, de l'autre : *Retouché au burain par Fillœul.* Ces noms ne se rapportent, je crois, qu'au frontispice.

A gauche est un autre cartouche plus petit, mais aussi fort richement orné, que domine le portrait du jeune Louis XV, à qui le plan est dédié. A la suite de la dédicace on lit : *Gravé par Louis Borde.* Je pense que Borde est l'artiste à qui doit être attribuée la gravure de tout le plan. C'est une eau-forte exécutée avec netteté et précision, avec *propreté*, comme on disait alors. La limite des quartiers est indiquée par des traits noirs fortement prononcés, et les îlots de maisons sont remplis d'une sorte de pointillé régulier, qui a le défaut de n'être pas assez serré. La plupart des noms inscrits à côté des rues sont d'une écriture très-soignée, et l'orthographe en est correcte.

Le champ du plan s'étend, au nord, à peu près jusqu'à la hauteur du Boulevard extérieur actuel; au sud, il a pour bornes l'hospice de la Santé (ou Sainte-Anne); à l'est, le rond-point de l'avenue de Vincennes et Mont-Louis; enfin, à l'ouest, l'extrémité de l'avenue des Champs-Élysées et l'île aux Cygnes.

On lit au bas de la cinquième feuille : « Se vend à Paris, chez le Sieur Borde, rue S. Jacques, vis-à-vis *Les Colonnes d'Hercules, chez un peruquier.* » Une magnifique épreuve de même date, qu'on voit à la Bibliothèque du Luxembourg, porte cette autre adresse, que je crois primitive : « Se vend chez l'auteur, Cloître S. Benoît, chez Mr Dubois, avocat. »

Ce plan, dressé récemment sur de nouvelles opérations géométriques, établit à son auteur une réputation qui subsiste encore. On conserve à l'Hôtel-de-Ville une grande partie de ses dessins, dont l'admirable netteté porte à croire à leur précision. On y voit, entre autres, un plan de la Cité de plusieurs mètres de longueur, tracé avec une rare perfection. Si ce géographe avait assez vécu, il nous eût laissé les plans des vingt quartiers détaillés sur une grande échelle. Le quartier de la Cité et des Iles et celui de Sainte-Geneviève sont des échantillons de ce travail. (Voy. la *Liste des Plans partiels*, années 1754 et 57).

Avant de passer à quelques remarques sur l'ensemble du plan, je signalerai une sorte de préface gravée dans l'angle inférieur de droite, sous le titre de : *Observations.* Delagrive y critique, sans les nommer, les plans qui l'ont précédé. Il reconnaît qu'il y en a de bons, mais il leur reproche d'être orientés *à tous les vents*, trop bornés, incomplets pour le nombre des rues, dont les noms sont quelquefois transposés, rues souvent trop droites et trop larges, ou tracées d'imagination. Il se plaint de ces copistes qui ne se donnent pas la peine de *manier*

la toise, et ajoute plus loin : « Les plans les plus exacts qui aient paru sont celui
« de Mʳ Bullet gravé en 16.., et celui de Mʳ de la Caille en *douze* feuilles. » (Il y
a ici méprise, ou il s'agit d'un plan que je n'ai jamais vu.) « Ces deux ouvrages
« méritent l'approbation du public, mais il est toujours vrai que ces plans ne
« sont pas *orientés*, qu'ils omettent les noms de plusieurs rües, qu'ils ne com-
« prennent pas les faubourgs, etc... Ni l'un ni l'autre ne s'est appliqué au dé-
« tail. On y voit des églises ; mais on n'en connoit ni la longueur ni la largeur
« ni la disposition. On y voit des Communautés, des Hôtels, des Hopitaux, mais
« tout autrement représentés qu'ils ne sont sur le terrain ; ils en indiquent le
« lieu, mais le plan qu'ils en donnent est faux et défectueux. Je me suis étudié
« dans cet ouvrage à corriger tous ces défauts..... »

L'auteur ajoute qu'il a observé les rues et a consacré à cet examen près de
deux années, « la toise, la chaînette et la boussole à la main » ; qu'il s'est occupé
des promenades publiques, de l'arrangement des arbres et des *desseins* des églises
« dont les colonnes et la disposition sont marquées avec autant de précision que
« la petitesse de l'Echelle l'a pu permettre. »

Les divers bâtiments des hôtels sont très-détaillés sur ce plan, ainsi que les
jardins ; on y peut compter les piliers et les autels de chaque église ou chapelle ;
c'est le premier où l'on distingue ces curieux détails qui manquent à l'immense
atlas de Verniquet. On y donne aussi le tracé d'un grand nombre de maisons
ou d'établissements remarquables. Ainsi on voit figurer, surtout au faubourg
Saint-Antoine, plusieurs *pensions*, tenues par MM. Poitiers, Duchêne et autres.
Delagrive signale également la place précise des Barrières et Bureaux d'octroi, etc.

On pourrait faire un volume de notes sur ce plan. Je me bornerai à un très-
petit nombre. — Le parcours du Grand Égout tracé avec le plus grand
soin. Un *nouvel égout* projeté suit à peu près la même ligne ; c'est celui qui
existe aujourd'hui voûté et souterrain. — Au haut du faubourg Montmartre est
le cimetière Saint-Eustache, aujourd'hui remplacé par une École primaire. —
Hôtel Monaco, rue de la Voirie (Cadet). — La rue Bleue actuelle, qui fait suite à
celle de Paradis, se nommait alors *rue d'Enfer.* — Ruelle (aujourd'hui rue Neuve)
des Mathurins ; on n'a pas indiqué la ferme du même nom. — *Château du Coq* ou
des Porcherons ; c'est, je crois, le premier plan qui le nomme du *Coq*[1]. — Tour

---

[1] En 1366, *Jean Le Coq*, second du nom, qui fonda la Madeleine de la Ville-l'Evêque, était sei-
gneur du château et fief de la *Maison riche des Porcherons*. Il est question de la famille Le Coq dans
une ordonnance du roi de 1682. Ce fut vers cette époque, je crois, qu'on grava sur un marbre noir
l'inscription : l'Hostel Le Coq, 1320 ; elle était placée au-dessous du fronton d'une porte, qu'on
voit encore aujourd'hui rue Saint-Lazare, 75, porte ornée de deux pilastres cannelés, et enterrée
d'au moins un mètre. La plaque a disparu ; je l'ai vue en 1839 dans une cave de la maison qui
remplace ce château où Louis XI passa la nuit qui précéda son entrée dans la capitale.

des Dames. — Place de *Vendôme* ou *des Conquêtes*. — Montfaucon offre *trois piliers en ruine*; derrière, au nord, est une Grande voirie. — Les portes Saint-Honoré et de la Conférence subsistent encore, ainsi que le bastion des Tuileries. Sur le fossé est établi le *Pont-Tournant*.

Le plan de la Bastille n'est pas exact. — Le boulevard Saint-Martin se nomme : *rue des Remparts*. — On appelle : *Porte du Temple*, l'entrée du faubourg de ce nom, bien qu'il n'y ait point là de porte. — Foire Saint-Laurent, très-détaillée. — Bibliothèque du Roi, transférée rue Richelieu, à l'hôtel dit : de la Banque. — La Morgue est placée dans un bâtiment attenant au Grand Châtelet, du côté de la rue *Saint-Leufroy*; la chapelle de ce nom fut démolie en 1684. — On n'a pas oublié le *Puits-d'Amour*; l'extrémité orientale de la rue de la Truanderie en porte même le nom. — Près du rond-point de l'avenue de Vincennes, est indiquée la *Maison du Trône*, dont j'ai déjà parlé page 167. — Le vaste hôtel de *Rambouillet* (rue de la Planchette) paraît démoli et abandonné; plus loin, vers l'orient, un autre hôtel beaucoup plus petit porte le même nom.

Sur la rive gauche figurent une multitude de couvents et de colléges bien détaillés. — On remarque, derrière les Jacobins, *cinq* tours de la clôture de Philippe Auguste, y compris une des deux qui fortifiaient la porte Saint-Jacques. On ne voit aucun autre vestige de cette enceinte. — L'ancienne paroisse Saint-Sulpice est démolie; le chœur et une grande partie de la nouvelle nef sont terminés, mais il n'y a pas encore de façade. — Delagrive a détaillé l'intérieur de la Foire Saint-Germain; il se compose de neuf rues qui se croisent à angle droit et sont supposées à ciel ouvert. — Le moulin de *Croulebarbe*, sur la Bièvre, est désigné, au bout de la rue du même nom. Les plans antérieurs le nomment : de Notre-Dame. — Au nord-est de la ferme de *Monsouris* (dite aussi Tombe-Issoire, d'une croix voisine), est indiquée une *Mine de charbon de terre*. — Abbaye Saint-Victor; on n'y voit pas le plan du clocher, mais à l'angle sud-est est la tour hexagone ici nommée *Tour d'Alexandre*. — Derrière les Chartreux passe le *Nouveau Cours* planté de quatre rangs d'arbres; plus de traces du Mont-Parnasse. — *Combat des animaux*, rue de Sève, à côté de celle Barouillère.

Ce plan important est assez rare pour être estimé de 25 à 30 francs.

Il existe, du même géographe, un petit plan pour la même année 1728, en une planche, ayant 37 cent. sur 31. Il a pour titre : Nouveau plan, etc... par M. D. L. G. — M. DCC XXVIII. C'est une réduction du grand, destinée peut-être à lui servir de plan d'assemblage. On lit au bas, à gauche : « Se vend chez le sieur Borde, rue S. Jacques vis à vis la Colonne d'Hercules, *chez un Peruquier*. » — J'ai vu au Luxembourg ce même plan, même date, *par M. De la Grive*, et une autre édition datée 1740. — M. Girault de Saint-Fargeau indique un plan de La Grive, gr. in-folio, avec cette même date de 1728.

XXXV. — Plans de Paris entre 1730 et 1738.

PLAN DE PARIS ET ENVIRONS, PAR ROUSSEL, 1730. — Ce plan fort remarquable se compose de neuf feuilles. Il est intitulé : *Paris, ses Faubourgs et ses Environs*, etc., levé géométriquement par Roussel, Capitaine-ingénieur. Au bas de la feuille VIII, on lit dans un magnifique cartouche, qui fait partie de la bordure : « Dédié et pré- « senté au Roy, par... Roussel, son ingénieur ordinaire, 1730. » Chaque feuille a environ 57 centim. sur 38 d'encadrement, celles du second rang sont un peu plus hautes que les autres.

Ce plan est remarquable par son exactitude et par la beauté de sa gravure. Il est orienté suivant la méridienne, et tracé géométralement. Les moulins seuls sont en élévation. Les édifices ressortent en noir parmi les maisons figurées par un pointillé très-soigné. Son champ a pour limites : au nord, Clichy-la-Garenne ; au sud, Bicêtre ; à l'est, Vincennes ; à l'ouest, Meudon. On remarque, dans la riche bordure qui l'encadre, deux L entrelacés qui, dans une édition républicaine, ont été remplacés par deux caducées. M. G. de Saint-Fargeau signale ainsi ce plan : « Atlas du canton de Paris, divisé en ses douze municipalités, avec ses faubourgs « et ses environs, levé géométriquement *à la plus grande échelle*, en 9 f., 1700, « par Roussel ; *revu en* 1730 ; revu et augmenté en l'an IV, par P. G. Chanlaire, « gr. in-fol. de 9 feuill., 1747. » Cette désignation me paraît fort erronée. Je n'ai jamais vu, ni vu citée, l'édition de 1700 ; celle datée 1730 est si belle d'épreuve, qu'il est impossible de la croire retouchée.

Voici, à mon avis, les seules éditions qui existent : celle primitive de 1730, une de 1731, signalée par Lelong et indiquée sur le Catalogue des Archives, une de 1756, avec nombreuses corrections ; enfin une autre, quelquefois sans date, celle revue et augmentée l'an IV (1795), par P. G. Chanlaire. Cette dernière, dont les planches existent peut-être encore, fourmille de choquants anachronismes ; car elle n'a été corrigée que fort imparfaitement ; de sorte qu'on y voit côte à côte des édifices qui n'ont jamais subsisté à la même époque. Quant aux environs, on n'y a presque rien changé. Il n'existe pas de plan plus perfidement dénaturé par cette race d'arrangeurs qui, abâtardissant, en vue d'un intérêt pécuniaire, les meilleures œuvres, sont plus redoutables encore aux artistes et aux hommes de lettres que les simples plagiaires.

Je ne m'occuperai ici que de l'édition originale, celle de 1730, la seule bonne à consulter, mais aussi la plus rare. Plusieurs graveurs ont concouru à l'exécution de ce plan, ce qu'on ne croirait pas, à voir l'ensemble des détails. On lit, en effet, sur la feuille VII, au bas, à gauche : « Gravé par *Coquart, Delahaye, Cordier, gendre de l'auteur, Villaret* et *De Poilly*. Sur la feuille IX est écrit : *Se vend chez la V° Jaillot, joignant les Grands Augustins.* »

On remarque, entre autres localités des environs, aujourd'hui effacées du sol, le château de Madrid, l'abbaye de Longchamps, le moulin de Javelle (célèbre par les orgies parisiennes sous Louis XV), Montmartre et la Butte Chaumont, avec les noms de tous les moulins [1]; la remise des Huguenots, près des Ternes ; Mont-Louis et ses bosquets, devenu notre principal cimetière ; les Minimes du bois de Vincennes, Charenton, avec indication de l'emplacement du célèbre Temple protestant, etc. Près de l'hospice Sainte-Anne ou de la Santé est marquée, ainsi que sur le grand plan de Delagrive, une *carrière de charbon de terre*.

Je me bornerai à quelques notes sur l'intérieur de Paris, dont la plus grande partie est tracée sur la feuille V. — Le gibet de Montfaucon est ici indiqué par un signe conventionnel pour désigner un lieu de justice ; c'est un soubassement en forme de pyramide tronquée, et surmonté à chaque angle d'un pilier. Le gibet de l'abbaye Saint-Germain, qui n'avait et ne pouvait avoir, selon les règlements féodaux, que trois piliers, en a quatre, et a l'air d'une table. — Au N.-O. de Montfaucon, entre le *faubourg de Gloire* (aujourd'hui Saint-Martin) et le faubourg Saint-Denis, est un moulin que ne désigne aucun plan antérieur ; il se nomme ici : *Moulin des Potences*. — Le quartier actuel de la Chaussée d'Antin porte le nom de : *Faubourg de Richelieu*. — Ce plan est peut-être le premier qui indique la *Ferme des Mathurins*. — Les portes Saint-Honoré et de la Conférence sont encore debout. — *Brise-glace* ou *Estacade nouvelle*, entre la pointe orientale de l'île Louviers et le quai de l'Arsenal. — La rue de Poitou est nommée *du Pont-aux-Choux*. — Sur la rive gauche, on remarque les jardins de l'abbaye Saint-Victor, bien moins vastes qu'au siècle précédent. — Dans le chantier voisin de la porte Saint-Bernard, on voit encore le vieux mur d'enceinte avec deux demi-tours. — Rue Saint-Hippolyte, au coin de celle des Marmouzets-Saint-Marcel, figure en noir le plan de la *maison* qu'on a de nos jours appelée, à tort : *de Saint-Louis* ou *de la Reine Blanche*. Ici elle ne porte aucune désignation. Cette maison est célèbre par les souvenirs vrais ou faux qui s'y rattachent ; elle aurait été témoin de cette mascarade qui devint si funeste à Charles VI. La partie la plus curieuse a disparu depuis sept ou huit ans. — Ile *Maquerelle* ou *aux Cygnes*. — On voit dans la campagne un grand nombre de moulins à vent, la plupart avec

---

[1] Roussel indique sur la butte Chaumont les moulins des *Bruyères* et du *Coq*, avec une maison entre les deux. C'est de ce point qu'est prise une vue remarquable de Paris en deux feuilles, dessinée et gravée en 1736 par l'ingénieur Milcent.

leurs noms. — Beaucoup d'autres localités sont tracées et désignées comme sur le grand plan de Delagrive, 1728, dont Roussel s'est aidé sans aucun doute.

1731. — Seconde édition du grand plan de Roussel, *Chez la Ve Jaillot*. Aucun autre, à ma connaissance, ne porte ce millésime.

1732. — Nouvelle édition du plan de G. de Baillieul, signalé à l'année 1724.

1734. — Plan de Roussel, cité par La Tynna, qui ne paraît pas vouloir désigner le plan ci-dessus décrit, mais plus probablement une édition de celui en deux feuilles (voy. page 191), édition revue et augmentée. *Chez la Ve Roussel*.

— Cette même année, 1734, fut commencée la gravure d'un immense plan, ordonné par Turgot; mais il ne fut achevé qu'en 1739. Je le décrirai à cette année.

1735. — Plan des Fontaines, Conduites des eaux, Réservoirs et puits de Paris... levé par Delagrive (pour le *Traité de la Police*); par M. L. C. D. B. — M. DCC. XXXV. Ce plan a 59 centim. sur 55. Les îlots de maisons sont au simple trait.

Il existe, avec cette même date 1735, un autre plan de Delagrive, dressé pour le même ouvrage. Il a pour titre : « Neuvième plan de Paris..., pour servir au IVe tome du *Traité de la Police*. » Il a 85 centim. sur 61 1/2. On en voit, à la Bibliothèque du Luxembourg, une édition de 1756, chez Hugnin.

1738. — PLAN ÉDITÉ PAR J. L. HUOT. — L'idée de publier, à cette époque, un plan tout entier à vol d'oiseau peut paraître singulière. Il semble que celui de Huot, entrepris dans un genre abandonné depuis longtemps, ait été exécuté à la hâte, dans le but de spéculer sur l'impatience du public, qui attendait la prochaine publication du grand plan *en relief* (comme on disait alors), ordonné dès 1734 par Turgot, prévôt des marchands. Quand ce plan parut, en 1739, celui de Huot, huit à dix fois plus petit, ne put lui faire une dangereuse concurrence. Néanmoins ce dernier, moins connu et beaucoup plus rare que celui de Turgot, monterait peut-être à un prix plus élevé dans une vente.

Ce plan se compose de quatre planches. Les deux du premier rang ont 58 centim. sur 47, et les deux autres, moins hautes, 43 sur 47. A cette mesure, comme aussi à l'orientation de la carte, qui a au bas le nord-ouest, il est permis de reconnaître l'ancien plan de Jean Boisseau, édité en 1654 et 57. A mon avis, ce sont ces vieilles planches qu'on a recopiées ou retouchées pour les faire concorder, tant bien que mal, avec la date de 1738. On lit, au sommet des deux premières feuilles : « Nouveau plan de la Ville et Faubourgs de Paris par élévation. » Dans un petit cartouche est l'adresse de l'éditeur, « Jean Louis Huot, rue Saint-Jacques, à *la Ville d'Anvers*. » Il porte sur les côtés des petites vues de Paris fort mal gravées. Trois feuilles de texte imprimé, chacune à trois colonnes, s'adaptent au bas du plan. Ce texte a pour titre : « Description exacte des par- « ticularitez de la Ville, etc., de Paris, jusqu'à la présente année 1738, par Jean Louis Huot. » Je ne sais si Huot est le graveur.

J'ai peu de chose à ajouter au sujet de ce plan, fort peu exact pour l'époque. Il est probable qu'il eut peu de succès, quoiqu'il ait eu plusieurs éditions, dont je parlerai bientôt. Les maisons, en très-petit nombre, sont, comme on le pense bien, tracées de pure fantaisie, et la plupart des hôtels et édifices sont dans le même cas. Il est bien inférieur, dans le même genre, au plan de Mérian de 1615. Toutes les remarques que je pourrais en extraire n'apprendraient rien de neuf à qui a sous la main le plan de Turgot et ceux de Delagrive de la même épo- que. On voit encore figurer, dans la cour de l'Observatoire, la haute tour de charpente, depuis longtemps supprimée. Ce ne doit pas être la seule bévue du même genre.

J'ai de ce plan une édition sans texte et sans date. Dans le cartouche du haut on lit : « chez J. D. Janvier, rue Saint-Jacques, *à la Ville d'Anvers*. » — Janvier est probablement le successeur de J. L. Huot. La Tynna cite, à l'année 1738, un « plan en élévation en six feuilles, » Il veut sans doute désigner celui-ci avec le texte. Mauperché dit seulement : plan de Huot, 1738, sans autre renseigne- ment. Le catalogue des Archives (II° cl.-1) le signale avec la date de 1748. Il existe une édition du même plan pour 1763. Dans le cartouche supérieur on lit : *Chez les S.^{eurs} Longchamps et Janvier*, géographes, rue Saint-Jacques, à l'en- seigne de La Place des Victoires, 1765. On y a ajouté divers édifices en élévation et très-grossièrement représentés, tels que : la nouvelle église Sainte-Geneviève, la nouvelle Madeleine, etc.

En 1738 parut une nouvelle édition du plan de Roussel en deux feuilles.

XXXVI. — **Plan dressé par Louis Bretez, par ordre de Turgot, 1734-39.**

Ce plan à vol d'oiseau, le plus vaste en ce genre qu'on ait entrepris, est connu sous la désignation impropre de *Plan de Turgot*. Il se compose (outre le plan d'assemblage) de vingt feuilles qui, réunies, forment cinq rangs. Chaque feuille a d'encadrement (y compris la bordure large de 32 millim.) 79 centim. de lar- geur sur 50 de hauteur; notons que plusieurs feuilles n'en ont que 48 sur ce der- nier sens. Les vingt feuilles réunies forment donc un carré d'environ 316 centim.

sur 245, non compris la marge. Cette surface embarrasserait plus d'un amateur parisien, trop étroitement logé pour en garnir son cabinet.

Le titre gravé se trouve au bas des feuilles 18 et 19 (moitié sur l'une, moitié sur l'autre), au milieu d'un cartouche de forme très-contournée, entouré de volutes et surmonté de la figure allégorique de la ville de Paris appuyée sur son blason. Voici ce titre que j'abrége : « PLAN DE PARIS, commencé l'année 1734. « Dessiné et Gravé sous les ordres de Michel Etienne Turgot... Prévôt des Marchands, etc., achevé de graver en 1739. » Dans une OBSERVATION on lit : qu'on n'a pu dresser ce plan « qu'en prenant quelques *licences* que les règles de la Géométrie et de la Perspective condamnent... Quoiqu'on ait cherché à donner, « par cet ouvrage, une juste idée de Paris, on ne se flate pas d'y être parvenu. » Au bas du cartouche est écrit en lettres fines : *Levé et Dessiné par Louis Bretez, Gravé par Claude Lucas, Écrit par Aubin*.

Ce plan forme, le plus souvent, un atlas grand in-folio ; chaque feuille, tirée sur un papier très-fort, est pliée en deux et collée sur onglet. Il paraîtrait que la plupart des exemplaires furent reliés dans le temps avec plus ou moins de luxe, pour être distribués gratuitement, sans doute, à tous les personnages éminents ; toutes les reliures, en mouton ou en maroquin du Levant, sont ornées au centre des armes de Paris, et, dans les coins, des mêmes armes ou de grosses fleurs de lis ; le filet se compose de lignes de fleurs de lis qui ont dû être fatales à la reliure. Il y a des exemplaires tirés sur grandes marges. Je l'ai rencontré assez souvent assemblé et collé sur toile, notamment à la Bibliothèque de Versailles, aux Invalides et à la Calcographie du Louvre.

Ce plan termine la série des plans à vol d'oiseau, et si, passé cette époque, on en voit paraître encore quelques-uns de ce genre, ce sont des plans plus anciens, copiés ou rajeunis. Louis Bretez, qui le dessina vers 1734, dérogea à l'usage généralement admis d'orienter les cartes selon la méridienne, parce que, voulant donner de Paris une image en élévation, il dut, à l'exemple des anciens géographes, préférer un système qui permît de voir de face les *portails* de nos anciennes églises, si nombreuses encore, églises qui, pour la plupart, avaient leur façade tournée vers l'occident. Il est à regretter que le plan, tel qu'il a été conçu, n'ait pas une date antérieure d'au moins un siècle. Il eût été, à raison de sa dimension, d'un bien haut intérêt pour les archéologues d'aujourd'hui.

Le dessin ordonné par Turgot était achevé en 1734 ; il représente donc l'état de Paris à cette époque. Claude Lucas, qui le grava, est le même sans doute qui travailla aux plans des quartiers de La Caille, 1714, ou peut-être son fils : c'est, au reste, une gravure sèchement tracée à l'équerre et sans effet artistique. L'exécution de cet immense atlas doit être considérée comme une entreprise plus hardie qu'heureuse, en un temps où Delagrive avait habitué le public à la précision géométrique. Il eût exigé dix fois plus de temps qu'on ne lui en consacra, puisqu'il a la prétention de représenter d'après nature, non pas seulement les édifices et les hôtels les plus remarquables, mais aussi toutes les maisons particulières avec cours et jardins. Le choix qu'on fit du genre à vol d'oiseau dut entraîner des frais immenses, et n'aboutit qu'à un travail fort imparfait. Aussi, ce plan paraît-il avoir été peu goûté de son temps, à cause, sans doute, de cette perspective de convention qui choquait les gens difficiles. Cependant, il ne manque pas de mérite, et c'est le mieux entendu, le plus régulier de tous ceux du même système.

Mauperché (*Paris ancien*, page 104) traite avec peu de ménagement, selon son habitude, un ingénieur qui avait osé regarder ce plan comme une *image détestable*. Le fait est que la perspective en est forcée; mais cette licence, à laquelle il faut s'habituer, est, comme on l'avoue sur le titre, la conséquence de sa forme. Si les rues n'étaient pas trois à quatre fois plus larges qu'en réalité, les toits des maisons les cacheraient complétement. La perspective en est disposée de telle sorte, que chaque édifice, chaque îlot de maisons est vu *de trois quarts*; le côté qui regarde l'ouest se présente à peu près de face, et celui qui regarde le nord, un peu de profil. Par suite de l'adoption de ce point de vue, le plan géométral de la place Royale, qui est carrée, offre une forme en losange, comme l'indique la carte d'assemblage.

Le même auteur s'écrie : « Le plan de *Lucas* finira par être d'un prix *inestimable* « lorsque le *maître des maîtres* (le Temps) aura fait disparoître le reste des ma- « gnifiques constructions dont Paris étoit orné avant 1789. » Cette réflexion, appliquée aux plans si rares de Quesnel et de Gomboust, eût été beaucoup plus juste. Le plan de Louis Bretez est, on peut l'affirmer, le moins rare de tous les plans de Paris du XVIIIe siècle, parce qu'il a été tiré à très grand nombre, et surtout parce que les planches, conservées à la Calcographie, fournissent encore des épreuves passables et sans corrections. Avant 1840, on en rencontrait partout des exemplaires de tirage primitif, plus ou moins splendidement reliés, pour vingt ou vingt-cinq francs, et même bien au-dessous, chez les brocanteurs. Aujourd'hui, il atteint presque le double de ces prix dans les ventes publiques.

Je n'ai jamais eu connaissance d'un texte annexé au plan de Louis Bretez.

L'image de Paris qu'il représente offre encore, je le répète, beaucoup d'attraits et de documents à l'archéologie. Le petit nombre de vieux édifices qui ont survécu disparaît, de nos jours, si rapidement, ou subit de si étranges métamorphoses sous le hideux masque du replâtrage, que le Paris de Turgot, en proie à nos mille projets d'alignements et d'agrandissements, devra bientôt s'appeler à son tour le *vieux Paris*.

Je me dispenserai, vu l'*ubiquité* de ce plan, que tous les amateurs possèdent ou peuvent consulter dans la première bibliothèque venue, de m'étendre longuement sur les points intéressants qu'il renferme. Ils pourront s'amuser à le comparer avec ceux plus anciens et infiniment plus rares, dont j'ai donné le signalement. Néanmoins, je ne terminerai pas ce chapitre sans quelques remarques qui pourraient échapper à leur examen.

Le champ du plan de Bretez est moins étendu que la surface actuelle de Paris, excepté du côté du S.-E. et du N.-O. Le nord-ouest est au bas de la carte; il est donc orienté à peu près comme le plan de Boisseau, 1657. Il indique exactement la position de chaque Barrière, et par ce mot il faut entendre, à la lettre, des grilles de bois. Il ne restait, en fait de *portes*, que celles Saint-Denis, Saint-Martin, Saint-Louis, Saint-Antoine et Saint-Bernard, noms impropres, car elles servaient d'ornement et non de voies d'introduction dans la ville ouverte de toute part. Celles des faubourgs Saint-Marceau et Saint-Jacques avaient été remplacées par des barrières.

On distingue à peine quelques vestiges de la vieille enceinte de Ph. Auguste, quoiqu'il en existât encore de grandes portions. Au nord, c'est une tour, rue des Prêtres-Saint-Paul, et une autre derrière l'Oratoire, coiffée d'un toit conique; au sud c'est, entre la porte Saint-Bernard et la rue Saint-Victor, une vingtaine de toises du gros mur auquel, à l'intérieur, est adossé un ancien terrassement destiné à placer de l'artillerie; et enfin, trois tours sans toiture, adhérentes à une partie du mur d'enceinte, derrière les Jacobins.

Quant aux bastions du Nord, il en reste deux, près de la porte Saint-Antoine. Partout les fossés ont disparu, hors celui de la Bastille, lequel, revêtu seulement du côté de l'escarpe, se prolonge jusque vis-à-vis la rue des Filles-du-Calvaire. — Au delà de la ligne des boulevards actuels on n'aperçoit, sauf dans le voisinage des principaux faubourgs, que des champs en culture, et, çà et là, quelques maisons ou cabarets isolés. Il n'y a aucune trace des boulevards du Midi, sinon derrière les Invalides.

Le Grand Égout commence vers l'endroit où nous voyons le Château-d'Eau, et reçoit, non loin de ce point, l'égout du Pont-aux-Biches. Entre les faubourgs Saint-Denis et Saint-Martin, coule un égout découvert (encore existant aujourd'hui, dans le même état); il provient de la rue du Ponceau, et se jette dans le Grand Égout, à la hauteur de la rue actuelle des Petites-Écuries. — Les maisons contemporaines de l'année 1734 qui subsistent aujourd'hui sont, en général, fort peu reconnaissables; les édifices publics et les hôtels sont quelquefois assez bien tracés. La plupart des églises, à en juger par celles qui sont encore debout, sont assez fidèlement représentées dans leur ensemble, mais leurs détails gothiques sont très-mal rendus. Le plan de Mathieu Mérian, 1615, est, sous ce rapport, plus exact. On abhorrait en 1734 le style ogival, et le plus chétif graveur daignait par pitié, *rectifier un peu ce genre barbare.*

La place Royale est entourée d'une magnifique grille, sottement remplacée vers 1832. — L'enclos de l'abbaye Saint-Martin est encore fort pittoresque avec son vieux mur crénelé et flanqué de tours. On y remarque plusieurs constructions modernes, ainsi qu'au Temple; tel est le Prieuré, qui est refait à neuf. — Dans les faubourgs Saint-Denis et Saint-Martin sont des grilles, à la hauteur du Grand Égout, outre les barrières établies plus au nord.—Vis-à-vis l'entrée de Saint-Lazare on distingue le soubassement de la première des croix, dites *Mont-Joies-Saint-Denis.* Ce curieux débris est assez détaillé sur une estampe de P. Bertault, représentant le pillage de Saint-Lazare en 1789.—Rue Vivienne, derrière la Bibliothèque du Roi est la Bourse, qui subsistait encore en 1828.—La rue Bergère est toujours une impasse tenant à la rue Sainte-Anne (faubourg Poissonnière). — Sur le pont Royal et le long de la terrasse des Tuileries, qui fait face aux chantiers de la *Grenouillère*, sont des lanternes suspendues à d'élégants supports en fer ouvré.— La désignation de *Champs-Élisés* semble s'appliquer seulement à la partie que nous nommons le Grand Carré. — Au bas de la carte est une partie de Montmartre avec les bâtiments de l'Abbaye. — Un peu au-dessous de la *Tour des Dames* est le château des Porcherons, dont le titre du plan cache une partie.

Sur la rive gauche, on remarque beaucoup de points curieux, surtout à l'extérieur de la ville. — L'île des Cygnes est, ainsi que celle Louviers, couverte de chantiers, et réunie à la rive par un pont de bois. — Nombreux hôtels au faubourg Saint-Germain, la plupart accompagnés de vastes jardins. — Le Mont-Parnasse a été oublié, ainsi que le Cours planté d'arbres qui le coupait en deux. — Le préau de la Foire Saint-Germain a été rétréci par de nouvelles constructions et un Marché. — L'église actuelle Saint-Sulpice a remplacé l'ancienne démolie; la façade est construite, mais non encore surmontée de ses deux *clarinettes*, comme dit Victor Hugo. — Beaucoup de localités curieuses au faubourg Saint-Marceau.

XXXVII. — **Plans de Paris, de 1740 à 1760.**

1740. — Parmi les plans édités cette année, il en est un de 38 centim. sur 31, dressé et *gravé* par Delagrive. Il est très-détaillé, malgré sa petite dimension. La planche est conservée à la *Calcographie*, où l'épreuve se vend deux francs.

Un autre petit plan de même date est à remarquer, en ce qu'il représente les divers points de Paris atteints par l'inondation de la Seine en décembre 1740. Il a été dressé par Ph. Buache, de l'Académie des Sciences, pour l'intelligence d'une dissertation de Bonamy, insérée dans les *Mémoires de l'Acad. des Inscr.* pour cette année, tome XVII. Ce plan, gravé au trait, peut servir à l'étude des différents niveaux du sol parisien. Le même, retouché avec plus de détails et un plus grand nombre de rues indiquées, se trouve dans les mêmes *Mémoires*, à l'année 1741. Il est signé : *Desbrulins sculp.*

1740. — Cette année parut le grand plan des Environs de Paris, dressé par *J. De la Grive* (ce nom est ainsi orthographié sur le titre), à l'échelle de 50 lignes pour mille toises. Toutes les feuilles n'ont pas la même dimension; celle du centre, contenant Paris, a 86 centim. sur 59 1/2. Au bas de la feuille, où est le titre, on a effacé, mais assez imparfaitement pour qu'on puisse encore la lire, cette inscription : *Gravée par l'auteur et par Cl. Ch. Riolet.*

Ce plan s'étend à six ou sept lieues de la Capitale. C'est le premier qui donne une représentation exacte et très-détaillée des villages, abbayes, châteaux, fermes, routes et chemins qui environnent la ville. La feuille centrale contient à peu près toute la banlieue actuelle. En 1754, on grava une petite carte d'assemblage. Ce plan, en neuf feuilles, est fort commun, car les cuivres sont à la Calcographie du Louvre. Il n'en existe, je crois, qu'une édition; mais on lit sur deux feuilles, d'un tirage postérieur : *Chez le Sr Hugnin, Géographe de la Ville quay de Bourbon.*

1741. — Plan de Paris en une planche, de 90 centimètres sur 69, par l'abbé Delagrive, dédié aux Prévost et Echevins. On lit, au-dessous de l'échelle, *Lattré sculpsit*. Le pointillé et l'écriture sont parfaitement exécutés; on a gravé sur les côtés la table des rues, table comprise dans la mesure ci-dessus. Il y a des éditions de 1744, 53 et 56 et autres sans dates, signées : *Marvye sculp.* Il existe du même géographe un plus petit plan avec la même date. On voit aussi à l'Hôtel-de-Ville, sous la même date 1741, un plan manuscrit dessiné par Delagrive, à l'échelle de 42 1/2 millim. pour 100 toises, et d'environ 184 centim. sur chaque sens. Il indique les limites de Paris, Bureaux d'octroi, Barrières existantes ou projetées, etc. Le centre de la ville est en blanc.

1742. — Coupe et plan de Paris, dressés par Ph. Buache, et gravés par Desbrulins. Ce n'est pas un plan général, mais seulement une représentation profilée du sol parisien dans sa longueur, du nord au midi, avec les édifices qui se trouvent dans cet axe, figurés en élévation. Cette carte se compose de deux bandes ; la première, accompagnée d'un plan géométral des faubourg et rue Saint-Martin, et la seconde, du plan des rue et faubourg Saint-Jacques jusqu'à l'Observatoire. Ces quatre bandes ou compartiments ont été gravées sur la même feuille ; mais souvent on les rencontre divisées en deux et réunies. Ce travail fut inspiré à Buache par ses recherches au sujet du débordement de la Seine en 1740. C'est une étude curieuse, et qui, aujourd'hui que le sol a été rehaussé sur bien des points, notamment le long des quais, et abaissé sur d'autres points, donnerait, si elle était refaite, de nouveaux résultats.

Lelong signale, avec la date 1742, un plan de Buache indiquant le Cours de la Seine, des Ruisseaux qui s'y rendent, des Fontaines, etc. Je ne l'ai jamais vu. — Cette même année, 1742, parurent insérés dans la *Description de Paris*, de Piganiol de la Force, des petits plans des vingt quartiers réduits, avec corrections, d'après ceux de l'atlas de La Caille, 1714, et gravés par J. B. Scotin. La carte d'assemblage, gravée au trait, est signée : *F. Baillieul l'Ainé sculp.*

1744. — Seconde édition du plan de Delagrive (1741); on lit au bas du titre : *Lange inv.; Marvye sculp.*

1745. — Plan de Guillaume de l'Isle (1716), édition signée au bas : *Ph. Buache,* 1745. La planche a été retouchée. On remarque notamment la disparition des portes Saint-Honoré et de la Conférence, et du bastion des Tuileries.

1747. — Lelong cite, dans sa *Bibliothèque histor.*, n° 1783, un plan de Paris et environs en *sept* grandes feuilles, publié cette année à Londres, par Rocque, et réduit d'après Roussel. Je ne l'ai jamais vu. — Il a paru cette même année une nouvelle édition en une ou deux feuilles d'un ancien plan de *Roussel père*.

1748. — Plan géométral dédié au Roy, en quatre planches, ayant chacune 71 1/2 centim. sur 50, levé par B. Jaillot, avec listes des rues gravées sur les côtés, et à gauche une petite carte des environs. Ce plan n'est pas le même que celui de Bernard Jaillot, également en quatre feuilles, dont j'ai signalé les éditions de 1713 et 17. Celui-ci est orienté selon la méridienne; les édifices ne figurent pas en élévation, et sont dressés sur une plus petite échelle. Je n'oserais affirmer que B. Jaillot fût le même que Bernard, et encore moins qu'il fût l'auteur des *Recherches sur Paris*, qui signait simplement : *le Sieur Jaillot*. Si B. Jaillot est celui qui dressa le plan de 1713, on se demande pourquoi, en le recopiant, il ne traça pas les édifices en élévation. Serait-ce le peu de succès qu'obtint le plan de Louis Bretez, qui l'engagea à renoncer à un genre peu goûté du public? — Au bas du frontispice on lit : *P. Aveline invenit et sculp.*, et la petite carte de France qu'on voit sur la feuille IV est signée : *P. Bourgoin*, 1748. Ce dernier a-t-il gravé tout le plan, ou seulement la petite carte?

Le haut du faubourg Saint-Martin est encoré nommé, ainsi que sur le plan de Roussel, *Faubourg de Gloire*. A l'épreuve de la Bibliothèque du Luxembourg est annexée une notice imprimée des deux côtés, composée de 18 pages in-8° et incomplète. On cite de ce plan des éditions corrigées, avec dates de 1760, 62, 67, 69 et 78. Peut-être a-t-on confondu, avec des plans publiés par Jaillot, auteur des *Recherches*. — Sur le titre de l'épreuve de la Bibliothèque Nationale on lit : 1748, *Corrigé et augmenté en* 1769, et au bas de la feuille IV, à droite : *Janvier*, 1767. Je crois que *Janvier* est le nom d'un éditeur. Sur cette épreuve on a tracé la Madeleine et l'Ecole Militaire.

On voit encore, avec le millésime 1748, un plan en une planche, de 54 centim. sur 51, avec liste des rues ajoutées sur les côtés. *A Paris chez Le Rouge*, ingénieur et géographe du Roy; il est peu remarquable. On lit au bas : « J'ai relevé « moi même les rues des faubourgs. Qu'on ne soit pas surpris si on trouve une « différence avec les anciens plans. » — Il existe une édition de 1749.

1751. — Edition modernisée du plan de J. B. Nolin, 1699. — Plan en une feuille, par Delagrive, probablement une nouvelle édition d'un de ses plans de date antérieure.

1753. — La Tynna signale, sans autres détails, un plan de *La Grive* portant cette date. C'est probablement une nouvelle édition du plan de 1741.

1754. — Cette année, furent gravés les grands plans détaillés de la Cité et des Iles, levés par Delagrive. Je les signalerai dans ma *Liste des plans partiels*. — Cette même année, fut dressée une petite carte destinée à l'assemblage du grand plan des Environs (1740), du même géographe. — On voit, dans le recueil du Cabinet des Estampes, un plan en une feuille, sans date, *chez Daumont*. Une note inscrite au verso par une main contemporaine l'attribue à J. Bapt. Nolin (fils), 1754. Il est assez bien gravé; on y remarque quelques bâtiments de l'Ecole Militaire, commencée en 1752.

1756. — Plan dressé par De La Grive, et gravé par Marvye (90 centim. sur 62). La planche se trouve à la Calcographie du Louvre, au prix de cinq francs par épreuve. Il existe, du même géographe, sous cette même date, de nouvelles éditions des plans publiés en 1735 et 1741. — En 1756, G. Dheulland reproduisit, sous la direction de Bonamy, un ancien plan gravé vers 1560, et attribuable à Du Cerceau. Voy. page 65. — Cette même année, parut une nouvelle édition du grand plan de Paris et Environs, par Roussel (Voy. 1730). On remarque, entre autres additions, le plan de l'Ecole Militaire.

Dans le *Recueil d'Antiquités* de Caylus, 1756 (tome II, page 367), sont insérés deux petits plans, signés : *Delahaye l'aîné sculpsit*. L'un offre le tracé d'anciens aqueducs trouvés à Paris, l'autre (19 centim. sur 13) représente avec assez d'exactitude les diverses enceintes.

1757. — Quartier Ste-Geneviève, levé par *feu De la Grive*. Voy. *Plans partiels*.

1758. — PLAN-ATLAS DE PASQUIER ET DENIS. — « Plan topographique et rai-
« sonné de Paris, ouvrage utile au Citoyen et à l'Etranger, dédié et présenté à
« Monseigneur le Duc de Chevreuse Gouverneur de Paris, Par les Srs Pasquier
« et Denis Graveurs, 1758. Se vend à Paris, chez Pasquier, rue St Jacques, vis
« à vis les Jésuites, au *Nom de Marie*. » Tel est le titre d'un volume in-12, contenant 125 pages de texte gravé, accompagné de planches, dont chacune offre une portion du plan général de Paris. Il paraîtrait que le même plan existe isolé du texte et en une seule feuille, portant la même date. Mr de S. Fargeau signale, outre le présent volume, une « Carte de Paris, avec le nombre des rues, par ordre
« alphabétique, par Pasquier, in-folio, 1758. » Je n'ai point vu le plan en une feuille, mais je possède le volume, qui peut passer pour le premier *Plan-guide* de Paris. Il contient 40 planches de même dimension, représentant des fractions limitées du plan général. En tête du livre sont deux petites cartes d'assemblage. Quelques têtes et bas de pages sont ornés de petites vignettes signées : *J. S. Pasquier*. Je citerai celles qui représentent : *le Combat des Animaux*, rue de Sèves, le couvent des Bons-Hommes, la rue Saint-Jacques, un cabaret du Gros-Caillou, etc.

Le texte gravé m'a paru consister, le plus souvent, en des lieux communs, mêlés pourtant, çà et là, de remarques particulières de l'auteur ; on a donc chance d'y rencontrer, sur le Paris de 1758, quelques notes inédites. A la suite des *promenades* de Paris, on trouve celle des environs. Le tout, passablement gravé, a peut-être pour base un des plans de l'abbé Delagrive. Je possède un exemplaire daté 1758, auquel sont ajoutées 24 pages gravées et fort inutiles, indiquant la manière de se servir du plan. — On cite une seconde édition de ce livre, avec le millésime 1763. Je ne l'ai jamais rencontrée.

Ce volume était assez commun vers 1840 ; il est aujourd'hui plus rare, et par conséquent plus cher. Il monte, dans les ventes, de 4 à 6 francs.

Je mentionnerai encore, pour cette année 1758, un nouveau plan routier de Paris en une feuille, *chez Crepy*, et un autre, par L. Denis.

XXXVIII. — Plans de Paris entre 1760 et 1772.

1760. — Plan en une feuille, dressé par Robert de Vaugondy, et gravé par Nicolas Guillaume De la Haye. Le cadre de ce plan porte, non compris les listes latérales des rues, 63 centim. sur 55. La gravure en est d'une netteté remarquable. Ce qu'il offre de plus important c'est le tracé, presque partout exact, des anciennes enceintes de Ph. Auguste, Charles V, etc. On cite une édition de 1766.

Mauperché signale, sans autres détails, un plan de Jaillot, 1760. C'est, je pense, une des éditions du plan de B. Jaillot en quatre feuilles, 1748.

PLAN-ATLAS DE ROBERT DE VAUGONDY. — Cette même année, 1760, de Vaugondy forma, de son plan en une feuille, un volume in-8°, accompagné d'un texte imprimé, de 64 pages. Il en résulta un atlas portatif dans le genre de celui de Pasquier et Denis [1]. Il l'intitula : *Tablettes parisiennes*. Ce titre est entouré d'ornements Pompadour, composés et gravés par *Arrivet* (nom de graveur peu connu). La planche primitive avait été sans doute disposée dans cette intention, car bien qu'elle soit divisée en neuf morceaux d'égale dimension, on n'y voit aucun nom de rue qui soit coupé. Chaque morceau fut emmargé à jour avec beaucoup de soin, muni d'un titre, de numéros et de lettres de raccord, imprimés sur la fausse marge. Puis, chaque feuille pliée en deux fut collée sur onglets, et l'on mit en tête un petit plan d'assemblage très-finement gravé par De la Haye, d'après une réduction du grand. Ramond du Puget fit tirer des épreuves de cette petite planche, déjà fort usée, pour en orner les deux éditions de sa *Notice sur les enceintes de Paris*, 1818 et 1826.

A certains exemplaires est jointe une carte de supplément représentant l'Ecole Militaire. Souvent aussi, à la suite des *Tablettes*, sont ajoutées : Les *Promenades des Environs*, 1761, en quatre cartes, avec 64 pages de texte.

Le texte imprimé qui accompagne les *Tablettes parisiennes* de R. de Vaugondy n'est pas à dédaigner. Il est fort intéressant, surtout en ce qui concerne les anciennes clôtures, car l'auteur y parle, *de visu*, de plusieurs localités qu'il a visitées avec soin. J'en citerai des passages dans mon *Traité sur les Enceintes*. Cet atlas m'a servi souvent dans mes promenades archéologiques dans Paris. L'éditeur qui en publierait un du même genre pour notre époque ferait peut-être une

---

[1] Il est à remarquer qu'à toute époque, quand une innovation a quelque succès, il paraît toujours une œuvre analogue qui lui fait concurrence; seulement l'imitation est, d'ordinaire, inférieure au modèle; c'est ici le contraire.

bonne spéculation; car il n'en a point paru, je crois, depuis la dernière édition de celui de Maire, 1824. Le livre de Vaugondy avec les environs peut être estimé de six à huit francs.

1762. — Troisième édition du plan de B. Jaillot, signalé à l'an 1748.

1763. — M' G. de Saint-Fargeau indique une seconde édition, avec cette date, du plan-guide de Pasquier et Denis, décrit à l'an 1758. Je ne l'ai jamais vue. Elle aura sans doute été publiée pour soutenir la concurrence avec les *Tablettes parisiennes* et avec l'atlas de Deharme, dont je vais bientôt parler. On s'est peut-être contenté d'ajouter un nouveau titre gravé.

Lelong cite, sous le n° 1790 de sa *Bibl. histor.*, un « nouveau plan de Paris et de ses faubourgs, en élévation, par Lonchamps et Janvier, avec les perspectives des maisons Royales, etc., en *six* feuilles in-folio 1663. » Ce plan, que je ne connais pas, est probablement une nouvelle édition, avec changement de nom d'éditeur, de celui de J. Louis Huot, décrit à l'année 1738, en quatre planches et trois feuilles de texte. — Il existe aussi un petit plan de 1763, richement encadré, qui se vendait *chez Crepy*; on lit au bas : *Moithey ing' géog., inv. et sculp.* — Le plan le plus important de cette même année est le suivant.

PLAN-ATLAS DE DEHARME, 1763. — Ce plan géométral se compose de trente-cinq feuilles et d'une carte d'assemblage. Le titre est inscrit sur un frontispice richement orné de figures allégoriques. — « Plan de la Ville et Fauxbourgs de Paris,
« divisé en 20 Quartiers, dont la plus grande partie a été rectifiée d'après diffé-
« rens desseins tirés du Cabinet de M' le Chevalier de Beaurain, Géographe
« ordin^{re} du Roy, etc. — Dédié et présenté à Messire Camus de Pontcarré...,
« Prévôt des Marchands, par Deharme, Topographe du Roy, 1763. Chez l'au-
« teur, rue St-Honnoré, etc. »

La gravure au burin de ce plan est inférieure à celle du plan de Vaugondy. La carte d'assemblage, finement gravée, est signée : *Perrier Sculp.* — *Niquet Scrip.* Comme le reste de l'atlas est du même style, j'en conclus que ces deux noms désignent les graveurs qui ont exécuté les planches. Les trente-cinq feuilles se trouvent presque toujours réunies en un volume in-folio oblong ou in-4°; dans ce dernier cas, elles sont pliées en deux et collées sur onglets. Il me semble avoir rencontré le même plan assemblé, collé sur toile, et formé de six ou de neuf feuilles, tirées soit avant la coupure des cuivres, soit après leur réunion.

La dimension du cadre des 35 feuilles est fort inégale, car elle varie, dans le sens de la longueur, entre 30 et 33 centim., et, dans celui de la hauteur, entre

19 et 20 1/2. Réunies en sept rangs, chacun de cinq feuilles, elles forment un carré de 172 centim. sur 147. L'échelle est d'environ un millim. pour toise. Le champ s'étend un peu au delà du mur d'octroi actuel, excepté du côté du sud-ouest.

Une particularité du plan de Deharme, c'est que son tracé se prolonge au delà de la ligne d'encadrement de chaque feuille en deux sens, savoir : vers le haut (excepté sur les cinq feuilles du premier *rang*), et du côté gauche (excepté sur les sept de la première *colonne*). Ce prolongement s'étend, dans la partie supérieure, de 2 centim. à 3 1/2, et, sur le côté, il varie entre 4 et 5. Cet appendice, offrant une esquisse faiblement ombrée, est destiné à servir de repère ; il remédie à l'inconvénient d'une brusque interruption dans l'examen du plan, et d'autre part, facilite le raccord des feuilles. Je ne sais si cette innovation a eu des imitateurs.

Il existe deux éditions de ce plan, bien que la date du titre ne soit pas changée. Sur l'exemplaire in-4° que je possède figurent la nouvelle Halle-au-Blé, bâtie entre 1763 et 1767, et le projet de la Nouvelle Madeleine, commencée en 1770. Mais sur un autre exemplaire in-folio oblong (Bibliothèque de la Ville), on voit, à la place de ces deux édifices, le terrain vague de l'hôtel de Soissons, et une rue de Chevilly, qui disparut quand on prépara le terrain où l'on fonda la Madeleine. Le signalement de ces retouches suffit pour constater une seconde édition, qui se rapporte à la date approximative de 1770.

Ce plan, vu sa dimension, pourrait être beaucoup plus détaillé. Il paraît assez exact dans la projection de l'ensemble, car il a, je crois, pour base le grand plan de Delagrive, 1728 ; mais il n'offre pas, comme ce dernier, les détails intérieurs des églises. Les divers bâtiments de chaque édifice sont ombrés de lignes ; les formes en sont généralement peu fidèles et tracées avec raideur ; l'image de plus d'un monument, telle est celle de la Bastille, est fort mal dessinée. D'autre part on y trouve, comme l'annonce le titre, divers renseignements nouveaux et assez intéressants, tels que : les endroits où se trouvaient les Messageries, les Coches, les Carrosses (alors stationnant dans des cours de maisons), les Boîtes aux Lettres, etc. On remarque, comme sur le plan de Roussel, un grand nombre de moulins à vent figurés en élévation, et portant, la plupart, des noms quelquefois assez bizarres, tels que : *Tour de la Bretache*, moulin de *Beurre*, *des Cornets*, de *Fortvelu*, etc.

A la suite des planches sont huit feuilles de texte gravé, contenant la Table des rues et hôtels. Aux exemplaires de second tirage est ajoutée une liste des Messageries et Coches, en six feuilles, et de plus, deux estampes représentant le plan et la coupe des premiers bains chauds établis sur la Seine, vis-à-vis les Tuileries, et nommés aujourd'hui : Bains Vigier.

Je suis étonné que La Tynna et Mauperché ne citent pas ce plan. Il était fort commun à Paris vers 1840. J'en trouvais, à cette époque, des exemplaires presque pour rien. Aujourd'hui, il monterait à 10 ou 12 francs.

Je ne décrirai pas cet atlas, qui serait assez curieux, si celui de Jaillot, qui commença à paraître en 1772, ne le rendait, en quelque sorte, inutile. Il peut avoir été estimé de son temps, principalement pour sa forme commode, et fort propice, remarquons-le en passant, à la conservation de ces sortes d'estampes. On en trouve l'annonce, et en même temps un éloge (gratuit ou payé) dans le *Mercure de France* d'avril 1763.

1765. — Edition rajeunie du plan en neuf feuilles de Roussel, 1730. On lit sur la huitième, dans le cartouche inférieur : *corrigée en Janvier* 1765.— Cette même année, parut la seconde édition de la *Descr. de Paris* de Piganiol, en dix tomes. On y trouve les mêmes plans de quartiers que dans l'édition de 1742, mais avec corrections. Ainsi, sur le quartier de la Cité, on a élargi la place du Parvis, abattu la chapelle Saint-Christophe, etc. — Je citerai, sous cette même date 1765, un plan en une feuille, par Lattré, dédié au prévôt Bignon, et une nouvelle édition du plan en élévation de Louis Huot, publié en 1738.

1766. — Cette année, parut un plan en une feuille, de 75 centim. sur 54, *par Desnos*. On cite des éditions postérieures de 1768, 69 et 90. — Il existe, avec la même date 1766, une seconde édition du plan en une feuille de R. de Vaugondy, décrit à l'an 1760. — Enfin, je signalerai un très-petit plan de forme ronde, de 6 centim. de diamètre, édité (et dressé peut-être) par Beauvais. Il était vraisemblablement destiné à orner le dessus d'une tabatière.

1767. — Nouvelle édition du plan géométral en quatre feuilles de B. Jaillot, décrit à l'année 1748. On y voit figurer l'Ecole militaire, la Madeleine, etc.

Cette même année, fut commencé un grand atlas de Paris, manuscrit, en plusieurs tomes, intitulé : *Terrier du Roy*. Comme l'ensemble n'offre pas un plan de Paris complet, je placerai cet atlas parmi les *Plans partiels*.

1768. — Plan revu, corrigé et augmenté, par Desnos, géographe, dédié au Dauphin, par L. C. D. E. C'est la seconde édition du plan de 1766.

1769. — Nouvelles éditions du plan en 4 f. de B. Jaillot, et de celui de Desnos.

1770. — Il existe, avec cette date, un *Nouveau* plan de Paris, *par le Sieur*

Jaillot, géogr. ordinaire du Roy. Il est en une planche de 90 centim. sur 61, y compris deux bandes imprimées, ajoutées sur les côtés et contenant la liste des rues. L'ouest est au bas de la carte. Ce plan, qui se trouve à la Bibliothèque du Luxembourg, est-il une réduction du grand plan de B. Jaillot, 1748? Le Sieur Jaillot est-il le même que ce dernier? C'est ce que je ne saurais décider. Mais le style de la gravure du plan qui nous occupe ayant beaucoup d'analogie avec les vingt quartiers dressés par J. B. Michel Jaillot, l'auteur des *Recherches*, qui signait toujours : *le Sieur Jaillot*, je lui attribue sans hésiter ce plan. Je m'étonne seulement qu'il ne l'ait pas orienté selon la méridienne, comme le sont ses plans de Quartiers. Il est bien gravé et offre beaucoup de détails. Le champ en est étendu, car la butte Montmartre y figure en entier.

La Tynna et Mauperché signalent, sous la date de 1770, un petit plan de Moithey, dont je n'ai vu que l'édition de 1772, et qu'il ne faut pas confondre avec celui plus petit cité à l'an 1763. Celui-ci a 43 centim. sur 28, et est intitulé : « Plan « historique de la Ville et Faubourgs de Paris, assujetti à ses accroissements de- « puis Ph. Auguste jusqu'à présent » (sans date). On lit au bas, à gauche : *Moithey del. et sculp*[t]. Mauperché assure que le plan de *Motthey* (comme il écrit), « est *infiniment précieux*, attendu que quelque petit qu'il soit, les différentes « enceintes y sont cependant *parfaitement* indiquées. » Il ajoute qu'il n'en a jamais rencontré que deux épreuves. Cet éloge est exagéré, et revenait plutôt à R. de Vaugondy dont le plan, antérieur à celui-ci de dix ans, retrace encore mieux ces enceintes.

Notons, en passant, que ces indications des enceintes sur de si petits plans ne sont que des à peu près. On verra, dans mon *Traité* sur ce sujet, que pour les figurer avec précision sur un plan de vaste échelle, comme est celui de Verniquet, le petit plan de Moithey et autres semblables sont d'un bien faible secours. Sur celui qui nous occupe, le mur de Ph. Auguste n'est pas toujours bien placé, et il en est de même des bastions de Louis XIII. Ce plan de Moithey a une édition de 1772 et une ou deux autres. — Il existe peut-être une seconde édition du plan de De Harme (1763), qui porte cette même date 1770. Voy. page 210.

XXXIX. — Plan des 20 quartiers de Paris, par Jaillot, 1772-75.

Un éditeur-géographe, en même temps auteur très-estimé, Jaillot[1], dressa et fit graver, à l'échelle d'environ 6 millim. pour 10 toises, les plans des quartiers

---

[1] Jaillot, le plus érudit peut-être des historiographes parisiens, ne fait précéder son nom d'aucun prénom, d'aucune initiale. J'ai lu qu'il se nommait : Jean-Baptiste-Michel Renou de Chevigné,

de Paris, destinés à accompagner son ouvrage in-8°, dont la première livraison (quartier de la Cité) parut en 1772, et la dernière en 1775. Les notices sur les vingt quartiers, d'abord publiées et vendues isolément avec titre particulier, furent brochées en six tomes avec les planches intercalées. Une seconde série d'exemplaires fut divisée en cinq volumes, et précédée de titres nouveaux, toujours en date de 1775. Quant au texte, c'est identiquement le même; seulement on ajouta, à la fin de chaque tome, une feuille d'*errata*, et, au tome V, une table générale des matières, suivie d'un chapitre final, intitulé : Réponse de M*r* Jaillot... à quelques lettres critiques sur son ouvrage. Les planches de chaque quartier, au lieu d'être incorporées au texte, furent réunies sous forme d'atlas, où elles étaient toutes plus ou moins repliées, suivant leurs dimensions.

Ces plans ont été gravés par Perrier. Du moins le quartier du Louvre est signé *Perrier sc.*, 1772, et les autres paraissent de la même main. Le quartier Saint-Eustache est signé : O. P. D. R., 1772. Ils sont tracés avec netteté et précision. Chaque église ou chapelle figure avec indication des piliers et autels. Les bâtiments des autres édifices publics ou hôtels principaux sont également très-détaillés, ainsi que les jardins qui les accompagnent. Ces cartes ont pour base les dessins de l'abbé Delagrive, et des documents dus aux recherches particulières de l'auteur. La Cité, l'île Saint-Louis et le quartier Sainte-Geneviève sont évidemment des copies réduites et modernisées des vastes plans levés par Delagrive, et gravés en 1754 et 1757.

En 1778 on vit reparaître les plans des vingt quartiers, réunis cette fois en un atlas in-folio, sous ce titre : « Nouveau plan de la Ville et des Faux-bourgs de Paris,
« relativement aux Recherches critiques, etc., publiées par le Sieur Jaillot, géo-
« graphe ordinaire du Roy, de l'Académie des sciences et Belles-Lettres d'An-
« gers..., chez l'auteur, quai et à côté des Grands-Augustins, 1778. »

Ce vaste atlas, qui se compose de trente feuilles, pliées en deux et attachées sur onglets, fut formé avec des épreuves de chaque quartier. Ces estampes, en général d'une grande dimension et tirées sur un papier épais, enflaient désagréablement les volumes, se déployaient avec difficulté, et se déchiraient à l'endroit des plis. Frappé de ces inconvénients, l'auteur-éditeur avait déjà, je le répète, en 1775, isolé du texte les planches, pour en composer un atlas; mais peu satisfait encore de cette innovation, il résolut de former, de ses vingt planches isolées, un recueil divisé en feuilles régulières qui ne se replieraient plus. Ce n'é-

---

plus connu sous le nom de *Jaillot*. Il y eut avant lui plusieurs éditeurs du même nom : *Bernard* Jaillot, cité en 1713, et *Hubert* Jaillot (ou *Jaliot*), marchand d'estampes, qui avait un frère nommé *Simon*. Je ne sais si l'auteur des Recherches était parent de ces Jaillot. Il dressa et édita des plans, mais je ne crois pas qu'il se soit jamais occupé de gravure.

tait pas chose facile, et l'entreprise dut être dispendieuse. On découpa chaque quartier comme les diverses parties d'un *jeu de patience*, afin de les raccorder au moyen du collage; puis on encadra les limites de cette ample surface d'une large et riche bordure, avec cartouches et ornements allégoriques dans les encoignures. Cette bordure fut gravée, en partie sur les cuivres mêmes, quand le champ le permettait, en partie sur des planches à part, dont les épreuves furent découpées et ajustées sur le plan. Puis, on divisa cette vaste mosaïque de papier en trente parties égales, d'environ 47 centim. sur 34. Chaque morceau fut emmargé et collé en plein sur de vastes feuilles blanches, portant des numéros de renvoi correspondant à ceux d'un plan d'assemblage qui précède l'atlas.

On conçoit que l'ensemble du plan ainsi divisé dut être, en maint endroit, coupé au milieu d'un édifice ou d'un nom de rue, dont la suite se retrouve cinq feuilles plus haut ou plus bas. Voilà en quoi surtout je trouve l'entreprise peu heureuse. L'ajustement de ces feuilles découpées, superposées à l'état humide, ne put être parfait, soit parce que les feuilles, vu leurs diverses épaisseurs, s'étaient inégalement dilatées, soit parce que le trait des planches elles-mêmes ne se raccordait pas toujours. Aussi reconnaît-on, à certains plis inévitables et à l'encrassement de la plupart des exemplaires, que l'opération ne marchait pas toute seule. Il est à regretter que chaque feuille de l'atlas ainsi combiné n'ait pas été gravée d'un seul jet; mais, quoi qu'il en soit, il n'en est pas moins précieux, et même, pour qui s'en est fait une habitude, facile à consulter. Le plan de Verniquet a pu seul le faire tomber dans l'oubli.

Le champ du plan de Jaillot, orienté selon la Méridienne, s'étend au delà du mur actuel de Paris, excepté du côté de l'ouest. Il faudrait un volume pour en décrire les détails. Je renvoie donc le lecteur à l'examen du plan original, qui se rencontre dans toutes nos Bibliothèques, soit en atlas, soit par quartiers. Je signalerai seulement comme points remarquables: — le *Colisée*, ce splendide Tivoli de l'époque, rendez-vous de la haute société, établi près de l'Etoile des Champs-Elysées, entre la rue de Matignon et celle qui a conservé le nom de l'établissement. C'est peut-être le seul plan qui indique avec détails cet édifice éphémère. — Le Grand Égout est couvert dans presque tout son cours. — Au N.-O. de l'hôpital Saint-Louis, au pied de l'ancienne butte de Montfaucon, est le cimetière des protestants, relégué comme à dessein dans le voisinage d'un lieu d'infamie.

L'atlas de 1778 offre un assez grand nombre de différences avec les planches éditées par quartiers; ainsi, on y a ajouté de nouvelles casernes, et, sur la place Louis XV, de nouveaux fossés; l'île aux Cygnes, qui sur les épreuves primitives est encore isolée, est ici incorporée au sol du Champ-de-Mars; le plan de l'hôtel de Montmorency, au coin de la rue de la Chaussée-d'Antin, a été modifié, etc.

Le signalement de ces retouches suffit, je pense, pour constater l'existence d'une seconde édition.

Les plans des Quartiers par Jaillot, isolés ou réunis en atlas, commencent à devenir peu communs. On a dû perdre beaucoup d'épreuves du tirage primitif, que le repliage a mis en lambeaux. Le premier état est donc le plus rare. Jaillot, si judicieux en tout, prévoyait que ses plans périraient par ce motif; aussi voulut-il, à tout prix, en faire un atlas. J'estime l'atlas de 1778 de quinze à vingt francs. Quant aux planches des vingt quartiers, elles pourraient être estimées beaucoup plus cher, surtout sans aucunes traces de plis, condition difficile à rencontrer.

Il existe encore, avec la date de 1772, une nouvelle édition du plan de Moithey, cité page 212.

XL. — Plans de Paris, de 1774 à 1790.

1774. — Grand plan historique de la Ville et des Faubourgs de Paris, son accroissement depuis Ph. Auguste, etc., dédié et présenté au Roi par Moithey, ingénieur-géographe, 1774. Ce plan, orienté selon la méridienne et entouré de vues de monuments de la Capitale, se compose de neuf feuilles de dimensions fort inégales; celle du centre est la plus vaste. L'ensemble a 146 centim. sur 112. Il est encadré d'une élégante bordure, orné de guirlandes de fleurs disposées en X. Au bas du titre, sur la troisième feuille, au coin supérieur de droite, on lit : « Se vend chez le S^{eur} Moithey, géographe, chez un *parfumeur*, rue de la Harpe, vis-à-vis la Sorbonne, et chez Crépy, rue Saint-Jacques, *à Saint-Pierre*. » Dans trois des angles sont des petits plans fictifs, indiquant les divers accroissements de la ville de Paris.

Ce plan intéressant, qui est, je crois, la copie d'un plan de Delagrive, offre un tracé assez exact des enceintes de Ph. Auguste, Charles V et Louis XIII. Mais notons pour la seconde fois que, publié après celui de R. de Vaugondy, il a en lui-même fort peu de mérite. Mr G. de Saint-Fargeau cite de ce plan une édition *in-plano* de 1777, mais il écrit *Moissy* au lieu de *Moithey*. J'ai vu l'édition de 1774 à la Bibliothèque du Luxembourg. Le catalogue du Dépôt de la Guerre signale l'édition de 1774 et celle de 1778 en *huit* feuilles, outre un autre plan du même en *cinq* feuilles, dont je vais parler ci-après.

1775. — Plusieurs quartiers de l'atlas de Jaillot portent ces dates. Voy. 1772.

1777. — Nouvelle édition du grand plan de Moithey, décrit à l'année 1774.

1778. — Plan en quatre petites feuilles isolées, et une cinquième servant de carte d'assemblage, publiées par Walin, et signées *Mothey sculpsit*. Ces feuilles ne sont pas égales; elles ont à peu près, mesure moyenne, 46 centim. sur 33. Le titre annonce que ce plan a été gravé *pour servir au Provincial*, etc. Il fait évidemment partie d'un livre dont le titre précis m'échappe, et qui parut en 1778, ce qui donne une date à ces planches, qui n'en portent pas. Il ne faut pas les confondre avec l'édition de même date du grand plan historique de Moithey.

On a publié, en 1778, une nouvelle édition du plan géométral en quatre feuilles de B. Jaillot (voy. année 1748). On y a ajouté le Colisée. On lit au bas: « Chez le S^{eur} Jaillot, géographe ordinaire du Roi. » Ce *sieur Jaillot*, peut-être fils de B. Jaillot, est, sans aucun doute, l'auteur des *Recherches*, dont l'atlas en trente feuilles (cité p. 213) porte la même date. Mais ce plan ne peut servir de carte d'assemblage à l'atlas, puisqu'il est autrement orienté.

1780. — Nouveau plan routier (anonyme), de 80 centim. sur 53, avec listes des rues sur les côtés, *chez Alibert, Esnault et Rapilly*.

1783. — Plan levé par Brion de la Tour, ingénieur-géographe (80 cent. sur 59), *chez Desnos*. — Il y a une seconde édition de 1785, *chez les Campion frères*.

1784. — Plan par Pichon (indiqué sur le catalogue des Archives, 11e cl. 121).

1785. — La Tynna cite, pour cette année, des éditions des plans de Brion de la Tour, de Robert de Vaugondy, de Desnos et de Lattré. Nous avons déjà vu un plan de Lattré, 1765. Il existe un plan du même (90 centim. sur 56), dédié à Lefebvre de Caumartin, sans date, avec liste des rues. C'est peut-être celui que nomme La Tynna. On a, du même géographe, un petit plan (19 1/2 cent. sur 13 1/2 sans la bordure, qui est richement ornée), également sans date, gravé avec grande finesse par *N. Chalmandrier*. Il a été édité aussi, vers 1780 ou avant, un petit *Atlas Topographique* des Environs de Paris, chez Lattré, rue Saint-Jacques, *à la Ville de Bordeaux*, sans date. Je le cite à cause de sa dimension microscopique. Il se compose de 24 petites cartes, ayant chacune 96 millim. sur 86, pliées en deux, suivies de 58 pages de texte, et précédées d'un titre orné et d'un plan d'assemblage.

1786 à 89. — En 1786 fut commencé le mur d'octroi actuel, achevé en 1788. La construction de cette enceinte fit éclore une multitude de plans bons ou mauvais, rajeunis ou nouveaux. A cette époque, on projetait de grands changements sur toute la surface de la Capitale. Le Palais-Royal et son jardin furent complétement refaits. En 1788 on commença à abattre les maisons du pont au Change; en 89 Paris fut divisé en 60 districts. Cette même année, fut prise et démolie la Bastille, dont on eut soin de nous laisser une centaine au moins de plans ou de vues. De 1786 à 89, il doit exister beaucoup de plans; mais il nous importe peu de les connaître, car nous allons enfin en posséder un immense et très-exact, qui éclipse les meilleurs du siècle; je veux parler de l'atlas de Verniquet, qu'on peut nommer l'étalon de tous les plans modernes un peu importants.

J'ai vu un plan de P. F. Tardieu, 1787, avec le tracé très-inexact des diverses enceintes; il reparut sous l'Empire. Si j'en parle, c'est parce qu'il est peut-être le premier qui représente la nouvelle clôture, ou mur d'octroi.

XLI. — Plan de Paul Verniquet, offrant l'état de Paris vers 1789.

« Plan de la ville de Paris..., levé géométriquement, sur la Méridienne de l'Ob-
« servatoire, par le C^{en} Verniquet, parachevé en 1791. Dessiné et gravé par les
« citoyens P. T. Bartholomé et A. J. Mathieu, écrit par Bellanger, an IV. » Tel est le titre de ce plan, dressé à l'échelle d'une demi-ligne pour toise. Le privilége accordé pour la gravure est daté du 31 mars 1789. « Verniquet, dit La Tynna,
« perfectionnait encore cet ouvrage, qui lui avait coûté *trente années* de travail,
« lorsqu'il mourut, en 1804. » Les journaux et divers ouvrages du temps ont donné, sur cet immense atlas, des renseignements plus ou moins exacts. Je me bornerai à deux citations. La première est un extrait du procès-verbal annexé à quelques exemplaires :

« Le citoyen Verniquet avait conçu, depuis bien des années, le projet de faire
« le Plan de Paris tel qu'on pouvait le désirer; et dès 1772 il présenta son projet,
« qui fut accueilli sans être secondé; mais l'amour du travail l'engagea à vaincre
« toutes les difficultés. Il commença lui seul, dès 1774, ce grand ouvrage, en
« levant les plans d'une grande quantité de rues; ces plans, faits dans l'intervalle
« des années 1774 et 1783, ont été très-utiles au Bureau des finances pour don-
« ner des alignemens.

« Ce fut en 1783 que le Gouvernement l'engagea à continuer son travail. Il
« établit alors ses bureaux, dans lesquels il plaça plus de soixante Ingénieurs, et
« il eut en même temps un plus grand nombre d'Aides pour lever les plans,
« dont la plus grande partie a été levée au flambeau, à cause des embarras qui
« étaient dans les rues de Paris pendant le jour. Il suivit très-exactement ce tra-
« vail depuis 1783 jusqu'en 1785, avec tous ses coopérateurs, sans être secondé
« du Gouvernement, qui a cessé de lui donner des secours depuis 1788. Néan-

« moins, le citoyen Verniquet n'a pas discontinué de s'occuper de ce grand ou-
« vrage, qui tend à sa perfection, etc. »

Dans le *Guide des Amateurs à Paris*, par Thiéry, deux vol. in-12, 1787 (époque où les travaux du plan étaient en grande activité), on trouve, tome II, p. 370, un chapitre que je vais citer en l'abrégeant.

« C'est dans une immense galerie du Couvent des Cordeliers, formant le des-
« sus du cloître du côté de l'Eglise que s'exécute cet ouvrage important, auquel
« travailloient depuis deux ans cinquante à soixante Ingénieurs et Dessinateurs,
« sous les ordres de M. *Verniquet*, Architecte, chargé par Sa Majesté, de lever un
« plan exact et détaillé de la Ville de Paris.

« Louis XVI, voulant, à l'exemple de ses prédécesseurs, s'occuper des moyens
« de procurer à cette Capitale tout l'embellissement et la salubrité dont elle est
« susceptible, et désirant que les rues aient des largeurs proportionnées à leur
« usage et à leur position, que leurs sinuosités soient redressées..., a ordonné la
« levée du plan des rues de Paris, par une Déclaration du 10 avril 1783.

« Quoique ce plan ordonné, et dont Sa Majesté avoit spécialement chargé
« MM. les Commissaires Généraux de la Voierie, ne dût être qu'un simple tracé
« des deux côtés des rues... l'attribution accordée à MM. de la Voierie... ne
« pouvant, à beaucoup près, couvrir les frais de ce travail, *presque tout fait de*
« *nuit*, il fut abandonné. Ce fut alors que M. *Verniquet*, Architecte, leur confrère,
« se chargea *seul*, à ses risques, périls et fortune, de remplir les intentions de
« Sa Majesté, non pas de la manière prescrite par la Déclaration de 1783, mais
« en faisant sur un système nouveau des plans généraux et détaillés de la Ville
« et Fauxbourgs de Paris, tout autres que ceux commencés en vertu de cette Dé-
« claration... son premier soin a été de former des sujets capables de le seconder
« et de surmonter les difficultés sans nombre que les embarras de Paris appor-
« tent à la levée des plans, même de nuit...

« C'est dans la grande galerie qui règne sur la partie du cloître des Cordeliers
« adossée à leur Eglise, que se mettent au net toutes les opérations faites dans
« chaque rue, calculées trigonométriquement avec l'exactitude la plus scrupu-
« leuse... Les Grands de tous les Ordres de l'Etat, les Artistes et tous les Savants
« ont été et vont journellement voir ces travaux. On est surpris de leur immen-
« sité, dont on ne peut se faire l'idée...

« Les plans des rues (*il s'agit ici des dessins*) y sont rapportés à six lignes pour
« toise. Cette échelle y fait rendre compte des moindres détails à un pouce près.
« Chaque propriété de maisons, terreins, etc., y est désignée. Les Eglises et au-
« tres monumens publics y sont détaillés, Les bases..., les faces des maisons,
« tout est cotté, les noms des propriétaires actuels écrits, une partie des projets

« d'alignemens tracés... On a remis sur cette grande échelle quelques parties
« essentielles de la Capitale, telles que la Cité entière qui, à elle seule, forme
« un plan de plus de trente pieds de long... Il a été aussi dressé un plan général
« de la rivière et de ses bords, depuis le Jardin du Roi jusqu'aux Invalides : ce
« plan est rassemblé à une ligne et demie pour toise, ce qui fait le quart de la
« grande échelle... Tous les points du bord sont calculés trigonométriquement...
« Ce plan de la rivière contient les masses et détails des édifices publics, et pré-
« sente un des plus beaux coups d'œil qu'il y ait en ce genre. Les pourtours des
« Boulevards et autres grands détails sont rapportés à la même échelle, d'une
« ligne et demie pour toise.

« Au tiers de cette échelle, c'est-à-dire à une demi-ligne pour toise, est rap-
« porté le plan général de Paris et de ses environs (*celui qui fut gravé*), jusques
« et y compris Chaillot, Vaugirard, partie de Bercy, Charonne, Belleville, toute
« la Villette et la Chapelle, Montmartre et le Roule. Ce plan comprend la forme
« exacte des rues, les masses des Maisons royales, Palais, Couvents, établisse-
« mens publics et les *détails* de toutes les Eglises [1]. »

Ce vaste plan, dernier reflet du vieux Paris, représente l'état de la Capitale
vers 1788 ou 89 ; il serait difficile de préciser l'époque, car on comprend que,
pendant l'impression même des planches, il a dû survenir, çà et là, plus d'un
changement important dans l'état réel de cette ville. L'atlas se compose de 72
feuilles, ayant chacune d'encadrement 66 centim. sur 44, non compris le double
trait (les neuf qui forment la première colonne n'ont que 44 centim. de largeur
au lieu de 66). Il y a huit feuilles par rang, et neuf par colonne ; l'ensemble
forme donc, entre les lignes intérieures, un carré de 506 centim. sur 396 (le
Procès-verbal dit par erreur : 9 pieds 1/2 de long sur 7 de large). Quelques
feuilles sont presque blanches, d'autres sont remplies en partie d'écriture, ou
occupées par les diverses parties d'un immense frontispice, orné de figures allégoriques tracées au simple trait, et renfermant le titre cité ci-dessus.

Tout le plan est gravé au burin, esquissé au simple trait, système qui permet
des retouches ultérieures sans entraîner de confusion. La gravure est admirable
de précision et de netteté ; l'écriture est un chef-d'œuvre du genre. Delalande
seconda, pour les travaux trigonométriques, Verniquet, qui s'est aussi aidé, dit
le procès-verbal, des observations de Lacaille, Cassini et Delagrive.

---

[1] Les détails de chaque église étaient sans doute indiqués sur les dessins originaux à l'échelle de
six lignes pour toise ; mais ils n'ont malheureusement pas été reproduits sur le plan gravé. On voit
à l'Hôtel-de-Ville le dessin original qui a servi pour graver l'atlas ; il est assemblé en une seule
feuille, et collé sur toile ; les masses des églises y figurent en noir. Mais on peut consulter, dans des
recueils in-folios, les plans très-détaillés d'une partie de ces églises.

PLAN DE PAUL VERNIQUET, 1789.

La dimension de ce plan fut combinée de manière à ce qu'elle contînt l'enceinte actuelle; mais on profita des vides irréguliers que laissa sa forme, pour placer dans les interstices quelques localités de la banlieue, telles que Montmartre, Vaugirard, la Butte Chaumont, etc. [1].

L'atlas de l'architecte Verniquet n'a rien de séduisant au premier coup d'œil, et l'on est frappé de la nudité de certaines feuilles, car aucunes maisons, sinon quelques hôtels remarquables, n'y sont détaillées; mais un plus long examen révèle toutes ses qualités. Il parle à la raison, sinon à l'imagination des antiquaires. Son principal mérite est la précision dans les limites de chaque édifice public, et surtout dans la forme et la dimension des rues. Un inspecteur des travaux de gaz m'assurait que, lorsqu'il avait à connaître la longueur de tuyaux nécessaires entre tel point et tel autre, il consultait toujours, et avec sûreté, l'œuvre de Verniquet. Au bas du procès-verbal est écrit de la main de Delalande, directeur de l'Observatoire : « Ce plan, dont j'ai suivi les travaux et dont j'ai admiré l'exacti-« tude, me paraît l'*ouvrage le plus parfait* qui ait jamais été exécuté en ce genre. 25 vendémiaire an IV. »

Ce n'est pas à dire qu'on ne puisse jamais trouver en défaut le célèbre géographe; mes recherches au sujet du passage de l'enceinte de Ph. Auguste m'ont révélé quelques points infidèles. On en retrouve sur ce plan plusieurs traces indiquées peut-être quelquefois à l'insu du géomètre. Or, il ne m'a pas été possible de raccorder toujours entre eux ces sortes de jalons semés çà et là sur la route du gros mur. Ce qui prouve simplement la vérité du proverbe : *Rien de parfait sous le soleil.*

Il est heureux pour nous archéologues que ce plan ait été levé un peu avant l'époque de la destruction de tant de couvents, d'églises et d'hôtels célèbres. Il est

---

[1] En 89, l'ancien gibet de Montfaucon était détruit; mais on voit figurer ici quatre piliers de pierre placés comme signe de *Justice royale*, sur un des monticules de la butte Chaumont. On n'y faisait pas d'exécution, mais on enterrait sous ces fourches les corps des suppliciés. Cette translation de la Grande-Justice eut lieu, je crois, sous Louis XVI, et c'est alors qu'une partie de la colline hérita du nom sinistre de Mont-Faucon. Ce point du plan de Verniquet a induit en erreur plusieurs historiens ou géographes de ce siècle, qui ont cru que l'ancien gibet était là.

Peut-être ai-je encouru le reproche d'avoir, dans le cours de cet ouvrage, parlé *à satiété* du gibet de Montfaucon; en voici le motif : mes premières études sur le vieux Paris eurent pour objet les lieux de supplice, dont la littérature romancière s'occupait beaucoup vers 1834 : c'était l'époque du genre *horrible*. La lecture de ces romans patibulaires m'avait inspiré l'idée de ces recherches, et je n'enregistrais aucun plan de Paris sans remarquer la forme et la position de la Grande-Justice. La publication de l'ouvrage de M. De Lavillegille, en 1836, m'a fait renoncer à ces recherches. Ensuite, il faut noter que les points qui tout d'abord *sautent aux yeux*, quand on examine les vieux plans, à commencer par celui en marqueterie, 1520, c'est cette butte de Montfaucon, comme aussi les trois piliers de la Justice du Pré-aux-Clercs.

à regretter seulement qu'on n'y ait pas indiqué les maisons historiques, et qu'on n'ait pas, comme sur les plans de Delagrive, 1728, et de Jaillot, 1772, détaillé les églises, chapelles, etc.

Je m'abstiendrai de remarques particulières sur cet atlas, que tout savant doit posséder ou peut consulter partout. C'est ce plan, le modèle et la souche de presque tous ceux de nos jours (car on recommence à peine une fois en un siècle de pareils travaux), qui doit nous servir de mesure pour apprécier tous les plans que j'ai décrits depuis 1530. Verniquet a fait pour Paris, comme Cassini pour la France, une étude fondamentale qui a rendu très-facile la tâche des géographes modernes.

Je n'ai jamais rencontré de réductions de Verniquet identiques au modèle, c'est-à-dire reproduisant tous les monuments abattus depuis 1789. A peine, en effet, ce plan était-il achevé, que tous ces monuments disparaissaient du sol; il semble avoir été fait exprès pour en tracer les derniers souvenirs. Toutes les réductions de Verniquet sont des plans modernisés; les archéologues ne peuvent donc se dispenser de posséder l'original en nature. Il n'existe, je crois, qu'une seule édition des planches de Verniquet, bien qu'il puisse y avoir des exemplaires précédés de titres portant divers millésimes. Le mien porte la date de l'an IV (1795). Les exemplaires sur papier bien encollé sont les plus recherchés. Le dernier que j'ai vu vendre (vente Maingot, 1850), bien conservé et cartonné, n'a pas dépassé trente francs. Je pense que les cuivres existent encore, et peuvent fournir des épreuves des planches centrales, celles de toutes les plus usées sur tous les exemplaires qui ont du service. Les feuilles qui contiennent la Cité, et surtout celle des opérations trigonométriques, se vendent plus cher que les autres, chez les marchands qui ont ces feuilles isolées.

PLANS DE PARIS DE 1790 A 1800. — Tandis que Verniquet préparait son chef-d'œuvre, on édita une série de plans républicains généralement informes, comme l'étaient tous les produits de l'art, à une époque où l'Art était frappé d'une sorte de léthargie dont il ne se réveilla que sous l'Empire. Sur ces plans, qu'on trouve à la Bibliothèque Nationale, sinon au complet, au moins en grand nombre, on voit s'effacer un à un les monuments religieux et les célèbres hôtels du temps passé. Plusieurs de ces plans, édités de 1793 à 1795, attirent l'attention par les nouveaux noms imposés aux rues, aux ponts, aux quais, aux places, aux monuments; on en a exclu les mots *Saint* et *Royal* : on lit *rue Honoré, rue Franciade* (Saint-Denis), *place des Fédérés,* au lieu de place Royale, etc. Ces noms éphémères n'existent que sur quelques cartes grossières devenues assez rares. On y voit, à partir de 91, Paris divisé en 48 Sections, comme aujourd'hui. En 93, une partie des noms des Sections fut échangée contre des dénominations républicaines, dont plusieurs furent bientôt, après encore remplacées : la section du Palais-Royal fut appelée : de la République; celle de la place Louis XV : de 1792; celle du Luxembourg : de *Mutius Sævola ;* celle du Jardin-des-Plantes : des *Sans-Culottes*, etc. En 96, Paris fut divisé en douze Municipalités, subdivisées en Sections baptisées de nouveaux noms moins farouches. Les nouveaux plans, peu nombreux du reste, qui parurent à ces époques, offrent une idée de ces changements de noms ; mais, ce qu'il y a de plus curieux à suivre, ce sont les métamorphoses, dans leurs formes, des rues, des édifices, des ponts, etc.

J'ai peu étudié les plans de 1790 à 1800 ; les meilleurs ont dû s'aider indirectement de celui de Verniquet. Mais ce n'est guère que sous l'Empire qu'on commence à publier des réductions de ce plan qui *fait encore école* aujourd'hui. La plupart des plans que j'ai entrevus de côté et d'autre, datant de la République ou du Consulat, m'ont paru être des éditions de plans antérieurs recopiés ou rhabillés. Je citerai celui de Lattré, 1792, où ne sont pas supprimées les anciennes épithètes de *Royal* et de *Saint;* seulement, pour se conformer au temps, on eut soin de supprimer les ornements, portraits, fleurs de lis, blasons et autres emblèmes dangereux. Ainsi, quand Chanlaire, géographe peu exact, publia, en 95, je crois, l'An IV une nouvelle édition modernisée à sa mode du plan de Roussel, 1730, il remplaça les L entrelacés de la bordure par des caducées. — En 1798 parut un plan médiocre en quatre feuilles, par Chamot, gravé par Bonicelle.

Je regarde, après le signalement du plan de Verniquet, ma tâche comme achevée, car je ne m'étais engagé qu'à l'étude des *anciens* plans. Cependant, je vais consacrer, à titre de complément, un chapitre supplémentaire aux principaux qui ont paru depuis 1800 jusqu'à nos jours, mais je me bornerai à les citer avec accompagnement de quelques notes.

XLII. — Des plans de Paris au XIX° siècle.

Sous l'Empire, les plans de la Capitale offrent un aspect nouveau. Si, d'une part, on continue à démolir, de l'autre on commence à réédifier, à remplir les vides; entre autres grands travaux, on projeta le canal dit aujourd'hui Saint-Martin. Sous la Restauration, les travaux d'utilité ou d'embellissement continuèrent ; ils redoublèrent d'activité sous Louis-Philippe, et il ne fallut rien moins qu'une révolution pour ralentir ce mouvement d'innovation et de rapide croissance. Depuis 1848, Paris est en train de se dépeupler, et bien des projets de constructions entreprises dans les quartiers éloignés du centre resteront en suspens, *jusqu'au rétablissement des affaires, comme* on s'exprime aujourd'hui ; ce qui signifie probablement, jusqu'à l'apparition d'une nouvelle monarchie quelconque ; et il ne serait pas impossible que ce livre, dont l'impression a été commencée en pleine République, fût publié sous un empereur, un dictateur ou un roi.

Le nombre des plans de Paris éclos entre 1801 et 1850, soit isolés, soit annexés au texte d'un ouvrage, est prodigieux. Les plus importants ont pour base celui de Verniquet, rajeuni et rectifié à l'aide de toisés modernes. Si l'on parcourt cette longue série de cartes, on y suit, d'année en année, l'établissement d'édifices publics et de rues entières sur les débris des couvents et des hôtels ; on y voit les ponts se dégarnir des maisons qui les surchargeaient, les anciennes rues se redresser, s'élargir, se prolonger sur l'emplacement de vieilles propriétés abattues par centaines, d'immenses clos et des champs en culture, placés aux extrémités, se changer en quartiers neufs, tandis qu'au centre, de larges trouées pratiquées au milieu des quartiers les plus populeux donnent naissance à de nouvelles places qui dégagent les monuments et amènent, avec l'air, la salubrité.

C'est, sans aucun doute, une étude curieuse à suivre que celle de tous les plans de notre siècle, mais je laisse à d'autres cette longue tâche, satisfait d'avoir éclairci, de mon mieux, l'histoire assez obscure des plans gravés de 1548 à 1790. La continuation de ces études peut être utile et préparer de l'agrément aux archéologues à venir, car, dans deux siècles, nos estampes seront d'autant plus intéressantes que, faute d'un papier solide, elles seront devenues fort rares. Les titres de tous ces plans, datés pour la plupart, se retrouveront inscrits sur les catalogues du Cabinet des Estampes et dans le *Bulletin de la Librairie* de Pilet. On en possédera ainsi, grâce à la loi du Dépôt, liste toute dressée ; on n'aura plus qu'à les analyser de manière à en faire jaillir des documents.

Je doute que, depuis Verniquet, la géographie ait fait de grands progrès sous le rapport géométrique, mais les cartes se sont certainement perfectionnées sous celui de l'exécution matérielle et du bon marché. Pour les plans vastes et détaillés, on a adopté, à l'exemple de Verniquet, un tracé au simple trait, procédé qui permet de recorriger presque indéfiniment les planches, tout en conservant à la gravure une grande netteté. Quelques graveurs enflent le trait d'un côté pour obtenir une sorte de relief ; d'autres ombrent les îlots de maisons au moyen de tailles fines, régulièrement espacées et exécutées à la mécanique, comme les ciels des paysages au burin. Ces tailles légères produisent à l'œil une demi-teinte agréable qui fait ressortir à la fois les rues et leurs noms, tandis que les détails des édifices publics sont figurés par des placards d'un noir bien homogène. Ajoutons que nos presses perfectionnées tirent avec célérité et précision des épreuves des plus vastes planches. Le tirage des anciens plans à l'eau-forte manquait souvent sur certains points; il n'en est plus ainsi de nos jours. Le vice radical de nos plans c'est, je le répète (et je ne me lasserai jamais de le répéter), d'être imprimés sur un papier de coton, blanchi et brûlé par la chaux ou par le chlore; ils se brisent, rien qu'à les dérouler; que serait-ce s'il était nécessaire de les plier ! Nos plans risquent donc de s'anéantir d'eux-mêmes avant un demi-siècle, si on ne se hâte d'y porter remède.

Les progrès de la topographie sont peut-être plus sensibles en province qu'à Paris. Les départements ne sont plus, sur ce point, tributaires de l'industrie parisienne, et savent se procurer des portraits ressemblants des villes importantes que renferme leur circonscription.

La lithographie et le décalque sur pierre remplacent souvent la gravure. On a des plans lithographiés, presque aussi nets que ceux exécutés au burin, et offrant l'avantage d'un prix peu élevé. Mais, quand il s'agit de tracés très-délicats, comme l'exige la configuration des montagnes, on emploie la gravure de préférence à tout autre procédé. La gravure sur pierre est aussi assez usitée pour les pièces d'architecture.

L'orientation des plans modernes est toujours basée sur la perpendiculaire de la méridienne de l'Observatoire; on déroge rarement à un usage généralement adopté par tous les pays civilisés. On a tenté à Paris et en province de remettre à la mode les plans de villes et d'édifices à vol d'oiseau. En fait de plans de Paris, en ce genre, je ne connais que les deux édités par Mʳ Bouquillard; j'en parlerai à l'année 1850. (Il existe un grand nombre de vues générales à vol d'oiseau, mais ce n'est pas ici que je les décrirai.) On en a aussi dressé plusieurs qui rappellent ceux de Gomboust et de La Caille : le plan des maisons est géométral, et celui des édifices en élévation; mais ces plans sont d'une exécution peu remarquable.

L'éditeur Fatout imagina de publier, vers 1842, des plans de Paris médiocres, où le tracé des édifices publics est remplacé par de petites images sans cadre précis, qui occupent la place de leur plan géométral. Ces petits placards cachent en partie le voisinage : c'est donc une innovation puérile et de mauvais goût. Mʳ Bauerkeller imagina d'estamper, en pâte de carton, des cartes de Suisse et de France, remarquables par le relief des chaînes de montagnes. Sa carte des Bords du Rhin est la plus curieuse en ce genre. Il sortit aussi de ses ateliers, vers 1840, un petit plan de Paris, gaufré en manière de bas-relief; mais je crois qu'il eut peu de succès à Paris. Le tracé des rues est un peu déprimé par la pression, de sorte que les îlots de maisons, diversement coloriés à la presse pour distinguer les arrondissements, ont une légère saillie. Mais à quoi bon ce système, quand il ne s'applique pas aux mouvements du sol ? La seule partie intéressante, en ces sortes de plans, est la seule qui manque ici. Il eût fallu que celui-ci, exécuté plus en grand, offrît tous les accidents de terrain, figurés dans de justes proportions. Le petit plan des environs de Paris, par le même, est plus intéressant, parce qu'on y indique en relief les mouvements du sol. L'inconvénient de ces cartes est, je crois, de se déformer par l'effet alternatif de l'humidité et de la sécheresse.—J'ai vu aussi des épreuves de plans tirées sur toile ou autres étoffes ; je n'en ai jamais rencontré de remarquables en ce genre. Il en existe peut-être deux ou trois coloriés par impression.

On a plusieurs fois, en ce siècle, repris le projet du commissaire de La Marre. Dulaure, le premier, vers 1820, dressa des plans fictifs moins imparfaits que ceux de l'auteur du *Traité de la Police*, mais ils sont encore à refaire. De La Marre avait cru, et fait croire à ses contemporains, que rien n'est plus simple que de tracer de pareils plans ; ses rêveries passèrent pour des pièces quasi-authentiques, et ses cartes, d'une révoltante inexactitude, furent souvent reproduites comme des chefs-d'œuvre. Toussaints Du Plessis, en 1753, sentit que la confection de plans fictifs exigeait beaucoup d'études, et il indiqua des recettes pour en produire de moins inexacts, mais ils seraient tout aussi vagues.

De nos jours, l'architecte-archéologue Albert Lenoir doit passer pour un réformateur en ce genre. Ses plans, fondés sur des fouilles modernes et sur des manuscrits authentiques, surpassent de beaucoup les essais primitifs ; mais ils n'ont pas encore été assez mûris ; leur perfection exigerait toute la vie d'un savant.

Je terminerai ces observations générales sur les plans de Paris, au XIX° siècle, par le signalement de ceux qui m'ont paru les plus remarquables par leurs formes, leur perfection et l'étendue de leur échelle.

1804. — PLANS DE PICQUET. — Charles Picquet père était, sous l'Empire, le principal éditeur de plans de Paris. Le plus ancien que j'aie rencontré est daté : 1804 ; il est en deux feuilles qui, réunies, ont un encadrement d'environ 81 centim. sur 54. Sa base est le plan de Verniquet.

Ces planches fournirent des épreuves pendant longtemps. Ch. Picquet en publiait chaque année un tirage nouveau, corrigé avec le plus grand soin. Une collection complète de toutes ces éditions offrirait un grand intérêt ; le dernier édité porte la date de 1847.

En 1804, on démolit le Grand-Châtelet ; le Marché aux Fleurs fut établi sur les ruines de vieilles maisons, dont la Seine inondait les rez-de-chaussée ; un décret supprima les cimetières *intra muros*. Depuis ce temps jusqu'à nos jours, c'est une succession continue d'édifices abattus ou reconstruits. Sur les plans de Picquet, on peut lire l'histoire de ces perpétuelles métamorphoses du sol de Paris.

Il y a, du même plan, une réduction en une seule feuille et moins détaillée. Charles Picquet fils a continué à moderniser chaque année, jusqu'à 1847, ces deux plans, dont les cuivres ont dû être renouvelés plus d'une fois depuis 1804.

1808. — Cette année, parut le plan-atlas intitulé : « La Topographie de Paris, « ou plan détaillé de la ville de Paris..., dédiée à Mme Maret, par Maire. » Cet atlas, petit in-4°, se compose de 104 pages de texte (table des rues), suivies de vingt planches, outre le titre et le plan d'assemblage. Ces planches, qui ont chacune 18 1/2 centim. sur 14, sont fort bien gravées au trait, avec les édifices ombrés; elles sont signées, pour la plupart : *Perrier oncle*, et quelques-unes : *Chamouin*. L'écriture est de divers graveurs. On remarque, sur certaines planches, des notes d'un style assez emphatique. Il existe des éditions de 1812, 13 et 16. On cite une édition de 1824, avec variations dans le titre, en 24 planches, non compris le titre ; je ne l'ai pas vue.

1812. — La Tynna cite, pour cette année, le plan de Picquet en deux feuilles et demie. La demi-feuille est une liste des rues. — Cette même année, parut un ouvrage intitulé : *Recherches sur les Eaux publiques de Paris*, par P. S. Girard, in-4°. On y trouve un petit plan fort intéressant, en ce qu'il offre la configuration du sol parisien. On y distingue les exhaussements primitifs des élévations factices. Girard est, je crois, le premier qui ait produit un plan de ce genre ; il est à regretter qu'il soit dressé sur une aussi petite échelle. L'estampage en carton, de M. Bauerkeller, pourrait s'appliquer heureusement à un plan de cette nature.

C'est peut-être à cette même année 1812 que se rapporte un plan sans date en deux feuilles, par P. F. Tardieu, où sont indiquées fort mal les vieilles enceintes. C'est une nouvelle édition du plan signalé à l'an 1797.

1814. — Plan en quatre feuilles entourées de monuments, dressé par J. Bonnisel. Il a d'ensemble 120 centim. sur 93.

1816. — Plan de M. N. Maire en une planche (91 centim. sur 65). Il y a des éditions de 1820 et 1821. — Il parut, cette même année, un grand plan circulaire de 63 centim. de diamètre, *par J. B. de Bouge*, ingénieur du Roi. On y voit toujours figurer, vis-à-vis le Champ-de-Mars, le plan du Palais du Roi de Rome, qui ne fut jamais commencé. — Autre édition en 1818.

1817. — Plan géométral levé et dressé pour l'histoire, par Garny, en une feuille, avec deux bandes latérales de texte explicatif. L'ensemble a 103 centim.

sur 65. Je le signale, parce qu'on y voit figurer les diverses enceintes, peu exactement tracées, celle surtout de Ph. Auguste, côté de la rive droite.

1822. — Je citerai, pour cette année, un plan circulaire, curieux par sa petitesse et la finesse de sa gravure; il a 5 centim. de diamètre. Gravé par Thierry.

1825. — Plan en six planches, ayant chacune 70 centim. sur 58, dressé par A. Mangot, Th. Jacoubet et Bailly, dédié à M. Chabrol de Volvic, préfet de la Seine. C'est une réduction modernisée du plan de Verniquet, fort bien gravée au trait. M. de Saint-Fargeau cite le plan de *Mangon* et Jacoubet en six feuilles, 1820. Serait-ce la première édition? Je n'ai vu que celle de 1825. — C'est aussi à cette date que se rapporte un plan en une feuille, dressé par Achin, avec le tracé des anciennes enceintes, assez exact; il fait partie de l'*atlas* de Dulaure.

1826. — Nouveau plan routier de Paris par Maire, en une feuille (96 centim. sur 64 1/2), chez Godet jeune. On y voit figurer le plan des carrières sous Paris.

1827-36. — Plans lithographiés au trait des Quartiers de Paris, levés par Vasserot et Boullanger, dédiés à M. de Chabrol. Sur ces cartes, dressées à l'échelle d'environ un millimètre pour mètre, on a tracé le plan géométral de toutes les maisons, avec le numérotage, qui a été presque partout changé depuis. On y voit les cours, jardins, puits, etc. C'est, de tous les plans de Paris, le plus détaillé; mais j'ai pu m'assurer, à propos de mes recherches sur les enceintes, qu'il laisse à désirer sous le rapport de l'exactitude. La plupart des quartiers sont en plusieurs feuilles. Il est à regretter qu'ils n'aient pas tous été levés; heureusement les quartiers du centre, les plus populeux et aussi les plus importants, ont été publiés. Il en a paru 37, formant ensemble 156 feuilles. Il manque les onze quartiers suivants, qui devaient former cent six feuilles : Roule, Champs-Elysées, faubourg Poissonnière, faubourg Saint-Denis, faubourg Saint-Martin, Saint-Martin-des-Champs, Temple, Popincourt, Saint-Marceau, Jardin-des-Plantes et Observatoire. A la vente Maingot (1850), le recueil a monté à 33 francs.

1830. — Cette année, il a paru un ou deux plans indiquant les courses des voitures dites *omnibus*. J'ai vu aussi, sous cette date, un plan lithographié en quatre ou six feuilles, où figuraient les barricades élevées cette année dans Paris. — Un plan plus petit, sur le même sujet, se trouve dans une brochure du général Alix.

1831-36. — Dans cet espace de temps ont été dressées et gravées les cinquante-quatre feuilles formant l'atlas du plan de Paris, de Th. Jacoubet, à l'échelle de 1/2 millim. pour mètre, avec une carte d'assemblage, entourée de quatre petits plans fictifs de l'ancien Paris, qui sont loin d'être exacts. Chaque feuille a d'encadrement 67 centim. sur 55. Il a pour base Verniquet et des toisés modernes. La largeur des façades des maisons y est indiquée par des traits, avec les numéros, qui ne coïncident pas toujours avec ceux d'aujourd'hui. C'est un des plus importants de l'époque. On tient sans doute les planches au courant des nombreux changements de la capitale. On a eu le tort d'y tracer, par anticipation, le plan de l'Hôtel-de-Ville, non encore arrêté, et celui de la Bibliothèque du Roi supposée reconstruite, projet qui n'a pas été exécuté, ni même adopté.

1837. — Atlas des 48 quartiers, avec le tracé des divers projets et les numéros des maisons, par Ch. Picquet, en 48 feuilles et plans d'assemblage. C'est M. de Saint-Fargeau qui le signale.

1839. — Carte statistique de la distribution des eaux et égouts de Paris, en deux planches (ayant chacune 95 centim. sur 66), dressée par Achin, sous les ordres de l'ingénieur Emmery, et gravé habilement au trait par Dormier, sur la demande du Conseil Municipal. Ce plan est soigné et intéressant par son objet spécial.

1840. — Plan en deux planches de 92 centim. sur 61 chacune, dressé par X. Girard, ex-géographe des postes, gravé au trait, avec édifices légèrement ombrés, et indication des façades de chaque propriété. Ce plan, exécuté avec soin et exactitude, est presque tous les ans modernisé par l'éditeur Andriveau-Goujon. Il comporte beaucoup de détails, sans être d'une dimension embarrassante, aussi a-t-il été adopté pour les établissements publics. C'est le plan moderne que je consulte le plus habituellement. Le même, réduit en une feuille, est également mis au courant de tous les changements opérés chaque année.]

1841. — Cette année vit naître une multitude de plans à l'occasion de la nouvelle enceinte bastionnée ordonnée en 1840, et si promptement exécutée. Mais alors elle n'était qu'à peine commencée, et les plans qui la représentent le mieux sont ceux d'aujourd'hui, publiés d'après les cartes du Dépôt de la Guerre.

1848. — Au mois de mars de cette année, parut un petit plan sur acier et à vol d'oiseau, édité par M. Bouquillard, papetier, rue Saint-Martin. Ce plan, dessiné par Testard et gravé par Taylor, amuse un instant les yeux, mais ne peut être utile. L'éditeur en fit dresser un autre plus important en 1850.

1849. — Paris en proportion, avec son enceinte. Tel est le titre d'un plan dressé et gravé par Ch. Dyonnet, édité par J. Le Roy; il est entouré de légères arabesques. Il a, entre la ligne d'encadrement, 97 1/2 centim. sur 62, non compris les ornements, mais y comprises les listes des rues gravées sur les côtés. Les îlots de maisons sont ombrés de lignes uniformes dues à un procédé mécanique. Les rues sont supposées alignées selon le projet. On y voit plusieurs localités non encore terminées, telles que les halles, les rues tracées dans la plaine de Monceaux, etc., toutes les lignes de chemins de fer et l'enceinte bastionnée. Ce plan n'a pas le mérite de celui de X. Girard, mais il est remarquable par sa netteté et son bon marché, puisqu'il ne vaut que 3 francs 50 cent. C'est un bon plan usuel.

Cette même année 1849, a paru un petit plan, remarquable uniquement par la manière dont il se replie, de manière à justifier ce titre : « Nouveau plan de Beleurgey, se déployant par telle fraction que l'on désire ». Il est divisé en trois bandes diversement coloriées, disposées de telle sorte qu'on peut les rapprocher et voir le plan dans son ensemble, ou consulter chaque repli isolé de chaque bande.

1850. — Plan à vol d'oiseau, dessiné par Navlet et Walter, et édité par M. Bouquillard. Il a 70 centimètres sur 52, et s'étend jusqu'à l'enceinte bastionnée. Il est lithographié avec une grande finesse, et on y reconnaît de suite les principaux édifices, dont on voit les faces méridionales, car l'orientation est dressée sur la méridienne. Un grand nombre de maisons figurent, mais sont en général peu remarquables, vu leurs proportions microscopiques. La plupart des rues sont tracées et désignées. Le système de perspective n'est pas uniforme sur tous les points, parce qu'on a voulu y mêler de la perspective régulière. Ce plan pourra faire, dans deux siècles, la joie des archéologues, s'il y a encore alors des archéologues, et si le papier de 1850 va jusque-là.

Le même éditeur a, le premier, je crois, donné un petit plan géométral divisé en 48 sections; c'est la division actuelle.

XLIV. — Liste des Plans partiels de Paris, du XVIe au XVIIIe siècle.

(Manuscrits et gravés, conservés aux Archives, à la Bibliothèque Nationale, etc.)

J'ajouterai à cet ouvrage, pour le compléter, une liste des plans partiels de Paris que j'ai vus, ou dont j'ai lu les titres sur des catalogues. Loin d'avoir la prétention de les signaler *tous*, j'en ai réduit le nombre autant que possible, choisissant, entre mille peut-être que j'aurais pu citer, ceux qui m'ont paru mériter notre attention. Il existe des masses de plans qui sont simplement des calques ou des copies de plans généraux connus, et qu'on a appropriés au tracé d'un projet quelconque. Le signalement de tous ces plans-projets, quelquefois absurdes, exigerait un gros volume. Je tâcherai donc de désigner ceux qui offrent de l'intérêt et qui ont pour base un travail indépendant et spécial; tels sont, pour la plupart, ceux conservés aux Archives, dessins originaux levés par des architectes et des toiseurs assermentés. Nos Archives judiciaires, que je n'ai jamais eu l'idée de consulter, doivent contenir des plans de ce genre; je laisse à celui qui refera mon livre, la tâche de les rechercher, car d'autres travaux relatifs au vieux Paris réclament tout mon temps.

Par *plans partiels*, il faut entendre ceux qui représentent une *partie* plus ou moins étendue de la Capitale, sans en offrir l'ensemble. On en a dressé, à diverses époques, surtout depuis Louis XIV, un grand nombre de cette nature, soit relatifs à la vente de terrains appartenants à la Ville, soit destinés à expliquer des projets d'alignements ou de constructions de nouveaux quartiers. Nous exclurons donc de cette liste les plans si nombreux qui concernent particulièrement tel ou tel édifice. Je me réserve de les décrire plus tard dans mon *Iconographie parisienne*, catalogue raisonné des tableaux, fresques, miniatures, dessins et estampes que j'ai pu rencontrer sur la ville de Paris. Je ne signalerais de plans spéciaux de ces édifices, qu'autant qu'on y verrait figurer comme accessoire une partie notable des localités voisines.

Je négligerai pareillement la plupart de ces petits plans partiels, destinés à orner ou à interpréter le texte de divers ouvrages. Tel est le plan du quartier Saint-Jacques-la-Boucherie, qu'on voit dans l'histoire de cette église, par l'abbé Villain; tels sont ceux qui se trouvent dans la *Descr. de l'Univers* de Manesson Mallet. Les *Mélanges d'Histoire et de Littérature* de Terrasson contiennent une suite de six planches indiquant l'état du terrain de l'hôtel de Soissons et environs, à différentes époques; dans les *Mémoires de l'Acad. des Inscr.* est inséré un plan du faubourg Saint-Antoine, dressé pour expliquer la bataille livrée en 1652, un plan fictif (reproduit par Millin) représentant l'hôtel Barbette et le lieu où fut assassiné, en 1407, le duc d'Orléans; un autre encore (signé *Desbruslins sc.*), où figure l'ancien fief du Chardonnet, tiré, prétend-on, des titres de l'abbaye Saint-Victor, etc., etc. Tous ces plans ne sont pas assez positifs, il s'en faut de beaucoup, pour mériter une place sur ces listes.

Je m'abstiendrai encore de signaler les nombreux plans partiels édités depuis le commencement du XIXe siècle, et relatifs à des projets d'embellissement. L'Hôtel-de-Ville en possède des milliers en ce genre; chaque rue a son plan particulier. Je citerai seulement quelques anciens dessins qui s'y trouvent, et dont M. Deschamps, chef du Bureau des Plans, m'a donné communication avec un empressement, une complaisance que je ne saurais trop reconnaître.

Je classerai naturellement, par ordre chronologique, les plans partiels qui portent une date, et, à leur suite, ceux dont la date est hypothétique ou incertaine; beaucoup de plans des Archives sont dans ce cas. Quand le catalogue n'indique pas de millésime, c'est assurément parce qu'on en ignore la date. Si j'avais eu le temps de les examiner tous, j'aurais pu en attribuer une à un certain nombre; mais, je le répète, mon temps appartient à d'autres recherches. J'en ai enregistré plus de deux cents, et je me suis borné à examiner ceux qui me promettaient des documents pour mon *Traité sur les Enceintes*, qui suivra celui-ci et en formera le complément. J'en signalerai donc beaucoup d'après les cartes du catalogue, dont je ne puis garantir la fidélité.

L'immense recueil de topographie parisienne formé par M. Duchesne aîné, au Cabinet des Estampes, renferme un assez grand nombre de plans partiels. J'ai parcouru tous les volumes entre 1839 et 1842. Depuis cette époque, on a dû intercaler plus d'une pièce curieuse dans cette collection, qui s'accroît sans cesse. Je ne puis me condamner à refeuilleter tous ces in-folios. Je n'oserais même répondre que le relevé fait, il y a dix ans, des pièces ci-après décrites, fût toujours bien exact, car alors je n'en prenais pas note dans le but d'en publier la description. J'aurai soin de revérifier les plus importantes.

Plans partiels de Paris conservés aux Archives.

J'ai parcouru, en 1845, la partie du Catalogue des Archives qui concerne les plans et dessins relatifs à Paris; j'en ai extrait les titres qu'on va lire. J'ai examiné presque tous ceux de ces plans dont le titre me promettait des documents sur les enceintes, et j'ai été assez souvent trompé dans mon attente. Ces levées de plans étaient, bien qu'exécutées par des toiseurs, les unes inexactes, les autres dénuées d'intérêt. J'ai calqué les plus remarquables. On trouve rarement des dates inscrites sur les plans mêmes; elles le sont le plus souvent au verso, et d'une écriture assez moderne. Cependant, elles méritent un certain degré de confiance, car elles ont dû être admises en connaissance de cause; si elles l'eussent été d'après de simples suppositions, on en eût donné à la majeure partie des plans qui en manquent. Les plans que j'ai vus seront, en général, suivis d'une courte notice placée entre parenthèses. Je commencerai par ceux qui sont datés; viendront ensuite ceux qui ne portent aucune date et auxquels je ne puis en attribuer une, ne les ayant pas eus sous les yeux. Les chiffres romains indiquent les *classes* auxquelles appartiennent ces plans, et les chiffres arabes les numéros d'ordre.

Plans partiels datés.

1402-1609. Cinq plans de l'Eglise de S.-Nicolas-des-Champs en 1402, 1420, 1575, 1601 et 1619, et des terreins... adjacents appartenant au prieuré de S.-Martin-des-Champs. III, 67.

1438 à 1637. Plans et figure du Terrein et maisons entre les murs du Cloître N. Dame et les rues S.-Pierre-aux-Bœufs, des Marmouzets et de S.-Christophe. III, 456.

1503. Plan et déclarations des fiefs de S.-Lazare et de Marly, situés rues S.-Martin, Aubry-Boucher, Quinquempoix et de Venize, en 1503. III, 293. (Plan géométral sur parchemin, indiquant les limites des propriétés et les noms des propriétaires. L'échelle est en forme d'obélisque. A la suite de la rue de Venise, au delà de celle Quinquenpoix, est une rue de *Bièvre*. La date n'est pas sur le plan.)

1545. Copies du plan (levé en 1545) du terrein et emplacement du prieuré *S.-Catherine-de-la-Culture*, concédés à rentes à plusieurs particuliers, situés rues S.-Catherine, des Francs-Bourgeois, Payenne, du Parc-Royal et des 3 Pavillons. III, 70, 71, 77.

1550. Plan de la censive du Chapitre de S.-Merry, à cause des fiefs de S.-Merry et de Marly (vers 1550), déposé au Trésor en 1672. III, 11. (Plan sur parchemin, fort curieux par son genre de perspective, dont j'ai reproduit un échantillon page 23.)

1567., etc. Plans du fief S.-Fiacre, rue S.-Fiacre et environs, entre la rue Montmartre et celle des Poissonniers, 1567 et 1639, appartenant à la grande confrérie des Bourgeois de Paris. III, 48. Même fief, 1652, III, 49; *id.*, 1775, III, 50; *id.*, 1782, III, 51 et 941. Le n° 48 représente en élévation la Porte Montmartre de Charles V.

1625. Figures des maisons et héritages situés hors la Porte Montmartre, près la butte Villeneuve-sur-Gravois, en 1625. Copie de 1787. III, 53 (paraît fort peu exacte. Deux moulins sur la butte. Porte S.-Denis de fantaisie.)

1633. Plans et figures des maisons, jardins, terres et héritages, entre les Portes Montmartre et S.-Denis, sur les fossés de la ville. Copie de 1787.

1633-94. Anciens plans du fief du Clos-aux-Halliers, entre la rue de Cléry et les portes S.-Denis et Montmartre. III, 453, 454.

1641-94. Plan et mesure du territoire du Pré-aux-Clercs, par De Vaulezard. III, 583 et 584.

1642. Plan du Rempart entre la porte S.-Antoine, la rue S.-Claude et celle des Tournelles, fait en 1642. III, 512.

1646. Charte concernant les différents entre les Abbés de S.-Victor et de S.-Géneviève, avec la figure et description des limites, Seigneureries, censives, etc. II, 33.

1651. Plan du Canal pour l'écoulement des Eaux, autour de la partie septentrionale de Paris, fait en 1651, III, 569. (C'est peut-être le dessin original de l'ingénieur P. Petit, cité page 146.)

1662 et 66. Plan des remparts, fossés, et fortifications de Paris, entre la porte S.-Bernard et celle S.-Victor, compris dans le fief d'Allès, dépendant de l'abbaye S.-Victor. III, 119. (Curieux. J'en reproduirai le calque réduit.)

1665. Plans et desseins qui ont servi à la construction du collège Mazarin, etc. avec porte et partie des murs de l'hôtel de Nesle, 1665. III, 710. (Trois de ces plans signés : *Louis Le Vau*, sont fort intéressants. On y voit le plan géométral et en élévation des tour et porte de Nesle. J'en donnerai une copie réduite. Blondel a fait graver un de ces plans.)

1670. Plan de la rue des Arcis, pour son élargissement. III, 383.

1673. Plan du nouveau quai de la Tannerie ou Pelletier...

1674. Plan et arpentage du Grand Pré-aux-Clercs... appartenant à l'Université de Paris. III, 257.

1680. Plan des rues, maisons et territoire de Challiot, 1680. III, 31 à 38, 41 et 262.

1683, etc. Plan de l'étendue principale du fief du Cens-commun, territoire de la Courtille et Belleville, appartenant au Chapitre de l'Eglise de Paris, par Fr. Villeo. II, 5 et 6. Autres plans levés en 1758. II. 7, 10 et 14. (Deux de ces plans sont curieux ; on y voit indiquée la place exacte du gibet de Mont-Faucon. M. De la Villegille en a reproduit des fragments dans sa brochure sur ce gibet); plan sur le même objet, 1778. III, 514.

1685, etc. Plans, figures et descriptions d'une pièce de terre en marais, située entre le faub. S.-Denis et la rue des Poissonniers, le long des égouts de la ville, appartenant aux Filles-Dieu, 1685. III, 553. Autres plans de 1679 et 82. III, 555 à 58.

1686. Plan de la Ville-neuve, dépendance des Filles-Dieu. III, 559 à 65, 591, 592.

1686. Plan, figure et description des maisons, terres et marais sis aux fauxbourgs de la Conférence, S.-Honoré, S.-Roch, Richelieu, Montmartre et S.-Anne, par Baudin. II, 2. (Grand plan colorié indiquant la position des portes de Louis XIII. Le Grand égout est tracé depuis la rue de la Poissonnerie jusqu'au Cours-la-Reine, avec les plans des propriétés qu'il traverse et les noms des propriétaires.)

1691. Deux plans du Luxembourg et des environs, y compris le clos des Chartreux, contenant le bornage de la Censive de S.-Germain des Prez, de S.-Geneviève, etc. III, 108.

1695. Plan du Fief des 13 arpents et des anciens fossés et remparts, depuis la porte Richelieu jusqu'à la place des Victoires, d'après le plan de l'*Epine*. III, 528.

1695. Plan et Projet des nouveaux bâtiments à construire sur le Jardin du Palais-Royal, de l'étendue du Fief des treizes arpents et du tracé des anciens fossés et remparts, d'après le plan de *Delepine* en 1695. II, 94 (Je graverai ce plan très-intéressant dans mon *Traité sur les Enceintes*. On ne trouve malheureusement pas le plan original de De l'Epine ou Delepine sur lequel était tracé le passage du rempart de Charles V. Ce plan a, je crois, été remis à la famille d'Orléans. On trouvera encore parmi les plans sans date plusieurs pièces relatives aux mêmes localités.)

1697. Plans de la place provenant de l'Hôtel Vendôme et terrains environnans, où est figurée la fonderie pour la statue équestre du Roi, III, 666.

1700. Plan du faub. S.-Honoré, dans lequel on distingue les Censives du Roi, de l'Archevêché, de la Grange-Batelière et des Dames de Chaillot, levé en 1700 (copie de 1754). II, 57.

1704-37. Plan de l'ancienne porte S.-Honoré et environs... III, 740.

1705. Plan d'une partie du faub. S.-Marceau dépendant de la Seigneurerie de MM. les Doyens et Chanoines de S.-Marcel, par Marot. I, 9.

1710. Plan de la censive de Saint Martin des Champs, II, 78.

1713-35. Plan de la Censive et Seigneurerie de l'abbaye S.-Germain-des-Prés, 1713. I, 34. Autre de 1735. I, 35.

1720. Plan et Dénombrement des maisons, jardins et marais, etc., situés au faub. S.-Honoré, en ce qui dépend de la Seig^{ie} et Censive de l'Archevêché de Paris, fait par Gourdan, 1720. II, 3.

1725. Plan et profil d'un projet, depuis la rivière de Seine, au-dessous de S.-Denis, jusqu'à la Seine proche l'Arcenal, proposé par M. Le Roy de Jumelle, en 1725. III, 6.

1729. Plan général de la Directe Seigneuriale de l'Abbaye S.-Geneviève dans la Ville et les faub. de Paris, suivant la nouvelle dénomination des rues, en juillet 1729, levé par Basseville en 1739. I, 3.

1729. Plan et carte général du Fief de Montmoyen, sis au terroir de Montmartre, les Porcherons, la Nouvelle-France et Clichy. Censive et Seig^{ie} de S.-Germain l'Auxerrois. Par Claude Duchesne. II, 4. (Grand plan avec quelques édifices en élévation. Il n'offre du reste aucun document nouveau.)

1732-71 et 77. Carte et Plan-terrier de la Terre et Seig^{ie} de Chaillot, faub. de la Conférence, fief de Longchamps, app^t aux Religieuses de la Visitation de S.-Marie. I, 10. Autres plans levés en 1771 et 77. I, 11 et 12.

1732. Plan du terrain situé à la Pologne, entre la rue S.-Lazare, le chemin de Clichy et *Mousseaux*, au chapitre de S.-Germain-l'Auxerrois. III, 26.

1732. Plan de l'étendue du fief de la Butte, à Villeneuve-sur-Gravois. III, 130.

1733 et 36. Plan du Cimetière des SS.-Innocents, avec ses environs... avec le plan général du dépôt des os des Innocents et des bâti-

30

ments qui en dépendent, rue Montmartre. III, 54, même sujet 1756. III, 55.

1739 et 40. Plans, coupes et élévations projetés pour l'église S.-Paul, sur l'un desquels sont figurés les maisons et terreins y attenants. II, 109.

1743. Plans détaillés des hôtels, maisons et emplacements d'une partie du Quartier S.-André-des-Arts, compris entre les rues des Cordeliers, de Condé, de Vaugirard, de la Harpe, et la Place S.-Michel, 1743 (copies faites en 1784). III, 99, 101, 102, 136 et 137. (Ces plans offrent quelques points intéressants. J'ai calqué pour mon *Traité sur les Enceintes*, le N° 99. Le N° 102 offre le plan très détaillé des Grands-Augustins, et le N° 137 celui de l'Hôtel de Condé.)

1744. Carte générale du faub. S.-Antoine, pour le Terrier de la Seigneurerie ou Censive de l'Abbaye Royale des Dames de Saint-Antoine-lès-Paris. Fait en l'an 1744 par Le Gendre architecte et arpenteur de la Ville. I, 6 et 7.

1745. Plan général des terres appartenant à l'abbaye S.-Antoine, et qui composent les fermes qui en dépendent, levé par Le Gendre en 1745. III, 13, 14 et 15. (Voir aussi, sur le même objet, III, 224 à 27 et 260.

1751. Carte d'arpentage des terres, maisons et marais, dans la Plaine de Grenelle, pour l'établissement de l'Ecole-militaire. I, 44.

1752 et 54. Plans et arpentage de maisons et emplacements de l'ancien Domaine de l'abbaye S.-Victor, rues d'Antin, de Gaillon et Richelieu, avec le plan du Fief Popin, entre les limites de ce fief, l'abbaye S. Victor et l'Archevêché, suivant arrêt de 1683 et procès-verbal de 1685. III, 46 et 47.

1752. Plan de la Ville-l'Evêque qui contient les deux isles de maisons entre les rues d'Anjou, de la Ville-l'Evêque, de la Madeleine, de Suresne et du faub. S.-Honoré, dépendant de S.-Jean-de-Latran. II,... et aussi III, 369.

1752. Plan de S.-Jean-de-Latran, de l'enclos et des maisons qui l'environnent. I, 36.

1752 et 53. Plan du fief de l'Ourcine et dépendances, aux faub. S.-Marcel et S.-Jacques, appartenant à S.-Jean de Latran. I, 37, II, 77.

1752-53. Carte planimétrique des terreins situés dans la Censive de l'abbaye S.-Germain. I, 30.

1753. Atlas concernant les deux Prés-aux-Clercs; 33 plans topographiques levés en 1753, par le baron de Molina. Atlas. 39.

1754. Plan détaillé de la Cité contenant la désignation du Domaine et Seigneurerie du Chapitre de Notre-Dame. II, 62, 63, 64.

1758. Plan de la Seigneurerie de S.-Lazare-lès-Paris. I, 41.

1758. Copies (faites en 1773) du plan et figure des Censives du Chapitre de l'Eglise de Paris, et de S.-Lazare, situées sur la paroisse S.-Laurent et partie de la Villette, levé en 1758. III, 277.

1762. Plan du Chantier de la Courtille et de Champ-plaisant, ou Ferme de S.-Louis, entre les rues de Ménilmontant, S.-Maur, de la Barre, S.-Louis, Carême-prenant et de la Roulette. III, 320, 321 et 330.

1762. Plan de la Censive du fief *Hareng* dit *Cocatrix*, situé rue Trousse-Vache et S.-Denis, appartenant aux Religieuses de S.-Catherine. III, 281.

1762. Plan de la rue d'Arras et des maisons situées entre cette rue, celle de S.-Victor, la rue Clopin et l'ancien mur de la Ville. III, 121. (Ce plan est levé à une grande échelle, mais n'est pas aussi curieux qu'on pourrait s'y attendre. Le gros mur a huit pieds d'épaisseur; il est çà est là interrompu ou aminci, et n'est flanqué d'aucune tour.)

1764. Trois plans de la Halle-aux-bleds... projetée sur l'emplacement de l'ancien hôtel de Soissons, avec la distribution des terreins à vendre et des nouvelles rues. III, 233.

1765 et 71. Plan général et détaillé du faub. S.-Antoine, contenant les dépendances de la Censive de l'abbaye S.-Antoine, par Babin, suivant le plan levé par Fourier, 1765. II, 16. *Id.* par Rivière d'après le même, 1771. II, 17.

1766. Plan du fief du Fort-aux-Dames, rue S.-Denis et de la Heaumerie, appartenant à l'abbaye de Montmartre. III, 449.

1767. Plan relatif à la formation du Quai de la Huchette. III, 606.

1767 à 1771. Suite de huit ou neuf volumes in-folio portant pour titre : *Terrier du Roy*. Ils renferment une quantité de plans particls,

PLANS PARTIELS SANS DATE (ARCHIVES). 235

dessinés et lavés par *Rittmann* dans cet intervalle de quatre années. Ces plans, malgré le titre imposant du recueil, sont en général peu exacts dans les détails qu'ils offrent sur certaines propriétés, et je ne crois pas qu'ils aient été levés sur lieux. Les portions du gros mur et des tours de l'enceinte de Philippe-Auguste, qu'on y voit figurer, paraissent, ainsi que les plans des anciennes portes, tracés de fantaisie, sauf sans doute quelques exceptions. J'en citerai quelques endroits dans mon *Traité sur les Enceintes*. L'ensemble de tous ces plans ne forme pas un plan général de Paris, car beaucoup de plans se répètent; ils ne sont pas dressés tous sur une échelle uniforme, et il manque beaucoup de quartiers. Les plans de Rittmann que je citerai ci-après ne font sans doute point partie de cet atlas, puisqu'ils sont indiqués à part, sur le catalogue des Archives.

1767 à 71. Plans des maisons chargées de rentes et redevances envers les *Filles des Parloirs-aux-Bourgeois et Franc-rosier*, Seigneureries appartenantes à la Ville de Paris, levé par *Rittmann*, de 1767 à 71. I, 5 et 46. (Je n'ai jamais entendu parler des *Filles des Parloirs-aux-Bourgeois*. Il y a peut-être quelque erreur dans la rédaction de ce titre.)

1769. Plan général de la partie septentrionale de Paris, contenant la Censive et Seigneurerie féodale de l'Archevêché de Paris, levé par *Rittmann*, 1769...

1769. Plan d'une partie du fief de la Culture-S.-Eloy, etc. (Archevêché de Paris). III, 79.

1769. Plan de l'emplacement des anciens murs de la Ville et fossés de l'Estrapade, entre les portes S.-Jacques et *Papalle*. III, 179. (Ce titre promettait de curieux documents; mais, à mon grand regret, il n'a pu m'en fournir aucun pour mon travail sur les Enceintes.)

1770. Plan de maisons... et limites du fief de Garges, entre les rues de la Monnoye et de l'Arbre-sec. III, 60.

1777. Plan des maisons appartenant à la Fabrique de S.-Jean-en-Grève. II, 84.

1778. Plan de l'Eglise et bâtiments du Petit-S.-Antoine, et maisons adjacentes, etc. II...

1779. Plan de l'Eglise, du Cloître et des maisons du *Domaine utile* du Chapitre S.-Honoré, entre les rues Croix-des-petits-Champs, des Bons-Enfans et S.-Honoré. III, 64, 65 et 66.

1781. Plan général des Censives des Carmes-Billettes, à cause de leur Fief-aux-Flamans, par Capitaine. II..,

1781. Plan du Bornage de la Censive entre le Chapitre de N.-Dame de Paris et les Religieuses Filles-Dieu. III, 8.

1782. Plan général du Fief de Reuilly, faub. S.-Antoine. I, 47. (On lit sur la fiche du Catalogue « hors du casier de son département, vû sa grandeur ». Voyez aussi sur le même objet, III, 821; et, ATLAS, 16 et 17.)

1782. Plan du fief de Therouenne, appartenant au Collége de Maître-Gervais. II, 105.

1783. Plan général et détaillé des fiefs des Treize-arpents et de Fromenteau, appartenant au Chapitre de S.-Honoré. II, 59. (Voyez à l'an 1675.)

1785. Plan de l'étendue du fief Popin, suivant le procès-verbal de bornage de 1785. III, 129. (Voy. aussi à l'année 1752.)

1786. Plan général et détaillé des fiefs de S.-Merry et de Marly, appartenants aux Cheffeciers Chanoines et au Chapitre de S.-Merry, levé par *Junié*, 1786. II, 11.

1786. Plan des Paroisses de Paris par *Junié* en 1786. I, 60.

1787. Plan de maisons, au coin des rues S.-Honoré et Richelieu... avec le tracé de l'ancien rempart. III, 394.

Plans partiels de Paris sans date (Archives).

Plan de terreins, et leurs distributions en maisons, situés au Roule... dépendant du fief d'Artois, appelé la Pépinière. II, 58; même objet III, 234.

Plan de l'Egout de la Ville de Paris, et du terrein du fief d'Artois, au Roule, entre la rue du Roule et l'Avenue des Champs-Elisés. III, 28. Sur le même objet : III, 351, 352, 355, 733, et 883. (J'ai vu le N° 355 qui m'a paru intéressant.)

Plan de parties de terreins-marais, appelés *Les Gourdes*, au terroir de Chaillot entre l'égout et l'Avenue-Verte, etc. III, 39 et 40.

Collection des plans détaillés des cantons et fiefs du territoire de Chaillot, savoir, etc. III, 42, 43 et 577.

Plan général du Canal de Paris projeté depuis l'Arsenal jusqu'à Chaillot. II, 133. (Ce plan est peut-être relatif au projet de P. Petit 1651, dont le plan a été gravé vers 1658, par A. Flamen.)

Plan général du Palais-Royal et environs, où est le tracé des fossés et remparts de la Ville, depuis la porte Richelieu jusqu'à la place des Victoires. III, 248. Autres, III, 252 et suiv. (Sur la fiche du catalogue est inscrit « remis en 1818 à M. le Duc d'Orléans. »)

Plan d'une partie des anciens remparts et fossés de Paris, depuis la rue S.-Honoré jusqu'à la place des Victoires, en traversant le Palais-Royal et la rue des Bons-Enfans, et faisant la limite du fief des Treize arpens et des Remparts (chapitre S.-Honoré).III, 45. (Ce plan est peu étendu, mais curieux par le tracé au pointillé et sur une grande échelle de l'ancien rempart de Charles V, des fossé, escarpe et contrescarpe, etc. Je le reproduirai dans mon *Traité sur les Enceintes*.)

Plan de différents terreins et emplacements situés aux Champs-Elisés entre le Cours-la-Reine, l'Egout, etc., avec l'état des terreins. III, 128.

Plan du faub. et territoire de Montmartre, entre la rue de Clichy et celle Rochechouard et les rues S.-Lazare et Montmartre, dépendance du Chapitre de l'Eglise de Paris, II...

Plan d'une portion de la ville de Paris, comprise entre les Boulevards du Nord et la rivière de Seine, et depuis la Porte S.-Antoine jusqu'à celle S.-Honoré. I, 2.

Plan du chantier Montry et des terrains le long du Boulevard, dépendans du fief de la Grange-Batelière, entre le faub. Montmartre et la rue de l'Arcade. III. 25.

Anciens plans du Clos et de la Maison Seigneuriale du fief de la Grange-Batelière, et des dépendancès de ce fief. III, 445 et 446. Six feuilles d'arpentage.

Plan de la Grange-Batelière, de la pièce des Mathurins et de terreins sur la rue de Provence, etc. III, 29. (C'est un grand plan géométral du dernier siècle peu intéressant. Le Grand égout passe au milieu de la rue actuelle de Provence ; à l'est de l'emplacement de l'Opéra est un *hôtel de la Reynière*.)

Plans de maisons, jardins et emplacements situés rue S.-Lazare, aux Porcherons, fief de Montmoyen. III, 30. (N'offrent rien de curieux).

Six plans de terres et marais situés aux Porcherons, dépendans de la Ferme des Mathurins, et appartenans aux Mathurins, à Paris, tirés de la Section-domaniale, etc. II, 102.

Plan de la Censive du prieuré de S.-Denis-de-la-Chartre, de la porte Gaillon aux Porcherons. III, 747.

Plan de la Censive de S.-Germain-l'Auxerrois, entre le Louvre et l'Hôtel-de-Ville. I, 43.

Ancien plan de la Mouvance du Chapitre de S.-Germain-l'Auxerrois. III, 63. (Ce plan assez intéressant a été dessiné à la plume, sur papier, vers 1560 ou 80 ? Quelques parties sont tracées à vol d'oiseau. Le Grand-Châtelet, le Petit-Bourbon et une partie du vieux Louvre, attirent l'attention. Mais on n'en peut tirer de documents, car il est tout à fait inexact.)

Plans du fief de Poissy et dépendances, y compris l'hôtel de la Monnoye, entre les rues de la Monnoye, de Béthisy, *Thibautodet* et de S.-Germain, appartenant aux Chartreux. III, 56, 57 et 58.

Plan des terreins et emplacements des anciens hôtels de Conty et de Crequy, et des maisons bâties sur ces emplacements, situés rues des Poulies, d'Angevillers et de l'Oratoire. III, 59.

Plan des fiefs du Bourdon, du Crucifix, de la Corne-de-cerf, de la Cour-Notre-Dame, de Notre-Dame de Liesse, des Trois-Pucelles et de S.-Georges, situés à Paris, rues S.-Jacques-la-Boucherie et du Crucifix, III. 131.

Plan de la Halle-au-bled et des arcades qui en dépendent, rues de la Fromagerie, de la Cordonnerie et de la Tonnellerie. III, 132.

Plans des maisons situées rues Quincampoix, S.-Martin et Aubry-Boucher, dépendant de la Censive S.-Lazare. III, 373.

Plans des maisons de la Censive de Sainte-Opportune, entre les rues S.-Denis, aux Fers, de la Lingerie, des Fourreurs, de la Haumerie, d'Avignon, de la Vieille place-aux-veaux et de la Vieille-Lanterne. III, 349.

Plan du Quartier de la Butte-des-Moulins. III, 937. (Plan très-grossier.)

Plan du Quartier du Palais-Royal ou de S.-Honoré, contenant tous les édifices, etc., compris entre la Place Louis XV, le Boulevard, la rue S.-Martin et la Seine, avec la désignation des fiefs et des Seigneureries. II, 90.

Plans-minutes et d'application, des maisons des rues de Vendôme, Boucherat et Boulevard du Temple, establies sur les anciens remparts de la Ville, et relatifs à la Censive du Grand-Prieuré de France. II, 91. (Grands plans sans intérêt. Le texte est très-détaillé et assez curieux.)

Ancien plan des Fortifications, de la Porte-Saint-Denis à celle Montmartre. II⁰ ou III⁰ classe, 560.

Plan relatif à la situation de l'ancienne porte du Temple et des anciens Fossés et remparts de Paris. III. 424. (Plan assez intéressant que je reproduirai.)

Plans et dessins de l'Eglise S.-Jean-en-Grève, et des maisons appartenant à la Fabrique. III, 540, 541.

Plans des maisons renfermées entre les rues des Ecouffes, du Roi de Sicile, Vieille rue du Temple et des Rosiers. III, 364.

Plans des rues comprises entre celles des Blancs-Manteaux, du Temple, Vieille rue du Temple et le Boulevard, avec les Marais du Temple. III, 368.

Plan de la Maison et Enclos S.-Lazare et environs. III. 380 à 386.

Plans des maisons qui sont dans la Censive de S. Lazare, pour le fief de Marly, rue Quincampoix, etc. II, 82.

Plan de la Maison et Censive de S.-Lazare, de celle de Sainte-Opportune, du Chapitre de l'Eglise de Paris, du fief de Sucy et des Filles-Dieu, entre le boulevard S.-Denis, les rues Poissonnière, du faub. S. Denis et le Clos S.-Lazare. III. 303.

Liasse de plans de l'Eglise S.-Laurent et maisons attenantes. III, 214.

Plan d'une partie de l'Egout entre les rues Poissonnière et du faub. Montmartre...

Plan du territoire appelé le *Vieux Montfaucon*... III, 329. (Plan géométral sur papier; indique un assez grand nombre de propriétés; le gibet n'y figure pas.)

Plan visuel du terroir situé à Montfaucon, provenant du Chapitre de Notre-Dame. II, 71. (Assez intéressant; on voit encore *trois* piliers du gibet.)

Plans des fiefs du Cens commun, Mandé et la Folie-Renault, dépendant du Chapitre de l'Eglise de Paris. II, 14, 15.

Plans en minutes des fiefs du Mandé et de la Folie-Renault. III, 12.

Plan du fief Cocatrix, au faub. S.-Antoine, rue de Charenton. II, 363.

Supplément au plan des terres de la Vallée de Fescamp, Champtier des hautes et basses Barbitonnes, appartenant à l'Abbaye S.-Antoine. III, 1.

Plan de terres situées au terroir de Picpus, dépendances de l'abbaye S.-Antoine. III, 16.

Plan de l'Isle Notre-Dame ou de S.-Louis et des maisons établies en cette isle, avec les noms des propriétaires. II. 61.—Autre, III, 81.

Plans de plusieurs maisons du Chapitre Notre-Dame, situées Parvis-Notre-Dame, rue S.-Pierre-aux-Bœufs et cul-de-sac Ste-Marine, avec note jointe audit plan. III, 82.

Plan du Quartier de la Cité, isle du Palais, isles Notre-Dame et Louviers, avec la désignation des Seigneureries et Fiefs. III, 247.

Plan de l'Eglise de Ste-Marie-Madeleine en la Cité, et maisons y attenantes, etc. III, 738.

Plans de maisons, au bout du Pont-au-Change et rues S.-Barthelemy et de la Pelleterie. III, 455.

Plan de l'île de maisons, entre les rues Zacharie, de la Huchette, du Petit-Pont et de S.-Severin. III, 346.

Plan de la chapelle des Prêtres de la Doctrine chrétienne et des maisons sur les rues des Fossés-S.-Victor et Neuve S.-Etienne. III, 268 et 269.

Plan du fief d'Allès (avec l'explication), situé rue des Fossés-S.-Bernard, entre le quai S.-Bernard, la rue S.-Victor et la ruelle d'Allès, dependant de l'abbaye S.-Victor. III, 118.

Anciens plans figurés du fief et seigneurerie de Sainte-Geneviève. III, 542, 543, 544.

PLANS PARTIELS DE PARIS, AVEC DATES.

Description et représentation de la Seigneurerie et Censive de l'abbaye Ste.-Geneviève, tant dedans que hors la ville de Paris. II, 32.

Ancien plan de la Seigneurerie de Ste.-Geneviève, dans la ville et les faub. de Paris. I, 4.

Plan d'un bâtiment projeté... entre les rues Bordet et des Prêtres, près de la montagne Ste.-Geneviève. III, 896. (On y voit figurer l'emplacement d'un ancien jeu de paume.)

Plan général du collége de Boncourt, etc. Copie d'une concession faite aux pères de la Doctrine-chrétienne, de partie des fossés de la Ville, etc. III, 838.

Plans de maisons situées rue des Fossés-M^r. le Prince, rues des Fossés-S.-Marcel et S.-Victor et rue Bordet, etc. III, 854.

Plan des maisons et terreins du fief du Clos-aux-Bourgeois, entre les rues de Vaugirard, des Francs-Bourgeois et d'Enfer. III, 409. (Grand plan sur parchemin, peu curieux: On y remarque, derrière la Fontaine du Luxembourg, trois jeux de Paume, dont un nommé : du Pavillon, et un autre : de Montgaillard.)

Plan de la Censive du Chapitre S.-Marcel, dans Paris ; faubourg S.-Marceau avec la clef du plan, levé par Junié. III, 126.

Projet d'un nouveau lit de la rivière de Bièvre, depuis le *Moulin-Coppau*, jusqu'à l'arche construite vis à vis l'Hôpital (Salpêtrière). III, 593.

Plans de maisons dépendantes du couvent des Cordelières, etc. III, 783.

Plan du fief de l'Oursine, compris entre les rues de l'Arbalète, des Charbonniers, des Lyonnois et de l'Oursine, dépendances de S.-Jean-de-Latran. III, 370.

Plan des maisons, etc., situés à la Butte du Mont-Parnasse. III, 229.

Atlas général des plans de la Chartreuse de N.-Dame de Vauvert-lès-Paris..., du fief de Louviers, etc. Atlas, 20. (Ces plans offrent quelques curieux détails pour la campagne sise au sud des Chartreux.)

Plan d'une partie de la rue du faub. S.-Jacques, près la porte S.-Jacques. III, 123. (Ce plan est un des plus curieux que j'aie vus aux Archives ; il offre un tracé géométral de l'ancienne porte S.-Jacques, et de son avant-porte, fortifiée d'un gros mur dit des *Carneaux* ou créneaux. Les deux lignes de maisons établies de chaque côté de la porte, sur le fossé comblé à cet endroit sont représentées minutieusement avec les noms de chaque propriétaire des boutiques. Ce plan a été levé entre 1675 et 80. Je le reproduirai dans mon *Traité des Portes de Paris*.)

Plan d'une partie des rues d'Enfer et du faub. S.-Jacques, avec l'indication du plan général du prieuré de N.-Dame-des-Champs. III, 434.

Plan des maisons situées entre les rues de la Harpe, des Cordeliers, du Paon, du Battoir et Serpente. III, 221.

Plan des maisons situées entre les rues S.-André-des-Arts, de Bussy, des Boucheries, des Cordeliers, du Paon et de l'Éperon. III, 222.

Carte de l'Hôtel de la Reine Marguerite, ou plan du terrain anciennement occupé par l'Hôtel, les Jardins et le Parc, III, 183. (Plan géométral de ce plan ancien, qui n'a de curieux que l'indication des limites de ces localités.)

Plan du Préau, Marché et Foire S.-Germain et environs, etc. III, 139. (Détails curieux ; il a été levé au XVIIIe siècle). Autre plan, III, 264.

Onze feuilles de plans de divers quartiers de Paris, relatifs à différents volumes du Terrier de la ville. III, 135.

Plans partiels de Paris, manuscrits et gravés, avec date.

(Conservés pour la plupart au Cabinet des Estampes, Recueils de Topographie.)

1610. « L'admirable dessein de la porte et place de France, avec ses rves, commencée à construire ès marestx dv Temple, dvrant le règne de Henry le Grand... lan de grâce mil six cens et dix, par Claude Chastillon Chaalonnois ». Tel est le titre d'un plan à vol d'oiseau représentant un projet de place qu'affectionnait Henri IV, et que la mort l'empêcha d'exécuter. Sa construction entraînait la démolition du Temple et du quartier environnant.

Plusieurs rues aboutissent en éventail, à cette place demi-circulaire. La corde de l'arc de l'hémicycle est formée par une immense galerie établie sur l'ancien rempart de Charles V. Au bas de ce rempart, fortifié vers la base de l'escarpe, d'un mur flanqué de demi-lunes, passe un canal navigable au lieu d'un simple fossé. Un pont de six arches, orné d'un arc triomphal, est jeté sur le fossé et aboutit à un vaste bâtiment percé d'une porte, qui fait face au point central de l'hémicycle. Les noms de provinces donnés à plusieurs rues de cette partie de la capitale sont les seuls vestiges de ce projet qui fut abandonné. Le fond de l'estampe offre une vue générale de Paris très-finement gravée, mais plus pittoresque qu'exacte.

Cette estampe, assez rare, a 58 centim. sur 27 1/2, et fait partie de la *Topographie Française* éditée par J. Boisseau en 1648. Au bas est ajoutée une bande de texte imprimé sur quatre colonnes de 40 lignes chacune. On lit à la fin : « Fait à Paris par Claude Chastillon le 7 mars 1640 (peut-être a-t-on voulu dire 1610) — Par *Jacques Poinssart*, demeurant chez Iean du Bray, ruë S. Iacques, *aux Espicsmeurs*. » Sauval cite cette estampe, tome I, p. 632.

1661. Plan gravé, dressé à vol d'oiseau, en deux feuilles, ayant ensemble 105 centim. sur 27 1/2. Il s'étend en longueur, de l'extrémité des Tuileries au pont Notre-Dame. Le point de vue est pris des quais de la rive gauche, où sont beaucoup d'hôtels. Au bas de la première feuille, on lit : « Dessein dv Lovvre entier, présenté au Roy par Antoine Leonor Houdin architecte du Roy l'an 1661. *F. Bignon excudit*, C. P. R. (*Cum privilegio Regis*.) Ce plan, fort pittoresque au premier coup d'œil, n'offre en résumé aucun document nouveau. La partie réelle en est exacte et le reste est fictif. C'est une sorte de projet de réunion du Louvre aux Tuileries. On remarque un vaste cirque ovale à l'extrémité-nord du Pont-Neuf et un autre accompagné d'un fort bastionné, à la suite du jardin des Tuileries. On indique le cabaret de M. Renard, si célèbre sous la Fronde. — Le faub. S.-Honoré est garni de maisons uniformes et tracées d'imagination. — Les palais du Louvre et des Tuileries sont réunis par des galeries, et la Grande-Galerie du quai paraît reconstruite. — La porte S.-Honoré est précédée d'un pont de deux arches. On voit un pont de bateaux à l'endroit à peu près où est celui de la Révolution. La rue de Beaune se nomme : *avenue de la Charité*, etc. Tous les édifices paraissent déformés ou dessinés de fantaisie. (Q" du Louvre, II.) J'ai vu de cette rare estampe deux épreuves d'un tirage postérieur avec plusieurs lignes de texte explicatif ajoutées au bas, et peut-être avec la date 1672.

1663. Grand plan à la plume, lavé à l'encre de Chine, de 140 centim. sur 54, portant ce titre : « Plan du fossé tenant à l'hostel de Neuers où sont représentés la porte de Nesle, Tours, Pont et maisons nécessaires à abattre pour y faire la Place et construire le collège Mazarin, Place publique, Bibliothèque et Accademye, dressé par nous Louis le Vau..., ce 23 juin 1665. (Signé *Le Vau*.)» Ce plan qu'on voit aux Estampes, (gr. carton supplém. du 37ᵉ au 48ᵉ quartier), n'est pas la minute de l'architecte Le Vau, mais une copie contemporaine. Il ressemble beaucoup à l'un de ceux des Archives signalés page 232; on y a inscrit une copie du *visa* du procès-verbal signé des noms suivants, tous de la même main : D'Aligre, Foucault, Laisné, Ladvocat, Hachette et De Beauchamps. On y remarque le plan géométral des Tour et porte de Nesle, pont, fossé et ancien mur de Ph.-Auguste, jusqu'à la rue Dauphine, avec le tracé de trois tours dans cet espace. J'ai calqué celui des Archives qui, je crois, est l'original et porte une inscription autographe de Le Vau.

1665. Cette année fut tracé par Bernini un projet de réunion du Louvre aux Tuileries, qu'on voit gravé dans l'*Architecture* de Blondel, ainsi que ceux de Mansard, Claude Perrault, etc. Il existe une myriade de projets concernant ce problème architectural. Voyez ma note, à la fin de cette notice.

1681. Plan manusc. du Grand-égout, levé par Deschalleaux, à l'échelle de 34 millim. pour 10 toises, avec le détail des habitations contiguës, et les noms des propriétaires. Ce plan est à l'Hôtel-de-Ville, qui ne possède pas les deux ou trois autres qui le complétaient.

1691. Plan manusc. des Carrières, derrière l'Observatoire, fait par le S^{eur} Rose, en janvier 1691, dressé à l'échelle de 14 mill. pour toise. Le titre est inscrit au crayon. Ce plan, qui a 95 centim. sur 62, se voit dans le gr. carton supplém., du 37e au 48e quartier.

1692. Plan manuscrit de tous les bastiments de l'Observatoire et environs, par D'Orbay, 1692, avec indication des carrières souterraines.

1694. Plan gravé du Pré-aux-Clercs, appartenant à l'Université de Paris (32 centimètres sur 18). On lit au bas : *Jacobus Jollain sculp. Auctore et impulsore M. Edmundo Pourchot*, etc., 1694. On y voit figurer au trait les nouvelles rues de Verneuil, Bourbon, Belle-Chasse, Poictiers, etc. Tout ce qui n'occupe pas l'emplacement du Pré-aux-Clercs est ombré. (Q^r St-Germain, t. 1.)

1694. Plan manusc. en deux feuilles, représentant une portion de Paris comprise entre la Seine et la rue St-Honoré, depuis la rue de la Monnaie jusqu'au fossé des Tuileries. Ce plan, lavé en plusieurs couleurs, est en deux feuilles ayant ensemble un cadre de 156 centim. sur 49. Il est signé au bas, à droite : *Ce 30e juin 1694, Desgodetz*. Son échelle est d'environ 9 millim. pour 5 toises. Il offre quelques points notables, tels que : les abords de la porte de la Conférence ; le tracé de la tour, qui faisait face à celle de Nesle, tour placée presque à côté de l'entrée méridionale du Louvre ; le Garde-meubles du Petit-Bourbon ; le Logement de M. Le Nostre, près du pavillon Marsan, etc. On indique sur ce plan toutes les conduites d'eau qui alimentent le Jardin des Tuileries. (Q^r du Louvre, 1.)

1696. Plan de la Paroisse de S.-Sulpice ou du Fauxbourg S.-Germain, gravé en l'année 1696 par l'odre (sic) de Mre Henry Baudrand..., curé de ladite Paroisse. Ce plan, gravé à l'eau-forte et orienté avec le nord au bas, est en une planche de 81 1/2 centim. sur 62. Il est, sinon très-exact, au moins fort curieux. Il est tracé géométralement, sauf les Invalides et les Chartreux, qui sont en élévation. On lit au bas : « Se vend à Paris, chez C. Roussel, graveur, rue S.-Iaques, au *Lion Ferré*, près la rue du Platre. » Les îlots de maisons sont ombrés de lignes très-fines. On y remarque, comme l'annonce le titre, les principaux hôtels, les maisons des Notaires, et des *Bourgeois particuliers*, et les Hôtels garnis. Les maisons qui dépendent de la paroisse portent toutes les noms des propriétaires ; on ne voit pas leurs limites respectives, mais les portes seules sont figurées. On rencontre beaucoup d'inscriptions explicatives gravées çà et là sur le plan. Le Jardin du Luxembourg est tracé en raccourci. La perspective des Chartreux, copiée d'après Perelle, a un aspect fort singulier, et n'est pas verticale. On indique, à la Grenouillère, les deux cabarets de *la Bonne-Eau* et du *Milieu-du-Monde*. Parmi les hôtels garnis, on distingue ceux de *Hôlande*, de Venise, de S.-François, l'hôtel Impérial, etc. ; c'est un détail qu'on ne trouve pas ailleurs. L'ancien mur de Ph.-Auguste est tracé avec peu d'exactitude, au milieu des maisons, depuis le collége Mazarin jusqu'à la place S.-Michel ; on n'y voit aucune tour, sinon près des endroits où étaient les anciennes portes.—Communauté des *Filles de la Mort*, rue de Vaugirard. — Marais sur l'emplacement du Fort des Académistes, etc. (Gr. carton supplém. du 37e au 48e quartier).

Mr G. de S. Fargeau cite le « plan du faubourg S.-Germain, par Defer, in-folio, 1696. » Je suppose que c'est ce même plan qu'il veut désigner.

1698. Plan géom. gravé en une feuille de la Paroisse S.-Germain-l'Auxerrois, fait par les soins du curé de ladite paroisse, janvier 1698. Ce plan (80 centim. sur 31) est très-détaillé, mais paraît peu exact ; le bastion des Tuileries est mal tracé ; la forme du Louvre n'est pas carrée ; la place projetée des Conquêtes est fermée d'une grille du côté de la rue S.-Honoré. On indique le plan des toits de chaque édifice public. Au bas à droite, il est signé *H. Van Loon sculp.* (Q^r du Louvre, I.)

1716. Plan des places de la Grenouillère, réglé par arrest du Conseil, 1716, levé à l'échelle de 15 millim. pour 10 toises. Il est manuscrit et lavé à l'encre de Chine. On y indique les propriétés situées entre le Pont Royal, l'Esplanade des Invalides, la rue S.-Dominique et la Seine, avec les noms des propriétaires. Le titre est inscrit au verso. (Q^{er} S.-Germain

1.) Il est suivi d'un autre plan sur le même sujet, et d'un troisième moins intéressant, concernant le Quay d'Orsay.

1724. Petit plan du faub. S.-Germain et ses environs, par P. Stark-man, graveur du Roy en géographie, etc. (31 centim. sur 23). Ce petit plan, extrait sans doute du plan général du même graveur, signalé à l'an 1707, se trouve en tête de l'*Histoire de l'abbaye S. Germain*, par Jacques Bouillart, in-folio, 1724.

1724-30. « Limites de Paris et des Faubourgs, ordonnées par la déclaration du Roy du 18 juillet 1724 et du 29 janvier 1726. » Tel est le titre d'une suite de 13 volumes in-folio, qu'on voit au Cabinet des Estampes. Ce sont des volumes de texte manuscrit, mêlé çà et là de dessins représentant sur une grande échelle, et géométralement, les parties éloignées du centre de Paris. Ces dessins peu intéressants furent levés, je crois, par MM. de Beausire père et fils, architectes, entre 1724 et 30. La Bibliothèque de l'Arsenal possède les doubles.

1725. Long plan manuscrit, lavé au carmin, représentant les rives de la Seine, avec indication des Postes de sentinelles et Corps-de-garde, etc. (Est. V. a. 74.)

1738. Plan gravé du cours du Grand-égout découvert, d'après le dessin de l'architecte de la Ville Jean Beausire, en deux feuilles inégales ayant ensemble d'encadrement 110 centim. sur 37. Il est curieux par l'indication des propriétés riveraines ; on y lit les noms des propriétaires. Le dessin original se retrouve sans doute dans un des volumes cités à l'an 1724. (Est. V. a. 74.)

1739. « Plan de la Paroisse S. Germain-l'Auxerrois en IX quartiers, par l'ordre de Labruë curé, en octobre 1739, levé géométriquement par P. Faure. » Ce plan, en une planche de 78 centim. sur 52 1/2, est très-détaillé (à l'échelle de 8 millim. pour 10 toises), et paraît assez exact. Dans le coin supérieur de droite est gravé en grand, le plan particulier de S.-Germain-l'Auxerrois et le *presbytère*. Il est signé au bas à gauche, P. Soubeyran sculp. et, à droite ; Leparmentier scrip. Tous les ilots de maisons dépendant de la Paroisse sont au fin pointillé, et le reste au simple trait. On y remarque le plan très-détaillé du Grand Châ-

telet. J'ai vu dans la collection de M⁰ Gilbert une édition datée 1785 avec de nombreux changements. On lit sur le titre, au lieu de : par l'ordre de Labruë, etc. : *Rédigé sous les yeux de M⁰ Ringard curé — Par M. Moithey, octobre 1785*. La partie du plan (en dehors de la paroisse) figurée au trait sur l'édition primitive, est ici remplie d'un gros pointillé ; on a refait le Louvre et effacé les maisons établies dans la cour, ainsi que les anciens hôtels qui obstruaient la Colonnade, etc. — Il ne faut pas confondre ce plan avec celui que j'ai signalé à l'an 1698.

1743. Bouquet dans son *Mémoire sur la Topog. de Paris*, p. 268, cite une ordonnance du Roi de cette année pour la levée d'un « plan « figuratif des terrains qu'occupoient les murs, « fossés et remparts, etc. depuis l'endroit où « étoit la Porte de Nesle et lieux adjacents, « jusqu'à celui ou étoit la Porte dite S. Michel. » Paul Desquinemart, géographe arpenteur, fut chargé de ce travail ; je ne sais s'il a été exécuté.

1749. Plan géométral du Carrefour de Bussy, levé par l'abbé Delagrive, à l'échelle de onze millim. pour dix toises, en une feuille. (85 centim. sur 58.) Ce plan, gravé au simple trait, offre peu de détails intéressants, mais paraît dressé avec précision. (Gr. carton supplém. du 37ᵉ au 48ᵉ quartier.)

1750. Projet pour transférer l'hôtel de la Monnoie à l'hôtel de Conti, par l'abbé De la Grive. (79 centim. sur 54.) Ce plan gravé est peu remarquable. La rue *de Turenne* y est nommée : *de Turenne* ; on y voit une place projetée sur l'emplacement de la Foire S.-Germain. (Faubourg S.-Germ. II.) — La planche, avec date effacée, se trouve à la *Calcographie*, où l'exemplaire se vend 3 francs, ainsi qu'un autre plan du même géographe que je signale ci-après. Tous deux, si l'on s'en rapporte au catalogue de la *Calcographie*, ont été gravés par Marvye.

1750. Plan gravé de l'Esplanade des Tuileries, des Champs-Elisés, etc., par *Delagrive*, dressé à l'échelle de onze millim. pour 10 toises. Il a 86 centim. sur 60, et est signé : *M. Anne Fourneau scripsit*. On y voit encore tracé le bastion des Tuileries avec le nouveau Pont-

Tournant. Il est peu intéressant pour l'archéologie.

1753. « Plan du passage de la Fortification de Ph.-Auguste, établi sur les vestiges subsistants », tel est le titre d'un plan gravé vers 1770, mais levé par le *sieur Caqué* vers 1753, époque où furent ordonnées des fouilles dont il existe un procès-verbal du 2 octobre, signé *Maboul*, Maître des Requêtes. Ce plan, d'environ 60 cent. sur 12, non compris le texte explicatif gravé au bas, est annexé à un mémoire qui fut imprimé par ordre du Prevôt des Marchands contre l'Archevêque de Paris, à l'occasion du terrain de l'hôtel de Soissons. J'en parlerai plus au long, ainsi que du procès auquel il se rapporte, dans mon *Traité sur les Enceintes*. Il offre un tracé tantôt réel, tantôt hypothétique, du mur de Ph.-Auguste, entre la rue Montorgueil et le Louvre. Il se voit au Cab. des Est., tome suppl. V. A. 74, et aux Archives, III, 44.

1754. Plan géométral du Louvre et des localités comprises entre la Seine, S.-Germain-l'Auxerrois, les Tuileries et la rue S.-Honoré. Il a 48 centim. sur 31, et est dressé à l'échelle de 7 millim. pour 5 toises. On y voit quelques détails assez curieux ; tel est le plan de l'église des Quinze-Vingts. On le trouve dans l'*Architecture* de Blondel.

1754. Grand plan détaillé de la Cité, par *Delagrive*, dédié à M' de Bernage, Prévôt des marchands. Ce plan, dressé à l'échelle de 5 millim. pour 5 toises, a un cadre de 81 centim. sur 43. Il a été réduit d'après un immense dessin conservé à l'Hôtel-de-Ville. Toutes les maisons figurent avec leurs jardins, puits, bornes, etc., et toutes les églises avec le plan des piliers et des autels. L'ensemble du Palais, le Petit-Châtelet, et l'Hôtel-Dieu, offrent de curieux détails ; on compte le nombre des boutiques qui garnissent les ponts. Au bas, à gauche, on lit : *Bourgoin le jeune scripsit*. Le catalogue de la *Calcographie* (qui conserve cette planche et la vend 3 francs) en attribue la gravure, ainsi que celle du plan décrit ci-après, à *Marvye*.

On peut, je crois, placer sous la même date le plan des îles S.-Louis et Louviers, dressé par le même géographe sur la même échelle.

Ce plan gravé a 93 centimètres sur 48. Il en existe deux états. Sur l'une des planches, tous les noms manquent, les bords escarpées de la Seine sont ombrés ; les chantiers de bois de l'Ile Louviers sont dessinés en élévation. L'autre, également inachevé, ne présente pas ces détails, mais on y lit les noms des îles et des quais. Ces plans ont été gravés après la mort de Delagrive, qui eut lieu entre 1754 et 57. Ils ne portent ni titre, ni date, ni signature. Les deux planches existent à la *Calcographie*, où chaque épreuve se vend deux francs.

1757. Plan général de la nouvelle église S. Geneviève de la place et de la rue au devant... par le marquis de Marigny... 2 mars 1757, inventé et dessiné par Soufflot ; chez J. C. Bellicard, Inspecteur des bâtiments du Roy. Ce plan gravé a 57 1/2 centim. sur 16, et s'étend de S. Étienne du Mont au Luxembourg. On y remarque des tours murales derrière les Jacobins. Il existe une mauvaise copie d'une partie de ce plan, signée *Le Brun excudit* (Q'" S. Jacques).

1757. Plan détaillé du Quartier de St° Geneviève levé géométriquement par *feu* M. l'abbé *De La Grive*... fini et publié par Al. Fr. Huguin. Ce plan, dressé à la même échelle, et du même style que celui de la Cité, porte 68 centim. sur 49 1/2. Au bas à gauche on lit : *J. P. Oger Scripsit*. Les plans des églises, des collèges et des maisons particulières offrent une infinité de curieux détails. Derrière les Jacobins sont indiquées deux tours incorporées au vieux mur de Phil.-Auguste. Sur quelques épreuves de premier tirage, le titre n'est pas complet. Il existe une seconde édition où l'on a ajouté le plan de la nouvelle église S. Geneviève et de la rue Soufflot. La Calcographie possède la planche, dont chaque épreuve se vend trois francs. On cite un plan dressé par le même, de la Censive de S. Geneviève, 1763. C'est probablement cette seconde édition qu'on veut désigner. Je n'ai pu la revoir, mais je puis certifier son existence ; il me semble que le titre disait : quartier et non : censive.

1763. Plan gravé de la Halle (au bled) couverte et incombustible, en l'emplacement de l'hôtel de Soissons, chez Rouge. 53 centim.

sur 38) On lit au bas : « De Mezières, sur les dessins de M. Le Camus, architecte ». L'ancien terrain de l'Hôtel est divisé par lots numérotés. Il existe encore plusieurs plans où l'on propose l'établissement d'un hôtel des monnaies et d'un théâtre. Un autre gravé en août 1720, chez Baillieul, géographe, offre un projet de Bourse ; c'était l'époque du système de Law. On voit sur ce plan qui a 53 centim. sur 38, figurer 137 bureaux.

1767. « Plan du nouveau Quay Bignon (S. Michel) ordonné par arrets du 25 avril 1767. » Petit plan de 23 centim. sur 16 1/2, signé : *Roland le Virloys del. et sculp.* On y distingue le plan géométral des vieilles maisons sises au bord de la Seine, du pont S. Michel et de ses boutiques, des portails de l'Hôtel-Dieu du côté du Petit-Pont, etc. Ce projet ne fut exécuté que sous l'Empire.

1772-75. Quartiers de Paris publiés par Jaillot. Voyez page 212.

1777. Long plan manuscrit représentant le rempart et le fossé, entre la rue des Filles-du-Calvaire et la porte S. Antoine en mai 1777. (Q^{er} du Marais.)

1777. Projet d'embellissement du Quartier du Luxembourg 1777, gravé en août 1778. C'est une copie de Jaillot avec projets de l'auteur (anonyme.)

1781. Première idée pour placer l'Opéra au Carrouzel, etc., par Bélanger, *Berthault sculp.*, 24 juin 1783. (53 centim. sur 32.)

1784. Projet d'une Place avec colonne à la Gloire de Louis XVI, sur l'emplacement de la Bastille (qu'il s'agissait dès lors de démolir), par Corbet inspecteur des Bâtiments de la Ville (Q^{er} de l'Arsenal, I.) On y voit les rues voisines de la Bastille et des deux Arsenaux. On y nomme le gros bastion : l'ancienne *demie lune* S. Antoine. Le fossé de la Bastille est comblé et remplacé par des rues, etc., autre plan du même, et sur le même sujet, 1790. Il existe plusieurs autres projets de ce genre qu'on voit dans le même recueil, entre autres celui de Cathala architecte, signé *Gaitte scul.*

1785. Plan de la paroisse S. Germain-l'Auxerrois, par P. Faure, nouv. édition. (Voy. année 1739.)

1790. Plan d'une partie de Paris depuis les Champs-Élisés jusqu'au commencement de la rue S. Antoine (72 centim. sur 32), inventé et tracé en 1790 par Mangin père, architecte, et présenté à la convention. Signé *G. de la Porte sculp.* La place Vendôme est nommée *place des Piques*, etc. Ce nom atteste qu'il fut gravé vers 1793 ; mais le mot de *Saint* n'a pas été retranché. Ce plan peu important en lui-même offre une multitude de projets, celui entr'autres de la réunion de la Cité à l'Ile S. Louis. (Q^{er} du Louvre, II.)

On a gravé, vers le même temps, un plan où l'hôtel de ville est transféré au Louvre.

1793. Plan relatif au *Programe* decreté le 30 juin par la Convention. Ce plan s'étend de la rue de la Monnaie aux Champs-Élysées. Il est calqué sur les dessins de Verniquet, comme l'indique l'échelle. La place Vendôme se nomme *des Piques*, et celle Louis XV : de la Révolution, etc., mais les noms de Saints ne sont pas supprimés. (110 cent. sur 74.)

1797. Plan de l'emplacement des Bâtiments cour, jardin et dépendances du ci-devant collège d'Harcourt... Fait et levé par le C^{en} M.B.A. Houard artiste et architecte, 30 prairial, an VI. Ce plan à la plume et lavé, est d'une exécution parfaite. On y remarque un passage dit : de la Tour de Ph. le Bel, à cause d'une tour murale qui dépendait du collége et qui est ici figurée au pointillé. (Ce plan fait partie de ma collection.)

Vers cette même époque et sous l'Empire, l'architecte Wailly dessina une quantité de vastes plans - projets tracés soit géométralement soit à vol d'oiseau ; c'était des calques de Turgot ou autres plans. J'en ai vu, il y a quelques années, paraître des masses dans une vente; aucun ne m'a paru offrir d'intérêt comme plan de Paris.

1809. Plan de la rue Impériale projetée, du Louvre à la place de la Bastille. (175 centim. sur 33.) Je cite ce plan, parce qu'il représente un projet favori de Napoléon. Du reste il n'a aucune valeur intrinsèque, car il est tracé sur des fragments détachés du plan de Verniquet. (Gr. carton supplém. aux quartiers.)

PLANS PARTIELS DE PARIS, SANS DATES.

Plans partiels de Paris manuscrits ou gravés, sans dates.

Plan géométral manuscrit sur parchemin, représentant le Grand-Châtelet, et environs. Ce plan dressé à l'échelle de 12 millimètres pour 1 toise, fut levé vers 1680. Il a 88 centim. sur 65. S. Leufroy y est encore indiqué. La partie du Châtelet qui avoisine le quai se nomme : *Petit Chastellet* nouvellement basty. Sur ce plan sont de nombreuses inscriptions assez instructives. (Gr. carton suppl. du 1er au 30e quartier.) On voit *ibidem*, un autre plan manuscr. au trait et sur papier représentant les mêmes localités ; également sans date.

Grand plan géom. manusc. du faub. S. Honoré vers 1750? à l'échelle de 12 mill. pour 5 toises. Peu curieux. Il a 107 centim. sur 80. (*Ibid.*)

Plan manusc. géom. des Champs-Elisés, Grand-égout, Chaillot etc. Il s'arrête au bastion des Tuileries (92 centim. sur 62 1/2). Ce plan levé vers 1720? est curieux en ce qu'il indique un grand nombre de propriétés particulières, avec toisés et noms des propriétaires. Les plans de chaque toit y sont figurés. L'échelle est d'environ 9 millim. pour 3 toises. On y remarque les anciennes Pépinières *destinées pour la Monnoye*, les hôtels du faub. S. Honoré, le pont d'Antin sur l'Egout, une barrière au faub. S. Honoré, une partie du faub. S. Germain, etc. (*Ibid.*)

Grand plan géom. manusc. sans aucune inscription. Il s'étend du Louvre aux Tuileries et du quai à la rue S. Honoré. Hotels devant la colonnade du Louvre etc. L'échelle est celle de Verniquet, onze millim. pour 5 toises. Dressé vers 1750? (*Ibid.*)

Grand plan géom. manusc. représentant vers 1690 ou 95 la place Louis-le-Grand et les nouvelles Capucines, à l'échelle d'environ 16 millim. pour 5 toises. On y remarque « le mur de revestement du Grand Bastion basty par Barbier » Ce bastion est le troisième à partir de la Seine. Il est ceint d'un fossé assez étroit, mais fort large le long de la Courtine où il a 25 toises. On y distingue encore les plans de plusieurs propriétés voisines avec les noms des propriétaires. On n'y voit pas marquée, rue de Gaillon, la porte de ce nom. Terrain dépendant du parc de l'Hotel Vendosme « où l'on fond la statue du Roy ». Ancien marché aux chevaux, sur le terre-plein du bastion. (*Ibid.*)

Grand plan géom. manusc. composé de trois feuilles ayant ensemble 180 cent. sur 41, à l'échelle d'environ 4 millimètres pour toise. On y voit le plan de la porte S. Honoré, le bastion qui est à sa suite, l'autre bastion derrière les Capucines. — Dans la portion de la courtine attenant à ce dernier, est percée la porte Gaillon, de forme carrée. Partie du nouveau cours planté d'arbres. Ce plan levé vers 1680 est assez curieux. (*Ibid.*)

Long plan géom. de la rue de la Monnoie depuis le quai jusqu'à la rue S. Honoré à l'échelle de 29 millim. pour 2 toises. Sa dimension est de 170 centim. sur 38. On y voit le plan de l'ancienne Monnaie et celui de chaque maison détaillé avec noms du propriétaire. Il a été levé sous Louis XIV. (*Ibid.*)

Plan manuscrit intitulé : Avenües de Paris du côté de l'occident, tracé à l'encre et lavé au carmin avec soin. Ce plan (73 centim. sur 65) a été exécuté vers 1715 ou 20. On y voit encore la porte de la Conférence. Il est au reste peu intéressant (gr. carton suppl.)

Plan in-folio manuscrit et colorié, représentant le Louvre et environs, avec les nouveaux alignements, etc. On y indique les détails d'un assez grand nombre de maisons, rues du Coq, de Beauvais, du Chantre, Jean Tison, des Poulies et du Petit-Bourbon, etc. Levé vers 1767, à l'échelle de 7 millim. pour 5 toises. (Q^{er} du Louvre II.)

Plan manuscrit du district de S.-Joseph. En 1789, Paris fut divisé en 60 districts, et en 91, en 48 sections. Ce plan a donc été levé entre ces deux années. (Q^{er} du Faub. Montmartre.)

Plan manuscrit de la paroisse S.-Nicolas-des-Champs, tracé à la plume, d'après un calqué du plan de Bullet. (Q^{er} S.-Martin.) Il intéresse seulement en ce qu'il indique les limites de cette paroisse.

Grand plan géom. manuscrit où figurent la

Bastille, le Grand et le Petit Arsenal, et l'île Louviers, gravé vers 1700? (Gr. carton du 31ᵉ au 36ᵉ quartier.)

Portion du faub. S.-Germain comprise entre le Pont-Royal et l'esplanade des Invalides, plan manuscrit colorié, avec les noms des hôtels et des propriétaires. Une notable partie du Pré-aux-Clercs appartient à un sieur de Plancy, à la *Guernouilière*. Levé vers 1720? (Qʳʳ S.-Germain. I). Ce plan est suivi d'un autre où sont indiqués, avec toisé, plusieurs propriétés et quartiers de terres situés à l'est des Invalides.

Grand plan géom. man. de l'abbaye S. Germain-des-Prés, et de quelques localités du voisinage, telles que la Barrière des Sergents, les Boucheries, la *Jaule*, le jeu de Paume de Metz. Antérieur à 1700? (Gr. cart. du 37ᵉ au 48ᵉ quartier.)

Grand plan manusc. de l'abbaye S. Geneviève et de quelques localités voisines. *Ibid.*

Plan manusc. (sur papier à calque) de S.-Julien-le-Pauvre et des maisons voisines très détaillées. (Qʳʳ S. Jacques.)

Plan général du terrain où se construit le nouveau couvent des Capucins, dessiné par Brongniart, architecte, et signé au bas : *Barabé, ancien ing. de la Marine*. On y voit projetée une rue Neuve des Capucins, qui devint la rue Joubert, la limite du terrain de l'ancien château du *Cocq*, etc. Ce plan gravé, a 49 1/2 centim. de haut sur 34 de large ; il est du temps de Louis XVI.

Vaste plan manusc. sans date où l'on voit, entre mille embellissements et alignements proposés, les trois îles de la Seine réunies en une seule, comme sur le plan de Mangin, 1790, dessiné sur l'échelle de Verniquet. Il peut-être de l'architecte Wailly, qui a produit une masse de projets où Paris est remanié sur tous les points. Je ne sais si une partie de ses rêves a été réalisée. Ce plan, collé sur toile, fait partie de ma collection.

Plan ou projet d'une nouvelle halle, levé à l'échelle de 2 millim. pour toise. Ce plan a 40 centim. sur 50 ; il est signé : *Bonnet de Bois-Guillaume Inv.—De la Gardette sculp.* Il offre encore les détails du cimetière des Innocents.

(Qʳ des Marchés.) On voit *ibidem* plusieurs autres projets concernant les Halles ; mais ils ne contiennent, relativement à la portion de Paris qu'ils représentent, aucun renseignement nouveau.

On voit au cab. des Estampes (Qʳ de l'Île S. Louis) un plan gravé je ne sais au juste à quelle époque (vers 1615 ou 18?) qui a pour titre : « Le Plan de l'Isle et le povrtraict dv pont comensé à Paris, traversent du port S. Paul à la porte de la Tournelle. » C'est probablement le premier plan gravé de l'Île S.-Louis, ici nommée l'*Isle Passagère*. Le plan de l'île est géométral et au pointillé ; mais les maisons formant la rue qui réunit les deux ponts, et celles que supportent ces ponts, sont en élévation avec la forme de pignons réguliers. Toutes les localités représentées en dehors de l'île, telles que : Le quai S.-Bernard, la rue *Giofroy Lasgnie* (Geoffroy-Lasnier), etc., sont également en élévation. Ces localités n'ont aucune exactitude.

Cette naïve et curieuse estampe a 53 1/2 centim. sur 39. Le Nord est au bas. A droite, une inscription nous apprend que la première pierre (des quais?) fut posée par le Roy en octobre 1614. La forme de l'île est loin d'être exacte. Ce qui intéresse surtout, ce sont les noms que devaient porter les rues projetées, noms inscrits en grandes majuscules usitées dans l'écriture. La rue qui réunit les ponts se nomme *S. Louys* ; celle qui touche à la pointe orientale, *rue Capelle* ; celle qui fait suite à cette rue Capelle, au-delà de l'axe des ponts, et qui aboutit vis-à-vis la Cité, est appelée : *Palatine*. On voit, en outre, deux rues dans la direction du Nord au Sud ; celle *Florentine* (Poultier) et celle *Angeline* (Regratière et de la Femme-sans-Tête). Les rues actuelles Guillaume et Bretonvilliers ne sont pas tracées. Les quais du midi sont nommés. *Daulphin* et *d'Orléans* ; ceux du nord : *D'Allançon* (d'Anjou) et de Bourbon. Sur la pointe de l'île d'*Antragues* (Louviers) on lit : *J. Swelinc fe.*, et au bas, à droite : *chez Jan Messager excudit, rue S. Jaque, à l'Esperense*. Jaillot cite plusieurs fois ce plan sous la désignation de *Plan de Messager*.

Sur la Seine, près de l'île d'*Antragues*, est

un coche d'eau nommé *Le Corbilliac* (parce qu'il faisait le trajet de Paris à Corbeil). Je ne me rappelle plus où j'ai lu que ce coche, ayant servi en temps d'épidémie à transporter des cadavres, on donna depuis, aux chars funèbres le nom de corbilliac ou *corbillard*. C'est, au reste, une étymologie que je ne garantis pas ; je n'ai jamais vu ce coche représenté sur aucun autre plan.

Plan sans titre, ni nom, ni date, gravé vers 1680? représentant l'ensemble très-détaillé des Jacobins de la rue S.-Jacques et quelques rues au sud de ce couvent. Il est levé à l'échelle de 34 millim. pour 10 toises, et a d'encadrement 53 centim. sur 36. Les façades de maisons sont indiquées au trait. Ce qu'il offre de plus curieux c'est le fossé (le long de la rue dite aujourd'hui : S. Hyacinthe) qui commence à être divisé par lots, et surtout l'indication du gros mur entre les rues de la Harpe et S. Jacques. Dans cet espace sont trois tours rondes très-détaillées. L'une d'elles touche le Réfectoire des Jacobins, dont une partie fait saillie sur le fossé. Le mur paraît avoir été aminci. Les portes S. Michel et S. Jacques ont été abattues, mais chacune d'elles a conservé une de ses tours. Cette suite de cinq tours offre une uniformité qui fait croire qu'elles ne sont pas très-exactes. Elles sont engagées presque de moitié dans l'épaisseur du mur (Q^{er} de la Sorbonne).

On voit *ibid.* deux petits dessins à la plume, levés à l'occasion de la vente du terrain des Jacobins. On y a tracé aussi trois tours murales et une rue qui fait suite à celle Soufflot. Ces dessins sont sans importance.

Intention (projet) proposée pour le palais du Luxembourg, par M. de Vetye, signé : *Moithey Ingenieur Géogr. du Roi, sculp.* Ce plan (44 1/2 centim. sur 26) n'a rien de remarquable, c'est une copie de Jaillot, faite vers 1780.

Terrein de l'ancien hôtel de Condé avec rues et Théâtre (l'Odéon) projetés, signé *G. Taraval* scul. Ce plan (53 cent. sur 37) n'offre aucun détail nouveau. Il date d'environ 1778. — Autres plans concernant le même sujet. (Q^{er} de l'Éc. de médecine).

Plan géométral en une feuille (50 centim. sur 37 1/2) du faub. S. Germain, sans titre ni date (vers 1650 ou 60), signé au bas à gauche *A. B.* (accolés) *Flamen*. Il contient trois cartouches richement ornés. (Mr R. Dumesnil le décrit dans son ouvrage, tome V.) Deux de ces cartouches sont vides ; ils étaient destinés à contenir l'un la dédicace, l'autre le titre ; celui du bas, à droite, signale neuf rues qui portent un double nom. Ce plan gravé au trait, à l'eau-forte et sans aucuns détails, n'est pas des plus exacts. On y voit tracé le mur de Ph.-Auguste, de la porte de Nesle à l'Estrapade. Ce mur est flanqué de demi-tours dont la position, la forme et le nombre ne méritent pas notre confiance. Les portes sont dénommées, mais leur plan ne figure pas. On voit de ce plan trois épreuves semblables au Cab. des Estampes, dont une dans l'œuvre de Flamen. Je ne sais s'il en existe avec inscriptions ajoutées aux cartouches vides.

« Plan de l'hostel de Nevers, a esté faict par le sieur Hebuterne. » (Vers 1665 ou 70.) Derrière cet hôtel, divisé par lots, passé le gros mur de Ph.-Auguste sans aucune loi. On y voit le plan de la Tour et du pont de Nesle, mais pas de porte. Ce plan qui a 53 centim. sur 38, est gravé au trait, à l'échelle de 17 millim. pour 5 toises ; il est peu intéressant. (Q^{er} de la Monnaie, I.)

J'ai fait note, je ne sais plus où, d'un plan de 55 cent. sur 37 sans date ni signature, intitulé « Dessein des places qui sont à vandre présentement à l'hostel de Nevers ». Il était également gravé au trait et s'étendait comme le précédent jusqu'à la rue de Nevers. J'y ai remarqué une rue projetée dite : *rue Marie de Mantoue*. C'est peut-être une autre édition du même.

J'aurais pu enfler ces listes d'un grand nombre de petits plans partiels, gravés à propos de projets insérés dans divers traités d'architecture anciens et modernes, par Blondel, Patte et autres; mais, je le répète, ces plans-projets ne

PLANS PARTIELS DE PARIS, SANS DATES.   247

nous offrent rien de nouveau en fait de tracé réel. J'ajouterai seulement à ce chapitre une liste de quelques plans géométraux manuscrits et sans date, qui se trouvent à l'Hôtel-de-Ville, outre ceux de Verniquet. La plupart sont dessinés par Delagrive, et quelques-uns ont été réduits et gravés de son temps ou après sa mort.

Plan de la Cité lavé au carmin et d'un dessin parfait, avec les détails intérieurs de toutes les maisons, par Delagrive. Ce plan dressé à l'échelle de *sept* millimètres pour *trois* toises, a 285 centim. de long sur 124 de large. Il est fort détérioré dans la partie supérieure ou septentrionale. Ce vaste dessin a servi de modèle au plan gravé de 1754 ; il lui est donc antérieur de quelques années.

Plan du passage du Grand-égout, entre la rue de la Chaussée-d'Antin et les Champs-Elisés, avec toutes les propriétés et les noms des propriétaires. Même échelle que le précédent. J'ai cité déjà plusieurs plans gravés offrant, mais en plus petit, les mêmes localités. Levé par Delagrive.

Vaste plan, par le même, d'une partie du faub. S.-Germain ; il est utile pour le toisé de la voie publique, mais n'offre aucun détail d'habitations particulières ; même échelle. Un autre plan imparfait lui fait suite.

Plan par le même, même échelle, contenant les rues comprises entre le Louvre et la rue Thibautodé, avec le plan détaillé de la Vieille-Monnoie, et le toisé des rues.

Grand plan par le même, à la même échelle, lavé au carmin. Il comprend la partie sud-est du faub. S.-Germain et s'étend de l'Institut au collége d'Harcourt, avec les plans de S.-Sulpice et de S.-Germain-des-Prés. Sur une partie de ce dessin on a indiqué les détails intérieurs des propriétés et inscrit quelques noms de propriétaires. On y voit figurer plusieurs tours murales de Ph.-Auguste.

Plan par le même (même échelle) de la partie de Paris comprise entre les rues S.-Denis, Croix-des-Petits-Champs, S.-Honoré, Mauconseil et des Fossés-Montmartre. Le tracé des Halles et du Cimetière des Innocents sont les points qui offrent le plus d'intérêt.

Plan comprenant les Tuileries, les Champs-Elisés, les Invalides, etc., par le même, à une échelle moindre de moitié.

Plan (par le même) d'une moitié du Fer-à-cheval des Tuileries, de la place Louis XV, du terrain des Capucins et de l'Assomption, à l'échelle de 9 millim. pour toise ; peu intéressant.

Plan (par le même) des Champs-Elisés, et faub. du Roule, avec détails, à l'échelle d'environ 5 millim. 1/2 pour 5 toises.

Plan (par le même) contenant la partie du Marais comprise entre les Boulevards et les rues S.-Antoine, de l'Egoût, S.-Louis, Boucherat, de Vendôme, et du Temple, avec toutes les propriétés indiquées, à l'échelle de 7 millim. pour 3 toises.

Plan général du Cours de la Seine et de ses abords, avec les différents projets d'embellissements. Fait et présenté au Bureau de la Ville, par P. L. Moreau, de l'Acad. Roy. d'Architecture. Il est dressé à l'échelle de 1/2 ligne pour toise, peut-être sur les dessins de Verniquet. On lit au bas : *approuvé* LOUIS.

PLANS-PROJETS DE LA RÉUNION DU LOUVRE AUX TUILERIES. — On a produit, depuis Louis XIV jusqu'à nos jours, une innombrable quantité de projets relatifs à cette réunion qui n'est pas encore réalisée. Les ouvrages des architectes Blondel, Cottard, Patte et autres, en contiennent plusieurs. Il est probable que les portefeuilles de l'Ecole d'Architecture, que je n'ai jamais visités, en renferment aussi un bon nombre. Ce problème a exercé tant d'imaginations, parce qu'il est en effet difficile à résoudre sans le sacrifice du palais des Tuileries. Le plus ancien est, je crois, celui de Houdin, 1661. Viennent ceux de Bernini et Mansard, 1665, et ceux de Claude Perrault, 1667 et 74. Blondel les a fait graver dans son *Architecture*. On en voit beaucoup dans la Topog. de Paris, au

Cab. des Estampes (Q^{er} du Louvre I et des Tuileries). A chaque exposition du Musée on en remarque un ou plusieurs.

Les projets les plus ingénieux, à mon avis, sont ceux qui, à l'exemple de celui de Claude Perrault, 1667, isolent les deux monuments et placent entre eux un portique rond ou semi-circulaire ; cette forme paraît toujours régulière, quelque soit l'axe des rues qui l'ont en perspective, et se prête à toute espèce de combinaisons. C'est, je crois, le moyen le plus simple et peut-être l'unique de pallier l'irrégularité des axes de perspectives. Il est vrai qu'il n'y a plus, dans ce système, *réunion*, mais au contraire *séparation*. Je ne doute pas qu'enfin la séparation ne l'emporte. Le projet de Perrault triomphera ici comme au sujet de la Colonnade ; seulement il sera modifié.

La liste de tous ces plans-projets eût été si longue, qu'au lieu de les signaler, je renvoie le lecteur aux recueils indiqués. Notons du reste qu'aucun de ces plans n'offre de curiosité comme renseignement archéologique, car les localités positives qu'ils représentent se retrouvent mieux détaillés sur certains plans généraux signalés dans cet ouvrage.

FIN.

TABLE DES PLANS GÉNÉRAUX DE PARIS, DE 1520 A 1800,

Décrits ou cités dans cet ouvrage, par ordre chronologique.

Des plans fictifs ou tracés d'imagination, 9 et suiv.
Plan sous Louis XII (incertain), cité par Marolles, 24.
— de 1515 (incertain), 24.
— exécuté en marqueterie, vers 1520, 25.
— tiré de la *Cosmographie* de Munster, représentant Paris vers 1530, gravé sur bois en 1548, intercalé dans de nombreuses éditions, 26 et suiv.
— Copies du même plan par J. d'Ogerolles, Bertelli, Martin Rota, etc., 28.
— Intitulé : *Lutetia vulgari nomine Paris*, représentant la Capitale vers 1530, édité en 1572 par G. Braun de Cologne, avec trois personnages au bas, 32 et suiv.
— De *Tapisserie*, représentant Paris vers 1540, exécuté de 1540 à 1560, 37. Grande copie gouachée de cette tapisserie, 42. Petit dessin de Gagnières, 52; copie gravée de ce dessin édité par H. Mauperché, 55.
— Dit autrefois de *S. Victor*, attribuable à l'architecte J. Androuet du Cerceau, représentant Paris vers 1560, 56 et 114; sa copie gravée par Dheulland, 65; réduite par M. Osterberger, 66.
— De J. d'Ogerolles (copie de celui de Munster), gravé en 1564, 28.
Divers plans gravés en Italie ou par des Italiens, représentant Paris vers 1565 ou 70, sans noms ni date, 67 et suiv. 115.
Plan inséré dans l'ouvrage : *Civitates orbis terrarum* et autres, voy. plan de G. *Braun*.
— inséré dans la Cosmographie de Fr. de Belleforest, 1575, 69.
Plan de 1590 (incertain), cité par Bouquet, 71.
— Sur bois, anonyme, en 8 f. gravé vers 1601, 73.
— A l'eau forte en 12 f., dessiné par Fr. Quesnel, 1608, et gravé par P. Vallet? 1609, 75 et suiv.
— En 4 f. avec texte par l'ingénieur Vassalieu dit : Nicolay, 1609, 85 et suiv.
— En 2 f. avec accessoires et texte, par *Mathieu Mérian* de Bâle, 1615 (édit. de 1618? et 21 et plusieurs copies), 87 et suiv.
— A l'eau forte, en 4 f. par Jean Ziarnko graveur polonais, 103.
— Dessiné et gravé par C. Vischer, 1618, en 2 f. (copie de M. Mérian), 105.
Petit plan faussement daté 1620, édité par *Gaspard Mérian* en 1635, 101.
Seconde édition (quant au texte) du plan en 2 f. de *Mathieu Mérian*, 1621, 109.
Plan en 2 f. de Melchior Tavernier (copie corrigée de M. Mérian), édit. de 1630, 31 et 35, 107.
Petit plan par Tassin, 1634 (copie du précédent, reproduite dans la *Topographie Françoise* de Jean Bois-

seau, 1648, et dans les *Delices de la France* de d'Alquié, 1670), 109.
Plan (incertain) de J. Boisseau, 1643, cité par Hurtaut, 109.
— Par J. Boisseau, dit : *Plan des Colonelles*, 1650 (nouvelle édition en 1652), 109, 132.
— Attribué à Du Cerceau, en 4 f. avec retouches, vers 1650?, 111.
— En 2 f. édité par Honervogt, vers 1650? (contrefaçon du plan de *Mathieu Mérian*), 114.
— De 1651 (incertain), cité par La Tynna, 115.
— En 9 f. et texte, dessiné par Jacques Gomboust, ingénieur, vers 1648, achevé de graver en 1652 par divers graveurs, 115 et suiv.
Petit plan de Jean Boisseau, 2e édition, 1652, 109 et 132.
Plan en 4 f. et accessoires, dressé et peut-être gravé par Jean Boisseau, 1654, 132.
Plan de 1654, édité dans la *Topographia Galliæ* de *Gaspard Mérian* en 1655 (copie du plan en 4 f. de J. Boisseau), 133.
Plan vers 1654, édité en 1657, par J. Janssonius (copie de Boisseau), 133.
Plan en 2 f. et accessoires, édité en 1656 par Nicolas Berey (copie de Boisseau), 136.
— En 6 f. (et texte?) par Nicolas Berey, 1656 (édit. douteuse de 1663; réédité en 1764), 140.
— En 4 f. et accessoires par J. Boisseau, nouvelle édition, 1657, 140.
Copie du plan précédent, postérieure à 1661, 143.
Deux plans gravés d'après l'ingénieur P. Petit, vers 1658, par Albert Flamen, 145.
Petit plan entouré des portraits des rois de France, vers 1660?, 147 et 180.
Nouvelle édit. (incertaine) du plan en 9 f. de Gomboust, 148.
Nouveau tirage des 4 planches du plan attr. à Du Cerceau, 1666 et 68, *ib.*
Nouveau tirage en 1663 (incertain) du plan en 6 f. de N. Berey, 149.
Plan (incertain) en 3 f. par Cochin, 1669 (cité par La Tynna), *ib.*
Copie d'un petit plan de 1634, gravée en 1670, *ib.*
Plan de Paris et environs en 9 f. dessiné en 1674, achevé de graver en 1678 par Fr. de la Pointe, *ib.*
Plan (hypothétique) de Jouvin de Rochefort, 1675 en 9 f., *ib.*
— En 12 f. avec texte par Bullet et Blondel, 1676, 150.
— En 1 f. par Jouvin de Rochefort, 1676 et autre édition sans date, 158.
— De Fr. de Witt, sans date (copie du précédent), 160.
— Italien par Coronelli, vers 1678? 161.

250   TABLE DES PLANS GÉNÉRAUX DE PARIS, DE 1520 A 1800.

— Édition (incertaine) du plan de Bullet, en 9 f., 1678, 161.
— Plan de J.-Bapt. Nolin, 1679, *ib.*
Petit plan inséré dans la *Descr. de l'Univers* de Mallet, 1683, 162.
Plan en 9 f. sans date, par Jouvin de Rochefort (vers 1690, nouvelle édition?), 162 et suiv.
— Edité par N. de Fer, d'après Jouvin de Rochefort, 1692, 169.
Petit plan (du même éditeur), dédiée à Cl. Bosc du Bois, 1694 et 99, *ib.*
Plan chez G. Monbard, 1694, *ib.*
— Edité par N. de Fer, 1696, 170.
— *Id.* — 1697, *ib.*
— En 1 f., d'après J. de Rochefort (même éditeur), 1697, *ib.*
— En 2 f. (même éditeur), 1697, 172.
— Par J. B. Nolin, 1699, *ib.*
Autres petits plans de même date, *ib.*
Petit plan par C. Inselin, 1700, *ib.*
Plan chez Cl. Rocher, 1700 (le même que celui édité par G. Monbard), 173.
— Edité par N. de Fer, 1701, 175.
Autre petit (même éditeur), signé : *H. Van Loon sculp.* 1701, *ib.*
Petit plan de 1707, *ib.*
— — De 1707, gr. par Roussel, *ib.*
Plans du *Traité de la Police*, 1705, *ib.*
Plan signé : *Van Loon sculp.* sans date (1705?), *ib.*
— En 12 f. de Bullet (édition corrigée par Jaillot fils, 1707), 176.
— Signé : *P. Stark-man fecit*, 1707 (édité par N. de Fer), 179.
— Signé : *C. Incelin scripsit*, 1712 (même éditeur), *ib.*
Nouv. édit. du plan signé *P. Stark-man fecit*, 1712, 180.
Plan des barrières, etc., de Paris, par Constantini dit *Octave*, sans date (1712?), *ib.*
— En 4 f., par Bernard Jaillot, 1713, 181.
— En 1 f., par Roussel, 1713 et 1714, 182.
— En 9 f., par Jouvin de Rochefort, retouché par N. de Fer, 1714, *ib.*
Plans (atlas) des 20 quartiers de Paris, par Jean de la Caille, 1714 et 1715, 185.
Plan dressé par Guill. de l'Isle, 1716, 190.
— Gravé par Incelin, édité par de Beaurain, 1716?, 191.
Nouv. édit. du plan en 4 f., de Bernard Jaillot, 1717, *ib.*
Nouv. plan signé : *P. Stark-man fecit* (chez N. de Fer), 1717, *ib.*
Plan en 2 f. gravé par Roussel (*Roussel fils invenit*), 1720 et autres éditions en 1722, 23 et 34, *ib.*
Nouv. édition (incertaine) du plan de Constantini, 1730, citée par La Tynna, 180.
Plan de Paris et environs, par Delagrive, 1723?, 191.
— En 4 f., par Gaspard de Baillieul, 1724, *ib.*
— En 1 f. et liste des rues, signé : *A. Coquart sculpsit, Délahaye scripsit*, 1726 (annexé à l'*Histoire de Paris*, par Félibien), 192.
Plan en 4 f. et 2 demi-feuilles, par l'abbé Delagrive, 1728, 192 et suiv.

Autres plans du même (même date, 1728), 195.
Plan de Paris et environs en 9 f., par l'ingénieur Roussel, 1730 (édit. en 1731, 56 et 95), 196.
Seconde édit. du plan précédent, 1731, 198.
Seconde édit. du plan en 4 f. de G. Baillieul, 1732, *ib.*
Plan en 2 f., par Roussel, 1734, *ib.*
Plan des fontaines, conduites d'eau, etc., par Delagrive, 1735, *ib.*
Plan de Paris du même géogr., même date, *ib.*
Plan en 4 f., avec texte, par J. L. Huot, 1738, *ib.*
Plan-atlas de Louis Bretez (dit : plan de Turgot) en 20 f. dressé en 1734, achevé de graver en 1739, par Cl. Lucas, 199 et suiv.
Plan par Delagrive, 1740, 203.
— Dressé par Ph. Buache, 1740 (deux états), 203.
— de Paris et environs, en 9 f. 1740, par Delagrive, 204.
Nouv. plan de Paris par le même, dédié aux Prévôt et Echevins, 1741 (édit. nouv. en 1744, 53 et 56), *ib.*
Petit plan du même, de même date, 1741, *ib.*
Plan manusc. des limites et barrières de Paris, par le même, 1741, *ib.*
Coupe et plan de Paris, par Ph. Buache, 1742 (ce plan aurait dû figurer parmi les *plans partiels*), *ib.*
Autre plan (incertain) par le même, 1742, cité par Lelong, 205.
Plans des 20 Quartiers de Paris (réduits d'après ceux de La Caille), 1742, insérés dans l'ouvrage de Piganiol, *ib.*
Plan de Delagrive (nouv. éd. de celui daté 1741), 205.
— Nouv. édition du plan de G. de l'Isle, corrigé par Ph. Buache, 1745, 191 et 205.
Plan par Rocque, 1743 (cité par Lelong), 205.
Plan par Roussel père (nouv. édition), *ib.*
Nouveau plan géométral, par B. Jaillot, en 4 f. 1748 (Ne pas confondre avec celui cité aux années 1713 et 17), *ib.*
Plan, chez le Rouge, 1748 et 49, 206.
Nouv. édit. (incertaine) du plan en 4 f. de J. L. Huot, 1748, 199.
Edition rajeunie d'un plan de J.-B. Nolin, 1751, 200.
Plans par Delagrive (nouveaux ou corrigés?), 1751, 53 et 54, *ib.*
Plans de la Cité et des Isles par le même, 1754 (voy. *plans partiels*).
Plan attr. à J.-B. Nolin fils (1754?), chez Daumont, 206.
Plan de Delagrive, 1756 (nouvelle édition de celui de 4741), *ib.*
Copie gravée par G. Dheulland, 1756, du plan attribué à Du Cerceau (1560), *ib.*
Deux petits plans insérés dans les *Antiquités* de Caylus, 1756, *ib.*
Plan du Q^r S. Geneviève, par *feu* Delagrive, 1757 (voy. *Plans partiels*).
Plan-atlas de Pasquier et Denis, 1758, 207.
Plan et plan-atlas de R. de Vaugondy, 208.
Nouv. édit. du plan géom. en 4 f., de B. Jaillot, 1762, 209.
Nouv. édit. (incertaine) du plan-atlas de Pasquier et Denis, *ib.*
Plan par Lonchamps et Janvier, 1763 (indiqué par Le-

LISTE DES NOMS D'AUTEURS, DESSINATEURS, GRAVEURS ET ÉDITEURS.

long; peut-être celui de J.-L. Huot), 199 et 209.
Petit plan signé : *Moithey inv. et sculp.*, 1763, chez Crepy, 209.
Nouveau tirage vers 1764, du plan en 6 f. de Nic. Berey (1656), 140.
Plan-atlas en 35 f. de Deharme, 1763, 209.
Nouv. édit. du plan de Paris et environs, en 9 f., par Roussel, 1765, 211.
Seconde édit. des plans des 20 Quartiers insérés dans l'ouv. de Piganiol, 1765, ib.
Plan par Lattré, 1765, ib.
—Par Desnos, 1766 (et édit. postér.), ib.
Très-petit plan édité par Beauvais, 1766, ib.
Nouv. édit. du plan géom. en 4 f. de B. Jaillot, 1767, ib.
Atlas manusc. intitulé : *Terrier du Roy*, 1767 (voy. *Plans partiels*, p. 235).
Plan par Desnos, dédié au Dauphin, 1768, 211.
Nouv. édit. des plans de B. Jaillot et de Desnos, 1769, ib.
Nouv. plan par le *sieur Jaillot*, 1770, ib.
Petit plan par Moithey, 1770 et 72, 212.
Nouv. édit. (incertaine) du plan-atlas de Deharme, 1770, ib.

Plan des 20 Quartiers par le *sieur Jaillot*, 1772-75, 212 et suiv.
Grand plan historique de Paris, en 9 planches, par Moithey, 1774, 215.
Même plan, édit. de 1777, ib.
Nouv. édit. du plan en 4 f. de B. Jaillot, 1775, 216.
Atlas du *sieur Jaillot*, en 30 f. formé de la réunion de ses plans des 20 Quartiers, 1776, 213.
Plan en 4 petites f. par Moithey, 1778, chez Walin, 216.
Plan chez Alibert, Esnault et Rapilly, 1780, ib.
— Par Brion de la Tour, 1783, ib.
— Par Pichon, 1784, ib.
Nouv. édit. des plans de Desnos, Brion, R. de Vaugondy et Lattré, 1785, ib.
Plan en 2 f. par P. F. Tardieu, 1787, 217.
Plan-atlas de Paul Verniquet, en 72 f., dessiné en 1789, achevé de graver et édité en 1795, 217 et suiv.
Plan de Lattré (nouv. édition?) 1792, 222.
— En 4 f., par Chamot, gravé par Bonicelle, 1798, ib.
Plans de Paris au dix-neuvième siècle, 222 et suiv.
Listes de plans partiels de Paris, manusc. et gravés, 229.

LISTE DES NOMS D'AUTEURS, DESSINATEURS, GRAVEURS ET ÉDITEURS

QUI SE RATTACHENT AUX PLANS GÉNÉRAUX ET PARTIELS SIGNALÉS ENTRE 1520 ET 1800

(A, signifie : *auteur*; D, *dessinateur-géog.*; G, *graveur*; E, *éditeur*.)

Aa (Van der), **E.** à Leyde, 160.
Alibert, **E.** 216.
Alquié (Savinien d'), **A.**, 109, 149.
Arrivet, **G.** 208.
Aubin, **G.** d'écriture, 200.
Aveline, **D. G.** 162, 205.

Badin, **D.** 234.
Baillieul (Gaspard de), **D. E.**, 191, 198, 243.
Baillieul (Marie de), **G.** 192.
Baillieul l'aîné (F.), **G.** 205.
Balins (Guillaume), **E.** 67.
Barabé, **D.** ou **G.** 245.
Bartholomé (P. T.), **G.** 217.
Basseville, **D.** 233.
Baudin, **D.** 233.
Beatrain (De), **D.** 172, 209.
Beausire père et fils, **D.** 241.
Beauvais, **E. D.** ? 211.
Bélanger, **D.** 243.
Bellanger, **G.** en écriture, 217.
Belleforest (François de), **A.**, 62, 69.
Berey (Nicolas), **E. D. G.** 136, 137, 140, 148, 149.

Bertelli, **D. G.** ? 28, 67.
Berthault, **G.** 243.
Bignon (F.), **E.** 239.
Blondel (François), **E.**, 151, 152, 158, 242.
Boisseau (Jean), **E. D. G.** 109, 110, 111, 132, 140, 239.
Boissevin (Louis), **E.** 141.
Boissière (De la), **G.** 150, 158.
Bonicelle, **G.** 222.
Bonnet de Bois-Guillaume, **D.** 243.
Borde (Louis), **E. G.** 193, 195.
Bosse (Abraham), **G.** 118, 129.
Boudan (L.), **G.** 186, 188.
Boudan (N. et J?), **G.** 188.
Bourgoin (P.), **G.** 205.
Bourgoin le jeune, **G.** en écriture, 242.
Bouquet, **A.** 71, 241.
Braun ou Brun (Georges), **A. E.** 30, 31.
Brion de la Tour, **D.** 216.
Brissard (Pierre), **G.** 167, 184.
Brongniart, **D.** 245.
Brun (Le), **E.** 242.
Buache (Ph.), **D.** 190, 203, 204, 205.
Bullet (Pierre), **D.** 150, 161, 176.

252 LISTE DES NOMS D'AUTEURS, DESSINATEURS, GRAVEURS ET ÉDITEURS.

CAILLE (Jean de la), E. A. D.? 185.
CAMPION (Frères), E. 216.
CAMUS (Le), D. 243.
CAPITAINE, D. 235.
CAQUÉ, D. 242.
CARPENTIER (Le), D. 66.
CAYLUS (Comte de), A. 206.
CERCEAU (Jacques ANDROUET DU), D. G. 57, 111.
CHALMANDRIER (L.), G. 216.
CHAMOT, D. 222.
CHANLAIRE, D. E. 196, 222.
CHASTILLON (Claude), D. 238.
CHAYNOX (Corneille), D. G.? 35.
CHOLLET (Etienne), A. 85.
CLERC (Jean Le), E. 85.
COCHIN, G. 149.
COLLIGNON (François), G. 119, 121, 129.
CONSTANTINI, dit Octave, D. 180.
COQUART (Antoine), D. G. 180, 192, 197.
CORDIER, G. 197.
CORONELLI, D. 161.
CREPY, E. 207, 209, 215.
CRUCHE, D. ou G. 69.

D. B. à Venise, E. ou G. 29.
DANET, E. 10.
DAUMONT, E. 206.
DEHARME, D. 209, 212.
DELAGRIVE ou DE LA GRIVE (abbé Jean), D. G. 191, 192, 195, 198, 203, 204, 206, 241, 242, 247.
DELAHAYE (Nic. Guill.), G. 197, 208.
DELAHAYE l'aîné, G. 207.
Delisle, voy. Isle.
DENIS (L.), E. G. 207, 209.
DEROZIER, G. 190.
DESBRUSLINS (François), D. G. 180, 186, 189, 204.
DESCHALLEAUX, D. 239.
DESGODETZ, D. 240.
DESNOS, D. E. 211, 216.
DESQUINEMART (Paul), D. 241.
DESPREZ (G.), E. 192.
DESSESSARTS (J.), E. 192.
DHEULLAND (Guillaume), G. 65, 175, 206.
DIEN (Charles), E. 140.
DUCHESNE (Claude), D. 233.
DUPLOS, G. 193.
DUIFFOPRUGCAR, luthier, 25.
DULAURE, A. 10, 225.
DUPLESSIS (Toussaints), A. 10, 225.

EPINE (de l') ou Delepine, D. 233.
ESNAULT, E. 216.

FAURE (P.), D. 241, 243.
FER (Nicolas De), E. D. 132, 158, 160, 168, 169, 170, 172, 175, 179, 182, 184.
FERE (Antoine de), E. 132.
FLAMEN (A. B.), G. 145, 146, 246.
FILOEIL, G. 193.
FOURIER, D. 234.

FOURNEAU (M. Anne), G. en écriture, 241.
GAGNIÈRES (Roger De), D. 52.
GAITTE, G. 245.
GARDETTE (De la), G. 245.
GAULTIER (Léonard), G. 72, 85, 108.
GENDRE (Le), D. 234.
GIBOLLE, E. 10.
GIRARD (P. S.), D. 29.
GOMBOUST (Jacques), D. E. G.? 115, 118.
GOURDAN, D. 233.
GOYRAND (Claude), G. 119, 129.
Grive (abbé De la), voy. Delagrive.
Guilette, nom altéré de Bullet, 152.

H.R. — M.D. (initiales accolées suivies d'un poignard placé horizontalement), G. 28.
HEBUTERNE, D, 246.
HOEFNAGEL (Georges), D. G? 35.
HOGENBERG (François), D. 35.
HOIANIS (Franciscus), G. E. 102.
HONERVOGT (J.), E. G.? 115.
HOUARD (M. B. A.), D. 243.
HOUDIN (Antoine Leonor), D. 239.
HUGNIN (Al. Fr.), E. G.? 198, 204, 242.
HUOT (Jean Louis), E. D.? 198, 199.

INGELIN ou Inselin (C.), D. G. 170, 172, 179, 189, 191.
ISLE (Guillaume De l'), D. 190, 203.

JAILLOT (Bernard), D. E. 181, 191, 205, 208, 209, 211.
JAILLOT fils, G. (peut-être le même que le précédent), 176, 179.
JAILLOT (Le sieur), A. E. 175, 212, 216.
JAILLOT (veuve), E. 197, 198.
JANSSONIUS (Joannes), E. 30, 33, 135.
JANVIER (J. D.), E. 199, 206, 209, 211.
JOLLAIN (Jacques), G. 240.
JOLLAIN (Gérard), D. ou G. 162.
JOLLAIN, E. 148.
Jouvin, voy. De Rochefort.
JUNIÉ (ou Juiné), D. 235, 238.

L. C. D. E., G. ou D? 211.
LAGNIET (Jacques), E. 145.
LAMBIN (Antoine), imprimeur, 161.
LANGE, D. 205.
LANGLOIS (N.), E. 157.
LATTRÉ, D. G. E. 204, 211, 216, 222.
LELONG, A. 199, 205.
LENOIR (Albert), D. 10, 19, 21, 225.
LEPARMENTIER, G. en écriture, 241.
LONGCHAMPS, E. 199, 209.
LOON (H. Van), G. 175, 186, 240.
LUCAS (Claude), G. 187, 190, 200.

MALLET (Alain Manesson), A. 162, 175.
MARIETTE (P.), E. 88.
MAROT, D. 235.
MARRE (De la), A. 1, 9, 10, 12, 225.
MARVYE, G. 204, 205, 206, 242.
MATHIEU (A. J.), G. 217.
MATHONIÈRE (Nicolas de), E. 100.

LISTE DES NOMS D'AUTEURS, DESSINATEURS, GRAVEURS ET ÉDITEURS.

MATTEO *Fior.* **D.** ou **G.** 67.
MAUPERCHÉ (Henri), **A. E.** 2, 30, 38, 40, 41, 52, 55, 61, 62, 65, 70, 201.
MÉRIAN (Mathieu), **D. G.** 87.
MÉRIAN (Gaspard), **E.** 101, 113, 133.
MESSAGER (Jean), **E.** 246.
MÉZIÈRES (De), **D.** ou **G.** 243.
MOITHEY, **D. G. E.** 209, 212, 215, 216, 241, 246.
MOLINA (Baron de), **D.** 254.
MONBARD (G.), **E. D.** ? 169, 173.
MOREAU (P. L.), **D.** 247.
MUNSTER (Sébastien), **A.** 26.

NAUDET (Carolina), **G.** 55.
NELLI (Nicoló), **G.** 67.
NIQUET, **G.** en écriture, 209.
NOLIN (Jean Bapt.), **D. G. E.** 161, 168, 172.
NOLIN fils (J. B.), **G.** 206.
NOVELLANUS (Simo), **D.** 35.

O. P. D. R. **G.** ou **D.** 213.
OSER (J. P.), **G.** en écriture, 242.
OGEROLLES (Jean d'), **D. G.** ? 28, 67.
ORBAY (d'). **D.** 240.

P. P. **A.** 117.
PANOUZE (Jacqueline), **G.** en écriture, 168.
PASQUIER, **E. G.** 207, 209.
PERRAULT (Claude), **D.** 248.
PERRIER, **G.** 209, 213.
PETIT (Pierre), **A. D.** 145, 146, 232, 236.
PICART (Jacques), **E. G.** 175.
PICHON, **D.** ? 216.
PIGANIOL DE LA FORCE, **A.** 205, 211.
PINET (Antoine du), **A. D** ? 28.
POILLY (... De), **G.** 197.
POINSSART (Jacques), **G. E.** 239.
POINTE (François de la), **E. G.** 149, 158, 168, 184.
PORTE (G. de la), **G.** 243.
POURCHOT (Edmond), **D.** 240.
PUTHAUX, **G.** en écriture, 181.

QUESNEL (François), **D.** 75.

RAPILLY, **E.** 216.
RIGHESOURCE (De), **E.** 163.

RIOLET (Cl. Ch.), **G.** 204.
RITTMANN, **D.** 235.
RIVIÈRE, **D.** 234.
ROCHEFORT (Jouvin de), **D.** 149, 158, 160, 162, 169, 170, 183.
ROCHER (Claude), **E.** 173.
ROCQUE, **D.** ou **G.** ? 205.
ROMBOUTIUS, **D.** ou **G.** 103.
ROSE, **D.** 240.
ROTA (Martin), **G.** 29, 67.
ROUGE (Le), **E.** 206, 242.
ROUSSEL (Père et fils), **E. D. G.** 173, 175, 182, 191, 196, 198, 205, 206, 211, 240.
ROUSSEL (Veuve), **E.** 198.
ROY DE JUMELLE (Le), **D.** 235.

SCOTIN jeune (J. Bapt.), **D. G.** 181, 186, 189.
SILVESTRE (Israël), **G.** 119.
SOUBEYRAN (P.), **G.** 241.
SOUFFLOT, **D.** 242.
STARCKMANN (P.), **G.** 179, 180, 191, 241.
SWELINC (J.) **D.** ou **G.** 245.

TARAVAL (G.), **G.** 246.
TARDIEU (P. F.), **D. G.** 217, 226.
TASSIN, **A. D. G.** ? 103.
TAVERNIER (Melchior), **E. G.** 103, 107, 108.
TYSNA, (Le), **A.** 115.

VALLET (Pierre), **G.** 84.
VASSALIEU dit *Nicolay*, **D. G.** ? 85.
VAU (Louis le), **D.** 232, 239.
VAUGONDY (Robert de), **A. D.** 208, 211, 216.
VAULEZARD (De), **D.** 252.
VERNIQUET (Paul), **D.** 217.
VILLARET, **G.** 197.
VILLEO (Fr.), **D.** 233.
VIRLOYS (Roland le), **D. G.** 243.
VISSCHER (C.), **D. G.** ? 105.
VISSCHER (Nicolas Ianszz), **E.** 105.
VUAUCONFAINS (Antoine de), **E.** 104.

WAILLY, **D.** 243.
WALIN, **E.** 216.
WITT (François de), **E. D.** ? 87, 160, 173.

ZEILER, **G.** 101, 133.
ZIARNKO (Jean), **D. G.** 103.

FIN DE LA LISTE.

Achevé d'imprimer en mai mil huit cent cinquante-un.

OUVRAGES DU MÊME AUTEUR.

1837. PERRUQUE ET NOBLESSE, in-8°, tiré à 500 exemp., dont 50 avec nom d'auteur; 140 exemp. ont été donnés; le reste a été détruit par l'auteur, qui refondra entièrement ce roman et le publiera, un jour, sous un nouveau titre.

1846. ESSAI SUR LA RESTAURATION DES ANCIENNES ESTAMPES ET DES LIVRES RARES. Paris, chez Deflorenne, in-8° tiré à 400 exempl., dont 20 sur papier de Hollande. Prix : 2 fr. 50 cent.

1847. SUPPLÉMENT au précédent ouvrage, in-8° de 32 pages. Prix : 1 fr.

Id. LETTRE AU BIBLIOPHILE JACOB sur le Cabinet des Estampes, grand in-8° de 16 pages; annexée au *Bulletin des Arts* du 10 janvier 1848.

1848. VOYAGE A L'ILE DE VAZIVOIR, conte pour les enfants. Petit in-32, tiré à 50 exemp., dont 25 sur papier de couleur.

Id. JOSEPH LE RIGORISTE, facétie philosophique, in-18, tiré à 70 exemplaires.

Id. LA CHASSE DE SAINT CORMORAN, esquisse de mœurs populaires au seizième siècle, in-18, tiré à 70 exempl., dont 6 sur papier de Hollande.

Id. ÉTUDES SUR GILLES CORROZET, suivies d'une notice sur une *Description de Paris* en 1432 (manuscrit de Bruxelles), et de la réimpression d'un opuscule rarissime sur Paris, — in-8° de 56 pages, tiré à 100 exempl., dont 50 mis en vente, au prix de 2 fr.

Id. LE MIROUER DU BIBLIOPHILE PARISIEN, où se voyent au vray, le naturel, les ruses, et les joyeulx esbattemens des fureteurs de vieilz liures, in-18 de 94 pages, tiré à 160 exemp., dont 8 sur papier de Hollande, 100 mis en vente au prix de 1 fr. 50 cent.

1849. HISTOIRE artistique et archéologique DE LA GRAVURE EN FRANCE; listes de graveurs français; dissertations sur le commerce et les ventes d'estampes et de vieux livres, sur les causes de leur rareté, sur les réformes de nos Bibliothèques publiques, etc., in-8°, tiré à 300 exemp. Prix : 7 fr., à la librairie de Deflorenne.

Imprimerie de HENNUYER et Cⁱᵉ, rue Lemercier, 24. Batignolles.

www.ingramcontent.com/pod-product-compliance
Lightning Source LLC
Chambersburg PA
CBHW050325170426
43200CB00009BA/1463